KB070232

예술치료에서의
평가와 연구

FEDERS' THE ART AND SCIENCE OF
EVALUATION IN THE ARTS THERAPIES
(2ND ED.)

Robyn Flaum Cruz · Bernard Feder 공저
한국심리치료학회 역

학지사

역자 서문

　우리나라에서 표현예술치료 분야는 하루가 다르게 그 수요가 증가하고 있고 관련 전공을 두고 있는 각 대학원들도 전문가 양성에 힘을 쏟고 있다. 이 분야의 치료에 관한 많은 서적들이 번역되거나 집필된 반면, 평가와 연구 관련한 전문서적은 매우 드믄 이 시점에서 표현예술심리치료 분야의 평가와 연구를 다루는 전문서적을 한국심리치료학회에서 번역하게 됨을 매우 뜻깊게 생각한다.

　이 책을 번역하게 된 가장 핵심적인 이유는 단순히 예술치료의 평가 기법이나 방법을 소개하려는 것이 아니라 예술심리치료사들이 치료의 목적에 부합하는 평가 프로그램을 선별하도록 돕고 치료 과정 내에서 무엇을 평가할 것인지를 명확히 하기 위함이었다. 아울러 이 평가를 바탕으로 치료를 통해 달성하고자 하는 치료 목표를 올바르게 디자인해서 예술심리치료에서 무엇이 효과적인지를 알아내려는 노력을 기울이도록 대학원생과 초기 전문가들을 훈련시키고자 하는 데 있다.

　1998년 예술치료에서의 평가 전반을 아우르는 내용의 첫 교과서라 불리는 *The art and science of evaluation in the arts therapies*가 심리학자인 Bernard Feder 박사와 무용동작치료사의 선구자였던 Elaine Feder에 의해 발표된 후, 15년 만인 2013년에 미국 레슬리 대학교의 표현예술치료학과 대학원에서 오랜 기간 박사과정생들의 연구 지도를 담당해 온 Robyn Flaum Cruz 박사를 통해 이 책이 수정·보완되어 출간되고,

2015년 한국어판으로 번역되어 소개되는 것은 매우 의미 있는 일이다.

미국은 2001년 911 테러 사건을 겪으면서 그동안의 언어 중심의 심리치료 패러다임에서 표현예술을 통한 심리치료적 개입의 유용성과 필요성을 절감하게 되었고, 이 분야에 대한 관심과 연구 과제들을 통한 지원이 점차 확대되기 시작하였다. 이후 표현예술심리학 분야는 빠른 성장과 발전은 물론이고 그 효과성에 관한 양적·질적 연구의 필요성이 진지하게 대두되었으며, 예술심리치료에 대한 연구는 정신의학, 심리학, 인문학, 예술학 등에서도 과학적 접근으로서의 연구가 활발히 진행되고 있다.

이 책에서는 평가와 진단에 대한 기초 지식을 바탕으로 표현예술치료에서 과학적 접근으로서의 연구를 중요하게 다루고 있는 미술치료, 음악치료, 무용/동작치료의 평가에 대한 내용이 심도 있게 다루어져 있다. 따라서 이 분야의 연구를 다루는 석사과정과 박사과정생들뿐 아니라 임상 현장에서 자신의 치료에 대한 전문성을 점검하고 확인하고자 하는 전문가들에게는 반드시 필요한 평가에 대한 기본적 지식과 안목을 기르는 데 필수적인 도움을 줄 것이라 확신한다.

이 책의 선정과 번역 과정은 한국심리치료학회 운영진의 열정과 노고의 산물이다. 우선 만나기 어려운 전문서적의 번역을 제안해 주시고 번역에 참여하신 김선희 교수께 감사드리고, 번역 작업에서 어려운 시간을 내주고 끝까지 참여해 주신 김나영 교수, 박경순 교수, 최미례 교수, 김명식 교수, 안귀여루 교수께 감사드리며, 그동안 여러모로 지원을 아끼지 않으신 장연집 교수님과 신민섭 교수님께도 학회장으로서 심심한 감사의 말씀을 드린다. 이 번역서는 여러 분이 참여한 관계로 이를 총괄하고 책의 구성을 완성도 있게 만들어 나가는 과정이 필요했고, 이 작업에서 많은 노고를 아끼지 않으신 김진영 교수께 고마움을 전한다.

끝으로 이 책이 나오기까지 격려해 주시고 지켜봐 주신 학지사 김진환 사장님과 세부사항까지 꼼꼼히 챙겨 주신 백소현 과장님께 머리 숙여 감사드린다.

한국심리치료학회장 박 경 배상

한국의 독자들께

　이 책을 여러분께서 한국어로 읽고 계신다니 매우 기쁩니다. 이 책이 한국어로 번역된다는 소식을 들었을 때 저는 매우 놀랐고, 첫 저자이신 Elaine과 Bernard Feder 교수님들도 이 사실을 아셨다면 정말 기뻐하셨을 것입니다. 두 분은 모두 세계 여러 나라에서 예술치료의 전문 영역을 확장하는 데 큰 기여를 하신 분들입니다. 기본적으로 심리치료의 임상 훈련뿐만 아니라 특히 예술치료 임상 훈련을 강화하고 지지하는 것에 대한 자료들을 보급하는 데에도 많은 공헌을 하셨습니다. Bernard 교수님의 교육학과 심리학에 대한 전문 지식은 예술치료에서 전통적인 측정방법과 심리학적 원리들을 선택하고 사용하는 데 빛을 발하였으며 이는 이 분야의 모든 사람들에게 유용한 자원이 되었습니다. 따라서 이 책은 단지 예술치료에 관심이 있는 독자들만이 아니라 관련한 다양한 영역의 독자들에게도 유용한 책이 될 것입니다. 양적 연구와 질적 연구에서 평가에 적용되는 기본적인 원리를 이해하는 것은 모든 전문 영역의 치료사들과 건강관련 전문가들에게는 매우 중요한 일이며, 이 책이 한국의 다양한 심리치료사와 예술치료사에게 적절한 정보를 제공하리라 기대합니다.

　원서의 서문에서 밝힌 바와 같이, 원저자이신 Bernard와 Elaine Feder 두 분은 첫 출간서에서 이 책은 두 분이 부부로서 서로의 전문 영역을 존중하고 도우며 발전시킨 애정을 담은 저서임을 밝히셨고, 그 두 분과 가까이 일을 해오면서 Bernard 교수님의

아내에 대한 지극한 사랑을 담은 결실의 저서임을 밝히지 않을 수 없습니다. 애석하게도 지금은 두 분 모두 고인이 되셨지만 그분들의 전문가로서의 삶과 사랑을 통한 유산은 이제 한국의 독자들에게도 잘 전달되리라 생각합니다.

이 책의 일부는 이해하기 쉽지만 다른 일부는 공을 들여 공부해야 합니다. 저는 우리가 임상가로서 만나게 되는 내담자들을 위해 해야 하는 일 중의 하나가 나 자신을 자극하고 도전하는 일이라 생각합니다. 바라기는 한국의 독자들이 이 책을 읽으며 도전받고 공부하는 과정을 통해 여러분의 내담자들과 여러분이 기여하는 전문 영역이 큰 유익을 얻게 되기를 기대하며 이 글을 마칩니다.

미국 매사추세츠 주 캠브리지의 레슬리 대학교에서

Robyn Flaum Cruz 교수

저자 서문

　이번 2판은 창의적 예술치료의 평가와 사정에 관한 개론서이자 안내서로서 초판의 전통을 그대로 계승하고 있다. 예술치료 훈련 프로그램이나 박사과정을 이수 중인 대학원생들과 현장 전문가들이 평가 프로그램을 개발하고 실행하기 위한 지침을 원한다면 이 책을 유용하게 사용할 수 있다.

　이 책의 첫 번째 부분은 양적인 평가뿐만 아니라 질적인 평가에도 적용되는 기본과 원칙들을 다룬다. 이 일반적인 접근을 먼저 다룬 다음에 평가에 대한 구체적 접근을 다루는데, 여기에는 심리측정적 접근, 임상적 혹은 직관적 접근 그리고 행동적 접근이 포함된다. 미술치료, 무용/동작 치료 그리고 음악치료에서의 평가 절차에 초점을 두고 있는 마지막 부분은 각 해당 영역의 전문가가 집필하였다.

　누군가의 저서를 개정하고 갱신할 것을 요청받는 것은 대단히 영광스러운 일이다. 특히 그 저서가 애정의 산물일 때는 더욱 그럴 것이다. 버나드 페더와 엘레인 페더의 오랜 관계의 특징은 애정인데, 그 애정의 증거가 이 책에도 포함되어 있는 초판 소개에 명확하게 나타나 있다. 초판에서 버나드는 지난 세기 동안에 이루어진 평가의 역사적 기반과 발전을 훌륭하게 이해하고 제시하였으며, 필자는 이를 개정판에서도 보존하고자 노력했다. 필자는 여러 동료와 도움을 주신 분들, 바버라 휠러와 도나 베츠에게 감사드린다. 음악치료와 미술치료 영역의 평가에 관한 부분은 이 책에 이루 말할 수 없는 기여를 하고 있다. 내가 이 개정판 작업을 하는 동안 예술치료 전문 분야가 내가 인식하고 있던 것보다 훨씬 성장하고 발전한 것은 멋진 일이다. 필자는 이 책이 현재는 물론 미래의 예술치료 전문가들에게 유용하기를 바라면서 이 글을 쓰고 있다. 창의적인 예술치료자들은 도움이 필요한 사람들을 보살피는 데 절실하게 필요한 인간애를 지니고 있으며, 이는 우리가 예술이 삶에서 차지하는 중요성을 이해하기 때문에 가능하다.

Robyn Flaum Cruz

초판 소개

이 책은 두 가지 기본 주제를 중심으로 구성되었다. 첫째, 우리는 치료가 예술이냐 과학이냐에 관한 논쟁은 무용지물일 뿐만 아니라 반(反)생산적이라고 생각한다. 이 논쟁은 예술적 창의성과 과학적 타당성 모두가 필요한 분야에서 의미 없는 분리를 영속화할 뿐이다. 둘째, 우리는 치료적 노력이 의미 있으려면, 치료자가 치료의 효과를 확증하기 위한 인정받을 만한 방법을 공식화할 수 있어야 한다고 주장한다.

첫 번째 명제부터 살펴보자.

클로드 버나드(Claude Bernard, 1813~1878)는 "예술은 나이고, 과학은 우리다."라고 했다. 뉴턴의 말을 빌리자면, 우주의 운영을 지배하는 법칙을 발견하기를 추구하는 과학자들은 '거인들의 어깨 위에' 올라서 있는 것이다. 과학은 협력적이고 점증적이며 축적되는 것이다. 개개 과학자는 지식의 본체에 조금씩의 이해를 더함으로써 이전까지 발견된 것을 교정하거나 향상시킨다. 이런 점에서 경쟁자들조차 협력자가 된다. 대체된 내용은 더 이상 쓸모없기도 하고 또는 우리를 둘러싼 현실에 대한 달라진 인식 속으로 편입된다.

대조적으로, 예술의 본질은 독립성과 자율성, 기존으로부터 벗어나 새로움을 창조하는 자유다. 물론 예술가가 완전히 자유로운 존재는 아니다. 예술가도 예술의 기술, 재료의 제한성, 전통의 요구에 따라 어느 정도는 속박당하고 있다. 예술가는 과학자보다 쉽게 전통을 거부할 수 있다. 그러나 예술가는 과학자와 달리 고유한 작품을 창조하기 위해서 이미 학습한 것을 변형시키더라도 지식의 본체에 그만큼 기여하는 것은 아니다. 그렇다고 반드시 그 작품이 기존의 것으로부터 멀어지게 하는 것도 아니다. 반 고흐나 모네 혹은 잭슨 폴록의 작품이 미켈란젤로의 대작이 지닌 가치를 감소시키지 않는다.

예술과 과학의 문화가 달라 보이지만, 둘 간에는 상호작용이 있고 중첩되는 영역이 상당히 존재한다. 진흙이나 유리, 대리석의 성질에 대한 발견, 안료나 오일 혹은 템페라 질의 개선, 악기 제작을 위한 새로운 재료의 개발, 광택제 생산에서의 진보, 이 모든 것은 예술가에게 새로운 전망을 열어 주며 예술가가 자신의 생각을 상상하고 창조하고 실행할 수 있는 수단을 제공한다. 역사가이자 전 미국회도서관장이던 부어스틴(Daniel J. Boorstin, 1994)은 소위 발견의 문화와 창조의 문화가 모두 번성한 시대 동안의 둘의 공생 관계에 대해서 다음과 같이 적었다.

> 새롭게 발견한 과학의 조망을 겸비한, 영감이 넘치는 독특한 창조자가 지닌 르네상스 믿음은 장인을 예술가로 격상시켰다……. 지오토(Giotto)가 최우선으로 적용하였던 기법은 다 빈치와 두렌(Duren)의 손에서 과학이 되었다(pp. 24, 29).

예술가를 과학적 노고의 열매를 얻어먹는 사람으로만 생각하는 것은 잘못이다. 이 활기 넘치는 발견과 창조의 시대 동안에 본질적인 르네상스인들은 발견자인 동시에 창조자였다는 사실을 기억해야 한다.

다 빈치의 노트북에서 우리는 질문, 넘치는 질문을 발견한다. 이러한 질문들이 예술가의 질문인지 아니면 과학자의 질문인지 알려면 애를 먹을 수밖에 없다. 인간은 어떻게 걷는가? 박격포의 탄도는 어떻게 기술할 수 있는가? 다 빈치가 발을 그린 열 가지 방법은 발의 구조와 기능에 대해서 무엇을 보여 주는가? 이 노트북에는 뭔가 당황스럽게 하는 그림들이 있다. 펌프, 자체 잠금 웜기어, 에어하우스(역주: 압축 공기를 넣어 부풀려 만든 기둥이 없는 공사용 비닐하우스), 증기 엔진, 낙하산, 비행기, 잠수함, 롤

러베어링, 스프로킷 체인(sprocket chains), 기관총. 다 빈치는 예술가의 기술을 숙달하기 위해서 과학을 사용한 것일까? 아니면 과학자가 해부학, 지리학, 기계학 그리고 수역학을 탐구하기 위해서 예술을 사용한 것일까?

우리가 레오나르도 다 빈치만큼 창조성과 발견을 구분할 수 없는 사람을 찾기는 쉽지 않지만 예술의 세계와 과학의 세계 사이에는 언제나 상호작용이 있다. 예술가가 과학자의 발견에 많은 빚을 지고 있는 것처럼 상당량의 과학적 지식이 예술가가 던진 질문들에서 비롯되었다. 도형들이 각기 다른 각도에서 보일 때 만들어 내는 이미지를 다루는 '투사기하학' 분야는 예술가들이 촉진한 결과로 17세기에 수학자에 의해서 개발되었다.

현대 심리치료는 과학과 예술 모두에 빚을 지고 있다. 심리치료가 예술에서 가져온 것은 직관적 통찰에 의한 예술적인 창조적 충동이다. 또한 해석과 치유의 과정에서 촉매제로 작용하는 치료자와 환자 사이의 사적인 공감적 결합을 발달시키는 능력과 관계를 분별하는 능력도 가져왔다. 심리치료가 과학에서 가져온 것은 창조적 명제가 인간이 실제로 기능하는 방식에 대한 발견에 상응해야 한다는 인식이다. 그렇게 함으로써 우리는 원칙에 근거한 명제와 변덕을 구분할 수 있게 된다.

현대 심리치료의 실제에서 예술과 과학의 관계는 불만족스럽고 혼란스러운 것이다. 직업의 전문화가 증가됨에 따라서 예술가와 과학자가 서로 다른 언어로 이야기하고 서로를 이해하는 데 어려움을 겪게 된다. 조화로운 합창이어야만 하는 것이 종종 혼란스러운 불협화음이 된다.

과학은 기저의 원리와 사물의 자연 질서를 탐구한다. 과학자는 인간을 인간으로 만드는, 즉 인간 본성의 대구조를 제공하는 공통된 요소를 발견하고자 한다. 이 질서에서 벗어나는 개인은 말 그대로 '장애(disorder)'의 피해자다. 과학자는 장애의 본질을 파악함으로써 그 피해자를 정상성, 즉 통계적 규준, 사물의 자연 질서에 동조하는 상태로 되돌릴 수 있기를 바란다. 과학적인 정신이 있는 심리학자는 우울증이나 정신병을 앓고 있는 많은 사람을 연구함으로써 그 장애들에 대해서 무엇을 알 수 있을지를 묻는다. 우리는 각 문제를 그것이 광활한 텅 빈 공간 속에서 부유하는 것처럼, 유사한 문제들과 상관이 없는 것처럼 봐야만 하는 것일까?

예술은 무엇인가 인간들을 구분해 주는 독특한 것, 개인적인 것을 추구한다. 예술가는 왜 이 사람은 다른 모든 사람과는 다른 것일까, 어떻게 다른 것일까를 묻는다. 이 사람이 어떻게 개인적인 현실을 창조했고 자신만의 세계를 구조화했을까? 개인을 이해하는 열쇠는 개인적인 세계를 들여다보고 그만의 개성의 표현을 찾아보는 것이다. 개인의 독특한 본질을 발견하는 능력은 치료자의 예술이라고 할 수 있다.

이 예술가로서의 치료자와 과학자로서의 치료자 사이의 연결 가닥이 이 책 전반을 관통하고 있다.

결코 예술과 과학 간의 차이가 사라질 수는 없더라도 이해는 해야 할 것이다. 예술과 과학 모두가 의미 있는 치료에 본질적이기 때문이다. 과학이 없다면, 치료는 미신적인 의식 행위로 퇴화할 수 있으며 치료의 근거는 치료자가 개인적으로 치료 효과가 존재한다고 믿는 것에 불과할 것이다. 예술이 없다면, 치료가 고찰하고자 하는 인간성 자체를 상실할 수 있다.

이는 우리로 하여금 두 번째 이슈에 직면하게 한다. 어떻게 예술치료자는 환자나 내담자에게 적절한 치료를 확신할 수 있으며 자신이 행하는 치료가 효과가 있는지를 아는 것일까?

우리가 이 책을 저술하기 시작했을 때는 조지아 주 아테네의 작은 대학마을에서 살고 있었다. 우리가 지나다니는 85번 고속도로에는 "기도하라. 이루어질 것이다."라고 큼지막하게 적힌 표지판이 있었다.

우리는 이 표지판을 지나칠 때마다 한마디씩 하지 않을 수가 없었다. 심리치료가 '효과가 있는지'에 대한 의문을 야기한 런던 대학 정신의학연구소의 심리학자이던 아이젱크(Hans J. Eysenck)의 경험을 언급할 때도 있었다. 거의 반세기 전에 아이젱크는 심리치료의 효율성을 의문시한 몇 개의 논문을 출판하면서 어떤 치료법도 다른 치료법보다 효과적이지 않으며, 어떤 형태의 치료도 일상적인 삶의 경험과 특정하지 않은 치료법을 통해서 얻어진 회복률을 능가하지 못한다고 결론 내렸다.

아이젱크의 결론은 임상가들과 연구자들에게 격렬한 논쟁의 주제가 되었다. 우리는 몇 가지 점에서 심각한 오류가 있는 그의 연구 자체에 대해서 여기서 다룰 생각은 없다. 이 사건의 전말에서 가장 흥미로운 점은 당시 심리치료 분야에서 그의 연구가 불러일으킨 소동이다. 심리치료의 효과성을 검증하겠다는 그 행위 자체가 감정적 반응을 자극했는데, 그는 이것을 기도의 효능성을 통계적으로 검증하려고 시도한 신성 모독자에게 대항하는 신실한 신도의 감정적 반응과 비교했다.

프로이트의 시대 이후로 심리치료의 효과성에 대한 열띤 논증이 계속되어 왔다. 그러한 논쟁은 종종 격렬했고 때로는 신랄하기까지 했다. 논쟁의 한편에는 자신의 환자들에게서 목격한(혹은 목격했다고 주장하는) 호전으로 깊은 인상을 받고 그러한 호전이 자신의 노력 덕분이라고 주장하는 임상가들이 있다. 다른 한편에는 실제 변화가 발생했으며 변화가 치료적 개입의 결과라는 객관적 증거를 요구하는 연구자들이 있다.

이 책은 관심의 초점이 환자에게 변화가 있는가 아닌가에 있지 않은 개인 예술치료자를 위한 것이다. 환자가 치료를 받든 그렇지 않든 간에 변화는 일어날 것이다. 중요한 문제는 변화의 본질을 인식하고 파악하는 것이며 그러한 변화가 우연의 소치가 아닌 치료의 결과로서 얻어진 정도가 얼마큼인지를 확신을 가지고 알 수 있어야 한다는 것이다.

비유적으로 말하자면, 아이젱크가 심리치료 시설의 대문에다 자신의 논문을 못질한 이래로 수십 년 동안 많은 변화가 있었다. 많은 수의 언어적 치료자와 비언어적 치료자가 치료의 효과를 고려할 때 신념, 열정, 입증되지 않은 일화적 보고 이상이 필요하다는 사실을 받아들이게 되었다.

이 책은 이론적으로 그리고 방법론적으로 다양한 접근을 탐색한다. 우리의 목적은 심리검사에 관한 기본 교재나 전문 학술지에 가득한 치료 비결에서 찾아볼 수 있는 공식을 제공하는 것이 아니다. 대신 우리의 목적은 치료자가 자신의 평가 프로그램을 자신의 목표와 연관시키고, 평가에서 관심 있어 하는 부분을 확인하고, 자신이 필요로 하는 바를 충족해 줄 수 있는 평가 프로그램을 고안할 수 있도록 돕는 것이다.

이 책의 실제 개발에서 버나드는 대표저자였다. 그가 맡은 과제는 우리가 오랜 시간에 걸쳐서 토론한 아이디어들을 언어로 옮기는 것이었다. 초안에 대해서 우리는 또 토론을 벌였다. 직관적인 열정가인 엘레인과 분석적인 회의주의자인 버나드는 우리가 합의점에 도달할 때까지 몇 시간에 걸쳐 논쟁하곤 했다. 애초부터 우리가 동의한 입장 하나는 예술치료자가 예술치료(말하자면 그 효과)를 평가할 수 있는 신뢰할 만한 방법을 정립하기 전까지는, 또 자신이 하는 일이 어려움을 겪고 있는 사람들에게 차이를 가져다준다는 사실을 알 수 있는 방법을 개발하기 전까지는 전문직이라고 주장할 수 없다는 것이었다.

우리는 예술치료자들이 이 사실을 뼈저리게 깨닫고 있다고 믿는다. 이 문제가 예술치료자의 주목을 받게 된 것은 상당 부분 보험회사와 같은 외부인들의 요구 때문이다. 부분적으로 이는 예술치료가 서투른 청소년기를 지나는 성숙 과정을 겪고 있기 때문이다. 최근에 사실상 모든 전문가 회의가 치료에서의 사정, 평가, 연구에 대한 패널과 세미나를 포함하고 있다. 그럼에도 연구나 평가에 대한 교육을 제공하는 예술치료 프로그램이 거의 없다는 사실은 경각심을 불러일으킨다. 지금의 문제는 아이젱크가 1960년대에 대면한 평가에 대한 저항이 아니다. 오히려 지금 문제가 되는 것은 많은 치료자가 확실성의 착각에 빠져서 그 기능과 한계점에 대한 실제적인 이해 없이 치료 방법과 도구를 무비판적으로 너무 열심히 받아들인다는 점이다.

이런 점에서 뷰로스(Oscar Buros)가 반세기 전에 한 이야기를 살펴보는 것이 도움이 될 것이다. 『Tests in Print』(1961)의 서론에서 그는 다음과 같이 적었다.

요즈음, 어떤 검사가 얼마나 형편없든 간에, 만약 그 검사가 포장이 잘 되고 다른 어떤 검사도 할 수 없는 것들을 할 수 있다고 약속하기만 한다면 그 검사를 사겠다는 사람들을 쉽게 찾을 수 있을 것이다.

……[검사 사용자는] 검사 제작자와 출판자들의 과장된 주장을 믿고야 말겠다는 불굴의 의지가 있는 것처럼 보인다. 만약 검사 사용자가 자신이 사용하는 검사 도구의 장점과 한계점에 관해 더 잘 알았더라면, 작업하면서 …… 아마도 덜 행복했을 것이다. 타당화되지 않은 신념이라도 철썩같이 믿는다면 확신을 가지고 검사 결

과를 해석하고 제언을 할 수 있다. 검사에 대해 잘 알고 있는 사용자는 이렇게 할 수 없다. 그런 사용자라면 최고의 검사라고 해도 개별 사례를 해석하기는 굉장히 어려우며 오류 가능성이 상당히 있다는 것을 알고 있다. 결과적으로, 그는 다른 사람들이 보기에 그가 자신이 하고 있는 이야기를 진짜 알고 있는 것인지를 의문스러워할 정도로 검사 결과를 조심스럽게 주저하며 해석하게 된다(Buros, 1961, p. xxix).

뷰로스가 보기에는 십 년이 지난 다음에도 자신이 처음에 주장한 것에서 별반 달라진 것이 없었던 것 같다. 그는 "현재 판매되고 있는 검사 중에서 적어도 절반은 출간되어서는 안 되는 것들이다. 오류투성이의 과장되고 근거 없는 주장이 예외가 아니라 일반적이다."라고 성난 듯한 어조로 적었다(Buros, 1972, p. xxvii).

우리는 사정 절차가 개선되려면, 이러한 절차의 창시자와 사용자가 평가와 사정에 대해서 일반 치료자보다 더 잘 알아야 한다고 생각한다. 이런 점에서 이 책이 기여할 수 있기를 바라는 것이 우리의 바람이다.

몇 가지 이유에서, 이 책은 예술치료에서의 사정에 관한 조사 혹은 평가에 관한 종합적인 기본 지침서라고 하기는 어렵다.

우선, 실용적인 고려점들 때문에 평가에 대한 완전한 안내서를 개발하기가 쉽지 않았다. 그런 책은 엄두를 못낼 만큼 길어질 것이고 가격도 엄청나게 비싸질 수밖에 없을 것이다.

더구나 그런 책을 집필하려면 사실 우리가 실제 적용해 본 적이 별로 없어서 편하지 않은 영역에 관한 심층적인 연구를 해야 했을 것이다. 우리는 몇몇 조지아 대학 교수의 초청을 받고 우리에게 부족하던 다양한 영역의 박사과정 학생들을 포함하기 위해서 지원금을 신청해 볼 생각도 했지만, 그런 노력이 너무나 시간 소모적이고 기껏해야 이 책에 보태는 것이 별로 없을 것이라고 결론 내렸다.

결과적으로, 우리는 작업을 두 개의 주요 분야에만 국한하기로 결정했다. 첫 번째 결정은 개별 내담자와 환자의 사정을 다루면서 커플, 집단, 가족 치료의 다양한 영역에 대해서는 그때그때 다루자는 것이었다. 개인의 사정과 가족 및 집단의 사정 사이에 접점이 있기는 하지만 치료 분야에서 이러한 영역들을 구별되는 범주로 간주할 만한 충분한 이유가 있다.

두 번째 결정은 상당한 고민을 한 후에 내려졌는데, 심리극, 연극치료, 시치료와 같은 영역을 이 책에 포함시키지 않기로 한 것이었다. 이러한 치료들이 기본적으로 언어적이므로 그 평가 절차가 개인치료나 커플치료, 집단치료, 가족치료에서 개발된 접근들에 상당히 의존하는 경향이 있기 때문이다.

우리는 자신들이 다루어 온 평가 절차를 공유해 준 예술치료자들에게 감사하게 생각한다. 많은 치료자가 그들의 경험, 철학 그리고 좌절에 대한 이야기를 나누어 주었다.

우리는 자신들이 특별한 전문성과 관심을 가지고 있는 장들을 검토하고 조언을 해 주는 데 동의한 사람들에게 특별히 감사한다. 여기에는 미국 ETS(Educational Testing Service)에서 대학위원회 연구를 담당한 친구이자 전 동료인 프렌치(John W. French) 박사, 조지아 대학 음대 학장이자 전 음악치료학회지 편집장인 그레이엄(Richard Graham) 박사, 주 관심 분야가 양적 평가인 조지아 대학의 게일(Jerry Gale) 박사, 심리유형의 응용 프로그램을 위한 센터의 마틴(Charles R. Martin) 박사, 그리고 비평과 제안을 아끼지 않은 다양한 분야의 수많은 예술치료자, 정신과 의사, 심리학자, 심리측정학자와 학자가 포함된다.

Bernard와 Elaine Feder

차 례

역자 서문 / 3

한국의 독자들께 / 5

저자 서문 / 7

초판 소개 / 9

CHAPTER 1 평가의 목적 … 21

평가의 기능 _ 23

진단과 평가 _ 25

양적 평가와 질적 평가 _ 35

평가와 연구의 차이 _ 39

요 약 _ 41

CHAPTER 2 평가에서의 심리치료에 대한 편견 … 45

정상적인 사람이 있는가 _ 48

심리치료에 대한 여러 견해 _ 50

코끼리를 달리 보기 _ 57

평가에 대한 이론 기반 접근 _ 59

요 약 _ 64

CHAPTER 3 평가 절차에서 고려할 점 … 67

지능은 무엇이며 누가 가지고 있는가 _ 68

타당도 _ 73

신뢰도 _ 88
평가 절차 선택에서의 실제적인 고려 사항 _ 96
요 약 _ 98

CHAPTER 4 평가에서의 함정, 특이한 점과 오류 ··· 103
충분하지 않거나 편향된 자료의 문제 _ 104
자료 해석의 문제 _ 112
요 약 _ 128

CHAPTER 5 숫자의 마술: 기초 통계 개념 ··· 133
숫자의 순서 매기기 _ 136
빈도 분포 _ 138
정규곡선 _ 144
표준화된 검사 _ 148
통계치로부터 예측하기 _ 148
상 관 _ 160
요 약 _ 164

CHAPTER 6 객관적 심리검사 ··· 167
심리검사와 전형적인 행동 _ 168
객관적 자기보고 구성에 대한 접근법 _ 172
프로그램 검사와 대안 포맷 _ 185
정보를 얻는 출처로서의 검사 매뉴얼 _ 187
요 약 _ 190

CHAPTER 7 평가에서의 투사적 접근 ··· 195
투사 가설 _ 197
투사 기법 _ 197

투사적 그림 _ 204
청각적 투사검사와 음악적 투사검사 _ 220
무용/동작 치료에서의 투사적 기법 _ 221
투사적 검사는 얼마나 타당한가 _ 222
요 약 _ 224

CHAPTER 8 행동적 평가 ··· 233

표적 행동을 식별하기 _ 236
직접적 행동 평가 _ 237
간접적 그리고 유추적 접근 _ 244
표준화된 행동 평정 척도 _ 245
인지적 행동 평가 _ 248
행동적 평가에서의 신뢰도와 타당도의 문제 _ 254
목적과 목표를 설정하기 _ 255
요 약 _ 262

CHAPTER 9 임상 평가 ··· 269

임상 평가의 의미 _ 271
임상적 판단 _ 271
평가에 대한 임상적 접근과 통계적 접근 _ 277
임상가와 연구자의 불편한 관계 _ 285
평가 면접 _ 289
요 약 _ 291

CHAPTER 10 예술치료 평가에서의 이슈 ··· 297

왜 예술 기반 평가여야 하는가 _ 298
관 점 _ 300
전문가적 정체성과 평가의 수준 _ 304
평가 절차의 범주 _ 306

외적 평가에 의존하는 것에 대한 경고 _ 308
정신약리학과 예술치료 진단평가 _ 309
요 약 _ 312

CHAPTER 11 미술치료 측정 도구와 평가 ··· 321
미술치료 평가의 역사 _ 326
방법론 통합을 위한 토대 _ 329
미술치료 진단평가의 영역 _ 333
결 론 _ 360

CHAPTER 12 무용/동작 치료에서의 평가와 진단평가 ··· 373
동작 관찰 훈련 _ 374
전문적 무용/동작 치료 임상에서의 평가 _ 375
동작의 언어 _ 379
동작 관찰에서의 전통적 문제와 함정 _ 385
동작 분석 체계에 관한 개요 _ 389
요 약 _ 408

CHAPTER 13 음악치료의 평가 ··· 417
평가의 목적 _ 418
평가에 관한 실행 기준 _ 419
음악치료 평가의 필요성 _ 421
평가의 개요 _ 422
음악치료 평가에서의 쟁점 _ 426
초기 음악치료 평가 _ 431
음악치료 평가 사례 _ 434
요약과 권고 사항 _ 451

찾아보기 / 463

CHAPTER *1*

평가의 목적

미국의 경우 대부분의 예술치료사는 평가의 가치를 어느 정도 인식하고 있다. 이런 현상은 아마도 훈련 프로그램의 변화와 예술치료사에게 특화된 박사과정 프로그램의 발전과 예술치료 연구논문의 발달 때문일 것이다. 비록 모든 사람이 평가를 연구의 한 부분으로서 편하게 받아들이지 않더라도, 연구의 필요성이 정기적으로 연구물에서 기술되고 있으며, 예술, 음악 그리고 무용/동작 치료에 적합한 연구에 관한 문헌들이 널리 사용되고 있다(Cruz & Berrol, 2012; Kapitan, 2010; Wheeler, 2005). 예술치료의 발전을 위해 연구가 필요하다는 인식과 함께, 관련된 몇 가지 발전은 예술치료자로 하여금 환자와 내담자의 욕구와 치료 결과를 평가하도록 자극했다. 이런 활동은 현대의 건강보험(healthcare)에서 많이 사용하는 수량화의 영향에 의해 매우 활성화되었다.

내담자의 진단에 적합한 서비스가 제공되었는지를 관리하는 건강보험이라는 제3자의 점증하는 요구에 따라 실제 예술치료에 상당한 영향을 주게 되었다. 개업하거나 클리닉에서 일하는 예술치료사는 주에서 발급하는 자격증을 취득함으로써 보험회사, 건강보험과 기타 보험에 대해 치료에 대한 청구를 할 수 있게 되었다. 이런 경우에 예술치료사는 청구서에 사용되는 용어로 치료 목표와 평가를 기술해야 하며, 미국정신의학회(American Psychiatric Association: APA)의 『정신장애의 진단 및 통계 편람(*Diagnostic and Statistical Manual of Mental Disorders: DSM*)』을 사용해야 한다. 주에서 인증하는 예술치료사 훈련 프로그램의 교과과정에서도 『DSM』에 대한 간단한 훈련을 제공하고 있다.

예술치료의 또 다른 발전은 예술치료의 확장으로, 원래의 정신과 영역을 벗어나 학교, 다양한 지역사회 프로그램, 웰니스 센터와 의학적 치료 장면에까지 퍼져 나가게 되었다. 특히 미국의 증가하는 노인 세대와 사회적 행동주의(social activism)는 예술치료가 여러 장면에 퍼져 나가도록 하는 중요한 역할을 하고 있다.

1975년 「공법(Public Law)」 94-142조가 제정되면서, 점점 많은 예술치료사가 학교에 들어가게 되었고 현재에도 많이 일하고 있다. 이 법은 「장애인교육법(Individuals with Disabilities Education Act: IDEA)」으로서 신체적·발달적·정서적 문제가 있는 아이의 욕구에 맞는 적절한 프로그램을 만들도록 지시했다. 세월이 흐름에 따라 이 법이 개정되었지만 이러한 특성은 그대로 남아 있다. 학교는 특수아의 문제에 개입하기 위한 여러 가지 서비스를 개발하라는 압력을 받게 되었다. 학교에서 일하는 예술치료사는 교사, 치료자나 자문가로서 일하고 있고, 특수아의 발달적·신체적·신경학적 또는 정서적 문제와 장애를 확인하고 개별화교육계획(Individual Educational Plans: IEP)을 개발해서 장애를 교정하고 완화시키라는 요구를 받고 있다. 비슷하게, 예술치료사는 다른 치료 장면에서도 주요 장애와 문제를 밝히고, 내담자의 지각되거나 보고된 욕구에 맞는 적절한 치료를 계획하고 제공하는 일을 하고 있다.

최근에 들어와 의료 장면에서 많이 행해지는 예술치료의 한 가지 예는 예술치료사가 의학적인 병이 있는 사람과 더 많이 일하게 되었고 수용받게 되었다는 것이다. "창의적 표현이 치료 과정에 큰 도움을 줄 수 있다."(Stuckey & Nobel, 2010) 세계적으로 예술치료는 질병뿐 아니라 지역사회 운동과 안녕(wellness)(Ho, Tsao, Bloch, & Zeltzer, 2011)을 위해 많이 수용되어 활용되고 있다.

예술치료사가 일하는 여러 기관으로 미국의 간호사가 운영하는 너싱홈(nursing

home)과 같이 건강보험에서 인정하는 표준적인 개인 평가(최소한의 자료 세트, 임상적 평가)를 사용하는 곳도 있다. 그러나 심리사회적·기분적 요소의 부족으로 공식적이고 임상적인 평가가 이루어지지 않는 기관에서, 예술치료사는 예술치료와 내담자의 특성에 적합한 평가나 평가 요인을 개발하도록 도와야 한다.

평가에 대한 접근은 예술치료에 대한 철학적 접근만큼 다양하다. 그러나 접근법에 상관없이, 문제는 동일하다. 평가의 기준이 없다면, 우리는 다음과 같은 사실들을 알 수 없다. 내담자가 적절한 치료를 받는가? 현재 치료가 내담자를 돕고 있는가? 도와 왔는가? 치료자가 특정한 치료법이나 접근을 계속 사용해야 하는가? 포기해야 하는가? 변화를 주어야 하는가? 어떤 프로그램이 원래의 목적한 바를 수행하고 있는가? 어떤 프로그램을 유지해야 하는가? 수정해야 하는가? 포기해야 하는가?

평가를 위한 한 가지 단일화된 가장 좋은 방법은 없다. 평가는 통계학 혹은 직관에 기초하며, 공식적일 수도 있고 비공식적일 수도 있다. 치료를 위한 정보는 여러 가지 방법을 통해 모을 수 있다. 검사나 측정 도구를 사용하거나 내담자의 행동을 관찰하거나 내담자에게 질문을 하거나, 또는 그림, 동작, 음악 만들기 같은 질적 평가를 하거나 인상적 자료를 합치거나 하는 등의 여러 가지 방법이 있다. 그러나 이 책에서 사용하는 평가에 대한 정의는 한 가지 공통점이 있다. 즉, 평가란 최종 의사결정을 하기 위해 필요한 정보를 수집하는 하나의 방법이라는 것이다. 상황과 목적에 따라, 이런 평가가 다른 분야에서 보다 더욱 적절할 수 있다. 평가자의 기술의 많은 부분은 여러 가지 평가의 차이를 잘 아는 데 달려 있다.

평가의 기능

평가에는 다섯 가지 기능이 있다.

① 내담자, 프로그램, 기관의 문제와 욕구를 파악하기

② 미래의 행동을 예측하기

③ 변화를 관찰하기

④ 치료적 방법이나 기술을 증진시키는 방법을 알려 주기

⑤ 치료를 언제 그만두거나 중단할지를 알려 주기

이 기능들은 독립적이거나 상호 배타적인 것이 아니다. 예를 들어, 내담자의 상태와 욕구에 대한 기저선(baseline)이 수립되지 않는다면 변화를 파악하기 어려우므로, 관찰하는 것은 의미가 없어진다. 치료자가 환자의 행동을 예측할 수 없다면, 그 변화가 치료의 결과인지 자연스럽게 회복된 것인지 알 수 없으므로, 변화를 감지하고 언제 치료를 종료할지 결정할 수 없다.

이 모든 기능은 한 가지 기본적 목적을 지향한다. 그것은 치료를 인도하고 지시하는 것이다. 치료를 계획하거나 증진시키는 데 기여하지 못하는 평가나 단순히 사람에게 꼬리표를 붙이거나 대충 분류하기만 하는 프로그램은 유용한 목표를 이룰 수 없고 실제로 해를 끼치기 쉽다.

게다가 평가자가 평가에 대한 정확한 지식이 없다면, 평가의 가치는 거의 없다고 할 수 있다. 평가의 목표는 적절한 치료법을 선택하는 것부터 자살 위험을 평가하거나 왜 특정한 치료가 효과가 없는지 평가하는 것까지 그 범위가 다양할 수 있다. 평가의 목표에 따라 평가 절차가 정해지거나 매우 다른 평가 절차가 진행될 수 있다.

평가라는 용어인 evaluation과 assessment는 종종 같이 쓰이며, 이 책에서도 비슷하게 쓰일 것이다. 두 단어 모두 의사결정의 기초인 가치 판단(value judgement)을 의미한다. 그러나 많은 사람이 내담자의 문제를 규명하는 전반적 과정과 증상 호전의 감찰을 assessment라고 하고, 프로그램의 효율성(efficacy)이나 치료 경과를 살펴보는 것을 evaluation이라고 한다. 흥미롭게도 평가(assessment)라는 단어는 라틴어의 '비교하다(set beside)'라는 단어로부터 생겨났다. 건강보험에서 평가(assessment)는 내담자의 문제나 욕구를 처음에 결정하는 것이고, 평가(evaluation)는 내담자의 변화를 감찰하고 치료 과정에 대해 결정을 내리는 두 가지 과정을 말한다.

진단과 평가

지난 20년간 창의적인 예술치료 기법들이 많은 다른 장면으로 확장되었는데, 그 최초의 뿌리는 정신의학(psychiatry)이다. 많은 예술치료사는 자기 자신을 심리치료자나 상담자로 간주하며, 정신건강 분야에서 오랫동안 근무한 예술치료사는 예술치료와 관련된 중요한 진단을 하고 평가를 한다.

의학 장면에서 환자의 문제에 대한 최초의 평가를 진단이라고 하는데, 이 단어는 '분리하다(to separate)'와 '알다(to know)'라는 그리스어로부터 파생되었다. 진단은 다른 것과 차별되게 질병을 인식하는 행위다. 현대 의학에서, 이 과정은 감별진단(differential diagnosis)이라 불린다. 심리치료에서 진단적 기능은 정신적 고통에 대한 의학적 질병 모델에서 중요한 위치를 차지하고 있고, 종종 심리진단(psychodiagnosis)이라고 언급된다.

의사결정에 대한 안내로서의 진단

과거에는 치료 방법이 많지 않았기 때문에 환자에 대한 진단이 오늘날처럼 중요하지 않았다. 중세와 르네상스 시대에 정신질환은 귀신의 빙의에 따른 것이거나(Zilboorg, 1941) 죄의 대가라고 인식되었다. 치료는 주로 악령 쫓기(exorcism)나 기도로 이루어졌다. 13세기의 재판 기록을 보면, 판사는 정신지체나 바보, 정신질환이나 미친 것을 구별하기 위해 정신상태검사를 실시했다(Neugebauer, 1979, p. 481). 이 분류는 지역사회에 해를 줄 수 있는 미친 사람을 파악해서 격리하는 데 중점을 두었을 뿐, 치료에 대한 시도는 거의 없었다[치료라는 말은 그리스어 '돌보다(to nurse)' '치유하다(to cure)'에서 생겨났다].

정신분석이 나타나면서, '대화치료(talking cure)'가 진단과 치료의 대부분을 차지했다. 기본적으로, 모든 환자에게 동일한 치료가 주어졌고, 이런 치료 과정 중에 여러 가지 다른 문제가 나타났다. 아편이나 모르핀 같은 약물이 정신병원에서 백 년 이상 사용되었는데, 이런 약물들은 환자를 진정시키고 조용히 하게 하고 복종적으로 되게 하여 관리하기 쉽게 할 뿐 치료와는 거리가 멀었다(Brandt, 1975, p. 39). 1950년대에 정신과적 증상을 치료할 수 있는 새로운 약들이 발견되었을 때에도, 한동안 정확한 진단에 대한 필요성은 크게 부각되지 않았다. 약학이 비약적으로 발전하면서, 많은 약이 잘못된 진단에 사용되면 약효가 없을 뿐 아니라 해로울 수 있으며, 진단이 정확하게 되었어도 시기를 잘못 선택하면 문제가 될 수 있다는 사실이 점점 드러나게 되었다. 약물은 증상이 비슷해 보이는 경우(조현병과 조울증의 어떤 단계와 같이)에도 차별적으로 기능하며, 우울증이라도 그 종류에 따라 몸의 신진대사가 다르므로 약물에 다르게 반응한다는 것이 알려지게 되었다(Ayd, 1976, p. 146).

정신과 약물이 출현함으로써 진단의 정확성이 크게 고무되고 향상되었으며, 많은 정보가 축적되면서 진단적 과정이 더 정교화되었다. 연구자들은 비슷한 증상을 보이는 환자들이 매우 다른 문제로 고생하므로 다른 치료법이 필요하다는 것을 발견하게 되었다. 게다가 비슷한 일반적 질병을 가진 사람조차 특정한 치료에 매우 다르게 반응했다. 그 결과, 적절한 치료적 방법과 절차를 선택하기 위해 감별진단(differential diagnosis)이 기본적으로 필요하게 되었다.

질병분류학 또는 분류 표시

질병분류학(nosology)은 진단의 기초가 되는 질병을 분류하는 체계인 분류학(taxonomy)으로 종종 정의된다. 그러나 어떤 연구자들은 질병분류학과 분류학이 관계는 있지만 서로 다른 개념이라고 주장한다. 폴 프루이서와 칼 메닝거(Paul Pruyser & Karl Menninger, 1976)는 질병분류학은 질병을 개념화하는 방법과 관련된다고 했다. 예를 들어, 생화학적 불균형이나 스트레스에 대한 심리학적 반응과 같이 질병분류학은 장애에 대한 이론적 개념을 정리하고 다른 질병과 분류하기 위한 경계선과 한계를 정한다. 이 개념화를 위한 기초는 철학적인 것부터 경험적인 것까지 광범위하다. 한때는 파과형 정신분열병(hebephrenia; 부적절한 '어리석은' 행동), 긴장성 정신분열병(catatonia; 근육 긴장의 극심한 변화), 편집성 조현병(paranoia; 의심쩍은 망상)이 서로 다른 것이라고 인식되었다. 1900년 초에 독일의 정신과 의사인 에밀 크레펠린(Emil Kraepelin)은 자신의 임상적 관찰로부터 이 세 가지 증상이 다른 것이 아니라 매우 비슷하며, 동일한 인물이 다른 시기에 이 증상들을 나타낼 수 있다는 것을 알게 되었다. 그는 조발성 치매(dementia praecox; 일반 노인성 치매와는 다른 치매가 인생의 초기에 아주 일찍 나타나서 점차 퇴행하는)라는 질병의 개념을 고안했다. 스위스의 정신과 의사 오이겐 블로일러(Eugene Bleuler)는 이 질병에 대해 조현병(schizophrenia; 정신 기능의 분리)이라는 단어를 만들었는데, 이는 그리스어로 '분리(division)'와 '마음(mind)'이라는 단어에서 나온 것이다. 그는 네 번째 유형으로 '음성적'이고 '비정신병적' 증상(무관심, 감정의 둔마, 식욕의 상실 등)이 특징인 단순조현병을 추가하였다. 이와 같이 질병분류학은 특성에 근거해서 질병의 개념을 언급한다.

이런 관점에서, 질병분류학이나 분류학은 정신과 의사가 질병의 유목, 진단적 기준이나 주요 증상들을 조직화하는 방법이다. 1952년에 처음 출판된 미국정신의학회의 『DSM』은 일종의 분류 체계다. 『DSM』은 유목의 이름(숫자), 진단적 기준뿐 아니라 정신장애를 규명하는 하위 유목을 제공한다.

분류 체계의 증상에 대한 기술(description)은 종종 기저에 있는 질병분류학적 속성을 드러낸다. 예를 들어, 1970년대와 1980년대의 『DSM』 개정판은 조현병을 주로 환각과 망상 같은 양성 증상(positive symptom)으로 정의했다. 1994년 『DSM』 개정판에서는 추동의 결핍, 무쾌락증, 정서적 표현의 결핍 등 '음성 증상'이나 '비정신병적' 같은 블로일러와 크레펠린의 개념을 재도입했다(Andreasen, 1994, pp. 345-346). 미국의 『DSM』과 세계정신보건기구(WHO)의 ICD(International Category of Diseases, 국제질병분류)는 정신장애에 대해 동일한 이름을 쓰지만, 세부적인 증상은 그 강조하는 개념에 따라 약간씩 다르다. 이 두 체계에서 분류 명칭은 관찰 가능한 행동을 보이는 집단을 기술하는 이름일 뿐이다.

『DSM』은 문제의 원인이나 바람직한 치료법을 제시하지는 않는다. 평정자 간 신뢰도(interrater reliability)를 다루기 위해서 진단 기준을 조작적으로 명확하게 하려는 노력이 1980년 『DSM』 때 이루어졌다. 그리고 "『DSM』의 진단 기준을 명확히 하려는 노력이 많이 이루어져서……『DSM-IV』 분류가 보다 경험적으로 충실하게 되었음에도 진단적 분류라는 특징은 계속 남아 있다……. 분류적·경험적 체계라기보다는 유형적·개념적 체계라고 할 수 있다"(Cruz, 1995, p.27). 2013년 발간 예정인 'DSM-5'(고대 로마자는 사용하지 않게 되었다)에는 주요한 변화가 있을 예정인데, 장애의 증가와 약물 처방에 대한 강조 때문에 정신보건계(특히 유명한 영국학회)에서 격렬한 논쟁을 유발하게 되었다. 『DSM』의 최신판을 만들기 위해 과학적 증거가 사용되었고, DSM-5가 "살아 있는 문서"로서 타당화 과정에서 최근의 새로운 과학적 증거들을 즉시 통합하려고 시도하고 있지만(Bernstein, 2011), 아직도 정신의학적 진단은 분류 체계(taxonomic system)보다는 유형론(typology)에 가깝다고 할 수 있다.

진단적 분류는 정신약물학(psychopharmacology)과 다르게 치료법의 선택에 많은 도움을 주지 않는다. 치료자가 내담자의 조울증을 파악했어도, 그 환자의 자살 위험, 인지 양식, 정서 상태, 통찰, 또는 그가 어떤 특정 활동을 선호하는지를 쉽게 알기는 어렵다. 이 모든 정보는 진단 후 추가적으로 평가되어야 한다.

관 점

어떤 문제의 근원이나 원인을 제안하는 진단은 그 진단자가 병의 기원에 대해 반드시 알 것이라고 가정하게 한다. 모들린(Modlin, 1976)에 따르면, "정신질환의 원인이 애매하기 때문에, 정상에서 벗어난 사람의 행동에 대한 기질적·신경화학적·정신역동적·행동적·상호작용적 그리고 사회적 설명 같은 검증하기 어려운 여러 가지 가정을 하게 된다"(p. 153). 이런 관점은 관계된 이론뿐 아니라 진단이 행해지는 국가나 문화에 의해 영향을 받을 수 있다. 번스타인(Bernstein, 2011)은 'DSM-5' 연구팀과 'ICD-10'을 개정한 International Advisory Group 사이의 협업으로 두 체계가 더욱 일치되기를 희망한다고 했다. 그러나 진단자와 환자 사이의 인종적·윤리적 차이를 고려하지 않은 연구는, 미국의 경우 건강의료의 불공평을 유발하는 등 여러 문제가 되고 있어 향후 해결해야 할 과제라 할 수 있다.

진단적 바벨탑

진단적 애매성을 더욱 확대시키는 것은 정신의학적 진단에서 나타나는 언어의 혼란이다. 분류 체계와 장애명의 일관성이 부족하다. 장애를 조직화하거나 명명하는 단일화된 개념적 도식(schme)이 없다. 진단이 명명하는 개념은 시간이 지나면 달라질 수 있고, 이론에 맞게 체계화될 수 있다. 또한 오래된 진단 용어가 관련 개념이 사라진 후에도 계속 사용될 수 있다. 예를 들어, 원래 신경학적 장애를 일컫던 신경증(neurosis)이라는 용어는 1980년대에 『DSM』에서 없어졌음에도 여전히 많이 사용되고 있다.

장애의 복잡성과 정신적 문제의 다양한 속성 때문에 『DSM-III』(1980)는 다축적 진단(multiaxial diagnoses)을 사용해 문제의 다양한 측면을 다루려 시도했고, 이 체계는 『DSM-IV』에서도 계속 유지되었다.

진단은 얼마나 유용한가

진단이라는 주제는 많은 토론을 유발해 왔다. 진단적 분류의 개념은 보편적으로 수용되지 않고 있다. 정신과적 '증상'은 치료자의 관찰과 환자의 보고에 기초한 해석에 불과한 것이라는 비판을 많이 받는다. 이 증상은 주관적인 것이고, 일반 의학처럼 정신과에서도 정말로 질병의 존재나 역기능의 정도를 입증하는 검사들은 그렇게 많지 않다고 할 수 있다. 진단자의 문화적 편견을 포함한 여러 가지 많은 요인이 분류의 오류를 낳을 수 있다. 임상적 치료의 속성과 정확한 진단의 어려움 때문에, 많은 임상가는 잘 정리된 질병 분류와 각 질병의 독립성에 대해 많은 의심을 품어 왔다.

질병 모델을 받아들이는 사람을 포함해서, 많은 사람이 진단은 관련성이 별로 없다고 믿으며 어떤 개인의 욕구를 결정하는 과정인 평가라는 광의의 용어를 사용하기를 선호한다. 인본주의의 창시자 에이브러햄 매슬로(Abraham Maslow, 1966) 같은 초기 이론가들은 다음과 같이 말했다. "나는 한 개인을 고유하고 독특한 개인으로, 그가 속한 집단의 유일무이한 존재로 이해해야만 한다."(p. 10) 이에 대해서 진단가들은 어떤 개인이 타인과 공유하는 특성을 무시하는 문제는 과거의 오류를 반복하고 경험에서 오는 교훈을 무시하는 것이라고 응수했다. 셰브린과 셰크트먼(Shevrin & Schechtman, 1973)은 다음과 같이 질문했다. "과거의 모든 내담자가 다 독특한 존재였다면, 새로운 내담자를 어떻게 도울지 전혀 알 수 없는 것이 아닌가?"

진단의 주요한 기능은 정의된 조건을 적절한 치료와 결합시키는 것이다. 모들린 (1976)은 "진단적 과정이 치료를 촉진하지 않는다면 아무 쓸모가 없다."라고 말했다(p. 157).

미친 곳에서 정상인으로 살기

1970년대 초 정신의학의 진단에 대해, 로젠한(Rosenhan, 1973)이 『사이언스』지에 「미친 곳에서 정상인으로 살기(On Being Sane in Insane Places)」라는 논문을 발표하면서 극적인 토론의 불이 붙었다. 스탠퍼드 대학의 심리학과와 법학 교수인 로젠한은 12개의 정신과 병원에 가짜 환자 8명을 보냈고, 이들은 모두 3주 동안 환청을 들었다고 호소하고 입원할 수 있었다.

8명 모두 입원되었다. 입원하자마자 이들은 정신과적 증상을 흉내 내기를 그만두고 정상적으로 행동했다. 그들은 더 이상 환청을 경험하지 않는다고 보고했다. 연구자 로젠한은 여기서 놀라운 사실을 발견했는데, 동료 환자들은 그 8명이 정상이라는 것을 알았지만 병원 치료진은 이 사실을 몰랐다. 로젠한은 다음과 같이 썼다.

병원 입원 중 정신이상을 파악하는 데 실패한 것은 아마도 2종 오류라는 강한 편향(bias) 때문인 것 같다. 의사들은 아픈 사람을 건강하다고 할 확률보다(1종 오류) 건강한 사람을 이상이 있다고 할 가능성이 크다(2종 오류). 이유는 간단하다. 건강보다 질병을 잘못 진단하는 것이 훨씬 위험하기 때문이다(p. 252).

건강한 사람을 아프다고 하는 경향을 벗어나, 로젠한은 "자료가 꼬리표 달기 (labeling)의 큰 역할을 했다."라고 했다. 그는 정신의학의 꼬리표는 일반 의학에서 찾아보기 어려운 낙인(stigma)을 가져온다고 주장했다. 대부분의 의학적 질병은 부정적이지 않고 중립적이다. 그러나 정신과적 진단은 개인적·사회적·법적으로 부정적인 낙인을 가져온다. 로젠한은 "어떤 사람에게 붙여진 꼬리표가 그 사람과 행동에 대한 지각에 영향을 준다. 한 번 이상한 사람으로 인식되면, 그의 모든 행동과 성격은 그 꼬리표의 영향에 좌우된다."라고 했다(p. 253).

로젠한은 오진단이 다른 방법으로도 일어날 수 있다는 사실을 발견했다. 즉, 정신장애인이 정상으로 진단될 수도 있다는 것이다. 그는 병원 치료진에게 자신이 연구 때문에 향후 3개월 동안 한 명 이상의 가짜 환자를 정신병원에 보내겠다는 정보를 주었다. 그 결과, 치료진 중 적어도 한 명은 3개월 동안 병원에 입원한 193명의 환자 중 41명이 가짜 환자라고 확실히 평가했다. 그리고 이 41명 중에서 19명은 정신과 의사 한 명과 치료진 한 명에게 가짜 환자의 가능성이 매우 크다고 의심받았다. 그러나 실제로는 단 한 명의 가짜 환자도 보내지 않았다!

로젠한은 병원 치료진이 일반 의학에서 하는 감별진단을 고려하지 않은 것을 비판했고, 정신과의 오진단 확률이 매우 높다고 주장했다. 그는 가짜 환자에 대한 사례 요약을 살펴보면서, 자연스럽게 정상적 가족사가 왜곡되고 재해석되어 이론적 모델에 끼워 맞추어진 듯한 현상을 발견했다. 결국, 진단적 분류는 환자에게 자신이 그렇게 될 것이라는 자기충족적 예언(self-fulfilling prophecies)이 될 뿐만 아니라, 환자의 과거에 대한 치료자의 지각에도 영향을 주었다는 것이다. 로젠한은 이 분류는 유용성이 거의 없고 해를 줄 뿐이라고 주장했다. 그는 다음과 같이 말했다. "우리는 오랫동안 진단이 유용하지도 신뢰할 만하지도 않다는 사실을 알면서도 계속 사용해 왔다. 우리는 이제 우리가 정상과 미친 것을 구별하지 못한다는 것을 알게 되었다."(p. 257)

예상대로, 로젠한의 보고는 정신의학계에 당혹감과 분노를 불러일으켰다. 그러나 의식 있는 정신과 의사들 사이에서는 사려 깊은 자기성찰이 촉진되었다. 나중에 『DSM』 개정을 맡은 APA의 수장이 된 로버트 스피처(Robert L. Spitzer)는 입원을 담당하는 치료진이 증상 평가를 적절히 하도록 훈련받아야 한다고 지적했다. 그는 로젠한이 실시한 실험의 여러 문제점을 지적했고, "로젠한의 실험에서는 가짜 환자들의 증상(환청) 호소뿐 아니라 정신병원에 입원하려는 강한 소망 때문에 그 결과가 나온 것이 아닌가 생각된다. 실제로 정신과적 증상은 중요한 고통감의 근원이다."라고 말했다(p. 446). 그는 정신의학 분야만 부정확한 진단이나 진단적 자료의 오해석으로 얼룩진 것은 아니라고 주장했다. 그러나 로젠한이 주목한 대로 진단적 왜곡의 확률이 클수 있음을 인정했다. 정신역동 이론에 맞추기 위해서 역사적 사실을 개정한 셈이다. 그는 학술지인 『이상심리학(*Journal of Abnormal Psychology*)』(1975)에 다음과 같이 썼다. "처음으로, 나는 로젠한이 큰 일을 했다고 생각한다. 그가 말한 것은 항상 일어나는 일이며, 임상 사례 회의에 참가하는 사람들, 특히 논리적 마음과 연구 지향을 가진 사람에게 극심한 고통을 주는 것이다."(p. 448)

정신과적 명명과 예술치료사

정신의학적 진단의 유용성에 대해 예술치료사 간에 다양한 의견이 있다. 그러나 앞서 언급한 대로, 예술치료사가 다양한 장면에서 일하고 있고 건강보험에서 일상적으로 수량화를 사용하며 전달되는 서비스가 금전적으로 지불되어야 하기 때문에, 다양한 장면에서 일하는 예술치료사에게 정신의학적·의학적 그리고 교육적 진단과 분류는 현실적으로 필요한 일이 되었다.

게다가 예술치료사 본인도 진단적·교육적 분류를 하는 일에 관여하고 있다. 내담자나 환자의 행동에 대한 예술치료사의 평가는 의사결정에 종종 영향을 준다. 가끔 예술치료사는 진단적 분류 업무를 위해서 고용되기도 한다. 시간이 흐를수록 점점 많은 무용/동작 치료사, 예술치료사, 음악치료사가 세션에서 보이는 환자의 행동을 정신의학과 관련 장면에서 사용하는 용어로 해석하고 있다. 예술치료사가 관찰하는 신체기능장애, 그림의 왜곡, 규칙적이고 불규칙한 리듬 등은 특정한 정신과적 장애나 진단으로 평가된다.

예술치료 평가에서 정신과적 진단의 적용은 보편적으로 수용되지 않고 있다. 많은 예술치료사는 정신과적 진단 분류가 환자를 치료하는 데 큰 도움이 되지 않는다고 주장한다. 어떤 사람들은 예술치료가 언어적 치료에 종속된다는 것, 예술치료가 '정신의학의 시녀'가 된다는 것에 저항한다. 어떤 예술치료사에게는 그들이 관찰하는 역기능은 정신과적으로 정의된 증상과 비슷하다 할지라도 정신과적 분류를 모르더라도 파악 가능하고 치료할 수 있는 문제들인 것이다. 어떤 사람들은 진단적 분류의 이분법적 속성(질병이 있거나 없다)에 대해 반대한다. 캔퍼와 새슬로(Kanfer & Saslow, 1969)는 '정상' 행동과 '이상' 행동의 차이는 종류가 아닌 정도(degree)의 차이라고 제안한다. 예를 들어, 강박적인 행동을 하는 사람은 보통 우리 모두가 하는 일을 하지만 그 정도가 과도하다는 것이다. 과도하게 수줍어하는 사람 역시 일반인이 갖고 있는 두려움과 염려를 갖고 있지만 그것을 극복하기 위한 자기주장성이 부족하다. 즉, 캔퍼와 새슬로의 기능적 접근은 진단적 분류를 무시하고 행동적 과잉과 결핍을 규명한다. 그렇다면 치료는 환자나 내담자의 결핍된 행동을 증가시키는 것 혹은 과도한 행동을 감소시키는 것이다.

실제적 수준에서 예술치료사는 일하는 장면에 관계없이 치료적 개입을 계획할 때 내담자나 환자의 욕구를 평가해야 한다. 예를 들어, 조현병으로 진단된 새로운 내담자나 환자를 만나는 음악치료사는 어떤 치료법이 가장 적절할지 결정해야 한다. 즉, 망상적 생각을 다루고 현실적 지향을 위해 즉흥적 집단 개입을 할 것인지, 손상된 기억을 다루는 기억 장치를 활용하는 도구적 수행을 하게 할 것인지, 둔마된 정서를 다루는 방법인 감정 반응을 불러일으키는 유도된 음악 경청을 하게 할 것인지, 또는 이후의 언어적 심리치료를 위해 주제가 있는 음악적 기술을 사용할 것인지 결정해야 한다. 실제로, 가끔 예술치료사에게는 분류나 진단이 제공되지 않고, 사회화가 부족하거나 응집력 있게 의사소통하지 못한다는 증상에 대한 정보만 제공되기도 한다.

많은 예술치료사는 자신을 '예술심리치료사'라고 생각하며 대중에게 자기 자신을 훈련된 전문가로 설명하면서, 예술을 단순한 활동으로 사용하거나 치료적ㆍ상담적으로 활용하면서도 국가 공인 예술치료 자격증 취득에 필요한 특별한 훈련을 받지 않은 사람과 차별성을 두고자 한다. 다른 예술치료사들은 예술 지향적인 관점에서 "위기에 처한 환자의 내적 삶을 언뜻 보기"를 추구하는데(Moon, 1992, p. 138), 이는 내담자의 선호와 선택(내담자의 욕구 결정을 안내하는 매체, 절차, 도구, 자세와 언어화의)을 위한 단서를 찾는 것이다. 그리고 실제로 많은 예술치료사는 실용적인 입장을 취하며 임상적 접근과 예술적 접근을 결합시킨다.

많은 예술치료사는 전통적인 '질환'의 범주와 관계없는 내담자와 환자들을 다룬다. 최근에 병원들은 예술치료사를 고용해서 외상을 치료하고 치료를 촉진하며 내담자가 질병의 심리적인 후유증과 스트레스와 불안 등을 통제하도록 돕는다. 점점 많은 예술치료사가 상해나 질병에서 회복 중인 환자, 발달장애로 고통받는 사람과 관계 문제를 해결하기 위해 도움이 필요한 사람들과 함께 작업한다.

발달지체, 지각적 문제, 운동장애 또는 약물과 알코올 남용으로 고통받는 사람들과 함께 일하는 예술치료사는 정신과적 진단에 큰 가치를 두지 않는다. 그러나 어떤 영역에서 일하든, 치료사들은 모든 장면에서 흔히 사용되는 보편적 언어와 진단적 분류를 알고 다루어야 한다. 모든 치료사는 적절한 개입을 개발하고 계획을 개별화하기 위해서 내담자의 욕구, 강점과 약점을 파악할 필요가 있다.

감찰과 총괄적 평가

평가가 이루어지고 치료가 시작되어도, 평가는 끝나는 것이 아니다. 1967년에 교육과정 평가의 권위자인 마이클 스크리븐(Michael Scriven)은 그가 형성적(formative)이라 부르는 지속적 평가(ongoing evaluation)와 프로그램의 끝에 실시하는 총괄적 평가(summative evaluation)를 구별했다. 이 용어들은 지금도 사용되고 있고, 형성적 평가는 계속 지속되는 과정이다. 형성적 평가는 환자의 조건 변화에 대한 정보를 제공하며, 이를 통해 임상가는 치료가 종료될 때까지 치료 프로그램에 변화를 줄 수 있다.

오늘날의 치료적 장면에서는 개입을 제공하는 전문가의 의견에 상관없이 개입 시간이 보험회사나 대행회사에 의해 결정되는 경우가 종종 있다. 그러나 외적인 영향이 크지 않더라도, 임상가가 언제 치료를 중지할지를 결정하는 것은 쉽지 않다. 평가의 기본적 목적은 의사결정을 하도록 돕는 것이며, 더 이상 치료를 통해 얻을 것이 없는 때를 알게 할 수 있어야 한다. 치료 종료의 결정은 치료자가 가장 하기 어려운 것이다. 가끔 치료자는 치료를 종결함에 있어 종결이 충분히 합리적인 것이었는지를 알기란 매우 어렵다는 것을 느낀다.

임상가가 내담자나 환자와 치료를 종료할 준비를 할 때 하게 되는 평가를 위한 질문은 다음과 같다. 내담자나 환자가 원하는 만큼 좋아졌는가? 치료 프로그램의 목표가 성취되었는가? 내담자나 환자가 치료를 종료할 준비가 되었다고 생각하는가?

총괄적 평가의 주요한 기능은 임상가가 경험으로부터 배우도록 돕는 것이다. 치료의 끝에는 지나간 경험을 개관하고 적절한 질문을 할 기회가 있어야 한다. 어떤 방법이나 기술이 내담자나 환자에게 유용했으며, 무엇이 가장 비효과적이었던 것 같은가? 다음 단계에서는 무엇이 차별적으로 행해져야 하는가? 진단적 또는 평가적 절차는 치료를 형성할 때 얼마나 유용한가?

이 책에서 논의되는 많은 평가 방법과 기술이 형성적 평가나 총괄적 평가를 위해 사용될 수 있다. 이 둘은 사용 목적에 근거해서 구별될 수 있다.

양적 평가와 질적 평가

우리는 양적 평가와 질적 평가가 상반된다고 보는 견해를 조심해야 한다. 질병관리본부(Center for Disease Control)의 HIV/AIDS 뉴스레터에서, 외과의사인 게리 노블(Gary R. Noble, 1991)은 다음과 같이 썼다.

평가를 위한 계획을 세우는 가장 좋은 방법은 구체적이고 측정 가능한 목표를 포함하는 프로그램을 만드는 것이다. 양적 평가는 우리가 어떤 효과를 내고 있는지 (얼마나 많이, 어디에서, 누가, 언제) 알려 준다. 질적 평가는 그 프로그램이 왜 효과적인지, 왜 문제가 있는지 우리에게 알려 줄 수 있다. 둘 다 똑같이 중요한 것이다 (p. 2).

평가 질문에 적절하다면 모든 가능한 수단을 사용하는 접근은 1990년대 초 이래로 극적으로 증가했으며 점점 많이 받아들여지고 있다(Patton, 2002).

양적 평가

양적 평가라 함은 사실 두 가지 구별되는 과정인 측정(measurement)과 평가 (evaluation)를 말한다. 측정은 어떤 행동이나 사물에 대한 수량적 기술이다. 어떤 것을 측정할 때, 우리는 그것을 어떤 기준(standard, 인치, 정도, 파운드, 미터 등)과 비교한다. 또는 어떤 활동의 빈도를 측정한다. 검사를 통해 얻어지고 숫자로 표현되는 측정은 사물을 기술하기에 유용하다. 그러나 그 자체는 측정되는 것이 큰지 작은지, 차가운지 따뜻한지, 무거운지 가벼운지, 건강한지 건강하지 않은지, 또는 좋은지 나쁜지 거의 알려 주지 않는다. 측정은 기준이 고정되어 있고 개인적 판단이 거의 없으므로, 무엇을 측정하고 어떻게 측정할지 결정할 때 많은 개인적 판단이 관여함에도 보통 객관적 이라 생각된다. 측정에서의 편향(bias)은 질적 기술보다 훨씬 덜 명료하게 된다.

측정은 연구 발견이나 가치 판단의 기초가 되는, 자료를 모으는 특별한 방법이다. 측정 그 자체가 연구나 평가는 아니다.

평가는 그 정의상 가치 판단과 관계된다. 보통 비교를 위한 기준이 필요한데, 이 기준은 매우 주관적이며 종종 애매하거나 변화의 폭이 크다. 『DSM-I』과 『DSM-II』 모두 정신과적 장애와 관련된 증상을 기술한다. 그러나 진단을 위해 얼마나 많은 증 상이 필요한지는 정신과 의사의 판단에 맡겨져 있다. 『DSM-III』 개정판을 준비하는 연구 팀은 진단 기준의 수를 명시함으로써 애매성을 줄이려고 노력했다.

치료에서의 평가는 종종 검사(측정)를 포함하며, 정의적 차원뿐 아니라 치료자-내 담자 관계에서 '검사'와 '평가'에 대한 명확한 분리가 있다. APA의 회장 취임 연설에서 조지프 마타라조(Joseph D. Matarazzo, 1990)는 다음과 같이 말했다.

> ……객관적인 심리검사와 임상적으로 인정되고 허가된 심리학적 평가는, 비록 일
> 반적으로 평가가 검사를 포함하고 있을지라도 매우 다르다…….심리학적 검사는 피
> 검자와 검사자 사이에 지속적인 관계나 법적으로 정의된 책임이 거의 없거나 전혀
> 없는 관계다. 그러나 심리학적 평가는 일대일 관계로 임상가와 환자에 의해 이루어
> 지는 활동이며 전문가적 책임을 법적으로 정의하거나 나타내는 것이다(p. 1000).

질적 평가

측정을 포함하지 않는 어떤 평가도 질적이라 불릴 수 있다. 이런 점에서 평가는 직
관적·인상적·임상적 기법을 포함할 수 있다. 그러나 교육과 일부 치료에서 이 용어
는 '서술적' '자연주의적' 또는 '목표와 관계 없는' 등으로 불리는 특정한 접근들을 지
칭하기 위해서 사용되기도 한다.

수량적 기술과 정반대로 질적인 정보를 수집하는 것은 조사자(investigator)가 주요
한 도구가 되므로 매우 개인적이다. 평가자는 애매한 것에 대한 내성을 필요로 한다.
진행을 위한 정해진 절차나 프로토콜도 없고, 단일한 '정확한' 방법이 없으며, 각각의
다음 단계는 밝혀지고 있는 사실과 평가자가 보기에 명확하게 할 필요가 있는 것이
무엇인지에 달려 있다. 수량화하는 사람은 가능한 한 객관적이 되려고 노력하는 반
면, 질적 방법을 사용하는 많은 사람에게 객관성이라는 개념은 의심스러운 것이다.

따라서 평가자는 피검자의 관점과 지각에 대한 단서, 집단 행동의 이유 혹은 프로
그램이 임상가가 원하는 대로 작동하지 않는 이유 등에 민감해야 한다. 또한 평가자
는 절차가 진행되면서 생기는 질문에도 민감해야 한다. 정보가 무엇을 말해 주는가?
정보가 어떤 방향으로 가라고 알려 주는가? 어떻게 정보가 다음 질문이나 관찰로 진
행하라고 알려 주는가?

구바와 링컨(Guba & Lincoln, 1981)은 질적인 평가자는 측정하지 않는다고 했다. 그

들은 "인류학자, 사회과학자, 감정사, 비평가, 구술역사가, 소설가, 수필가와 시인이 여러 해 동안 해 온 것들을 하라. 그들은 이미지를 강조하고, 서술하고, 판단하고, 비교하고, 묘사하고, 떠올린다……."라고 말했다(p. 149).

당연히, 질적 접근의 속성상 편향(bias)은 있을 수밖에 없다. 그러나 질적 평가의 지지자들은 어떤 평가에도 편향은 있다고 주장한다. 편향은 양적 연구에서보다 질적 연구에서 더욱 분명해지는데, 질적 연구에서 편향이 쉽게 감춰질 수 없기 때문이다.

편향에 대한 기본적 방책은 재인(recognition)이다. 구바와 링컨은 다음과 같이 썼다. "편향에 대한 가장 좋은 치료는 편향이 우리가 듣는 것에 어떻게 영향을 주는지, 말하는 사람의 현실에 대한 지각에 어떻게 영향을 주는지, 진실을 오류로 어떻게 바꾸는지를 자각하는 것이다."(p. 148) 명확하게, 이 접근의 중요한 핵심은 자신의 편향을 밝히려는 평가자의 노력이다. 질적 접근의 이론가가 질적 평가를 기술할 때, 많은 원리가 등장한다.

인간의 행동은 그 행동이 생기는 역사적·사회적·유전적 또는 환경적 맥락에 항상 구속되어 있다. 맥락으로부터 행동을 분리하려는 어떤 시도도 '맥락 박탈적(context-stripping)'이다(Mischler, 1979). 의미를 탐색하는 것은 피검자에 의해 구성되거나 상황에 따른 것이며, 평가자에 의해 강제로 부여되는 것이 아니다. 평가의 목적은 교육적·치료적 프로그램의 목적과 의도가 얼마나 실현되었는지가 아니라 실제로 무슨 일이 일어나고 있는지에 초점을 맞추는 것이다. 목적은 무엇에 있는 것이 아니라 왜와 어떻게에 있다. 즉, 평가는 해석적이고 설명적인 것이다.

자료의 수집과 분석은 동시에 일어난다. 자료가 더 모아지면서 그 즉시 의미가 나타나고 변화한다. 결국, 평가자는 자료가 모이면서 변하는 작업가설(working hypothesis)과 직감에 의지해야 한다.

양적 방법을 사용하든 질적 방법을 사용하든, 평가자에게 중요한 것은 내담자나 환자의 관점과 그들이 '바람직하다고' 생각하는 결과가 반드시 포함되어야 한다는 것이다. 개인적으로는 힘과 특권이 별로 없는 내담자와 환자의 인식과 관점이 더 많이 고려되어야 한다(Patton, 2002; Ponterotto, Casas, Suzuki, & Alexander, 2010). 어떤 경우에는 '좋은' 정신건강의 결과물을 정의할 때, 가족과 심지어 지역사회까지 포함시키는 것이 가치 있을 수 있다(Cross et al., 2011). 최근 들어 사회적 정의와 다문화 이론가들의 영향이 치료자로 하여금 내담자가 경험하는 힘의 차별적 경험을 깨닫도록 도움을 주었으나, 치료의 평가에서는 여전히 이런 사실이 인식되지 않을 때가 많다.

평가와 연구의 차이

'평가'라는 말은 애매하다. 이 용어는 일반적 질문에 대한 답을 찾는 과정을 기술하기 위해 종종 사용된다. 두 방법 중 어떤 것이 알코올 남용의 치료에 효과적인가? 다른 형태의 치료에서 비슷한 치료 요인을 찾을 수 있는가? 어떤 형태의 치료가 집단 상황에 가장 효과적인가? 단기치료를 통해 장기치료와 유사한 결과가 얻어질 수 있는가? 내담자와 치료자 사이의 라포(rapport)는 치료 결과에 어느 정도 영향을 주는가? 언어적 접근과 비언어적 접근을 통합하는 치료와 주로 비언어적 접근에 의존하는 치료의 효과에는 차이가 있는가?

연구와 평가의 방법은 중복될 수 있다. 어떤 경우에는 똑같을 수 있다. 둘 다 검사, 측정, 면담, 자기보고, 행동관찰, 또는 체크리스트를 사용할 수 있다. 사실, 어떤 검사를 표준화하는 과정은 연구를 포함해야 한다. 이 둘을 구별하는 것은 목적(purpose)이다(Cruz, 2012).

연구는 연구 주제에 대한 이해를 넓혀 주기 위해 설계된 체계적인 탐구(systematic inquiry)다. 이 접근은 종종 귀납적 논리에 근거하며, 특별한 주제에서 일반적 주제로 옮겨 간다. 특정한 사례들을 검토함으로써 우리는 많은 상황에 적용될 수 있는 일반화(generalization)를 발전시킬 수 있다(수량적 접근에서, 이 과정은 추론적 통계라 불린다). 이런 일반화의 타당도는 종종 연역적 예언(deductive prediction)의 적용을 통해 성립된다. 연역적 예언은 구체적인 사례들과 다양한 상황하에서 특히 규칙을 '입증'[입증의 고유한 뜻은 시험(test)이나 시도(trial)]다하는 예외적 경우에 이런 일반화를 시험함으로써 확증된다.

연구 결과 자체는 제한적인 가치가 있다. 연구 주제에 대한 이해를 넓히는 것이 세부 사항 이상으로 유용하다. 연구 결과에는 발견된 것을 설명하려고 시도하는 결론이나 해석이 동반되는 것이 보통이다. 설명 그 자체는 주관적이며, 그 정확성은 반복 연구(replication)나 추가적 연구를 통해 검증되고 타당화되어야 한다.

아마도 평가와는 다른 연구의 두드러진 특성은 법칙 정립성이나 '일반화 가능성(generalizability)'이다. 연구란 여러 현상 간의 관계를 기술하는 일반적인 진술을 찾는 것이다. 가장 높은 추상적 수준에서 그 진술은 시간과 공간에 걸쳐 유용하며, 많은 구체적 상황과 사례를 기술해야 한다. 이 일반화가 오랜 시간 동안 잘 유지되고 법칙의 적용이 변별적으로 잘 이루어질 때, 종종 원리(principle)라 불리게 된다.

연구의 일반화의 예는 다음과 같다. 조현병 환자의 예술작품은 정교하고 복잡한 일련의 사고를 묘사하기 위해 단일한 이미지를 사용할 수 있다. 음악을 듣는 것은 혈압의 변화, 자세, 맥박 수, 일반적 활동의 변화와 기분 변화를 가져온다. 자폐아동은 신체 부분 간의 자기동조(self-synchrony)나 사람과의 의사소통에서 흔히 생기는 타인과의 상호작용적 동조를 거의 보이지 않는다.

연구 결과가 정책 결정이나 프로그램 설계에 쓰이지만, 연구자의 기본적인 목적은 그 분야의 지식과 이해를 발전시키는 것이며, 실제 특정 사례에 적용하려는 것은 아니다. 연구자는 어떤 특정 환자를 돕기 위해 어떤 방법이나 기법이 좋은지와 같은 질문에는 큰 관심이 없다.

한편, 평가는 정보 수집을 통해서 특정한 장면에 있는 특정한 내담자나 환자 또는 일단의 내담자나 환자 집단을 위한 프로그램에 대한 결정을 하게 한다. 연구와 반대로 평가는 개별적이거나 특별한 것을 다룬다. 연구가 결론(conclusion)으로 끝나는 반면, 평가는 결정(decision)의 기초가 된다.

평가의 기능은 결정의 기초가 되는 정보를 제공하는 것이다. 어떤 치료가 특정 내담자나 환자를 가장 잘 돕는가? 어떤 프로그램이 특정 기관에서 더욱 가치 있다는 것을 결정하기 위해 무엇을 알 필요가 있는가? 특정한 내담자나 어떤 집단의 내담자를 위해 어떤 방법이나 기법이 계속되거나 개정되거나 버려져야 하는가?

　모든 치료자가 연구에 관심이 있는 것은 아니며 그런 자격이 있는 것도 아니다. 그러나 치료자가 자신이 치료를 통해 내담자나 환자의 삶에 변화를 주었는지 또는 치료 프로그램이 원래의 의도대로 진행되고 있는지를 알기를 원한다면, 평가에 관심을 기울여야 한다.

요 약

　평가에는 다섯 가지 기초적 기능이 있다. 그것은 예언하기, 치료를 안내하는 문제나 욕구를 규명하기, 변화를 감지하기, 치료나 프로그램을 어떻게 증진시킬지 학습하기, 그리고 언제 중지할지 알기다.

　내담자의 욕구에 대한 초기의 결정을 보통 평가라 부른다. 의학 모델 또는 질병 모델에서 환자의 장애를 규명하고 분류하는 것을 진단이라고 한다. 감별진단의 과정은 재정적 관점뿐 아니라 임상적 관점에서도 그 중요성이 점점 커지고 있다. 정신약물학이 성장하면서, 정신과 약물치료도 점점 질병에 따라 차별적으로 적용되고 있다. 정신과 약물치료는 목표로 하는 문제를 벗어나진 않지만 필연적으로 약물 부작용을 일으킬 수 있다. 의학적으로 지향된 감별진단 이외에 (그리고 종종 그 대신에), 예술치료사는 자신의 분야에서도 적절한 평가를 할 필요를 느끼는데, 이는 특정한 환자나 집단에 가장 적합한 치료적 개입 방법을 결정해서, 내담자나 환자의 욕구, 흥미, 태도와 결핍에 적절한 치료 과정이나 활동을 효율적으로 조합하기 위해서다.

　평가의 과정은 지속적인 것으로서 최초의 평가로부터 목적이 얼마나 잘 성취되었는지에 대한 결정까지를 망라한다. 심리치료에는 두 가지 기본적 평가로 양적 평가와 질적 평가가 있다. 양적 평가는 측정에 기초하며 검사의 형태로 행해진다. 질적 평가는 임상가의 직관적 판단에 기초하며 종종 '자연주의적' 또는 비구조화된 접근을 사용한다. 이 두 가지 접근은 서로 반대되는 것이 아니라 상호 보완적인 것이며, 종종 다른 목적을 위한 다른 종류의 정보를 제공한다. 평가와 연구는 많은 공통점이 있으며 동일한 기술과 과정을 사용한다. 이 둘을 구별하는 것은 그것이 행해지는 목적이다. 연구는 광범위한 질문에 대한 답을 찾기 위해 설계된 것이다. 연구는 다양한 현상에 대한 일반화와 결론을 낳는다. 반면, 평가는 특정한 환자나 프로그램에 대한 정보를 제공하기 위해 행해지는 것이다.

참고문헌

Andreasen, N., & Flaum, M. (1994). Characteristic symptoms of schizophrenia. In DSM-IV Sourcebook, Chapter 2, pp. 351-376. Washington, DC: American Psychiatric Association.

Ayd, F. J., Jr. (1976). Diagnosis in planning psychopharmacological therapy. In P. W. Pruyser (Ed.), *Diagnosis and the difference it makes*. New York: Jason Aronson, Inc.

Bernstein, C. A. (2011). Meta-structure in DSM-5 process. *Psychiatric News, 46*(5), 7-8.

Bleuler, E. (1911). Dementia praecox or the group of schizophrenics. Joseph Zinkin, trans. New York: International Universities Press, 1950.

Brandt, A. (1975). *Reality police: The experience of insanity in America*. New York: William Morrow.

Cross, T. L., Friesen, B. J., Jivanjee, P., Gowen, K., Bandurrage, A., Matthew, C., & Maher, N. (2011). Defining youth success using culturally appropriate community-based participatory research methods. *Best Practices in Mental Health, 7*(1), 94-114.

Cruz, R. F., & Berrol, C. (Eds.) (2012). *Dance/movement therapists in action: A working guide to research options* (2nd ed.). Springfield, IL: Charles C Thomas.

Cruz, R. F. (1995). An empirical investigation of the Movement Psychodiagnostic Inventory (Doctoral dissertation, The University of Arizona). Dissertation Abstracts International *(2B), (HMI No. AAM962042257)*.

Cruz, R. F. (2012). What is evaluation research? In R. Cruz & C. Berrol (Eds.), *Dance/movement therapists in action: A working guide to research options* (2nd ed.). Springfield, IL: Charles C Thomas.

Guba, E. G., & Lincoln, Y. S. (1981). *Effective evaluation*. San Francisco: Jossey-Bass.

Ho, P., Tsao, J. C., Block, L., & Zeltzer, L. K. (2011). The impact of group drumming on social-emotional behavior in low-income children. *Evidenced Based Complementary and Alternative Medicine*, doi: 10.1093/ecam/neq072.

Kanfer, F. H., & Saslow, G. (1969). Behavioral diagnosis. In C. M. Franks (Ed.), *Behavioral therapy: Appraisal and status* (pp. 417–444). New York: McGraw-Hill.

Kapitan, L. (2010). *Introduction to art therapy research*. New York: Routledge.

Maslow, A. (1966). *The psychology of science: A renaissance*. New York: Harper and Row.

Mischler, E. G. (1979). Meaning in context: Is there any other kind? *Harvard Education Review, 49*, 2–10.

Modlin, H. C. (1976). Psychiatric diagnosis and the law. In K. Pruyser (Ed.), *Diagnosis and the difference it makes*. New York: Jason Aronson.

Moon, B. L. (1992). *Essentials of art therapy training and practice*. Springfield, IL: Charles C Thomas.

Neugebauer, R. (1979). Medieval and early modern theories of mental illness. *Archives of General Psychiatry, 36*, 477–483.

Noble, G. R. (1991). Director's update. *CDC HIV/AIDS Newsletter*, Feb., 1991.

Patton, M. Q. (2002). *Qualitative research and evaluation methods* (3rd ed.). Thousand Oaks, CA: Sage.

Ponterotto, J. G., Casas, J. M., Suzuki, L. A., & Alexander, C. M. (2010). *Handbook of multicultural counseling* (3rd ed.). Thousand Oaks, CA: Sage.

Pruyser, P. W., & Menninger, K. (1976). Language pitfalls in diagnostic thought and work. In P. W. Pruyser (Ed.), *Diagnosis and the difference it makes*. New York: Jason Aronson.

Rosenhan, D. L. (1973). On being sane in insane places. *Science, 179*, 250–258.

Scriven, M. (1967). The methodology of education. In R. E. Stake (Ed.), *Curriculum evaluation*. American Educational Research Association Monograph Series on Evaluation, No. 1. Chicago: Rand McNally.

Shevrin, H., & Schectman, F. (1976). The diagnostic process in psychiatric evaluations. *Bulletin of the Menninger Clinic, 37*(5), 451–494.

Spitzer, R. L. (1975). On pseudoscience in science, logic in remission, and psychiatric diagnosis: A critique of Rosenhan's "On Being Sane in Insane Places." *Journal of Abnormal Psychology, 84,* 442–452.

Stucky, H. L., & Nobel, J. (2010). The connection between art, healing, and public health: A review of current literature. *American Journal of Public Health, 100*(2), 254–261.

Wheeler, B. L. (2005). *Music therapy research* (2nd ed.). Gilsum, NH: Barcelona.

Zilboorg, G. (1941). The diseases that deprive man of his reason, such as St. Vitus' dance, falling sickness, melancholy, and insanity and their correct treatment by Theophrastus von Hohenheim, called Paracelsus. In H. E. Sigerist (Ed.), *Four treatises of Theophrastus von Hohenheim, called Paracelsus.* Baltimore: Johns Hopkins Press.

CHAPTER 2

평가에서의 심리치료에 대한 편견

코끼리라는 짐승을 보러 간 이들은 / 인도스탄의 여섯 남자였는데,
학식을 중요시하는 그들은 / 맹인임에도 불구하고,
스스로의 관찰을 통해 / 자신들의 호기심을 만족하기로 하였더라.

첫 번째 맹인이 코끼리에게 다가가다, / 발이 걸려 넘어졌는데
코끼리의 넓고 튼튼한 옆구리에 넘어졌더라.
그러자 그가 소리 지르기를, / "오, 주여! 코끼리라는 짐승은
벽과 같은 것이구나!"

두 번째 맹인은 코끼리의 어금니를 만지더니 /
"오, 이것은? 둥글고 매끈한 날카로운 이것은? / 옳거니, 명백히
이 코끼리라는 희한한 짐승은 / 창과 같은 것이구나!"

짐승에게 다가간 세 번째 맹인은, / 우연히 꿈틀거리는 코에 도달아

그 코를 손으로 잡았는데, / 당당히 그가 선언하기를,
"그렇군! 코끼리는 / 뱀과 같은 것이구나!"

네 번째 맹인은 신이 나 손을 내밀어, / 코끼리의 무릎을 어루만지더니
"이 참 경탄스러운 짐승이 제일 닮은 것은, / 아주 확실한 터인데,
이 코끼리라는 짐승은 / 나무와 같은 것이구나!"

다섯 번째 맹인은 어쩌다 귀를 만졌는데, / 그가 말하기를 "아무리 맹인일지라도
이 짐승이 무엇을 제일 닮았는지는 / 그 누구도 부정할 수 없다!
이 신기한 코끼리라는 짐승은 / 부채와 같은 것이구나!"

여섯 번째 맹인이 손을 내밀어 / 코끼리를 만지려 하자마자
자기 앞으로 휘둘리는 코끼리의 꼬리를 / 손으로 움켜잡았는데
그가 말하기를, "내가 보기엔 코끼리는 / 밧줄과 같은 것이구나!"

그리하여 이 인도스탄의 학자들은 / 긴 시간 서로 언성 높여 다투었고
서로 자신의 의견이 맞다며 / 고집들을 꺾지 아니 하니
여섯이 모두 일부 맞는 말은 했으나 / 여섯 명 모두 틀린 말을 했더라!

『맹인과 코끼리(*The Blind Men and the Elephant*)』
존 고드프리 삭스(John Godfrey Saxe, 1816~1887)

'정신건강'에 대해 일관된 정의는 없다. 앞의 인도스탄의 장님들 예에서 볼 수 있듯이, 성격이나 지능을 정의할 때 이론가마다 중점을 두는 시각이 다르다. 프로이트는 정신분석적 시각에서 아동의 성격 발달을 설명할 때, 성인 환자들의 기억을 토대로 하였다. 장 피아제는 아동발달 이론을 정립하기 위해 직접 관찰하는 방법을 사용했는

데 유아 및 아동 발달에 대해 기존과는 다른 견해를 내놓게 되었다.

치료자는 자신이 중점을 두는 쪽으로 환자를 보는 시각을 '선택'한다. 환자가 비효율적으로 적응하는 방법을 변화시킨다든가, 환자 자신의 행동에 대한 '통찰'을 갖도록 한다든가, 환자의 자신감을 고양시키고 대인관계에서의 만족감을 발달시키는 방향으로 나아간다든가 한다.

더욱이 환자마다 각기 다른 필요와 요구가 있다. 어떤 환자는 심각한 정신질환을 치료해야 하고, 일상의 문제를 가지고 있는 정상 범주에 있는 사람들을 다루어야 하는 경우도 있다. 같은 환자라 할지라도 접근 방법이 다른 치료자를 만나게 되면 서로 다른 관점에서 다루어지거나 다른 진단 체계로 다루어질 것이다.

치료자들은 환자를 진단하고, 변화를 모니터하고, 치료 효과를 평가하는 데 저마다 다양한 기준을 적용한다. 치료가 과학이라고 생각하는 치료자는 환자의 조건이나 결과를 평가하는 데 '객관적인' 방법들을 추구할 것이다. 치료가 예술이라고 생각하는 치료자는 자신의 경험과 직관에 많이 의존할 것이다. 그런가 하면 치료가 얼마나 도움이 되었고 효과적이었는지는 환자 스스로 평가할 수 있는 문제라고 여기는 치료자도 있다. 임상가가 질병, 행동, '진단'을 정의하는 방법은 그들이 채택하는 접근 방법에 영향을 받는다. 치료자가 치료 작업이나 평가의 특성을 지각하는 방식은 환자 혹은 내담자의 '요구'가 무엇이고, 무엇을 치료 '작업'으로 하게 될지를 결정하는 데 영향을 미친다.

심리치료에서 평가의 문제는 특히 어려운 과제다. 치료의 목적이나 치료가 '성공적이냐' '실패했느냐'의 문제 등을 평가할 때 여러 변수가 작용하기 때문이다. 치료자가 어떤 이론적 배경을 갖게 되는가는 자신이 공부한 대학이 어떠한 이론적 접근을 표방하는지, 그리고 자신의 성격이나 개인적 경험에 따라서 결정되는 경향이 있다. 치료나 성격발달 이론에 대해 다양한 모델이 있고, 이는 인간을 이해하는 데 저마다의 역할을 한다. 모든 설명이 틀렸다고 말하는 삭스와는 달리, 어떠한 이론적 접근도 하나만 가지고 인간을 완벽하게 설명하기는 어렵다.

역사적으로 볼 때, 심리학자들이나 임상가들이 '학파'를 형성하고, 자신들의 시각이 옳다고 배타적으로 주장하는 것은 문제가 되어 왔다. 루이스 브레거(Louis Breger, 1974)는 다음과 같이 지적했다. 어떤 분야에서 치료 방법을 만들면, "우리는 그 편을 들도록 강요당해 왔다……. 행동은 환경적 영향과 본능적 요소들에 따라 결정된다"(p. 15). 특정 '학파' 혹은 이론에 대한 충성심은 그 외의 생각이나 방법론을 무시하도록 할 뿐 아니라, 이론이나 기법을 설명하는 전문 용어를 새로 만들어 자신들의 학파 멤버들끼리만 공유함으로써 임상가들 간의 의사소통을 저해하기도 한다.

예술치료는 1940년대에 전문화되기 시작하였는데, 예술치료와 무용/동작 치료 등의 일부 이론과 임상적 토대가 정신분석의 영향을 많이 받았다(Wadeson, 2010; Cruz, 2006). 초기 음악치료는 1950년대까지 정신분석과 행동치료적인 방법들이 섞이게 되었다(B. Davis, 개인적 서신, 2012. 1. 30). 하지만 이론적인 모델들이 다양해지면서 좀 더 여러 기법을 채택하는 방향으로 나아갔다. 실제로, 일부 상담심리 교과서, 예컨대 코틀러와 셰퍼드(Kottler & Sheppard, 2008)는 새로운 치료자들을 위해 이러한 다양한 이론적 접근들을 어떻게 자신들의 방법론에 적용할 수 있을지에 대한 지침들을 제공했다.

임상가들의 접근 방법이 평가에 영향을 미치기 때문에, 일부 주요한 심리치료자가 치료나 평가를 이해하는 방법들을 검토해 보는 것이 유용하다.

정상적인 사람이 있는가

정신과 영역에서 중요한 변화 중의 하나를 꼽는다면, 그동안 임상 장면에 내재해 있던 '정상'과 '병리적인 것'의 구분을 버렸다는 것이다. 정신건강의 기준을 이분법적으로 나누던 방법에서 벗어나, 하나의 연속선상에 놓고 환자나 내담자가 그 가운데 어디에 위치하는지를 보는 개념으로 변해 왔다.

하지만 '정상'이라는 개념은 그것을 사용하는 사람에 따라서, 그리고 그것을 사용하는 맥락에 따라서 달리 정의되어 왔다. 예컨대, 사회적 규준이라는 입장에서 정상이란 바람직하고 수용될 수 있는 행동이라고 정의된다. 반대로, 계량적 규준은 사람들이 실제로 행동하는 방법들을 측정 기준으로 한다. 이들은 행동에 대한 가치 판단에는 관심이 없다. 그 결과, 어느 것이 정상이고 어느 것이 병리적인가 하는 것은 그들이 속한 집단에 따라서 다른 의미를 갖게 된다.

통계학자들의 입장에서 볼 때, 표준과 정상이라는 말은 평균—평균치, 중앙치, 최빈치—이라는 말과 관련이 있다. 정상이라는 것이 평균으로 정의되는 경우 표준화된 검사를 토대로 한다. 그래서 정상이라는 것은 무엇이 일반적이고 규준적이고 전형적인가, 그리고 무엇이 바람직하지 않은가라는 시각에서 정의된다.

정신병리로서 이상 행동은 복잡하고 논란의 소지가 많다. 1장에서 언급했듯, 정신보건 영역에서 사용되는 『ICD』와 『DSM』은 정신병리 교과서로 많이 읽히는 것인데, 모두에게 수용될 만한 정의를 내린다는 것이 얼마나 어려운 일인지를 잘 보여 주고 있다.

공식적인 진단 준거를 만드는 데 참여한 사람들보다, 실제 임상 장면에서 일한 심리치료자들은 치료자들이 표방하는 이론적·방법론적 철학에 따라 표준과 정상이라는 용어의 의미가 달라질 수밖에 없다고 말한다. 심리치료에서 평가를 할 때는 정상 기준을 근거로 하게 되는데, 이것은 통계적인 규준보다는 사회적·문화적 맥락과 더 관련이 있을 수밖에 없다. 정상이라고 하는 것 자체는 사회적인 맥락이다. 어떤 사회 혹은 문화적·상황적 맥락에서 '정상적인' 행동이 다른 사회나 맥락에서는 '비정상적' 일 수 있다. 임상가들이 문화적 차이와 비정상을 혼돈하지 않는 것은 매우 중요하다 (Sue, 1998). 우리 사회에서 정상적이지 않다고 간주되는 것이 다른 곳에서는 '자연스러운' 행동이 되는 등 행동의 범주는 매우 넓다. 더욱이 평균적이지도 전형적이지도 않은 행동이 어떤 상황에서는 아주 적응적인 행동 방법이 될 수도 있다. 비정상이라는 것이 정신병리학에서 말하는 병리적이라는 보장은 없다.

우리를 혼란스럽게 하는 것 중의 하나는, 현실감이나 정상성이 우리가 살고 있는 문화에 의해서 그리고 우리의 지각적 혹은 직업적 편견에 의해서 정의된 것이라는 점이다. 이들은 우리가 사는 세상으로부터 얻은 정보들, 즉 우리가 읽는 신문, 우리가 보는 텔레비전 프로그램 그리고 정신건강 관련 기관으로부터 얻는 교육 정도들에 의해 형성된 것이다.

심리치료를 하는 일부 임상가에게는 정상성이라는 개념이 그리 중요하지 않을 수 있다. 예컨대, 행동주의 구조의 틀을 가지고 일하는 임상가들은 '비적응적인' 행동이 무엇인가를 다루는 것을 선호한다. 이때 비적응적인 행동이란 내담자들이 도움을 받고자 하는 것이 무엇인가, 그리고 치료자가 볼 때 부적절하고 바람직하지 않다고 생각하는 행동이 무엇인가 하는 시각에서 정의된다.

이 짧은 절에서 볼 수 있듯이, 정상이란 무엇인가를 정의하는 것은 평균에서부터 예외적인 것에 이르기까지 그 범주가 다양하다. 정상성의 개념이 치료 효과를 평가하는 데 중요한 역할을 하기 때문에, 이 용어가 의미하는 바를 정확하게 정의하는 것은 중요하다고 할 수 있다.

심리치료에 대한 여러 견해

20세기에는 심리치료 영역에서 세 가지 주요한 방법론이 발전해 왔다. 정신분석, 행동주의, 인본주의가 그것이다. 이 각각은 고유의 성격 이론을 발달시켜 왔다. 20세기 후반부에 들어서면서, 이 세 가지 주요 이론에 다양한 기법이 발전했다. 그중 가장 발전한 이론이 인지행동치료, 변증법적 행동치료, 행동주의에서 태동한 동기면담이론 등이다. 이들의 인기는 평가나 경험적 타당성이 이 치료들에 어떻게 접근될 수 있는지와 직접 관련이 있을 수 있다. 예컨대, 인지행동치료(CBT)는 무선 통제 실험에서 광범위하게 연구되었다(Butler, Chapman, Forman, & Beck, 2006). 이 접근법과 함께, '증거 기반 치료'가 인기를 끌었다(Spiegel, 2006). 미국의학협회(Institute of Medicine, 2001)와 미국심리학회(American Psychological Association, 2005)의 지원을 받아서, 보험이나 정책 관계자들이 '증거 기반' 관련 치료들에 의료보험의 혜택을 주기도 하였다. 물론 무엇을 증거로 간주하는가 등에 대해서는 논쟁이 계속되고 있다.

정신분석과 정신역동 치료

오늘날, 정신역동치료에 관한 여러 방법론이 있는데, 프로이트의 이론을 토대로 하며, 인간의 마음에 내재한 의식과 무의식 간의 상호작용을 다룬다. 정신분석학자들뿐 아니라 많은 임상가가 프로이트 학파나 신프로이트 학파로 일컬을 수 있는 다양한 이론을 실제에 적용하고 있다.

많은 성격 이론이 과학적 실험보다는 임상 관찰을 토대로 하고 있다. 그 결과, 성격 이론들은 이론가들의 편견이나 그 이론이 형성된 환경에 영향을 받을 수밖에 없다. 프로이트의 성격 이론이 그의 동료들이던 융이나 아들러, 설리번, 호나이 등의 도전을 받게 되었다는 사실은 그리 놀라운 일이 아니다.

정통 프로이트 정신분석은 성적 추동과 공격성이 타고나는 것이며, 이들이 환경과 사회의 요구로 끊임없는 갈등을 겪게 된다는 기본 가정을 토대로 하고 있다. 불안으로 억압된 본능적 추동이 '무의식적 역동'을 이끌게 되며, 이것으로부터 신경증적 불안, 때로 정신병적 문제들을 야기하게 된다. 해리 스택 설리번이나 캐런 호나이 그리고 에리히 프롬과 같은 신프로이트 학파들은 유아 발달을 대인관계적인 맥락에서 보았다. 즉, 유아 발달이 본능적 욕구보다 사회 환경의 요구라는 맥락에 의해 이끌어진다는 것이다. 아동의 성격은 아동의 성장과 자율성, 힘을 향한 욕구와 안전에 대한 욕구 간의 갈등에 의해서 형성되는데, 아동의 성장이 충분히 격려받지 못하면, 성장에 대한 욕구가 안전에 대한 욕구에 눌리면서 정서적인 문제를 야기한다고 보았다.

프로이트 이론에 근거한 심리치료에서 여러 학파 간에 불일치가 있음에도, 모든 정신역동치료에서 근간으로 하고 있는 것은 정신결정론의 이론적 토대가 무의식적 역동을 가정하고 있다는 점이다. 물론 무의식의 특성에 대해 가정하는 부분이 서로 다르기는 하다. 프로이트가 무의식을 억압된 소망이나 추동들이 '들끓는 가마솥'에 비유했다면, 융과 같은 학자들은 무의식을 지혜와 창조성의 근원으로 보았다. 대부분의 임상가는 무의식이라는 것을 구조적 · 유전적 · 문화적 영향으로 혹은 이들의 조합에 의해서 형성되는 것으로 보았다.

프로이트의 명성과 그리고 견줄 만한 다른 이론들이 충분하지 않던 당시의 상황에 기인하여, 정신분석 이론과 치료 방법은 수년 동안 미국의 정신의학 영역에서 주요한 위치를 차지하게 되었다.

증상으로서의 문제 행동

정신분석에서는 문제 행동 혹은 '이상적인' 행동을 바꾸는 것만으로는 충분하지 않다고 본다. 문제 행동은 단지 내재한 갈등으로 인한 증상을 표방한 것이며, 이러한 갈등의 근원을 이해하고 인식할 수 있을 때 치료가 가능하다고 말한다. 내재한 갈등이 해결되지 않은 채 행동만 변화시킨다면 다른 증상으로 대체되거나 재발할 가능성이 커진다.

이러한 관점에서 볼 때, 약물치료나 행동수정을 통해서 증상을 완화하거나 제거해도 문제의 근원은 없애지 못할 수 있다. 환자가 인식하지는 못하지만 스스로 내비치는 두려움이나 불안 등을 토대로 환자의 내재한 문제를 추론해 내야 한다. 이러한 두려움과 걱정의 근원은 꿈이나 자유연상, '프로이트의 말실수', 투사, 기타 여러 가지 방법을 통해서 탐색되어야 한다. 즉, 의식적인 수준에서 다루어질 수 있는 것들을 통해서 무의식적 과정들을 탐색하게 된다. 프로이트가 말하는 소위 '이야기치료'를 통해 마음의 여러 수준에 있는 문제들을 다루게 된다.

문제 행동은 비정상적인 것으로 보일 수 있다. 하지만 정신분석이나 정신역동 치료에서 정상이란 지극히 주관적인 개념이기 때문에, 치료의 효과 또한 전문가의 판단에 의존하는 바가 크다. 증상 완화 그 자체만으로는 문제가 해결되었다고 할 수 없기 때문에, 정신분석가나 정신역동치료를 하는 임상가들은 내재한 문제가 해결되었는지를 결정하는 데서 자신의 임상적 판단을 적용해야만 한다.

약물치료나 행동치료가 명확하고 구체적인 치료 효과를 명시하고 이를 평가하는 것과는 달리, 정신분석치료에서 이루어지는 평가는 좀 더 전체적이고 그 선이 분명하지 않은 경향이 있다. 환자들은 자신이 처음에 보고한 것보다 많은 문제를 치료하는 경우도 있다. 한편, 외부 사건들이 환자의 삶에 생각보다 복잡하게 얽혀 있는 경우도 있다. "객관적인 현실에 직면해서, 정신분석은 겸손해져야만 한다. 기껏해야 정신분석은 환자의 환경이 허락하는 범위에서 가능한 문제의 해결을 도울 수 있을 뿐이다." (Arlow, 1989, p. 43)

행동주의

미국 행동주의의 창시자인 존 왓슨은 심리학이란 마음이 아닌 행동을 연구하는 과학이라고 주장하였다. 성격이란 전적으로 환경에 의해서 형성되며 모든 행동은 학습에 의해 이루어지는 것이라고 하였다. 1913년 왓슨은 행동을 고려하지 않은 의식이나 정신 생활은 미신이라고 하였다. 정신역동의 핵심인 무의식은 경험적으로 전혀 증거가 없는 것이라고 주장하였다. 영혼처럼 무의식은 관찰할 수도 없고 측정할 수도 없으며, 모든 사람이 이해할 만하게 정의할 수 있는 것이 아니라고 하였다. 이러한 개념은 무언가 명확히 설명하고자 하는 우리의 요구를 만족시켜 주는 것이라고 할 수 있다. 왓슨과 그를 따르는 행동주의자들에게는 '문제를 안고 있는 행동'이 해결해야 할 대상이다.

왓슨과 스키너는 행동주의 이론의 영역을 확장하였다. 스키너는 하버드 대학 심리학과 교수로서 조작적 혹은 '시행착오' 조건형성의 선구자로 불리고 있다. 스키너는 파블로프의 자극-반응 조건형성(왓슨이 고전적 조건형성이라고 일컬은)을 두 가지 이유를 들어 반대하였다. 첫째, 그런 행동을 야기하는 것이 무엇이냐에 관심을 둔 것이 아니라, 행동을 강화시키는 것이 무엇인가에 관심을 가졌다. 둘째, 어느 특정 영역에 있는 특정 행동을 변화시키는 데 관심이 있었다. 스키너는 또한 왓슨이 오로지 행동만을 강조한 점도 수정하였다. 스키너(1971)는 행동뿐 아니라 사고도 행동에 암묵적으로 영향을 미친다고 하였고, 이것을 치료와 연구 영역에 확장시켰다.

1960년대 이래 현재까지 행동주의는 괄목할 만한 발전을 거듭해 왔다. 약물 남용이나 범죄, 비행 행동을 수정하는 데, 그리고 발달장애 아동을 치료하는 영역을 비롯하여 광범위한 영역에서 적용되고 있다. 앞에서 언급하였듯이, 인지행동치료, 변증법적 행동치료, 동기면접의 세 가지 방법론이 가장 널리 사용되고 있다. 이뿐만 아니라 행동주의는 다른 여러 영역의 이론이나 실제에 응용되어 왔다. 예컨대, 심리역동에 근거를 둔 치료자들은 어떤 특정 문제 행동을 치료하기 위해서 행동수정 기법을 사용하기도 한다.

행동주의에 근거한 세 가지 주요 기법은 체계적 둔감화, 혐오치료, 조작적 조건형성이다. 이러한 특정 기법들이 오늘날 널리 사용되고 있다. 체계적 둔감화는 불안이나 두려움을 야기하는 자극에 대해서 환자가 부적절하거나 과장되게 반응하는 행동들을 약화시키는 데 유용하게 사용된다. 혐오치료는 바람직하지 않은 행동들을 소거하거나 억제하도록 하는 데 이용된다. 조작적 혹은 시행착오적 조건형성은 행동주의자들이 필요한 영역에 자유롭게 사용하는 기법적인 토대가 되고 있다.

혐오치료에서는 원하지 않는 행동들이 나타날 때마다 혐오 자극을 주게 된다. 예컨대, 전기 충격이나 화학 자극 혹은 심리적인 처벌들을 주어서, 문제 행동이 즐거움이 아닌 고통과 연합될 수 있도록 하는 것이다. 이러한 혐오치료는 오늘날 널리 사용되지는 않는다. 오늘날에는 다른 형태의 행동치료들이 사용된다. 치료자와 환자가 같이 작업을 해서 문제 행동을 극복하도록 돕는데, 환자가 바람직하지 않다고 인식하는 문제, 자신에게 고통이나 불편감을 야기한다고 보는 행동들을 극복하기 위해 같이 작업을 한다.

조작적 조건형성은 파블로프의 고전적 조건형성으로부터 진화된 것인데, 피험자가 어떤 자극에 대해서 조건화된 혹은 학습된 조건을 습득하는 것이다. 파블로프의 개가 벨이 울릴 때 침이 분비되는 것을 학습한 것은 이미 음식이 주어질 때마다 벨이 울린 사건들이 존재했음을 말해 준다.

바람직한 행동에 '보상'이 주어져 강화되고, 바람직하지 않은 행동에는 부적인 결과가 주어지는 '처벌'이 뒤따르거나 무시된다. 행동주의자들은 진단적 이름보다는 행동에 관심을 두기 때문에, 문제 행동이라고 여겨지는 것들은 일단 제거되어야 한다. 그리고 특정 행동을 변화시키기 위해 조작적 절차가 설계된다.

치료 표적으로서의 행동

행동주의자들은 문제 행동을 치료하는 자신들의 접근 방법이 실험실의 실험과 같은 방식이기 때문에, 반복 연구가 가능하고 연구를 하기에 용이하다고 말한다. 행동 치료에서 평가는 간단하고 직접적이다. 문제 행동을 기술하는 것에 중점을 두며, 문제 행동의 변화를 측정하고 기록한다. 문제 행동이 소거되거나 변화되면, 치료 경과는 성공적이다. 따라서 행동 평가에서는 주의 깊게 측정하고 기록하는 것이 관건이다. 최소한 이론적으로는 그렇다. 우리가 뒤에서 보게 되겠지만, 행동 평가를 인지나 지각 영역에 확장시키게 되면, 다른 접근법에서 나타나는 것과 비슷한 문제들이 나타나게 된다.

인본주의

심리치료에서 인본주의 운동은 '제3의 물결'로 일컬어지며 광범위한 치료 영역을 포함한다. 인본주의 심리학자들은 실존주의자이자 현상학자, 게슈탈트 치료자 등을 포함한다. 인본주의심리학미국학회(American Association for Humanistic Psychology)의 연구에 따르면, 인본주의는 현존하는 이론이나 체계에는 거의 없는 주제들에 관심이 있다. 예컨대, 사랑, 창조성, 자기, 성장, 기본 욕구 만족, 자기실현, 가치 추구, 존재, 자율성, 놀이, 유머, 정서, 자연스러움, 온화함, 자아 초월, 초월적 경험, 절정 경험, 용기 등이다(Severin, 1965, pp. xv-xvi).

인본주의적 접근법은 '지금-여기'를 강조한다. 많은 치료가 인본주의의 범주에 속하기 때문에 인본주의적 치료나 실제를 정확하게 논하는 것은 쉽지 않다. 많은 인본주의 치료가 현상학적 심리학의 원리를 근거로 하고 있는데, 이들은 객관적 '실제'보다는 개인이 환경을 지각하는 방식에 관심을 갖는다. 어떤 사건이 있을 때 사건 그 자체보다는 개인이 그 사건을 어떻게 지각하느냐에 중점을 둔다. 결론적으로 현상학자, 실존주의자, 게슈탈트 치료자, 기타 인본주의 치료자들은 문제를 이해하고 인식하는 것보다 그것을 어떻게 '자각'하는가, 즉 어떻게 지각하고 느끼고 행동하는가에 관심이 있다. 대부분의 인본주의 접근법이 표방하는 치료 중의 하나가 실존주의 심리치료다. 이것은 1950년대에 미국에 소개되었으며 같은 이름의 철학에 이론적 근거를 두고 있다. 롤로 메이와 어빈 얄롬(Rollo May & Irvin Yalom, 1989)의 말에 따르면, 실존주의 심리학자들은 각 개인을 각기 자신의 방식대로 경험하고 느끼고 행동하는 고유의 존재로 본다. 프로이트 학파들이 인간의 정신적 갈등을 본능적 욕구와 사회적 요구 사이에 존재하는 것으로 보았다면, 신프로이트 학파들은 그것을 성장과 안정의 갈등으로 보았다. 행동주의자들은 정신적인 갈등을 문제가 있는 행동을 극복하기 위해 분투하는 것으로 보았다. 한편, 실존주의자들은 정신적인 갈등이란 주어진 것에 직면하는 것 혹은 '궁극적 실존의 문제', 예컨대 죽음, 자유, 고독, 무의미 등에 직면하는 것이라고 보았다. 하지만 주어진 한계 내에서 개인은 제한적인 상황을 초월하고 변화시키는 능력이 있다고 보았다.

메이는 『자유와 운명(*Freedom and Destiny*)』(1981)이라는 책에서 자신의 생각을 피력하였는데, 메이가 주장하는 것은 인간의 자유는 운명과 같이 가며, 그것은 마치 유전적 소인, 문화 그리고 죽음과 같이 생리학적으로 불가피한 것들처럼 우리의 통제를 넘어서는 것이라는 것이다. 우리는 우리의 운명에 직면하고 그것을 다루는 만큼 자유롭다. 아이러니한 사실은 자유는 결국 불안의 주요 근원이 된다는 것이다. 장 폴 사르트르의 말에 따르면, 인간은 자유라는 운명에 묶이게 된다(Satre, 1956, p. 631). 운명은 한계에 직면할 때 그리고 의사결정을 하면서 자신의 세계를 창조하려고 할 때 반드시 책임이 수반되기 때문이다. 불안은 그 자체로 인간의 보편적인 특성일 뿐만 아니라 불가피한 것이다.

실존주의자들은 정상이란 문제 행동에 적절하게 반응하는 것이라고 정의한다. 메이와 얄롬은 정상적인 불안을 다음의 세 가지 특징으로 기술하였다. 그것은 상황에 적절할 것, 도덕성에 대한 인식과 같은 적절한 무엇을 포함할 것, 그리고 창조성을 자극하는 것이다(May, 1977).

비정상적인 불안이란 상황에 적절하지 않은 것이다. 이것은 강박이나 강박 행동을 유발할 수 있다. 이러한 비정상적인 불안은 억압되어 있고, 어둡고 잘 인식되지 않는 두려움이나 걱정들이 이들 세상을 왜곡한다. 이것은 파괴적이고 비건설적이다. 어떤 문제에 창조적으로 접근하게 하지 못하고 마비시키는 경향이 있다. 이와 유사하게, 메이와 얄롬은 정상적 죄책감과 신경증적 죄책감을 구분하였다. 정상적 죄책감은 우리의 행동을 윤리적인 차원으로 바꿀 수 있도록 이끄는 반면, 신경증적 죄책감은 신경증적 불안과 마찬가지로 우리의 행동을 강박이나 강박 행동과 같이 역기능적인 방향으로 이끌 수 있다. 인간은 신경증적 불안이나 죄책감으로부터 스스로 벗어나서 정상적인 불안이나 죄책감을 인식하는 방향으로 갈 수 있다.

실존주의 치료에 대한 간략한 설명을 통해서 보면, 실존주의 치료는 정신건강에 대한 문제보다 자기성장, 자기변화에 더 관심을 갖는다는 사실을 명확히 알 수 있다. 각각의 개인은 저마다의 독특한 방식으로 외부 세계에 기능을 하기 때문에 실존주의자들은 '정상적인 성격'이라는 개념이나 심리검사를 통해서 병리를 평가하는 것 그 자체를 부정하는 경향이 있다. 메이와 얄롬은 다음과 같이 썼다.

> 증상 완화 혹은 행동 변화는 합리적인 범주에서 수량화할 수 있을지 모른다. 그러나 개인의 존재에 좀 더 깊이 개입하고자 하는 심도 있는 치료라면 이러한 수량화를 거부할 것이다(May & Yalom, 1989, p. 391).

코끼리를 달리 보기

지금까지 치료에 대한 여러 학파에 대해서 살펴보았는데, 인도스탄에서 온 장님의 예에서 보듯이 요소를 분리해서 치료 학파들을 보면, 이론 간의 차이를 과장해서 보는 실수를 범할 수가 있다. 우리가 전통적인 라벨을 떼고 새로운 치료들의 진화 과정을 추적해 보면 정신분석과 행동주의의 관계가 좀 더 명확하게 드러날 수 있다. 서로 양립할 수 없다고 여겨지는 치료의 기법이나 이론들을 서로 조합하는 시도가 있어 왔다. 여러 가지 치료를 전통적인 이름에 따르지 않고 이들이 추구하는 기본 목적이 무엇인가라는 차원에서 보게 되면, 다시 말해서 자기이해, 대인관계, 개인의 성장과 같은 차원에서 보면 유용할 때가 있다.

정신역동치료를 하는 대부분의 임상가는 오늘날 자아심리학적인 입장에서 임상치료를 한다. 자아심리학이란 기존에 프로이트 이론이 강조하는 본능적 추동을 덜 강조하고 대신 동일시나 의미와 같은 자기추구를 더 강조한다. 새로운 심리치료 기법 가운데 두 가지 주요 논점이 있다. 하나는 개인의 성장과 자기실현이고 다른 하나는 대인관계의 증진인데, 프로이트 이후 이들이 주요 이론적 흐름이 되었다. 정신역동치료와 인본주의 치료를 비교해 볼 때, 이론적인 연관성은 적지만 치료에서 강조하는 사회적인 역할이라는 차원에서 보면 훨씬 관련이 많다. 정신역동 치료자들과 인본주의적 치료자들의 이론적인 토대는 프로이트에서 빌려 왔다고 간주되지만, 이들이 사용하는 기법은 행동주의로부터 많이 가지고 왔다.

앞에서도 언급했지만 대부분의 치료자가 여러 다른 치료로부터 방법론이나 기법을 빌려 온다. 그리고 이들의 전체 시스템은 다른 철학적 기반으로부터 가지고 온 치료나 평가 기법의 조합을 토대로 한다. 하나의 예가 앨버트 엘리스(Albert Ellis)의 합리적 정서치료와 아론 벡(Arron Beck)의 인지행동치료다. 이들은 환자가 자기 자신을 부정적으로 보는 시각을 수정하고, 다른 사람의 행동이나 생각에 대한 잘못된 추론을 바로잡고, 좀 더 합리적이고 현실적으로 생각할 수 있도록 돕는 치료 기법이다. 이 치료들은 행동주의적 방법론을 토대로 하고 있다. 그것은 환자에게 피드백을 주어서 자신의 생각이나 관점을 수정하도록 돕는 것이다.

마지막으로, 체계 접근은 내부적으로 일관된 '체계'들을 세우려고 하는 것인데, 이때 일관된 체계란 환자가 속해 있는 사회적 환경을 고려하는 것이다. 여러 가지 다양한 체계 접근이 있지만, 대부분의 임상가가 사용하는 체계 접근들은 너무 단순화하는 접근법이나 너무 전체적으로 보려는 접근법은 거부한다. 즉, 개개인을 능력과 특성을 가진 집합체로 보거나 성격의 근본적인 재구성만이 의미 있는 변화의 기반이 될 수 있다고 간주하는 시각을 지양한다. 일반적으로 체계치료자들은 개인의 패턴이 확립되고 변화될 수 있지만 이러한 변화는 전체—개인, 가족, 사회 단체—에 속해 있는 부분 영역에 영향을 준다고 생각한다(Compton, 2005). 예컨대, 가족치료자들은 가족 구성원으로서의 개인의 행동이 변화될 수 있는데 이러한 변화는 가족의 다른 구성원들의 행동에 불가피하게 영향을 줄 수밖에 없다는 데 동의한다. 따라서 그들은 치료가 개인의 행동 차원에서 고려되어야 할 뿐만 아니라 이러한 행동의 변화가 가족 기능에 미치는 영향도 고려해야 한다고 주장한다.

평가에 대한 이론 기반 접근

이론이나 치료 기법에 대해서는 서로 간의 교류가 활발하게 이루어져 온 반면, 평가 영역에서는 비교적 확실하게 분리가 되어 있는 편이다. 치료자들이 성격 이론이나 기법 등에 어떤 특정한 견해를 고수하고 있으면, 적절한 평가를 하는 데 필요한 방법론이나 기법을 사용하는 데 그 범위가 좁아질 수밖에 없다.

최근에는 평가에 대한 견해들이 확장되는 추세다. 우리는 몇 가지 학파의 견해에 대해 설명을 하면서 많은 임상가가 다양한 평가 기법, 도구와 절차를 기꺼이 사용하고 있다는 사실을 기술하려고 한다.

정신분석적 접근

정신분석가에게 평가란 지극히 주관적이며 정신분석 이론으로 표현된다. 치료와 평가에서 중심이 되는 것은 전이와 저항의 개념이다. 전이란 치료자와 환자의 관계를 말하며, 여기서 치료자는 환자의 감정에 초점을 맞추게 된다. 환자가 전이와 저항을 인식하게 될 때 치료의 목적이 달성되며 치료 종결을 위한 조건이 성숙된다고 본다.

정신분석에서 치료의 종결 단계는 눈에 띄는 특징을 보인다. 첫째, 환자의 초기 증상이 갑자기 나타나는 경우가 있다. 이런 경우에는 치료가 헛된 것이 아닌가 하는 생각을 갖게 하지만 분석가들은 이것을 치료 관계를 지속하고자 하는 시도로 해석하기도 한다. 지금까지 억압된 일련의 기억이 나타나기도 하고 이전 회기에서 나타난 해석들이 재확인되는 경향이 있다. 그리고 마지막으로 환자는 전지전능하고자 하는 억압된 소망들이 나타나기도 한다.

치료가 성공적으로 이루어졌는지를 확인하기 위해서 치료자는 정신분석 이론을 숙지하고 있어야 할 뿐만 아니라 환자가 치료를 종결할 준비가 되어 있는지를 인식할 줄 알아야 한다. 이 경우 치료의 평가는 전적으로 치료자의 판단에 의존하게 되며 성공적인 치료 종결의 단계라면 환자가 이를 수용할 수 있어야 한다(Arlow, 1989, pp. 39-40).

환자를 평가하기 위해서 프로이트의 이론에 근거한 로르샤흐나 TAT와 같은 검사들이 사용되기는 하지만 심리검사를 사용하는 분석가들은 극소수다.

융의 이론에 근거한 분석치료에서, 평가는 지극히 주관적이고 이론을 토대로 하고 있다는 점에서 프로이트의 정신분석 이론과 비슷하다. 그러나 융의 분석치료에서는 전이의 치료나 평가의 중요성이 훨씬 덜하다. 융 분석치료자들에게는 환자의 무의식에 대한 이해가 훨씬 중요하다. 전이와 역전이는 예컨대 지도자-제자, 성자-죄인, 주인-노예에서 보는 것처럼 서로 양극단의 원형으로 본다(Kaufmann, 1989, p. 140).

융 분석에서 진단과 평가는 환자와 그 무의식의 관계를 분석하는 데 달려 있다. 그러나 무의식은 상징적인 것으로 나타나기 때문에 훈련된 분석가가 그 의미를 해석해야 한다. 융에게 무의식은 두 가지 요소로 구성되어 있다. 첫째는 집단적인 무의식으로서 원형의 형태로 인류에게 축적된 것으로 은유나 상징에 의해서 표현되는 보편적인 개념들이다. 둘째는 개개인이 갖는 무의식으로서 의식에서 밀려난 경험들이다. 대체로 의식에서 밀려난 경험이란 억압되고 잊혀 있다가 불안이나 스트레스의 형태로 표면에 남아 있는 것들이다.

환자와 무의식의 관계는 치료자 혹은 환자가 상징을 다룸으로써 추론될 수 있는데 이것은 무의식이 꿈, 자유연상, 그림 등을 통해서 나타나는 것들이다. 분석가는 원형 패턴에 대한 지식을 활용하여 환자가 이야기하는 상징들을 해석해 준다. 그렇기 때문에 진단과 평가 과정은 상당히 추론적일 수밖에 없고 꿈, 상상 그리고 연상 등과 관련 짓는 치료자의 기술에 의존하게 된다. 꿈, 상상 그리고 연상 등을 프로이트는 "오래된 잔재"라고 불렀고, 융은 그것을 태곳적부터 인간의 마음에 전수되어 온 정신적 요소라고 불렀다(Jung, 1964, p. 47). 무의식으로부터 오는 이러한 메시지는 환자의 상태를 드러내므로 이들은 해석되어야만 한다.

융의 분석치료에서는 '치유'보다 인간으로서의 '전체성(wholeness)'을 추구하기 때문에 융 분석은 때로 프로이트의 관점과는 달리 인본주의와 더 가깝게 느껴지기도 한다. 인본주의와 마찬가지로 융 분석치료는 어떤 특정 증상을 완화시키는 치료와 관련해서는 취약할 수도 있다.

행동주의적 접근 방법

행동주의 치료자들이 문제를 변화시켜야 하는 행동이라는 차원에서 정의하기 때문에 환자를 기본적으로 평가하는 요소는 그 행동이 얼마나 변화하였는가 하는 것이다. 행동치료를 위한 프로그램을 평가하는 것은 그것이 문제 행동을 얼마나 성공적으로 변화시킬 수 있느냐다. 그렇기 때문에 주요 기법은 어떤 특정 문제 행동을 얼마나 잘 정의하느냐에 달려 있다. 진단 평가에서 치료자는 먼저 문제 행동을 잘 기술해야 한다. 따라서 그에 따른 자세한 정보를 수집해야 한다. 즉, 어떤 환경이 문제를 일으켰는가, 얼마나 자주 일어나는가, 얼마나 심각한가 그리고 환자는 어떻게 그것에 대처해 왔는가? 평가에 사용되는 접근 방법들은 결과를 평가하는 데 사용되는 것들과 동일하다. 행동치료에서 문제와 그에 따른 행동은 결국 동의어이기 때문이다. 가장 분명한 접근 방법은 환자에게 물어보는 것이다. 치료자는 환자의 말을 액면 그대로 받아들일 필요는 없지만 환자의 말에 불일치, 회피 또는 왜곡은 없는지 확인해야 한다. 그럼에도 행동주의자들은 환자의 감정, 사고, 환상을 탐색하는 데서 직접 관찰보다는 환자의 자기보고에 의존하는 경우가 많다.

많은 사람이 일반적인 범주나 특징(공격성, 수줍음, 화, 평온함, 수동성)으로 자신을 기술하는 경향이 있고, 치료자는 수정할 특정 행동들을 기술하는 방법들을 찾아야 한다. 이를 위해서 여러 가지 기법이 개발되어 왔다. 예컨대 자기관찰, 역할놀이, 직접 관찰, 신체적 반응 등이다(Wilson, 1989, pp. 258-260). 대부분의 행동주의자는 표준화된 심리검사를 사용하는 것을 거부한다. 이들은 문제 행동을 바람직하지 않은 환경에서 학습된 비적응적인 반응으로 해석하는 경향이 있다. 따라서 기존 성격검사로 성격특성을 추론하기보다는 변화되어야 하는 특정 행동을 기술하고자 한다. 행동주의자들이 사용하는 검사는 자기보고식 체크리스트, 척도 그리고 질문지들이다.

인본주의적 접근

인본주의에서 평가를 위한 이론적인 접근을 설명하기는 쉽지 않다. 이들은 어떤 구체적인 이론적 틀을 가지고 있기보다는 좀 더 광범위하다. 인본주의자들이 보는 관점은 전 범위에 걸쳐 있다. 어떤 이들은 양적인 방법론을 사용하는 것이 전혀 문제가 없다고 하고, 어떤 치료자들은 측정 자체를 거부하고 질적이고 직관적인 방법을 선호한다. 일부 인본주의적 예술치료자는 언어적인 방법보다는 창조적인 예술 작업을 통해서 환자의 작업 정도를 평가하기도 한다. 또 어떤 치료자들은 환자 자신이 스스로를 평가하도록 두기도 한다. 또 일부 인본주의 치료자는 완전한 인간(whole person)으로 변화하는 것이 불가능하다는 전제하에 평가 자체를 거부한다. 즉, 치료가 근원적으로 가치가 있는 것이라면 긍정적인 방향으로 흘러가게 되어 있다고 본다.

비슷한 가설과 전제를 가지고 시작하는 두 인본주의 치료자가 평가에 대해서 어떤 관점을 가지고 있는지를 비교해 보고자 한다. 칼 로저스는 인본주의 운동의 선구자로서 1940년에 '내담자 중심' 치료를 창안하였다. 그 치료가 표방하는 기본 가정은 문제가 있는 개개인이 다른 누구보다도 자기 자신에 대해서 가장 잘 알고 있으며, 자신의 문제를 해결하는 데 무엇이 가장 좋은 방법인지를 스스로 찾는다는 것이다. 치료자혹은 촉매자의 역할은 신뢰, 무조건적인 수용 그리고 공감을 통해 '공감적 분위기'를 제공하는 것이다. 각 내담자는 자신의 삶의 건축가이자 자기 자신의 현실을 판단하는 주체다. 따라서 치료자가 아닌 내담자 스스로 탐색해야 하는 문제나 요구들을 선택하고, 치료의 기간을 결정하고, 자신의 통찰에 이르게 되며, 언제 치료가 목표에 달성할 수 있는지를 결정한다(Raskin & Rogers, 1989).

자기 스스로 성취한다는 관점에서 로저스 치료자들이 양적인 치료 평가를 싫어하지 않는다는 사실은 놀랍기도 하다. 사실, 표준화된 평가 도구는 Q-sort 기법이다. 로저스는 Q-sort를 개인 스스로 자기를 정의하는 도구로 사용하였다. 자기를 기술하는 백 개의 카드가 있고, 환자는 "나는 부적절하게 느낀다." "나는 주장적이다." "나는 책임감 있는 사람이다." 등의 문안들을 9개의 파일로 분류한다. "가장 나를 잘 기술한 것이다."에서부터 "가장 나를 잘 못 기술한 것이 아니다."에 이르기까지 연속선상에서 분류를 한다. 이는 자신의 변화를 양적으로 기술하는 자기개념을 나타내도록 되어 있다(Raskin & Rodgers, 1989).

실존주의적 예술치료자인 브루스 문(Bruce L. Moon)은 심리치료의 특성과 기능에 관해 다음과 같이 말했다. 이것은 로저스가 기술한 것과 견줄 만하다.

내 작업의 일차적인 목표는 내담자와 함께 그들의 창조적인 작업에서 드러나는 그들의 삶의 의미를 탐색하고 발견하도록 도와주는 것이다. 인턴들을 훈련할 때 내가 강조하는 것은 우리는 단지 해석자, 평가자 또는 진단가가 되기 위해서 훈련을 받아서는 안 된다는 것이다……. 나는 환자와 함께 필요한 작업들을 하게 하면 환자들 스스로 자신의 작업을 해석, 판단, 개발할 수 있도록 하는 것이 중요하다고 생각한다(Moon, 1990, p. 55).

그러나 브루스 문은 평가와 관련해서 여러 가지 견해로 한 걸음 더 나아갔다. 환자의 삶의 의미를 탐색하고 발견하는 것이 소위 그가 명명한 '캔버스 거울(the canvas mirror)'에 반영될 뿐 아니라, 환자의 변화들이 환자의 창의적인 작업 속에서 나타난다는 것이다. 그는 다음과 같이 말했다.

나는 무엇을 어떻게 하는가에 대해서 많은 말을 삼가는 편이다. 어떤 것에 대해서 생각하고 바라보는 방법을 제시하려고 했다. …… 나는 우리의 전문성에 대한 근원을 다시 점검해 왔다고 믿는다. 이러한 근원이 우리와 미래의 예술치료자들이 영혼, 정신과 상상을 버리고 과학적인 방법론, 측정 가능한 자료와 연구 결과로 가야 한다는 사람들에게 반대하는 주장이 되기를 진심으로 기원한다. ……나는 과학적 연구를 반대하는 것은 아니다. 그러나 내가 명확히 주장하고 싶은 것은 '우리 미술치료자들이 하는 것은 측정되거나 계산될 수 있는 성질의 것들이 아니다.'라는 것이다(p. 164).

흥미롭게도 이러한 종류의 주장은 때로 여러 예술치료 영역에서 반향을 불러일으켜 왔으며 아직도 흔적들이 남아 있다. 그러나 대부분의 예술치료자는 1990년 미국 건강관리 영역의 지배적인 변화들 그리고 증거 기반 치료에 중심을 둔 변화에 영향을 받아 왔다. 그래서 그들은 전문가가 되는 방법으로 연구와 평가에 더 많은 비중을 두는 경향이 있다(예: Cruz & Hervey, 2001; Meekums, 2010).

요 약

치료자가 제공하는 치료의 형태뿐 아니라 환자의 요구를 평가하고 환자의 치료 과정을 평가하는 치료자의 방법은 치료자의 이론적인 토대에 많이 의존한다.

일반적으로 치료자는 환자의 문제의 중심에서 다양한 임상가가 다르게 해석하는 갈등 혹은 분투를 본다. 프로이트 이론가는 주요 갈등을 본능적 욕구와 사회적 요구 간에 존재하는 것으로 본다. 이때 사회적 요구는 이러한 공격적·성적 욕구를 억압하도록 강요한다. 프로이트의 이론을 어느 정도 수용하는 신프로이트 학자들은 갈등을 안전에 대한 욕구와 동일시, 성장 그리고 숙련에 대한 욕구 간에 존재하는 것으로 본다. 행동주의자와 학습 이론가들은 갈등을 환자의 불편감과 '비적응적인' 행동 간에 존재하는 것으로 보는데, 이때 환자들의 문제 행동은 어떤 자극에 대한 반응으로 학습된 것이거나 사회에서 받아들여지지 않은 것들이다. 실존주의자들은 갈등을 인간이 직면하는 궁극적인 실존의 문제들, 예컨대 죽음, 자유, 고독, 무의미함 등으로 본다.

　여러 이론적인 접근 각각은 다양한 성격, 정상성, 증상의 중요성, 치료자의 역할 그리고 치료의 목표에 대해 다양한 견해를 갖게 된다. 그 결과, 평가는 각 접근에 따라서 다르게 개념화되었다.

참고문헌

Adams, H. E., & Sutker, P. B. (2004). *Comprehensive handbook of psychopathology* (3rd ed.). New York: Springer Science.

American Psychological Association. (2005). Report of the 2005 presidential task-force on evidence-based practice. Retrieved from: http://www.apa.org/practice/resources/evidence/evidence-based-report.pdf.

Arlow, J. A. (1989). Psychoanalysis. In R. J. Corsini & D. Wedding (Eds.), *Current psychotherapies* (4th ed.). Itasca, IL: F. E. Peacock.

Breger, L. (1974). *From instinct to identity: The development of personality.* Englewood Cliffs, NJ: Prentice-Hall.

Butler, A. C., Chapman, J. E., Forman, E. M., & Beck, A. T. (2006). The empirical status of cognitive-behavioral therapy: A review of meta-analyses. *Clinical Psychology Review, 26*(1), 17-31.

Compton, W. C. (2005). *An introduction to positive psychology.* Belmont, CA: Thomson Wadsworth.

Cruz, R. F., & Hervey, L. W. (2001). The American Dance Therapy Association research survey. *American Journal of Dance Therapy, 22*, 89-118.

Cruz, R. F. (2006). Assessment in dance/movement therapy. In Stephanie Brooke (Ed.), *Creative arts therapies manual.* Springfield, IL: Charles C Thomas.

Institute of Medicine. (2001). Envisioning the national healthcare quality report. Retrieved from: http://www.iom.edu/Reports/2001/Envisioning-the-National-Health-Care-Quality-Report.aspx.

Jung, C. G. (1964). *Man and his symbols*. Garden City, NY: Doubleday.

Kaufman, Y. (1989). Analytic psychotherapy. In R. J. Corsini & D. Wedding (Eds.), *Current psychotherapies* (4th ed.) (pp. 119–152). Itasca, IL: F. E. Peacock.

Kottler, J. A., & Shepard, D. (2008). *Introduction to counseling: Voices from the field* (6th ed.). Belmont, CA: Wadsworth.

Maslow, A. (1961). Existential psychology-what's in it for us? In R. May (Ed.), *Existential psychology*. New York: Random House.

May, R., & Yalom, I. (1989). Existential psychotherapy. In R. J. Corsini & D. Wedding (Eds.), *Current psychotherapies* (4th ed.). Itasca, IL: F. E. Peacock.

May, R. (1977). *The meaning of anxiety* (rev. ed.). New York: Norton.

May, R. (1981). *Freedom and destiny*. New York: Norton.

Meekums, B. (2010). Moving towards evidence for dance movement therapy: Robin Hood in dialogue with the king. *The Arts in Psychotherapy, 37*, 35–41.

Moon, B. L. (1990). *Existential art therapy: The canvas mirror*. Springfield, IL: Charles C Thomas.

Raskin, N. J., & Rogers, C. (1989). Person–centered therapy. In R. J. Corsini (Ed.), *Current psychotherapies* (pp. 155–194). Itasca, IL: F. E. Peacock.

Sartre, J. P. (1956). *Being and nothingness*. New York: Philosophical Library.

Severin, F. T. (1965). *Humanistic viewpoints in psychology*. New York: McGraw–Hill.

Skinner, B. F. (1971). *Beyond freedom and dignity*. New York: Bantam Books/Vintage.

Spiegel, A. (2000, February 14). More and more favored psychotherapy lets bygones be bygones. *New York Times*.

Sue, D. W. (1998). *Multicultural counseling competencies: Individual and organizational development*. Thousand Oaks, CA: Sage.

Wadeson, H. (2010). *Art psychotherapy* (2nd ed.). New York: John Wiley & Sons.

Watson, J. B. (1913). Psychology as the behaviorist views it. *Psychological Review, 20*, 158–177.

Wilson, G. T. (1989). Behavior therapy. In R. J. Corsini & D. Wedding (Eds.), *Current psychotherapies* (4th ed.). Itasca, IL: F. E. Peacock.

CHAPTER *3*

평가 절차에서 고려할 점

평가에서 주요한 문제들은 많은 자료의 빠른 처리나 공식, 심지어는 이론과도 별 상관이 없다. 주요한 문제들은 상식과 더 관련 있으며 전체 이슈가 건전한 회의주의 관점에서 검토될 때 가장 분명해진다. 책임감 있는 사정과 평가의 본질적 요소는 양적인 절차는 물론 질적인 절차에도 적용되지만, 예시적인 이유 때문에 그리고 관련된 이슈를 명확하게 하기 위해서 이 논의는 그 문제들이 가장 분명하게 나타나는 검사들과 검사 실시를 주로 다룰 것이다.

셸리(Douglas Shelley)와 코헨(David Cohen)은 『심리검사를 검증하기(*Testing Psychological Tests*)』(1986)에서 친숙한 시력검사표를 제시하면서 심리검사 실시에 대한 불경스러운 리뷰를 시작했다. "이것이 심리검사처럼 보이지 않겠지만 심리검사다. 이것은 지각 능력과 정신 능력을 평가한다."(p. 1)

이 간단하고 쉬운 검사조차도 훨씬 복잡한 검사를 괴롭히는 여러 문제를 겪는다. 셸리와 코헨이 던진 질문들은 다음과 같다. 모국어가 아랍어인 사람이 이 검사에서 얼마나 잘할 수 있을까? 만약 오른쪽에서 왼쪽으로 읽는 습관이 있다면 검사 점수에 어떤 영향을 미칠까? 불안이 점수에 미치는 영향은 어느 정도일까? 검사를 실시하는 안경사의 민감성(혹은 둔감성)은? 만약 검사를 받는 사람이 안경을 쓸 필요가 있다고 생각하고 있다면 점수는 얼마나 정확할까? 아니면 반대로 안경 쓰는 것을 매우 싫어한다면?

　검사자의 가정, 편견, 기대가 심리평가 절차들, 즉 검사, 척도, 프로파일, 면접, 체크리스트, 질문지 등과 그 절차로부터 얻은 점수들을 왜곡하는 경우가 너무 흔하다. 지능검사, 가장 오래된 공식적 심리검사인 지능검사의 역사를 간단히 살펴보기만 해도 검사자와 수검자 모두에게 교훈이 될 것이다.

지능은 무엇이며 누가 가지고 있는가

　공식적 지능검사라는 개념은 1903년에 출간한 『지성의 실험적 연구(*L'Etude Experimentale de L'Intelligence*)』에서 표준화된 지능검사를 위한 토대를 마련한 프랑스인 비네(Alfred Binet) 덕분에 세상의 빛을 보게 되었다. 1905년에 시몽(Theodore Simon)과 함께 비네는 보충학습이 필요한 학생들을 선별하려는 목적으로 검사를 개발했다. 그 검사는 몇 차례 개정되고 확장되었으며 1916년에는 스탠퍼드 대학의 터먼(Lewis Terman)이 미국 성인용으로 수정하였다.

　미국판 비네 척도를 대중화한 것은 고다드(Henry H. Goddard)다. 그는 뉴저지에 소재한 정신박약 소년소녀를 위한 바인랜드 훈련학교(Vineland Training School for Feeble Minded Girls and Boys)의 책임자였으며, 어리석음을 뜻하는 희랍어로부터 moron(우둔한 사람)이라는 단어를 만들어 냈다. 고다드는 지능 수준이 유전적으로 결정되며 국가적 혈통에 따른 특질이라고 보았다.

　오늘날 가장 기억되는 고다드의 업적은 "정신적 결함을 탐지하기 위해서 더 철저한 검사를 확보하려면 무엇을 해야 할지에 대한 제안을 제공하고 조건들을 관찰하기 위해서"(Goddard, 1917, p. 253) 엘리스 섬(Ellis Island)에 사는 이민자들을 검사한 것이다. 1912년 어느 안개 긴 날, 그는 조사를 시작했다.

우리는 지적 결함이 있다고 의심되는 한 청년을 골랐고 통역관을 통해서 검사를 실시하였다. 그 소년은 비네 척도에서 8세로 판정되었다. 그 통역관은 "나라도 처음 여기 왔을 때라면 그 검사를 제대로 못했을 겁니다."라고 말했다. 그는 그 검사가 불공평하다고 생각하는 것처럼 보였다. 우리는 그에게 그 소년이 지적인 결함이 있다고 확신시켰다(Goddard, 1913, p. 105).

이듬해에 고다드는 두 달 반 동안 두 여성을 엘리스 섬에 보냈다. 그들은 정신박약처럼 보이는 아이들을 골라서 비네 검사를 실시하는 과제를 받았다. 정부 관리가 이미 '지적 결함자'들을 추려냈기 때문에 고다드와 그의 관계자들은 '분명히 정상인 사람'은 지나쳤고 오직 '평균적인 이민자들'만 검사했다(1917, p. 244). 이 절차는 '평균' 이민자가 분명히 '정상'이 아니라는 흥미로운 가정에 근거한 것이었다. 이 가정은 바로 고다드가 조사하고자 한 가정이었다. 고다드는 유대인의 83%, 헝가리인의 80%, 이탈리아인의 79%, 러시아인의 87%가 정신박약이라고 결론지었다(1917, p. 247). "평균적인 '삼류' 이민자의 지능은 낮다. 아마도 정신박약 등급일 것이다."(1917, p. 243) 그러면서 고다드 자신도 남유럽과 동유럽에서 온 이민자들의 대다수가 정신박약이라는 결론에 대해 깜짝 놀랐으며 좀 더 믿을 만한 수치인 50% 정도로 낮추기 위해서 수치를 조작했다.

하버드 대학 교수인 여키스(Robert Yerkes)는 여키스 대령이라는 이름으로 제1차 세계대전 동안에 병사들에게 행해진 정신검사 실시를 총괄할 수 있었는데, 이러한 검사 실시 덕분에 전쟁에 승리하게 되었다고 주장했다. 해외로 파병되기 전에 170만의 미 병사는 난방도 되지 않는 나무 오두막 바닥에 앉아서 세계 최초의 집단 지능검사를 받았다. 더 이상한 질문들에 답해 보라.

• Pierce-Arrow는 어디에서 제조되는가?

  [ ] 플린트   [ ] 버펄로   [ ] 디트로이트   [ ] 톨레도

• Brooklyn Nationals는 무엇이라고 불리는가?

[　] Giants   [　] Orioles   [　] Superbas   [　] Indians

• Zulu의 다리는 몇 개인가?

[　] 2   [　] 4   [　] 6   [　] 8

여키스가 들인 노력의 결과 중 하나는 평균 미국 성인의 정신 연령이 13세로 정신
박약 수준보다 약간 나으며 흑인의 89%는 정신박약이고 피부색이 더 짙은 남유럽의
사람과 동유럽의 슬라브족은 피부가 더 하얀 서유럽과 북유럽의 사람보다 지능이 낮
다는 것이었다(Yerkes, 1921).

여키스의 제자 중 하나로 훗날 학업적성검사(Scholastic Aptitude Test: SAT)의 아버지
가 된 프린스턴 대학의 브리검(Carl Brigham) 교수는 이민이 계속된다면 신생 미국인은
"현재 미국 신생아보다 덜 지적으로 될 것이다."라고 경고했다(Brigham, 1923, p. 205).

당시 선두적인 전문가들이 편집한 지능검사의 '과학적' 증거에 기초한 이런 생각이
국적 쿼터제(national quota system)의 근간이 되었다. 이 제도는 동유럽과 남유럽에서
온 이민자와 아시아 및 아프리카 혈통의 이민자를 차별하는 것이었는데 거의 반세기
동안 미국 이민 정책의 토대를 이루었다. 역사학자인 스탬프(Kenneth Stampp)에 따르
면, 제1차 세계대전 후에 정신검사에 대한 관심이 최고조에 달한 것은 정신검사가 미
국 흑인과 이민자들의 열등성에 관한 당시의 보편적인 가정을 지지해 줄 것이라고 기
대했기 때문이다.

> 외국인 혐오가 거의 전국적인 질병이 되다시피 했을 때, 이민 제한 운동이 본격
> 적으로 가동하기 시작했을 때, 많은 북부 도시(필라델피아와 시카고처럼)가 인종 격
> 리 학교의 설립을 진지하게 고민하고 있을 때 그리고 흑인과 이민자들을 한데 묶어
> 서 동화할 수 없는 외국인 체류자 범주에 넣어 버리려고 했을 때(1965, p. 49).

이 시점에서 통계학자들은 선천적인 인종적 특질의 확실한 증거로 보이는 것을 제
시하였다. 스탬프에 따르면, 사회과학자들은 "전쟁 전의 노예 제도 찬성자들에게는

없던 그 무언가, 즉 존중할 만한 과학적 논거를 19세기 후반과 20세기 초반의 인종차별주의자들에게 제공했다"(pp. 49-50). 많은 심리검사의 경우와 마찬가지로, 기대하는 바가 '사실'인 양 되었다.

　나중에 검사에 대한 더 정교한 관점에서 되돌아보게 된다면, 우리가 20세기 초 몇 십 년 동안 전문가들이 만들어 낸 그 터무니없는 오류를 반복하지 않을 것이라고 생각할 것이다. 하지만 1994년과 1995년에 많은 책(Herrenstein & Murray, 1994; Itzkoff, 1994; Rushton, 1995)은 IQ 점수를 숙명으로 보고, 인종 및 사회적 계층과 상관 있는 낮은 지능의 집단이 사회의 질을 떨어뜨릴 것이라는 근거 없는 공포감을 조장했다. 초기 심리측정가들의 작업보다 훨씬 정교해진 논거는 더 매력적이어서 초기 통계학자들의 과오를 익히 알고 경계하는 사람들까지도 설득당할 정도였다. 헤렌스타인(Herrenstein)과 머레이(Murray)가 집필한『종형 곡선(*The Bell Curve*)』에서는 인구통계학적 자료, 감소하는 검사 점수 그리고 백인과 미국 흑인 간의 평균 IQ 점수 차가 15점이라는 사실을 지적하면서, 특정 집단, 특히 미국 흑인과 가난한 백인 집단의 최저 지능 수준이 결혼을 통해서 최고 지능 수준을 낮추고 있으며 암담한 결과를 가져올 것이라고 결론 내렸다. (이 저자들의 발견과 초기 통계학자들의 발견 사이의 흥미로운 차이점은 유대인이 1920년대의 선천적 정신 결손자에서 1990년대의 지적 우승자가 되었을 정도로 비약적인 발전을 했다는 사실이다.)

　『종형 곡선』은 IQ 검사가 과거 '황당한 인종 정책'을 지지하기 위해서 사용되어 왔다는 것을 인정했다(DeParle, 1995, p. 78). 하지만 이 저자들은 망설임 없이 자신들의 작업은 견고한 연구에 확고한 바탕을 두고 있다고 주장했다. 그러나 그들의 주장 역시 초기 우생학자들이 제시한, 바로 그 의문시되는 가정들에 근거를 두고 있다. 즉, 지능은 단일하고 일차원적이며 생물학적인 실체라는 것이다. 지능은 각기 다르고 구별되는 능력들(요인들)의 집합이나 환경 요인들의 결과가 아닌 'g' 요인(general factor)이라는 것이다. 이 아이디어는 많은 심리학자가 격렬하게 반박하는 가설적 구성 개념이다. 당시에『뉴욕타임스』사설에서는 환경적 변인에 대한 충분한 고려 없이 통계 자료를 해석하는 것의 문제점을 지적한 바 있다.

이러한 위협은 오늘날 판매 중인 미심쩍은 심리검사 중 상당수를 설명하는 데 도움이 될 것 같다. 뷰로스(Oscar Buros)가 그의 『정신측정연감(*Mental Measurement Yearbooks*)』에서 검토한 검사 중 너무나 많은 검사가 질적으로 미흡하다는 사실에 분노했다는 것을 우리가 기억한다면, 통계적 확신의 아우라가 많은 검사의 의문스러운 성질을 은폐하곤 한다는 것을 알 수 있을 것이다. 그리고 최근의 『정신측정연감』이나 『검사 비평(*Test Critiques*)』, 전문 학술지에서 다루어진 심리검사의 리뷰를 읽어 보기만 해도 상황이 크게 달라지지 않았다는 것을 알 수 있다.

이 장은 더 많은 지식과 적당량의 회의주의가 있어야 예술치료자들이 그들의 목적에 더 적합한 평가 도구를 선택하고 사용하고 창조할 수 있으며, 평가자라면 누구나 범하기 쉬운 편견을 경계할 수 있을 것이라는 전제를 하고 있다. 1938년에 출간된 첫 번째 『정신측정연감』으로부터 1972년에 개인적으로 편집한 최종판에 이르기까지 뷰로스의 6대 목적 중 하나는 "표준화된 검사, 심지어는 저명한 저자들이 제작한 검사라고 하더라도 검사 구성, 타당도, 사용법, 한계점에 대한 상세한 자료를 제시하지 않는다면 이에 의문을 가지는 것이 바람직하다는 점을 검사 사용자에게 주지시키는 것이었다."(Buros, 1970, p. xviii).

점수, 수치, 관찰 결과를 지적으로 다루는 것의 핵심은 이러한 항목들이 우리의 근본 질문에 답을 해 주는 경우가 별로 없다는 점을 깨닫는 것이다. 그것들이 제공하는 바는 기본적인 원자료일 뿐이다. 우리는 그 자료들을 해석해야 한다. 그런데 우리의 해석은 흔히 우리의 기대와 공포, 바람, 편견에 의해서 채색된다.

특히 두 가지 질문이 어느 평가 절차에서든 다루어져야 한다. 그것이 평가하고자 의도한 바를 적절한 방법으로 평가하고 있는가? 그리고 평가를 통해 얻은 수검자의 행동에 대한 우리의 근사치가 수검자의 '진짜' 행동과 얼마나 가까운가?

체온을 잴 때 우리는 측정(수치 읽기)과 평가(해석)를 모두 포함하는 검사를 실시하고 있는 것이다. 화씨 98.6도가 '정상적인' 체온 수치일 수 있지만, 실제 수치 읽기는 하루 중 어느 때인지, 생리 중인 여성의 경우에는 한 달 중 어느 때인지, 우리의 전반적 기능과 효율성의 수준이 어떠한지, 우리 자신의 개별적인 체온 패턴이 어떤지에 따라서 달라질 것이다.

수치 읽기는 달라지지만, 우리는 체온계가 두 가지를 할 것을 기대한다. 첫째, 우리는 그 수치가 신진대사나 혈압, 심혈관 기능이 아니라 오로지 체온을 표시한다는 것을 알고 있다. 둘째, 우리는 그 측정이 안정적이기를 바란다. 우리는 단시간 안에 체온을 몇 번 잰다면 측정에 영향을 미칠 만한 다른 일이 없는 한 연속적으로 측정한 수치가 다소 일관되기를 기대한다. 그리고 그 체온계를 다른 사람이 읽었을 때도 같은 수치가 나올 것으로 기대한다.

이는 우리가 심리진단 프로그램에 접근할 때도 마찬가지로 가지는 기대들이다. 이 장에서 우리는 합당한 평가 도구와 절차의 선택 및 사용, 제작에 대한 제안을 하고자 한다.

타당도

타당도는 검사가 측정하고자 하는 바를 측정하는 정도다. 그러나 우리는 어떤 검사나 절차가 타당하다고 간단하게 얘기할 수는 없다. 우리는 검사가 어떤 목적을 위해서 그리고 어떤 집단을 위해서 사용되는지에 따라서 그 검사의 타당성 여부를 말할 수 있다. 그리고 이러한 가정조차 신중하게 전제되어야 하는데, 어떤 절차의 타당성을 정립하는 것은 어려운 일이기 때문이다.

일례로, 대부분의 심리검사가 '구성 개념', 즉 불안, 강박, 공포, 분노, 안정성, 성격 같은 추상적 개념들을 다룬다. 이것들은 보고 냄새 맡고 맛 보고 느낄 수 있는 실재하는 것이 아니다. 이것들은 가설적이며, 실재하는 것들이나 관찰 가능한 행동으로부터 유추되어야 한다. 한 가지 문제는 다양한 치료 학파가 행동을 기술하고 분별하기 위해서 각각 뚜렷한 경계가 있는 매우 다른 구성 개념들을 가지고 아주 다른 방안을 내놓고 있다는 점인데, 사실 이것들은 동일한 관찰로부터 나온 것이다. 더구나 세월이 흐르면서 이론이 변화함에 따라 구성 개념도 변화한다.

'정신이상'과 같은 용어가 정신장애 분류 체계에서 사라졌지만 결국 어딘가에서 다시 드러나기 마련이다. 정신이상은 법적 용어가 되었고, 의학적 용어로 사용되었을 때와는 전혀 다른 구성 개념으로 사용된다. 이와 같이 재고되고 재정의된 용어들이 있다. 오래된 용어가 여전히 사용될 때에는 이론가들과 임상가들이 그 용어를 다시 개념화하면서 시간이 지남에 따라 그 용어가 표상하는 구성 개념이 변하는 경우가 흔히 있다.

어떤 절차가 평가하고자 의도한 구성 개념과 실제 행동 간에 명확한 연결이 있다고 하더라도 사정은 그 절차가 평가하고자 한 바에 초점을 두지 못할 수도 있다. 예를 들면, 지능을 측정하기 위한 IQ 검사의 점수와 학교 성취 간에는 명확한 연관성이 있다. 그러나 이 상관으로는 그 검사가 선천적 능력을 측정하는지 아니면 단순히 성취도 검사로서 기존 학습을 측정하는 것에 불과한지를 알 수는 없다. IQ 점수가 학업 성취도를 예측하는가 아니면 가정과 학교에서 보인 기존의 성취가 IQ 점수를 예측하는가? 따라서 구성 개념의 정의는 정확한 측정을 위해서 매우 중요하다. 심리측정가인 에벨 (Robert Ebel)은 "우리는 '만약 당신이 그것을 측정할 수 없다면 그것은 존재하지 않는 것이다.'라고 말하지 않는다."가 아닌 "우리는 '만약 당신이 그것을 명확하게 정의할 수 없다면 그것을 타당하게 측정할 수 없다.'라고 말한다"라고 했다(Ebel, 1975, p. 84).

기본적으로, 어떤 절차를 타당화하는 방법에는 두 가지가 있다. 하나는 단순히 의견을 통해서 하는 것이고, 다른 하나는 결과를 다른 무엇인가와 비교하는 것이다. 이러한 방법에는 몇 가지 변형이 있는데 각각 특정 목적을 위해서 그리고 타당도의 다른 측면을 규명하기 위해서 고안된 것이다.

내용타당도

내용타당도는 검사나 면접의 문항과 그 검사나 면접의 목적 혹은 주제 사이의 상관을 가리킨다. 내용타당도는 주관적 검토나 의견을 통해서 타당화할 수밖에 없다. 중요한 질문은 특정한 사정 절차를 사용할 만한 상황 및 과제와 관련된 실제를 그 사정 절차가 얼마나 잘 대표하는가다. 문항들이 가능한 선택안을 잘 대표하고 있는가? 예컨대, 성적 부적절감을 평가하려는 목적을 가진 면접이 이성 데이트만 다루고 있다면, 목표한 바를 위한 내용타당도가 높다고 할 수 없을 것이다.

평가 절차의 타당도는 그것이 사용되는 목적에 달려 있다는 사실을 기억하라. MBTI(Myers-Briggs Type Indicator) G형(1992)은 여러 상황에 대한 수검자의 선호 혹은 관습적인 접근을 파악하기 위해서 16개의 성격 특질을 4개 영역에서 측정한다. 이 4개의 영역은 내향성/외향성, 감각/직관, 사고/감정, 판단/인식이다. 이 용어들은 융의 정의에 기초한 것이며 다른 많은 심리학적 구성 개념처럼 그 의미는 보통 일상적으로 사용될 때의 의미와는 전혀 다르다. 몇몇 대학의 기숙사 책임자가 성격이 잘 맞는 룸메이트를 짝지어 주기 위해서 MBTI 94 문항 척도를 사용했다. 그런데 학생들의 불만 접수 수치 때문에 일부 대학은 이 선별 도구를 더 이상 사용하지 않는다. 문제는 MBTI가 식습관이나 흡연처럼 불화를 일으키는 것으로 보이는 개인 습관을 다루지 않는다는 점이다(Bixler, 1993). 비평가들이 비난하듯이 MBTI는 어떤 목적을 위해서는 유용하게 사용될 수 있지만 이런 사례들과 같은 목적을 위해서라면 유용하다고 보기에는 내용타당도가 너무 낮다.

대부분의 심리장애는 몇 가지 특질이나 증상을 포함한다. 예를 들어, 조증을 확인하기 위한 검사는 조증 삽화 진단을 내리기 위한 모든 준거를 고려해야 할 것이다. 주의산만이나 기분만을 탐지하고 DSM에서 제시하는 다른 가능한 징후와 증상(수면 욕구의 감소, 사고의 비약, 정신 운동 속도의 증가, 고양된 자존감 같은)을 무시한다면, 내용타당도가 낮은 것으로 여겨질 것이다.

내용타당도가 안면타당도라고 불릴 때도 있다. 둘은 서로 밀접하게 연관되어 있지만, 동일하지는 않다. 내용타당도는 어떤 검사가 연관된 가능성들의 세계를 나타내는 표집으로서 대표성을 띠는 정도를 나타낸다. 반면에, 안면타당도는 검사의 외양을 가리키며, 검사가 고려해야 할 내용의 대표적 표집을 제공하는지보다는 검사 사용자들에게 그 검사가 측정하고자 하는 의도대로 측정하고 있다는 것을 납득시키고 수검자들에게는 그것이 합법적 검사임을 납득시키는 것과 더 상관 있다. 일부 검사는 안면

타당도가 매우 높은 것처럼 보이지 않는데도 광범위하게 수용되고 사용된다. 왜 '표면상으로는' 일련의 잉크 반점이 신경증적 경향을 검사하는 데 유용한 것처럼 보일까? 로샤검사의 원리를 수용해야만 그 기법의 적절성을 이해할 수 있다. 다른 한편으로는, 상당히 좋은 안면타당도를 가지고 있는 일부 자기보고 검사는 내담자나 환자가 보기에는 자신들을 속이려는 시도로 여겨질 수도 있는데, 나중에 보겠지만 꼭 틀린 얘기만은 아니다.

하지만 내용보다 외양과 더 관련 있다는 사실에도 불구하고 안면타당도는 중요하다. 크론바흐(Lee Cronbach)는 치료 효과의 상당 부분은 임상가가 사용하는 수단과 도구에 대한 환자의 믿음과 상관 있다고 했다(1970, p. 182). 우리는 검사나 절차가 수검자에게 얼마나 가치 있게 보일지를 고려해야만 한다.

구성타당도

구성타당도는 절차가 '자존감' '동기' 혹은 '불안'과 같은 추상적인 특질이나 가설적인 구성 개념의 면에서 내담자의 위치를 평가하는 능력과 관련 있다. 타당화는 견해와 비교 작업의 결합을 통해서 성립되며, 실제로 무엇이 평가되고 있는지를 결정하기 어려운 경우가 흔하다. 내담자가 '근친상간 생존자 증후군'을 겪고 있다는 임상적 판단은 억압된 기억 혹은 피암시성에 대한 판단인가? 아동의 그림검사는 성격검사인가, 성숙도 검사인가 혹은 사전 훈련 검사인가? 그도 아니면 검사 당일에 보인 인식 방식에 대한 검사인가? 타일러(Leona Tyler)는 검사나 절차의 타당도를 평가하는 데서 임상가가 획득해야만 하는 첫 번째 기술은 제목이나 이름을 버리고 '이 검사의 점수들이 무엇에 관한 것일까'를 질문하는 습관이라고 했다(Tyler, 1963, p. 28).

만약 검사가 지능이나 공포, 불안, 지배성과 같은 특질을 측정하기 위해 고안된 것이라면, 문항들은 우리가 지능, 공포, 불안, 지배성을 판단할 때 활용하는 행동과 상관이 있되 우리가 고려하지 않을 다른 변인들, 예컨대 해당 언어를 잘 알지 못하는 것, 검사 불안, 혹은 건강과는 무관해야 할 것이다. 검사는 검사 대상이 되는 특질을 근거로 해서 식별해야 할 것이다.

코헨과 동료들(Cohen, Swerdlik, & Smith, 1992)은 한 검사의 구성타당도를 확립하는 데 도움이 되는 증거의 유형을 제시했다.

동질성   검사는 단일한 구성 개념을 측정한다. 동질성을 통계적으로 확립하는 방법은 각 하위 검사 점수 간 혹은 하나의 문항과 검사의 전체 점수 간의 유의한 정적 상관을 확립하는 것이다. 대략적으로 동질성의 측정은 어떤 검사의 고득점자가 저득점자보다 각 문항을 더 빈번하게 통과하는 경향이 있다는 발견에 근거를 두고 있다.

이론과의 합치성   검사 점수의 변화는 이론상의 예상과 맞아야 한다. '독서 능력'은 6세와 십 대 초반 사이에 극적으로 향상되며, 독서 능력 검사는 점차적으로 높은 연령 집단에서 유의한 점수 증가를 보일 것이라고 기대할 수 있다. 시간에 걸친 변화가 크지 않은 '지능'이나 '자존감' 같은 구성 개념들의 경우에는 다른 연령 집단에 따른 검사 점수의 차이가 유의하지 않을 것이다.

예상된 변화의 증거   일반적 기대에 부합하는 사전/사후 검사상의 변화는 개입과 경험을 반영한다. 마찬가지로 만약 (치료와 같은) 개입이 사후 검사 후에 종결되었다면, 이후의 후속 검사에서는 변화가 별로 없어야 한다.

비교 집단으로부터 나온 증거   준거 집단의 점수와 다른 집단의 점수 간에 유의한 통계적 차이가 존재한다. 예를 들어, MMPI의 40번 문항(두통이 있을 때가 많다)은 건강염려증으로 진단받은 표집의 12%가 '예'라고 대답했지만 '정상 통제 집단'에서는 4%만 '예'라고 대답했기 때문에 건강염려증 임상 척도에 포함되었다. 이러한 유의한 차이가 다른 집단에서도 나타나는지 확인하기 위해서 다른 임상 환자 표집을 이용하여 교차 타당화되었다.

수렴타당도와 변별타당도   한 검사나 절차 내 문항들과 관련 특질이나 개념들을 판단하는 근거인 행동 사이의 관계는 수렴타당도 혹은 수렴적 증거다. 검사나 절차의 결과는 이론상 연합되어 있는 다른 변인들과 수렴해야 한다. 즉, 높은 상관을 보여야 한다. '내향성' 검사에서 높은 점수를 받은 사람이라면 '외향성' 검사에서 높은 점수를 받은 사람보다 혼자 보내는 시간이 더 많아야 할 것이다.

검사나 절차의 구성타당도를 측정하려면 우리가 확인하고 싶은 성질이나 특성 그리고 그것과 유사하지만 우리가 고려할 의도가 없는 변인들을 식별하는 능력을 확인해야 한다. 따라서 조현병을 확인하기 위해서 고안된 절차는 조현병이 있는 개인과 양극성 장애가 있는 개인을 구별하는 능력이 있어야 한다. 이러한 검사의 성질을 도구의 구체적 정확성이라고 한다. 한 검사의 수렴타당도와 변별타당도의 정도를 결정하는 복잡한 통계적 방법은 검사의 요인타당도를 계산하는 것이다. 통계학자들은 요인분석을 활용해서 주어진 문제의 구분 가능한 측면들을 측정하는 변인들 간의 상관 정도를 추정한다. 높은 상관은 수렴타당도를 의미하는 반면 낮은 상관은 변별타당도를 의미한다.

준거타당도

준거타당도(criterion validity)는 한 검사나 평가 절차의 결과가 다른 어떤 것과 비교되는 것을 의미한다. 여기에는 검사의 결과 해석과 비교 가능한 현재의 행동, 다른 검사의 결과 혹은 검사의 예측과 비교해 볼 수 있는 미래의 행동이 포함된다. 준거타당도는 아래에 언급된 예측타당도라고 할 수도 있지만 모든 준거타당도가 예측타당도인 것은 아니다. 준거타당도는 단지 검사 점수를 관심 있는 구성 개념의 다른 직접적인 평가치와 비교하는 것을 의미한다.

공인타당도

공인타당도(concurrent validity)는 한 검사나 인터뷰에서 도출된 정보 세트와 다른 검사나 정신과 의사의 진단처럼 또 다른 출처에서 얻은 정보 사이의 일치성을 의미한다. 한 절차가 어떤 사람을 주장성에서 높게 평가했는데 다른 절차는 낮게 평가했다면 당황스럽고 혼란스러운 일일 것이다.

공인타당도의 문제는 어떤 검사의 매뉴얼이 그 검사가 다른 검사나 자료와 좋은 상관을 가지고 있음을 보여 준다는 이유만으로 그 검사를 신뢰하는 검사자들이 있다는 점이다. 두 검사가 척도들과 범주들 사이에 공인타당도를 가지고 있다 하더라도 현실 속 행동상의 근거는 없을 수 있다. 다른 한편으로는 두 점수 모두 수검자가 검사를 간파하고 거짓 반응을 하는 능력 혹은 수검자들을 변별하지 못하는 검사의 무능력을 반영하는 것에 불과할 수도 있다. 『정신측정연감 제7판(*The Seventh Mental Measurements Yearbook*)』(1972)에 실린 의대입학시험(Medical College Admission Test: MCAT)에 대한 오래전의 코멘트를 살펴보자.

> 타당도 자료에 따르면, 전반적으로 MCAT는 유사한 검사가 측정하는 바를 적절하게 측정하지만 측정 결과가 의대 학생을 선발하는 데에는 별 유용성이 없어 보인다. 이러한 발견에 대한 설명으로 MCAT의 개발자가 으레 제시하는 것이 범위의 제한(restriction of range)이다.

'범위의 제한'은 수검자들이 너무 비슷해서 검사가 그들을 의미 있게 변별하기 어렵다는 것이다. 점수상의 차이는 지원자들 간의 진정한 차이만큼이나 검사 오류를 반영하는 것일 수 있다. 다시 말해서, 그 검사는 예측타당도가 크지 않을 것이며 원래 목적한 바를 이루는 데서의 가치는 제한될 수밖에 없다.

예측타당도

어떤 절차들은 미래 행동을 예측하기 위한 목적으로 개발된다. 학업적성검사는 어느 정도 합당한 정확도를 가지고 수검자들이 학교에서 얼마나 잘 수행할지를 예측할 수 있어야 한다. 취업면접은 어떤 지원자가 업무를 잘 수행할지를 예측하는 데 도움이 되어야 한다. 그리고 심리진단 검사나 면접은 진단을 내리는 것뿐만 아니라 약물이나 특정 치료 프로그램에 대한 환자의 반응을 포함하여 환자의 행동을 예측해야 한다. 상기한 MCAT는 의대에서 성공할 것으로 기대되는 학생과 그렇지 못한 학생들을 변별하기 위한 시험이다.

비평가들에 따르면, 높은 IQ는 더 나은 학업과 더 많은 기회를 향한 문을 열어 주는 '자격증'이기 때문에 학업 성공(그리고 흔히 경력 성공)을 가져올 수 있다(Zoelner, 1976, p. 18). 결과적으로, IQ 점수는 자기충족적 예언이 된다. IQ 점수가 낮은 아동은 '느린' 트랙, 낮은 기대 수준의 학급에 배치되고 거기에서는 기대되는 대로 미미한 수행을 보일 것이다. IQ 점수가 높은 아동은 '빠른' 트랙 학급에 배치되고 그들 대부분이 기대받는 수행을 보일 것이다. 따라서 비평가들은 그러한 검사들이 적정한 예측타당도를 가지고 있는 반면에 구성타당도는 낮다고 비판한다. 즉, 그 검사들은 어떤 것을 측정한다고 주장하지만 사실 다른 어떤 것을 측정할 수도 있다는 것이다. 그러한 비판의 결과로서, '지능검사'라고 불리던 많은 집단검사가 이제는 '학업적성검사' 혹은 '학업수행 지능검사'라고 불리게 되었다.

검사의 예측타당도가 대규모 집단들에 대한 전반적인 정확성에 근거하여 계산되는 반면에 특정한 개인이 무엇을 할지를 예측하는 정확성은 그만큼 정확하지 않다는 사실이 강조되어야 한다. 사실, 개인이 규준에 가까울수록 어떻게 행동할지를 예측하기가 더 어렵다. 앞서 인용한 MCAT의 경우, 규준으로부터의 표준편차가 수치상으로 적고(달리 말하자면, 지원자들이 모두 소속 집단의 규준에 근접해 있다), 그래서 검사 점수들은 특정한 지원자가 얼마나 잘할지를 예측하는 데 별 가치가 없다. 검사나 절차의 보고된 예측타당도가 얼마나 높든 낮든 상관없이 개인을 위한 예측은 상당히 조심스럽게 접근해야 하는 과제다.

유사한 비판이 심리진단 절차에도 가해져 왔다. 당신은 가짜 환자의 가족력이 진단명에 맞추기 위해서 어떻게 왜곡되었는지에 대한 로젠한의 비난과 그러한 진단이 흔히 자기충족적 예언이 된다는 스피처(Spitzer)의 인정(1장 참조)을 기억해야 할 것이다.

부가적 타당도

부가적 타당도(incremental validity; Sechrest, 1963)는 부가적 절차나 검사가 설명이나 예측의 정확성을 증가시키는 정도와 상관 있다. 많은 경우, 복잡한 검사나 절차 배터리는 정확성에 대한 환상을 불러일으키지만 단순한 평가 절차보다 크게 나은 것은 아니다.

상기한 MCAT의 경우, 한 리뷰어는 제한된 범위의 타당도를 언급하면서 부가적 타당도 문제를 언급했다. 학생들이 의대 본과에 지원할 때는 이미 그 전에 대학생을 선발하고, 예과 프로그램 입학을 허락하고, 예과 과정에서 학생의 수행을 평가하는 절차들을 통하여 학업 적성을 근거로 엄격한 선발이 이루어진 상태다. 또한 학업 적성에 대해서 스스로 평가하는 부분도 상당히 있었을 것이다. 결과적으로, 의대 본과에 지원하는 학생들의 풀은 상당히 제한적이기 때문에 학생 선발에서 또 다른 학업적성 검사를 사용하는 것은 별 의미가 없을 것이다.

우리는 평가 절차를 사용하고자 하는 임상가라면 누구에게나 다음과 같은 질문을 해 보라고 제안하고 싶다. 그 결과가 이미 내가 가지고 있거나 혹은 쉽게 얻을 수 있는 정보 이상의 것을 추가해 줄 것인가?

검사의 타당화

검사와 다른 자료 간의 상관을 밝히기 위해서, 검사 제작자는 그 검사를 사용할 대상인 모집단을 대표할 수 있는 표본을 가지고 검사를 표준화하고 규준을 만든다. 만약 검사를 표준화한 표본이 대표성이 없다면 그 검사는 편향될 것이며, 그 결과는 부정확하고 신뢰할 수 없게 된다. 검사의 규준화와 타당화는 미묘할 수 있다.

우선, 평가 세계에서 타당도는 일상생활에서 사용하는 것과는 의미가 다르다. 출생증명서, 여권, 운전면허증은 유효하거나 유효하지 않다. 그런 문서는 약간만 유효할 수 없다. 하지만 평가 절차는 약간 타당할 수 있다. 평가 절차는 연속선상에서 타당한 정도가 다를 수 있다. 즉, 타당도에는 정도가 존재한다. 타당도(때로 표준화 검사의 경우에서처럼 '상관계수'로 표현됨)가 너무 적어서 의도한 목적을 위해서도 제한적으로밖에 사용되지 못할 수 있다.

두 번째 이유는 우리가 이미 포함시킨 이유, 즉 심리학에서 사용되는 대부분의 검사가 불안, 공포, 안정성, 성격과 같은 이론적 개념을 탐사하려고 한다는 사실과 관련이 있다. 심리학자와 치료자가 그러한 개념들의 정의에 대해서 동의하지 않을 뿐만 아니라 일부는 그런 구성 개념의 존재 자체를 부인한다. 그러한 구성 개념들은 (때로는 보장되지 않는) 기본 가정과 특정한 이론적 고려 사항들로부터 파생된 것이다. 각경우에 발생할 수 있는 문제들을 살펴보도록 하자.

1929년에 버클리에 소재한 캘리포니아 대학에서 로버트 트리온(Robert C. Tryon)은 지능이 아주 높은 실험실 쥐 종자를 사육하기 시작했다. 쥐의 지능을 측정하기 위해서 그는 각 쥐가 통과한 통로를 기록하는 대형 자동 미로를 개발했다. 트리온은 '더 영리한' 쥐를 길러 냈고 그 쥐들은 엉뚱한 곳에서 헤매지 않고 터널의 맨 끝에 있는 음식을 향해서 단숨에 달려갔다(Garcia, 1972).

7세대 후에, 트리온은 완전히 차별화된 순종 두 가지, 즉 '영리한' 종자와 '우둔한' 종자를 만들어 냈다. 문제는 쥐의 지능에 대한 유일한 준거가 음식을 빨리 획득하는 능력처럼 보였다는 점이다. 다른 과제에서는 '영리한' 쥐가 '우둔한' 쥐보다 잘하는 것이 없어 보였다. 결국, 트리온은 자신의 영리한 쥐가 그의 검사에서 점수를 높게 받은 것은 그 쥐들이 철컥거리는 문과 딸깍거리는 스위치 소리에 방해받지 않고 둔감했기 때문일지도 모르겠다는 생각을 하게 되었다. 다른 증거는 그 쥐들이 더 느린 쥐들에 비해서 더 음식 지향적이라는 점을 시사했다. 어쩌면 더 느린 쥐들은 빠른 쥐들보다 조심스럽고 호기심이 많아서 결복도를 탐색하는 경향이 있었는지도 모른다. 사실, 신중성과 호기심이 음식을 마파람에 게눈 감추듯 먹어치우는 욕망보다 더 적응적일 수 있는 지능의 측면이라고 주장할 수 있을 것이다. 한 저자는 "쥐가 가진 적응적 재능의 전체 스펙트럼을 이해하기 위해서는 도시의 쓰레기더미로 가서 가장 잡기 어려운 놈을 한 마리 잡아야 할 것이다."라고 말했다(Garcia, 1972, p. 232).

구성타당도를 다룰 때 바람직한 표준적인 조심성은 어떤 행동이나 점수에 대한 다른 가능한 설명을 고려하는 것이다. 기존의 가정된 요인 외에 그 행동이나 점수를 설명할 수 있는 요인은 무엇일까? 특정한 이론적 공준(公準)에 근거한 구성 개념들은 다른 문제를 제시한다. 검사가 의미를 가지려면 그 검사가 토대를 두고 있는 이론적 틀을 수용해야만 한다. 한 검사자에게 높은 타당도를 지닌 검사나 구조화된 면접이 다른 검사자에게는 타당도가 거의 없거나 전혀 없을 수도 있다.

세 번째 이유는 검사나 절차의 표준화 혹은 '규준화'의 기술적 문제와 관련 있다. 만약 어떤 절차가 대규모 표본에 대한 '일반화 가능성'을 가지려면, 타당화 표본은 무선화를 통해서 선택되어야만 한다. 여기서 '무선적'이라는 말은 일상생활에서 사용하는 의미의 무계획적이라는 말이 아니다. 무선 표본은 표적 모집단의 모든 구성원에게 그 표본 안에 포함될 기회가 균등하게 주어지는 것을 의미한다. 무선 표본은 표본 구성원 선택에서의 편향이나 '선정'을 피하기 위해 고안된 것이다. 표집과 관련된 고전적인 오류는 1936년 전화 설문 조사에 근거해서 앨프 랜든의 미국 대통령직 당선을 예측한 여론 조사요원들이 저지른 것이다. 1936년 당시에는 부유한 사람만 전화가 있었기 때문에 그 표본은 프랭클린 루스벨트를 다시 한 번 당선시킨 모집단을 대표하지 못했다. 무선 표집은 무선적 결과를 보증할 수 있는 정확한 방법들을 사용하는 절차다.

다른 한편, 만약 절차가 모집단의 특정한 부분, 예컨대 우울한 사람들을 규명하기 위해서 사용된다면, 그 표본은 우울한 사람 중에서 뽑아야만 한다. 그러나 그러한 층화 표집도 우울한 사람들의 모집단에 대해서는 무선적이어야 한다. 모든 연령, 인종, 사회경제적 수준, 교육 수준에서 우울한 사람들을 모두 포함하면서, 그 모집단의 어느 부분이라도 모집단에서 차지하는 비율과 동일한 비율로 표본에 포함되는 기회가 있어야 한다. 많은 규준화와 타당화 절차가 이러한 기준에 미치지 못한다.

미네소타 다면적 인성검사(Minnesota Multiphasic Personality Inventory: MMPI)의 규준화는 견고한 경험적 구성화의 산물로서 흔히 인용된다. 원판 검사의 저자들은 도덕,

태도, 건강에 관한 1,000개가 넘는 진술을 수집했고 응답자들에게 '예' '아니오' 혹은 '말할 수 없음'으로 답하게 했다. 이 문항들을 검토해서 중복과 모호성을 제거한 후에 특정 장애를 겪고 있는 주립병원 환자들(준거 집단)과 정상인으로 여겨지는 사람들(통제 집단)에게 실시하였다.

그 결과를 표로 만들었을 때, '정상' 수검자와 환자의 반응에서 현저한 차이가 발견되었다. 후속적인 검사 실시 결과도 일군의 증상을 보이는 환자들이 특정한 문항 집단에 대해서 다른 증상 세트를 보이는 환자들과 다르게 반응한다는 사실을 보여 주었다. 최종적으로 선정된 550개 진술문에 대한 반응들을 각 집단을 위한 규준과 맞춤으로써, 이 검사의 개발자들은 그들이 정상인 사람들과 행동적으로 이상한 사람들을 구분할 수 있고 다양한 범주의 장애를 구별할 수 있다고 증명하였다. 후속적으로 개발된 MMPI의 일부 척도는 원판의 범위를 넘어서서 성격 변별을 위한 훨씬 야심 찬 목표를 내세웠다.

경험적 토대를 바탕으로 검사의 타당도를 방어하는 사람들도 있다. 결국, 검사가 준거 집단과 통제 집단을 변별할 수 있다면, 그 문항들의 안면타당도가 높을 필요는 없다. 몇 년 전 한 연구에서 대학생들이 한 세대 전에 보편적이던 행동 특질들과 상당히 유사한 특질들을 보인다는 점이 밝혀졌다. 즉, 이러한 개념들에 대한 대학생들의 해석이 아마도 당시 대학생이었을 그들 부모 세대의 해석과 유사했다는 것이다(Todd & Gynther, 1988). 이에 관한 최근 자료가 있다면 흥미로울 것이다.

이는 우리에게 주요한 이슈를 제시한다. 흥미롭게도, 대학생을 대상으로 표준화되고 타당화되는 검사가 상당히 많다. 사실 흥미롭지만 놀랍지는 않다. 교수들이 학계에서 전진할 수 있도록 수많은 심리검사와 연구를 위한 참여자를 찾는 것은 쉽지 않은 일이다. 대학생들은 학점을 취득하기 위해서 연구에 참여하는 경우가 많기 때문에 쉽게 얻을 수 있는 대규모 표본이 된다. 얼마나 많은 일반인 대상 검사가 대학교 2학년생을 대상으로 타당화되고 있는가를 고려한다면, '대학교 2학년생 같은(sophomoric)'이라는 표현은 흥미로운 관점을 나타낸다. 이러한 현상은 꽤 널리 알려져 있고 학계의 심리학자들은 심리학을 '대학교 2학년생의 과학'이라고 농담조로 종종 이야기한다.

운동 협응, 인내심 같은 일부 구성 측정치는 연령이나 경험에 따라서 변화할 것이다. 변하지 않는 구성 측정치들도 있을 것이다. 어떤 것들은 인종, 민족, 성 혹은 국적에 따라 변화할 것이다. 검사가 표준화된 표본과는 다른 수검자들을 대상으로 검사를 실시할 때에도 여전히 타당성이 유지될지에 대해 확신을 가지려면, 검사 실시 대상 표본이 층화되고 점수와 다른 변인들 간의 상관이 확립되어야만 한다. 이러한 기저율 주제는 뒤에 나올 장들에서 더 상세하게 살펴보게 될 것이다.

수검자들은 다른 면에서도 달라질 수 있다. 대부분이 아니더라도 많은 경우 정신 장애는 순환적인 경향이 있다. 예컨대, 양극성 장애가 있는 사람은 조증 상태에 있을 수도 있고 우울한 단계에 있을 수도 있고 혹은 관해기에 있거나 전혀 증상을 보이지 않을 수도 있다. 특정한 검사 문항이나 면접 질문에 대한 그 사람의 반응은 현재 장애 사이클의 어느 단계에 있느냐에 따라 달라진다. 따라서 타당화와 평가 절차 모두 그 수검자의 고유한 개인력과 그 장애의 각 단계에서 예상 가능한 반응이나 행동의 유형을 참고하면서 그 장애의 순환적 특징을 고려해야만 한다. 그 평가 절차가 각 단계에서 타당화되고 층화되지 않는다면, 어떤 특정한 환자를 평가하는 데서 그 사용은 제한적일 수밖에 없다.

지금까지 우리는 지속적인 특질 요소나 재발하는 병리들을 평가하고자 하는 검사들의 타당화 문제를 논의하였다. 때때로 행동치료자들은 그들의 작업에서 이루어지는 타당화가 다른 검사들을 성가시게 하는 많은 문제를 피해 가게 할 수 있다고 주장한다. 한편, 그들은 성격 특성과 같은 가설적인 구성 개념이 아니라 관찰 가능한 행동을 다루기 때문에 구성타당도가 필요하지 않다. 그러나 지난 수십 년 동안 행동 평가의 개념은 관찰 가능한 외현적 행동의 영역을 훨씬 넘어서게 되었다. 현재 사용하는 척도들과 설문지의 일부는 공포, 주장성, 사회적 기술과 같이 인위적으로 명명된 행동 군집을 다룬다. 심리측정적 관점에서 보면, 그런 검사들은 특성을 파악하고자 하는 성격검사들과 유사하며 타당화 문제로부터 자유롭지 않다.

예를 들어, 래서스 자기주장성 척도(Rathus Assertiveness Schedule: RAS)는 내담자에

게 주장성 훈련이 도움이 되는지를 검사하기 위해서 개발되었다. 그 척도는 일반적인 대학생 모집단을 대상으로 개발되었고 다소 특이한 방식으로 타당화되었다. 그 검사의 30개 문항은 관찰을 통해서든 자기보고를 통해서든 진짜 행동을 사용하는 대신에 검사 개발자의 학생들이 쓴 일기에서 나온 것이다. 결국, 학생들이 내보이고 싶은 행동만 포함되고 보이고 싶지 않은 행동은 조심스럽게 제외된 셈이다. 수검자들은 6점 척도상에서 각 진술문이 얼마나 자신의 태도나 행동을 잘 묘사하는지를 평정해야 한다.

문항들 자체를 검토해 보면, 타당도에 대한 염려가 생기는데 첫 번째 문항부터 경종을 울린다. "대부분의 사람은 나보다 공격적이고 주장적인 것처럼 보인다." 스스로를 공격적이라고 보기보다는 상당히 주장적으로 보는, 즉 지위를 지키기 위해서 완고하고 정중한 사람으로 보는 수검자라면 이 문항에 무엇이라고 반응할까?

구성타당도가 행동 평가에서 중요한 문제가 아니라고 하지만, 자기주장성을 측정한다는 "나는 나의 감정에 대해서 솔직하고 개방적이다."라는 문항을 고려해 보자. 이 문항에 대한 반응은 수검자가 주장적인 정도를 보여 줄 수도 있다. 하지만 한편으로는 그저 단순히 감정적이거나 혹은 사회적으로 미성숙한 모습을 보여 주는 것일 수도 있다.

타당화 주제를 마무리하기 전에, 우리는 검사나 평가 절차를 표준화하기 위해서 대표성을 띠는 표본이나 수검자를 발견하는 것이 어렵다는 점을 이야기하고자 한다. 킨제이(Kinsey)는 미국인들의 성적 습관을 조사하려고 계획할 때 한 친구에게 다음과 같이 썼다.

> 터먼 세대의 많은 심리학자가 우리에게 조언한 것은, 우리가 대학교수처럼 꽤 정상적인 중류층 집단을 대상으로 연구를 해야 한다는 것이다. 실제로, 이 집단의 역사는 일반 대중의 전형성과는 완전히 거리가 멀다(Pomeroy, 1982).

어떤 치료자도 검사 지침서나 그 평가 절차에 대한 문헌에 있는 타당화 자료, 전문적 문헌에 있는 리뷰에 의심의 눈초리를 보내지 않은 채 평가 절차를 선택해서는 안될 것이다. 특히 치료자는 내용타당도와 구성타당도가 자신의 이론적 접근에 비추어봤을 때 의미가 있는지 그리고 그 검사가 타당화된 모집단이 자신의 내담자 집단을 대표하는지에 대한 확신이 있어야 한다.

대부분의 검사 지침서는 그 검사의 권장 사용법을 명시하고 있으며 개발자의 타당화는 이러한 사용과 구체적인 상황에 초점이 맞추어져 있다. 평가 절차를 선택하거나 평가 프로그램을 개발하는 치료자라면 누구라도 그 평가 절차나 프로그램이 특정한 상황과 특정한 환자 혹은 내담자에게 적절한지를 확신하기 위해서 스스로 타당화 연구를 해야 할 것이다. 검사 지침서뿐만 아니라 『정신측정연감』이나 『검사 비평』 혹은 『검사: 심리학, 교육학, 경영학 분야의 평가를 위한 종합적 참고서(*Tests: A Comprehensive Reference for Assessment in Psychology, Education, and Business*)』에 실린 그간의 리뷰를 참조해야 할 것이다. 많은 자료가 이제는 온라인상에서 이용 가능한데, 예를 들면 뷰로스 연구소(Buros Institute; http://buros.unl.edu/buros/jsp/search.jsp), 미국심리학회(http://www.apa.org/science/programs/testing/find-test.aspx)가 있다. 더구나 훌륭한 출판물인 『정신과 측정을 위한 핸드북(*Handbook of Psychiatric Measures*)』(Rush, First, & Blacker, 2007)은 275개의 다른 측정 도구를 평가하였으며 『심리평가 핸드북(*Handbook of Psychological Asssessment*)』(Groth-Marnat, 2009)은 다수의 간략한 도구들을 리뷰하였다.

평가 절차의 타당성에 관한 필수 질문

타당화 자료

검사의 지침이나 설명 혹은 리뷰가 평가자 스스로 평가 절차의 타당성을 추정하는데 근거가 될 만한 충분한 정보를 제공하는가?

내용타당도

평가 절차의 내용과 범위가 사용하고자 하는 목적에 적합한가?

평가 절차가 그 대상으로 생각하는 환자나 내담자에게 적합한가?

구성타당도

평가 절차가 의거하고 있는 이론적 근거를 인정하는가?

검사나 평가 절차의 문항들이 관련 구성 개념들의 이론적 기술에 부합하는가?

구성타당도를 지지하기 위해서 어떤 증거가 제시되었는가? 예를 들어, 동질성, 기대에 대한 순응도, 혹은 개별 집단들로부터 나온 증거가 있는가?

검사나 평가 절차가 측정하거나 평가하고자 하는 특질들을 어느 정도 규명하는가? 그 특질들과 유사한 특질을 어느 정도까지 변별하는가?

준거타당도

결과들이 어떤 준거 혹은 준거 집단과 연관되는가?

만약 도구가 표준화되었거나 규준화되었다면 표준화 표본은 확인되었는가? 그리고 이 표본이 대상 환자나 내담자를 대표하는가?

신뢰도

모든 검사, 인터뷰, 관찰은 행동의 표본이다. 사실, 이미 오래전에 에듀케이셔널 테스팅 서비스사의 부사장인 헨리 다이어(Henry Dyer)는 행동이나 상황이 동시에 네 가지 다른 종류의 표본을 이루고 있다고 지적한 바 있다(1965).

행동이나 상황은 수검자의 행동을 평가하기 위해서 선택될 수도 있었던 모든 상황이나 평가 절차의 표본이다. 즉, 관찰 대상인 상황, 평가 절차를 실시하기 위해서 선택된 일시, 질문 종류 혹은 필요한 정보를 얻는 데 필요한 과제 등의 표본인 셈이다.

그것은 수검자가 보일 가능성이 있는 모든 반응 방식의 표본이다. 그것은 스트레스, 피로, 다행감 혹은 염려와 같은 수검자의 반응에 영향을 미칠 수 있는 모든 가능한 심리적 요인과 생리적 요인의 표본이다. 그것은 성격, 훈련, 관찰 패턴과 기술, 인터뷰 스타일이 다른 일군의 판단자나 관찰자가 수검자의 반응에 대해서 내린 모든 지각과 판단의 표본이다. 그것은 심지어는 동일한 관찰자가 같은 날의 다른 시간대나 혹은 다른 환경에서 관찰했다면 달라질 수도 있는 다양한 관찰과 판단의 표본이기도 하다.

관찰자들은 수검자의 '진짜' 반응의 근사치를 산출해 낼 뿐이다. 이 근사치가 진짜 반응에 얼마나 가까운지에 대한 평가가 검사의 신뢰도라고 칭해진다. "검사의 신뢰도란 그 검사가 표본이 되는 네 가지 종류의 사건의 실제에 근접하는 정도에 대한 평가다."(Dyer, 1965, p. 33)

어떤 기법은 검사 자체의 내적 일치도를 다루고, 어떤 기법은 동일한 사람이 보이는 동일한 특질을 다른 시간대에 측정함으로써 검사의 일치성을 다룬다. 그리고 어떤 기법은 서로 다른 해석자들이 개인 검사나 집단 검사의 결과에 대해서 동의하는 정도를 다룬다. 각 기법의 유용성은 특정한 목적에 따라 달라진다.

뒤쪽 장에서 우리는 상관의 실제 기술을 다루겠지만 여기서는 관련 원리를 이해하는 것이 숫자를 조작하는 기술보다 훨씬 중요하다. 사실, 대부분의 숙련된 치료자는 결과나 점수, 해석에 대한 비교적 간단한 검토와 비교를 통해서 평가 절차의 신뢰도를 대략적으로는 결정할 수 있다. 그러나 복잡한 검사나 평가 절차라면 출판된 신뢰도 계수가 그 검사의 일치도에 대한 더 정확한 지표가 될 것이다. 연구 목적이라면 .70의 신뢰도 계수도 받아들여지지만 임상적 결정을 위해서 사용되는 검사라면 신뢰도가 .90 이상이어야 한다. 만약 .90보다 낮은 경우라면, 검사 점수는 환자나 내담자에 대한 잠정적인 가설로서 간주되어야 한다. 신뢰도에 대한 정보는 검사 지침서나 검사에 대한 리뷰에 제시되어야 한다.

검사의 신뢰도

만약 평가 절차가 특정한 자질이나 특성을 평가하기 위해서 개발되었다면 그 목적에 부합해야 한다. 이 원리는 검사와 양질의 평가 모두에 적용된다.

검사-재검사 신뢰도

검사 점수가 당신에게 내향적인 경향이 있다는 점을 보여 준다고 가정하자. 만약 당신이 짧은 시간이 지난 후에 동일한 검사를 다시 받는다면 그 점수는 첫 번째 점수와 유사해야만 한다. 유의한 차이가 있다면 그것은 그 평가 절차의 검사-재검사 신뢰도에 의문을 제기한다. 사람들은 시간이 흐르면서 변하기 때문에 검사와 재검사 간의 간격이 길수록 검사 점수들의 일치성이 낮아지기 쉽다.

검사-재검사 신뢰도에는 주요한 제한점이 있다. 하나는 검사를 받는 경험 자체가 한 가지 요인이 된다는 것이다. 만약 검사가 교육적 검사라면 당신은 연습만으로도 향상될 것이다. 만약 검사가 성격검사라면 당신은 자신의 대답을 다시 생각해 볼 기회도 있고 소위 '인상 관리'에 신경 쓰게 될 수도 있다. 그리스의 철학자 헤라클리투스는 누구도 똑같은 강물을 두 번 건널 수는 없다고 했다.

이런 이유로 검사-재검사의 분석에 수정이 가해졌다. 원래 '동일한 검사'라는 말은 정확히 그 의미였다. 말 그대로 똑같은 검사를 말하는 것이었다. 하지만 검사-재검사는 동일한 검사의 다른 형태를 지칭하게 되었으며, 그런 상관은 대형(alternate form) 검사 혹은 동형(parallel form)검사 신뢰도라고 더 자주 불린다. 이 용어들이 상호 교차적으로 흔히 사용되지만 이 둘 간에는 기술(技術)적인 차이가 있다. 동형은 심리측정적 속성상에서 서로 상관을 가지도록 고안된 것과 달리 대형은 범위와 내용 면에서 원래 검사와 등가인 것처럼 보인다.

어쨌든 검사-재검사 신뢰도는 어떤 형태든 간에 예전처럼 그렇게 중요하게 여겨지지는 않는다. 첫째, 두 번의 검사 실시 간격과 수검자의 심리 상태에는 거의 언제나 변동이 있다. 둘째, 대체로 첫 번째 검사를 받은 경험이 두 번째 검사 점수에 영향을 미친다. 셋째, 대형검사의 경우 두 개의 검사가 실제 내용이나 구성 타당도 면에서 완전히 동일하지 않을 수 있다. 그런 경우, 검사들이 얼마나 신뢰할 만한지와는 상관 없이 기본 타당도가 의문시된다. 넷째, 그리고 아마도 가장 중요한 것은 사람들 자신 이 시간이 흐르면서 변한다는 것이다. 만약 검사-재검사 신뢰도가 낮다면, 이는 검 사 자체의 결함 때문이 아니라 수검자 자체의 변화 때문일 수도 있다. 검사의 신뢰도 에 관한 통계적 증거가 없다면 낮은 검사-재검사 신뢰도가 어느 요인에서 비롯되었 는지를 밝히는 것이 쉽지 않다.

검사-재검사 신뢰도가 아주 중요하게 간주되어야 하는 영역은 환자나 내담자의 진전을 감찰하는 부분이다. 만약 검사-재검사 신뢰도가 확립된다면 검사 결과에서 의 변화가 검사 오류보다는 환자 내에서의 변화를 더 반영한다고 가정할 수 있다. 그 러나 검사자는 언제나 건강, 기분, 가족 문제, 심지어는 그냥 만사가 잘 안 풀리는 날 과 같은 외재적 변인들의 영향을 반드시 고려해야만 한다.

내적 일치도

최근 수년 동안 검사 점수들의 비교는 대부분 단일 검사의 실시에 초점이 맞추어 져 있으며, 결과적으로 시간이나 경험에 따른 변동은 없게 된다. 초점은 단일한 평가 절차의 내적 일치도에 있다.

검사 문항들이 상호 간에 일치하는 정도(검사 문항들의 동질성)는 구성타당도의 증 거로 인용되곤 한다(Cohen, Swerdlick, & Smith, 1992, pp. 176-177). 만약에 검사가 불안 을 측정하기 위해 고안되었다면 그 검사의 각 문항은 공격성이나 내성(內省)이 아닌 불안을 다루어야 할 것이다. 그러나 평가 절차의 내적 일치도는 평가 절차의 신뢰도 의 증거로도 간주된다.

검사의 내적 일치도를 계산하는 방법에는 몇 가지가 있는데, 각기 다른 목적과 특 정한 적용 방식이 있다. 예컨대, 어떤 공식은 검사의 문항 간 일치도, 즉 검사의 모든 문항이 합치하는 정도를 측정한다. 동질적인 검사는 모든 문항이 검사 불안처럼 좁은 영역의 특성이나 단일 요인에 초점을 맞춘 것이다. 그런 검사는 일반적인 불안 검사와 같은 이질적인 검사보다 높은 문항 간 일치도를 보일 것이다. 대부분의 통계 프로그램을 사용하면 문항 간 일치도 계수를 손쉽게 산출할 수 있다.

대부분의 치료자에게 가장 유용한 내적 일치도 측정은 반분신뢰도 계수다. 이 신뢰도 계수는 통계에 대해서 제한된 지식만 있거나 통계를 매우 싫어하는 임상가들이 사용하기에 가장 쉬운 것이다.

명칭이 시사하듯이, 반분신뢰도는 검사의 반과 반이 얼마나 가깝게 상관되는지를 평가하기 위해 고안되었다. 이 상관을 얻는 가장 쉬운 방법은 검사를 반으로 나눈 후에 반반씩 점수를 내고 비교하는 것이다. 문제는 이 방법이 왜곡된 결과를 산출할 수 있다는 것인데, 후반부를 수행할 때 더 피로했을 가능성이라든가 검사 불안에서의 차이, 반분된 문항들 간의 서로 다른 난이도를 고려하지 않기 때문이다. 또한 전체 검사에 비해 반쪽 검사는 문항 수가 줄어들고 결과적으로 신뢰도가 감소하게 된다.

검사를 반분하는 방법에는 몇 가지가 있다. 하나는 문항들을 무선적으로 반분하는 것이다. 다른 하나는 더 자주 사용되는 것인데, 검사를 짝수 문항과 홀수 문항으로 나누는 것이다. 반분신뢰도를 계산하는 공식이 있지만 실용적인 목적에서라면 대부분의 임상가는 단순히 반반의 검사 점수가 충분히 비슷한지를 확인해서 그 검사가 목적에 적합한지를 파악할 수 있다. 내적 일치도를 측정하는 모든 방법에는 한 가지 주요한 결점이 있다. 바로 그러한 기법들이 검사 상황에서 표본의 변산성을 제한하는 한편, 변산성의 다른 근원 중 두 가지, 즉 수검자가 할 만한 모든 가능한 반응의 범위와 수검자가 검사를 받는 심리적 조건의 범위를 고려하지 않는다는 점이다. 결과적으로, 내적 일치도에만 근거한 측정은 아마도 '대부분의 경우에 과대 측정'일 것이다(Dyer, 1965, p. 34).

역설적으로, 반분신뢰도 방법에는 일치도를 과소 측정할 가능성이 존재한다. 신뢰도는 검사의 전체 문항 수에 영향을 받는다(검사 문항이 많을수록 신뢰도가 커진다). 반분신뢰도 방법은 문항 수를 반으로 줄이기 때문에 반쪽 검사 문항들의 신뢰도가 영향을 받는다. 검사 관련 문헌에서 발견되는 스피어먼-브라운(Spearman-Brown) 공식은 이러한 과소 측정을 교정하기 위해서 사용된다.

검사 신뢰도 선택 시 고려 사항

검사–재검사 신뢰도와 내적 일치도는 검사의 신뢰도에 대한 유용한 지표다. 그러나 특정한 상황에 따라 어느 방법이 더 유용한지가 달라지는 조건들이 있다.

동질성   검사의 문항들이 특정한 속성이나 행동에 초점을 두고 있다면 높은 내적 일치도를 예상할 수 있다. 다른 한편, 검사의 문항들이 연관된 폭넓은 요인들을 다루고 있어서 이질적이라면 내적 일치도의 수준은 훨씬 낮을 것이다. 이런 상황에서는 검사–재검사 신뢰도가 더 적합할 것이다.

속성이나 특질의 안정성   지능이나 수검 요령, 주장성과 같은 특성들은 시간에 걸쳐서 비교적 안정적이라고 가정된다. 그러한 특성이나 행동을 측정하는 검사라면 검사–재검사 신뢰도가 검사의 일치성을 확인하는 합당한 방법이 될 것이다. 다른 한편, 어떤 특성이나 성질은 불안이나 공포처럼 불규칙하고 상황에 따라 변한다. 어떤 정신장애들은 심하게 순환적이다. 우리는 언제 환자가 우울기의 끝에 도달하는지를 항상 자신할 수는 없다. 그러한 역동이나 불규칙적인 특성을 측정하는 검사라면, 검사–재검사 상관의 가치를 확신하기가 어렵다. 그런 검사들의 경우에는 내적 일치도 측정이 더 적합할 것이다.

규준참조와 준거참조 절차   규준참조 검사들은 수검자들의 수행을 다른 사람들의 수행과 비교한다. 다른 한편, 준거참조 검사는 다른 사람들이 어떻게 수행했는지에 대한 참조 없이 수검자가 미리 정해진 행동 목표치를 얼마나 잘 성취했는지를 보여 준다. 대부분의 심리검사는 규준 참조적이지만 어떤 평가 절차는 준거 참조적이다. 예컨대, 치료자는 아동이 특정한 기술을 얼마나 잘 숙달했는지에 관심이 있을 수 있다. 검사 신뢰도의 전통적 방법은 준거참조 절차보다 규준참조 절차에 더 적합하다. 준거참조 절차를 위해서 사용할 수 있는 통계 기법들이 있지만(Hambeton & Jurgensen, 1990), 그러한 행동 목표치를 다루는 대부분의 치료자는 검사 신뢰도보다 평정자 간 일치도(아래 참조)에 더 관심이 있을 것이다.

측정의 표준오차

가장 넓은 의미에서 보자면, 검사 신뢰도는 점수상의 개인차가 측정의 오차 때문인지 아니면 측정 변인에서의 진정한 차이 때문인지 그 정도를 나타내는 것이다 (Anastasi, 1961, p. 108). 우리가 지금까지 논의한 방법들에 더해서, 검사의 신뢰도를 측정하는 또 다른 방법은 검사 도구의 오류량을 직접적으로 측정하는 것이다. 이것은 측정의 표준오차(standard error of measurement: SEM)라고 알려져 있으며 실제로 오류의 표준편차의 추정치다(기본 심리측정 통계를 다루는 5장에 더 상세하게 설명되어 있음).

측정의 표준오차는 표본 집단 간의 차이에 따른 영향을 덜 받는 신뢰도에 대한 지표다. 예를 들어, 측정의 표준오차가 5라면, 어떤 한 시행과 다음 시행 간의 점수 변화가 5점 미만인 경우에는 그 변화가 검사 자체의 오류 때문일 가능성이 크다. 이 경우에는 5점 이상의 점수 차이가 있어야만 실제 변화를 나타낼 가능성이 커진다. 일반적으로, 측정의 표준오차가 적을수록 검사의 신뢰도가 커진다.

관찰자 간 신뢰도

평가는 도구나 평가 절차의 안정성뿐만 아니라 평가를 수행하는 사람에게도 달려 있다. 1912년에 대니얼 스타크(Daniel Starch)와 에드워드 엘리엇(Edward Elliot)은 학생의 학업 능률 지표로서 등급을 사용하는 추세에 대해 의문을 제기했다. 고전적 연구 (Starch & Elliot, 1912)에서 그들은 142명의 숙달된 교사들이 등급을 매긴 한 영어 시험 답안지가 50점에서 98점에 이르는 등급을 받았다는 것을 보여 주었다. 기하학 답안지를 채점한 138명의 기하학 교사는 28점에서 95점에 이르는 점수를 주었다. 어떤 교사는 오답에 대해서, 어떤 교사는 실수에 대해서, 어떤 교사는 철자법 오류에 대해서 혹은 형식이나 평가 절차에 대해서 감점을 했다.

이 연구에서 특히 주목할 점은 한 답안지에 대한 등급의 평균이 85점인 경우에 '가능한 오류' 혹은 우연 자체가 등급 간 차이에서 7점만을 설명할 수 있다는 사실이다. 담임이 80점을 준 수학 답안지에 대해 다른 15%의 교사들은 낙제점을 주었고 12%의 교사들은 90점 이상을 주었다. 스타크와 엘리엇의 연구는 '객관적' 검사 기법을 개발하고 평가 절차의 평정과 채점에서 나타나는 변산성을 측정하기 위한 연구에 자극을 주었다. 여기에는 다른 관찰자들이 행동을 측정하거나 평가하는 방식에서 나타나는 변산성을 산출하는 것도 포함된다.

채점자 간 신뢰도(inter-scorer reliability)로도 불리는 평정자 간 신뢰도(inter-rater reliability)는 둘 이상의 검사자가 수검자의 수행에 대한 측정에서 일치하는 정도를 일컫는다. 판단자 간 신뢰도(inter-judge reliability)는 수행에 대한 평가나 해석에서 일치하는 정도를 말한다. 관찰자 간(inter-observer)이라는 용어는 더 중립적이고 어느 쪽이든 일치도를 기술할 때 사용된다.

검사 지침서에 수록된 수치들은 개발자가 검사를 균일한 방식으로 실시하고 채점하기 위한 지침을 얼마나 주의 깊게 준비했는지에 대한 지표를 제공해 준다. 보통 낮은 상관계수들은 이러한 영역에서의 문제점을 가리킨다. 예를 들어, 채점 지침이 너무 모호해서 다양한 채점이 가능할 수도 있다. '리듬을 적절하게 사용한다' 혹은 '더 높은 수준의 정교함'과 같은 표현들은 모호한 용어로 진술되어 있지만 만약 '적절하게'와 같은 용어를 판단하기 위한 정확하고 구체적인 지침이 포함된다면 충분할 수 있다.

보고된 평정자 간 신뢰도가 높더라도 일군의 임상가는 평가에서 동일한 정도의 일관성을 획득하지 못할 수도 있다. 대부분의 경우에, 관찰자나 사용자들은 집단 토론, 실전 회기, 연습과 피드백 등을 통해서 채점 기법을 주의 깊게 훈련받아야만 한다. 결과적으로 집단으로 일하는 임상가들은 특정한 검사나 평가 절차를 채점하는 데서 집단의 일치성을 추정하는 것이 중요하다.

뒤의 장들에서 우리는 관찰자 간 신뢰도를 산출하기 위한 방법을 다룰 것이다. 하지만 대부분 실제 목적을 위해서라면 점수나 결론을 비교함으로써 비공식적으로도 관찰자 간 신뢰도를 추정해 볼 수 있다. 기관에서 일하거나 팀으로 일하는 임상가들은 검사 개발자들이 신뢰도를 향상시키기 위해서 하는 것처럼 서로 상의하고 연습하고 피드백을 받고 토론함으로써 평가 절차의 관찰자 간 신뢰도를 향상시킬 수 있다.

신뢰도에 관한 필수 질문

검사 신뢰도

보고된 신뢰도 계수가 충분히 높은가(일반적으로 임상적인 의사결정을 위해서라면 약 .90)

환자나 내담자의 점수 변화를 위한 대안적인 설명, 예컨대 문제의 순환적 성질이나 특성(혹은 상태)의 상대적 안정성 등을 고려했는가?

사이에 발생한 사건들, 예컨대 건강, 가족 관계, 정서적 상태에서의 변화를 고려하였는가? 점수 변화를 해석하는 데 내담자의 도움을 받고자 하였는가?

신뢰도를 추정하는 방법이 점수 변이에 대해 가지는 함축점을 고려하였는가?

관찰자 간 신뢰도

지침서 혹은 설명이 검사나 평가 절차 실시에서의 동일성을 보장하기 위한 상세한 정보를 충분히 제공하는가?

동료들과 자신이 검사나 평가 절차를 실시하고 채점하고 해석하기 위한 통일되고 일관적인 방법을 개발하기 위해서 주의를 기울이고 있는가? 추가적인 훈련이 필요한가?

평가 절차 선택에서의 실제적인 고려 사항

검사나 평가 절차를 선택할 때, 치료자들은 그 타당성과 신뢰도를 고려해야만 한다. 그러나 선택에서 고려해야 할 몇 가지 실질적인 이슈가 있다. 치료자는 먼저 '이 평가의 목적이 무엇인가'를 자문해야 한다. '진단'이 병명을 할당하는 것이든 문제의 원인을 찾는 것이든 간에 치료를 계획하거나 제공하는 데 별 도움을 주지 못하는 경우가 허다하다. 평가의 결과가 치료를 계획하거나 향상시키는 데 도움을 주지 못하거나 평가 도구가 치료가 제대로 되고 있는지에 대한 피드백을 제공하지 않는다면 사실상 거의 무용지물일 것이다.

직접성

점수나 평가 결과가 실제 행동, 내담자의 사고 과정이나 느낌을 반영하는 정도를 직접성이라고 한다. 숨겨져 있는 기저의 원인들에 대한 추론에 토대를 둔 도구는 간접적이라고 간주된다. 치료를 목적으로 정확히 기술되는 행동 관찰, 리듬의 표현, 동작 역기능과 같은 직접적인 측정과 액면가 그대로 받아들여지는 내담자의 자기보고는 행동의 표본을 제공한다. 반면에, 해석을 필요로 하는 간접적인 측정들은 문제의 상징으로 간주된다(Fischer & Corcoran, 1994, p. 25). 평가 도구가 명확하고 관찰 가능한 행동을 직접적으로 측정할수록 치료자가 신뢰도와 타당도로 인해서 겪는 문제가 줄어든다.

반응성

평가는 관찰이라는 행위가 관찰 대상 자체를 변화시키는 방식을 의미하는 하이젠베르크 원리(Heisenberg Principle)에 상당히 취약하다. 반응성은 관찰이나 측정이 행동에 영향을 미치는 정도를 가리킨다. 일부 측정과 평가는 반응성을 유발한다(예: 행동의 자기감찰). 다른 접근들, 특히 비침입적이거나 '자연적인' 접근들은 반응성을 유발할 가능성이 적다. 평가 절차 자체가 내담자의 행동을 왜곡하는 정도만큼 그 절차의 타당성이 침해된다. 얼핏 보기에는 반응적인 절차가 유익한 결과를 증진하는 것처럼 보인다. 만약 내담자의 자기감찰이 흡연과 같은 부적응적인 행동을 줄인다면, 왜 그것을 격려하지 않겠는가? 문제는 반응적 평가에서 비롯된 변화가 지속되는 경우가 별로 없다는 것이다(Fischer & Corcoran, 1994, p. 25). 치료자들은 결과에 인위적으로 영향을 미치는 도구를 사용하지 않으려고 노력해야 한다. 혹은 적어도 반응적 접근에 의해서 유발된 왜곡을 최소화하고자 노력해야 한다. 예컨대, 그러한 평가 절차들을 덜 침입적으로 만드는 것도 한 가지 방법이 될 수 있다.

필수 질문

유용성

평가 절차의 결과가 치료 프로그램을 계획하고 수행하는 방식에 차이를 가져올 것인가? 그렇지 않다면 이 평가를 왜 하고 있는 것일까?

직접성

점수나 평가 결과가 내담자의 실제 행동이나 감정, 사고 과정을 얼마나 직접적으로 반영하는가?

반응성

사용하고자 하는 평가 절차가 결과를 인위적으로 왜곡하는 정도는 얼마나 되는가? 필요한 정보를 제공하면서도 비교적 비반응적인 방법이 있는가? 그렇지 않다면 반응적 절차를 사용함으로써 발생하는 왜곡을 어떻게 최소화할 것인가?

요 약

소크라테스가 제자들에게 너 자신을 알라고 촉구한 지 어언 2,400년 동안, 우리는 자신을 안다는 것이, 즉 자신의 동기와 자신의 행동을 이해한다는 것이 얼마나 어려운 일인지 점차 인식하게 되었다. 그럴진대, 하물며 다른 사람을 이해한다는 것은 얼마나 더 어려운 일일까?

그럼에도 장애나 장해가 있는 사람들을 상대하는 이들은 어떻게 돕는 것이 최선일지에 대한 지침을 얻기 위해서 그들이 돕고자 하는 사람들의 마음의 작용을 이해하고자 노력해야 한다. 모든 평가는 수검자가 그들의 개인적인 현실을 조직화하는 방식에 대한 가설이다. 모든 평가는 추측으로서, 또 다른 표본들의 관찰을 통해 확인하고 입증되어야만 한다. 그러나 어떤 단일한 표본이나 표본들의 집합도 수검자의 '진짜' 행동을 압축하지는 못한다. 모든 평가 절차는 환자나 내담자와 관찰자 사이의 복잡한 상호작용을 포함한다. 관찰자가 주목하는 어떤 행동도, 심지어는 '자연적인' 상황에서 하는 행동조차 환자의 전체 행동 중 하나의 표본에 불과하며 정확하게 동일한 방식으로는 결코 공존할 수 없는 요인들에 의해 영향을 받은 것이다. 왜곡의 주요한 네 가지 출처는 상황, 환자의 행동, 검사자의 관찰 그리고 검사자의 해석이다.

수검자의 행동이나 내적 현실에 대한 근사치가 수검자의 '진짜' 행동이나 현실에 가까운 정도를 신뢰도라고 지칭한다. 신뢰도에는 몇 가지 차원이 있으며 그 각각이 일치성이라는 개념에 근거하고 있다. 신뢰도에는 내적 일치도(어떤 평가 절차가 그 자체와 얼마나 잘 일치하는가?), 검사-재검사 혹은 시간적 신뢰도(결과들이 시간에 걸쳐서 얼마나 일치하는가?) 그리고 관찰자 간 신뢰도(다른 판단자나 관찰자들이 그들의 관찰이나 결론에 대해서 얼마나 동의하는가?)가 있다.

평가 절차가 얼마나 일관성이 있느냐와는 무관하게, 그것이 평가하고자 하는 바를 평가하지 못한다면 의사 결정을 위한 가치가 별로 없을 것이다. 이 속성이 바로 타당도다. 신뢰도와 마찬가지로 타당도에도 몇 가지 차원이 있다. 좋은 평가 절차에는 내용타당도가 있다는 말은 관련된 행동의 전체 범위에 대한 합당한 표집을 제공한다는 의미다. 구성타당도가 있다 함은 평가 절차가 규명하고자 하는 특정한 구성이나 개념에만 근거해서 변별을 한다는 의미다. 하나 이상의 준거타당도가 있다 함은 그 결과가 외적 자료와 일치한다는 의미다.

평가 절차의 타당화는 무엇인가 다른 것 혹은 그 둘 간의 조합과의 비교나 견해에 토대를 두고 있다. 검사나 평가 절차를 사용하고자 하는 임상가라면 누구라도 그 절차의 저자나 개발자가 보고한 타당도와 신뢰도 자료를 조사해야만 한다. 또한 그 절차가 평가 대상이 되는 환자에게 적합한지를 확신하기 위해서 독자적인 조사도 해야 한다.

아울러 치료자는 도구를 선택하거나 평가 절차를 계획하는 데서 몇 가지 실제적인 고려 사항을 참조해야 한다. 여기에는 유용성(그 절차가 치료를 계획하거나 수행하는 데 도움이 되는 정도), 직접성(그 평가 결과가 내담자의 실제 행동이나 패턴을 반영하는 정도), 반응성(그 도구나 평가 절차 자체가 결과에 영향을 미치는 정도)이 있다.

참고문헌

Anastasi, A. (1961). *Psychological testing* (2nd ed.). New York: Macmillan.

Bixler, M. (1993, November 7). Matching roomies for harmony. *New York Times Education Life,* Section 4A, pp. 7-8.

Brigham, C. C. (1923). *A study of American intelligence.* Princeton, NJ: Princeton University Press.

Buros, O. K. (1970). *Personality tests and review, 1970.* Highland Park, NJ: Gryphon Press.

Buros, O. K. (1972). *Seventh mental measurements yearbook. Vol. I.* Highland Park, NJ: Gryphon Press.

Cohen, R. J., Swerdlick, M. E., & Smith, D. K. (1992). *Psychological testing and assessment.* Mountain View, CA: Mayfield.

Cronbach, L. J. (1970). *Essentials of psychological testing* (3rd ed.). New York: Harper and Row.

DeParle, J. (1994, October 9). Daring research or 'social science pornography'?: Charles Murray, *New York Times.*

Dyer, H. S. (1965). Educational measurement–its nature and its promise. In H. D. Berg (Ed.), *Evaluation in social studies.* The 35th Yearbook of the National Council for the Social

Studies. Washington, DC: NCSS.

Ebel, R. L. (1975, October). Educational tests: Valid? biased? useful? *Phi Delta Kappan, 83–89.*

Fischer, J., & Corcoran, K. (1994). *Measures for clinical practice* (2nd ed.). Vol. 1. New York: Free Press.

Garcia, J. (1972). IQ: The conspiracy. *Psychology Today, 64,* 232–236.

Goddard, H. H. (1913). The Binet tests in relation to immigration. *Journal of Psycho Asthenics, 18,* 105–107.

Goddard, H. H. (1917). Mental tests on the immigrant. *Journal of Delinquency, 2,* 243–277.

Groth-Marnat, F. (2009). *Handbook of psychological assessment* (5th ed.). Hoboken, NJ: Wiley & Sons.

Hambeton, R. K., & Jourgensen, C. (1990). Criterion-referenced assessment of school achievement. In C. R. Reynolds & R. W. Kamphaus (Eds.), *Handbook of psychological and educational assessment of children: Intelligence and achievement* (pp. 456–476). New York: Guilford Press.

Hernstein, R. J., & Murray, C. (1994). *The bell curve.* New York: Free Press.

Itzkoff, S. W. (1994). *The decline of intelligence in America.* Westport, CT: Greenwood.

Pomeroy, W. B. (1982). *Dr. Kinsey and the institute for sex research.* New Haven, CT: Yale University Press.

Richards, J. M. (1972). Review of the medical college admissions test. In O. K. Buros (Ed.), *Seventh mental measurements yearbook.* Highland Park, NJ: Gryphon Press.

Rush, A. J., First, M. B., & Blacker, D. (2007). *Handbook of psychiatric measures.* Washington, DC: American Psychiatric Association.

Rushton, J. P. (1995). *Race, evolution, and behavior: A life history perspective.* New Brunswick, NJ: Transaction.

Sechrest, L. (1963). Incremental validity: A recommendation. *Educational and Psychological Measurement, 23,* 153–158.

Shelley, D., & Cohen, D. (1986). *Testing psychological tests.* New York: St. Martins Press.

Stampp, K. M. (1965). *The era of reconstruction.* New York: Knopf.

Starch, D., & Elliot, E. C. (1912). Reliability of grading of high school work in English. *School*

Review, 20, 442–457.

Todd, A. L., & Gynther, M. D. (1988). Have MMPI Mf scale correlates changed in the past 30 years? *Journal of Clinical Psychology, 44,* 505–510.

Tyler, L. E. (1963). *Tests and measurements.* Englewood Cliffs, NJ: Prentice–Hall.

Yerkes, R. M. (1921). Psychological examining in the United States Army. Washington, DC: Memoirs of the National Academy of Sciences, Vol. 15.

Zoelner, R. (1976, September 27). Review of reverence for numbers. *The Chronicle of Higher Education.*

CHAPTER *4*

평가에서의 함정, 특이한 점과 오류

프로이트는 수십 년간의 자신의 정신분석 체계를 개관한 후에, 말년에 그의 논문 『분석 종료는 가능한가 불가능한가(*Aanalysis, Terminable and Interminable*)』에서 많은 정신분석가가 방어기제를 쓰고 있고, 내담자에게 감정을 투사하는 경향이 있다고 지적했다.

일반적으로 치료자들은 적어도 추상적인 수준에서라도 자신의 감정이 의사결정 과정을 왜곡시킬 수 있다는 사실을 자각한다. 그러나 그들은 치료자를 포함해서 오류를 범하기 쉬운 사람들을 왜곡된 자각, 비합리적 결정, 해로운 행동으로 이끄는 이상한 점들에 대해서는 잘 알지 못한다.

비합리적이거나 잘못된 결정의 주요한 원인으로는 두 가지가 있다. 첫 번째는 우리가 정보를 모으고 조직하는 경험적 문제해결법(heuristics)과 관계가 있다. 두 번째는 덜 명확하지만 더 심각한 것으로 우리가 정보를 지각하는 방법과 관계가 있다. 사람들은 보통 판단하거나 결정하기 위해 충분한 자료를 모으지만 사고 과정의 오류로 자료를 잘못 해석하거나 왜곡한다.

기념비적인 저술인 『불확실성 하의 판단: 경험적 문제해결법과 편향(*Judgement*

*Under Uncertainty: Heuristics and Biases)*에서 대니얼 카네만(Daniel Kahneman), 폴 슬로빅(Paul Slovic)과 아모스 트버스키(Amos Tversky)는 의학과 심리치료를 포함하여 다양한 많은 장면에서 이루어진 의사결정 패턴에 관한 연구 결과를 제시하였다. 그들에 따르면, 사람들이 의사결정을 할 때 지각과 판단이 (정보 수집과 처리에서 흔히 나타나는 오류와 특이성에 의해) 매우 잘못될 수 있다는 것을 알 수 있다. 이러한 오류들은 예측 가능한 것이므로 이에 관한 대책을 세울 수 있다.

충분하지 않거나 편향된 자료의 문제

치료자들은 자신이 사용하는 평가 절차의 정확성을 과대평가하는 경향이 있다. 많은 임상가는 정확성(precision)이라는 착각을 일으키는 숫자와 복잡한 공식에 과도하게 영향을 받거나 압도되는 경향이 있다. 이런 이유로 많은 치료자가 검증 결과를 비판하지 않고 받아들이게 되는 것 같다. 임상적 판단에 의지하는 사람들이 입증되지 않은 자신의 주관적 판단에 대한 확신을 갖는 경우가 종종 있다. 또한 치료자의 확신과 객관적인 정확성 간에 관계가 별로 없는 것처럼 보이는데, 이런 사실도 별로 새로울 것이 없다(Kelly & Fisk, 1951; Oskamp, 1965). 만일 치료자가 확률적 판단과 사고 과정의 오류에 대해 잘 이해하면서 평가 절차와 도구들을 적절히 사용한다면, 심리검사와 임상적 평가 절차 모두 더 현실적으로 활용될 수 있을 것이다.

정확성은 기저율에 의해 영향을 받는다

오래전에 데이비드 에디(David Eddy, 1982, pp. 252-254)가 일단의 의사에게 제시한 문제부터 시작해 보자. 30대 초반의 젊은 여성 수전은 최근에 자신의 가슴에서 멍울을 발견하고 의사를 찾아왔다. 의사는 신체검사를 하고 그녀의 개인적, 가족적 병력을 살펴보고 유방암 유병률에 대한 문헌을 개관한 후, 그녀가 유방암에 걸릴 확률은

1% 미만이라고 추정했다. 그러나 그는 수전에게 검사의 정확도가 80~90%이므로 유방 X선 촬영을 하라고 권고했다. 다음에 수전이 검사 결과를 보러 왔을 때, 그 의사는 방사선 검사 결과가 양성으로 나타났으므로, 문제가 되는 조직을 채취해서 병리학자에게 진단을 받아야 한다고 어두운 표정으로 알려 주었다. 이 환자가 암일 가능성은 얼마나 되는가?

(a) 1%

(b) 80~90%

(c) 1%와 90% 사이, 그러나 1%에 더 가까움

(d) 1%와 90% 사이, 그러나 90%에 더 가까움

당신이 만일 (d)를 선택한다면, 에디가 제시한 문제에 대해 대부분의 의사가 선택한 것에 당신도 동의한 것이다. 압도적으로 다수의 의사가 환자가 암일 확률은 약 75%가 된다고 했다(1%에 비해 수십 배 이상 증가된 확률). 과소 추정(underestimate)이 질환의 존재를 검색하지 못할 위험성이 있는 반면, 과대 추정(overestimate)은 불필요한 평가 절차를 야기하므로 둘 다 상당한 위험성이 있다고 할 수 있다.

의사들이 한 실수는 일반적이고, 상식적인 것이다. 그들은 기저율(base rate)의 영향이나 특정 집단의 유병률(prevalence)을 고려하지 못한 것이다.

수전이 암에 걸릴 통계적 확률을 계산하기 위해서는 베이스의 정리(Bayes' Theorem)라는 공식을 써야 한다. 검사의 정확도가 80~90%라면, 수전이 실제로 암에 걸릴 확률은 6~10%다.

계산을 단순화하여 이 모순을 설명해 보자. 어떤 검사의 민감도(sensitivity; 질병의 존재를 알아내는 능력)가 85%의 정확률(accurcy rate)을 갖는다면, 틀릴 오류 확률은 15%일 것이다. 그러나 수전의 나이, 신체적 건강과 가족의 병력 등을 고려한다면, 그녀가 유방암에 걸릴 확률은 단지 1%가 될 뿐이다. 수전과 동일한 조건의 여성 100명이 검사를 받았다고 가정해 보자. 검사의 정확률이 85%이고, 16명이 양성이라는 결과가 나왔

다고 한다면, 이 16명 중 15명은 틀린 진단이고 단지 1명만이 유방암이라는 정확한 진단을 받게 될 것이다. 결국, 검사 결과가 틀릴 확률은 환자가 실제 암에 걸릴 확률보다 15배 이상이라고 할 수 있다. 이렇게 특정 모집단이 특정 질병에 걸릴 기저율이나 확률이 검사의 오류율(rate of error)보다 낮다면, 진짜 질병에 걸릴 확률은 오류일 가능성이 크다.

숫자들이 그렇게 잘못된 것이라면, 이 인상적인 80~90%라는 진단적 정확률은 어떻게 생긴 것일까? 이 검사 도구를 사용해 모든 여성을 대상으로 진단한다면, 검사받는 여성의 나이와 배경에 관계없이 계산할 때 높은 정확률이 생긴다. 그러나 수전과 같은 조건의 여성에 한정해서 정확률을 계산한다면 훨씬 낮게 될 것이다.

조건부 확률

만일 전화번호부에서 어떤 사람의 이름을 무선적으로 고른다면, 그 사람의 몸무게가 250파운드(약 113kg)일 확률은 매우 낮을 것이다. 반대로 키가 6.2피트(약 188cm)인 사람 중에서 무선적으로 선택한다면, 몸무게가 250파운드 이상인 사람을 선택할 확률은 훨씬 높아질 것이다. 조건부 확률이란 어떤 사건이 일어날 기저율이 다른 조건의 영향을 받는 가능성을 의미한다. 이로 인해 정신병원이나 진료실에서의 진단의 신뢰도 저하를 알아차리기 어렵다.

조건부 확률이란 주목되거나 보고된 각각의 부가적 증상이 진단의 정확성을 증가시킬 수 있음을 의미한다. 또한 기저율의 원리는 정신병원(보통 입원 환자의 50% 정도가 조현병)의 입원 업무를 맡은 임상가가 환자들을 조현병이나 정상으로 진단하거나 모든 환자를 조현병으로 진단할 수 있음을 의미한다(이 경우에도 50% 이상은 진단이 맞을 가능성이 크다). 결국, 조건부 확률에 의해서 1개나 2개의 증상만 강조해서 입원시키는 의사도 50% 이상의 진단적 정확성을 확보할 수 있다. 종종 진단의 정확성은 임상가의 진단 기술보다 기저율에 의해 더 좌우된다.

예측 대 사후 고찰

에디의 예(1982)에서 수전의 의사가 그녀에게 검사의 정확성이 80~90%라고 말했을 때, 그는 회고적 정확성을 말한 것이지 미래의 예언적 정확성을 말한 것은 아니다. 조직검사 결과 암이라는 결과가 나왔을 때, 그 검사 절차는 검사를 실시한 시기에 암 진단의 정확성이 약 85%였다는 뜻이다. 그러나 이 과거의 회고적 숫자는 진단 결과 암으로 진단될 확률이 아니라, 암이 아닌데 암이라고 잘못 진단 내릴 확률(진단의 오류)을 의미하기 쉽다. 회상적 정확성은 예언적 정확성보다 훨씬 높으므로, 유방조형술(mammogram)과 같은 기본적인 선별검사는 암 조직검사와 같은 정확성을 갖기는 어렵다.

회상적 정확성과 예언적 정확성의 혼동은 의학 관련 문서에서 종종 나타난다. 에디(1982)는 두 가지를 혼동한 연구를 발표한 주요 의학잡지(pp. 254-255)에서 매우 잘못된 통계의 예를 지적했다. 이런 현상은 심리치료 분야에서 사용되는 새로운 검사에 대한 타당도와 신뢰도의 연구에서도 종종 나타난다. 어떤 평가 도구들이 이전의 정신과적 진단과 상관이 있으므로 '그 타당도가 검증되었다.'라고 한다. 이것이 맞다 할지라도, 이 새로운 평가 도구가 환자를 진단하기 위해 쓰이는 것은 잘못된 것이다. 심리치료에서 검사의 정확성(test accuracy)의 오류는 의학에서처럼 쉽게 발견되기 어려우므로, 종종 간과되거나 주목을 못 받기 쉽다.

기저율과 심리진단

의학적 진단은 정신과적 진단보다 훨씬 쉽게 확인될 수 있으므로, 의학적 문제에 대한 기저율은 매우 쉽게 확립될 수 있다. 다수의 임상가, 집단, 위원회 등이 추산하는 다양한 장애나 문제에 대한 기저율은 서로 다른 수치를 나타내는 경우가 종종 있다.

가용한 자료에 기초해 다양한 장애에 대한 숫자의 범위를 포함하는 중요성은 『DSM-III-R』에서 인식된다. '유병률(prevalence)'이라는 제목하에 이런 수치들이 나타나며, 『DSM-III-R』에서 다음과 같이 정의된다.

…… 상당수의 성인이 일생을 살면서 어떤 시기에는 특정 정신장애의 진단에 맞을 수 있다. 『DSM』의 이 방법은 쉽게 이해할 수 있는 장점이 있는 반면, 발병 연령(onset age) 및 같은 연령대 사람들의 상대적 비율에 많이 좌우된다. 자료는 단일 연구가 아닌 복수의 연구에 기초하며 범위로 제시된다(pp. 22).

역학적 연구에서 얻어진 자료의 사용이 불가능하므로, 병의 존재는 일반적인 용어로 기술되며 무엇보다 판단이 임상적 경험에 기초해야 한다는 것을 명확히 밝히고 있다.

『DSM』의 1994년 개정판은 '관련 정보의 확인이 가능할 경우에는' 지역사회, 1차 진료, 외래 정신건강 진료소와 정신과 입원 병동 같은 서로 다른 장면의 각기 다른 유병률을 수록하고 있다(DSM-IV, 1994, p. 9).

『DSM-5』는 추정치를 계속 내용에 포함시킬 것이고, 『DSM-5』의 진단 기준의 변화(PTSD 같은)에 대한 연구들은 유병률 추정치를 증가시킬 것이다(예: Elhai et al., 2012). 유병률 추정치의 증가나 감소는 진단 기준의 변화가 예상되는 모든 진단에 영향을 줄 것이다.

그러나 수치가 다소 부정확하더라도, 이 수치들은 치료자가 어떤 검사나 절차를 얼마나 신뢰할 수 있을지에 대해 도움을 줄 수 있을 것이다. 심리치료에서 사용되는 많은 평가 절차의 불확실한 타당도와 신뢰도에 비추어 볼 때, 검사나 절차를 사용할 때 매우 많은 주의가 필요하며 이렇게 해야 비로소 모집단의 유병률을 검사의 오류보다 작게 할 수 있을 것이다.

소표본의 비신뢰성

표본의 크기라는 문제는 검사 연구와 표준화 문제에서 주요한 문제다. 우리는 대부분 확률의 기초적 규칙이 표본 크기와 상관 있다는 것을 '알고' 있다. 그러나 대부분이 실제 현장에서는 그것을 무시해 버린다. 만일 당신보다 더 잘하는 사람과 탁구를 한다면, 당신이 경기에서 이길 확률은 15점 탁구가 21점 탁구에 비해 훨씬 높을 것이다. 15점에서 21점 탁구로 갈수록 상대방의 기술이 더 안정적이 될 가능성이 큰 반면, 탁구를 잘 못 치는 사람의 운 좋은 샷이나 잘 치는 상대방의 실수는 상대적으로 적어질 것이기 때문이다. 대부분의 사람이 소표본의 대표성이 부족하다는 것은 잘 알지만, 소표본(small sample)과 표집 변동성(sampling variability)은 잘 알지 못한다. "이런 기본적인 통계학의 개념들은 분명히 사람들이 쉽게 알 수 있는 직관적 분야가 아닌 것 같다."(Tversky & Kahneman, 1982, p. 6)

도박꾼의 오류

우리는 동전을 던질 때, 많이 던질수록 동전의 앞뒷면 횟수가 점점 동일해질 것이라는 것은 알고 있다. 그러나 이런 효과를 얻으려면 100번 던져야 하는가, 1,000번 던져야 하는가? 4번 던지면 어떻게 될까?

대부분 4번보다는 1,000번 던질 때 50 대 50에 가깝다는 것을 알고 있다. 그러나 많은 사람이 50번이나 100번을 던져도 비슷한 결과가 있을 것이라고 생각한다. 소위 '도박꾼의 오류(the gambler's fallacy)'에 빠지기 쉽다. 예를 들어 보자. 만일 처음 4번 던져서 전부 앞면이 나왔다면 다음에 뒷면이 나올 확률은 어떻게 되는가? 1 대 1? 1 대 2? 1 대 4? 1 대 16?

실제 확률은 1 대 1, 즉 50 대 50이다. 동전은 기억이 없다. 도박꾼의 오류는 비율이 스스로 자기교정해서 조정을 하게 되므로, 뒷면이 나올 가능성이 점점 커진다고 가정하는 것이다. 이런 종류의 또 다른 오류는 '번개가 같은 지역에 다시 치지 않을 것이다.'라는 특이한 믿음이다.

도박꾼의 오류는 확률의 원리에 대한 잘못된 이해에 기초하고 있다. 큰 표본 추정치는 작은 추정치보다 신뢰할 만하다. 이는 비율이 자기교정적이라기보다는 수차(abberation, 양쪽 방향으로 모두 일어나기 쉬운)가 무한정한 자료 속에서 희석되면서 확률의 원리가 적용되는 데서 왜곡 가능성을 점차 줄이기 때문이다.

교사들은 종종 짧은 퀴즈에서의 학생의 점수가 정규 시험에서의 학생의 성취를 대표한다는 가정하에 짧은 시험을 실시한다. 그러나 정오 검사(true-false test)의 표본 크기에 따라 그 비율이 얼마나 극적으로 변하는지 생각해 보라.

70%를 얻을 가능성	
항목 수(표본 크기)	추론만 했을 때
10	1/6
25	1/50
50	1/350
100	1/10,000

　3장에서 살펴본 검사 항목의 개수를 늘리면 신뢰도가 증가한다는 사실을 기억해 보라. 짧은 퀴즈라도 자주 실시된다면, 중간고사나 기말고사 같은 시험보다 더욱 타당도가 높아질 것이다. 그런 경우, 검사 항목과 검사 상황의 수 모두 증가한다. 확률론의 오류가 이런 단순한 문제에만 국한된 것이 아니라는 점에 주목할 일이다. 경험많은 심리학자의 통계적 추론과 관련된 연구에서(Tversky & Kahneman, 1982), 작은 표본이 한쪽으로 치우칠 가능성이 크다는 통계의 기본 원리를 알면서도, 그들의 제한된 경험이 대규모의 표집을 대상으로 이루어진 연구와 같이 대표성이 있다고 주장하는 경우가 종종 있다.

　표준화된 검사에 대한 함축적 의미는 분명하다. 검사를 사용하려는 치료자는 표준화 표본의 구성뿐 아니라, 표준화 과정에 참여하는 수검자의 수도 고려해야 한다. 너무 적은 표본에 기초해 만들어진 규준은 그 표본이 측정하고자 하는 전집(population)의 특성을 대표하기 어려운 것이다.

일화적 증거

　1993년 『뉴욕타임스』지는 캐럴 태브리스(Carol Tavris)가 쓴 「근친상간-생존자 기계를 조심하라(Beware the Incest-Survivor Machine)」라는 논문에 대한 논평을 했다. 이 논문에서는 영유아기의 근친상간에 대한 많은 억압된 기억이 실제 기억이라기보다는 치료자의 암시에 의한 것일 수 있다고 주장했다. 이 기사로 편집자에게 수많은 편지가 쇄도했고, 많은 연구자가 '회복된 기억(recovered memory)' 현상이라는 주제에 대해 연구를 하게 되었다. 이 연구에 대해서는 현재도 계속 논쟁 중이다(Mendez & Fras, 2010).

개인적으로 보고된 경험들은 분명히 우리의 주의를 끌게 되고 기억에 남게 한다. 그러나 부분적인 자료나 적은 사례에 기초한 일화적 증거는 소표본 오류(small sample error)의 잘 알려진 예라고 할 수 있다. 특정한 심리치료의 효율성에 관한 일화적 '증거'는 잘 알려진 현상이다.

다시 말하지만, 대부분의 사람은 추상적으로는 이런 문제를 잘 알고 있다. 환자나 치료자, 누가 주장하든 상관없이 치료 효과에 대한 근거 자료가 희박한 인증만으로는 그 환자들이 치료받지 않았다면 어땠을지 또 치료 효과에 대한 인증을 하지 않은 환자들은 어떻게 살았을지에 대해서 알 수 없다. 불행히도 '증거'는 통계적 확률과 맞지 않는다. 일화적 증거들은 반복 측정된 균형 잡힌 임상적 관찰이나 실험적 방법(통제집단이 포함된)이라는 과학적 안전망을 무시한다. 일화적인 증거나 의미 있는 통계적 정보의 근본적인 차이는 숫자라고 간단히 이야기할 수 있을 것이다. 정치분석가 벤 워튼버그(Ben Wattenberg)가 "일화적 정보가 많아지면 자료가 된다."라고 한 것처럼 진리의 핵심이 부분적인 일화적 정보에 있을 가능성도 배제할 수 없을 것이다(Leo, 1996, p. 34). 통계적 자료는 '구체적인 인간 경험'이 누적된 것이기 때문이다. 대부분의 사람이 일화적 자료의 한계를 잘 알고 있음에도 많은 치료자는 적은 수의 증거에 대한 근거 없는 믿음이나 신념을 갖고 있음을 종종 보여 준다.

정확성의 두 측면: 민감성과 구체성

어떤 검사가 '90% 정확하다'는 보고가 있어도, 그 '정확성'은 단일한 숫자로 표현될 수 없다. 여기에는 두 가지 이유가 있다. 첫째, 타당도와 관련해서, 검사의 정확성은 전집과 검사의 목적에 따라 달라진다. 또한 타당도는 검사의 용도에 따라 달라진다. 둘째, 어떤 검사나 절차에 대해서도 두 형태의 정확성이 있다. 민감성(sensitivity)은 진정으로 존재하는 것(진양성, true positive)을 규명하는 정확성으로서 특정한 장애가 있는 사람을 규명한다. 그러나 불행히도 이 과정에서 수많은 오류(오류 긍정)가 발생할 수 있다. 구체성(specificity)은 진정으로 부재하는 것(진음성, true negatives)을 규명하는 검사의 능력을 말한다.

자료 해석의 문제

치료자들은 불충분한 자료보다는 편견, 오해, 오류에 기초해 오류를 범하기 쉽다. 실제로 자료가 너무 많으면 정확성이 급격히 감소된다. 데이터베이스가 너무 광범위하면, 중요한 정보와 중요하지 않은 정보를 구별하기 어렵다. 사고 과정에서의 특유한 오류가 판단을 왜곡하기 쉬운 것 같다. 또한 우리는 종종 기대 때문에 오류를 저지르게 된다.

정보 과다

일반적으로 다양한 분야의 임상가들 사이에는 검사와 평가 절차가 많을수록 기술이나 예측이 더 정확하고 정교할 것이라고 믿는 경향이 있는 것 같다. 문제는 사람들이 때로 연구자들이 '만족스럽게' 여기는 과정에 근거해서 결론을 내리는 경향이 있다는 것이다. 과도하게 많은 정보에 노출될 때 사람들은 초기 자료에 기초해서 결론을 성급히 내리거나 추가적인 자료를 살펴보는 것을 멈추게 된다는 것이다. 아동이나 청소년에 대한 연구에 따르면, 미숙한 결론에 이르는 생각이나 사고는 종종 보장되지 않는 확실성(unwarranted certainty)과 동반된다(Goleman, 1994, p. 88).

　오랜 세월 동안, 의사결정을 연구한 인지심리학자들은 흥미로운 발견들을 보고해왔다. 사람들이 처리하기 어려운 너무 많은 자료에 직면할 때, 의사결정 과정이 바뀐다는 것이다. 트버스키와 카네만(1982)은 사람들이 증거가 없거나 부족할 때 그리고 무가치한 정보를 접할 때, 매우 다르게 반응한다는 것을 발견했다. 사람들이 너무 많은 정보가 주어지거나 관계 없는 정보가 주어질 때, 더 이상 확률을 계산하지 않고 비슷한 상황을 기억하는 등의 '경험적 원리(heuristic principle)'에 근거해 아주 소수의 자료를 가지고 예측한다는 것이다(p. 3). 일반적으로 상식적 전략이 아주 유용할 수 있지만, 가끔 "상식적 전략은 심하고 체계적인 오류를 낳게 된다"(p. 3).

　또한 정보량이 많아지면, 실제적 자료보다는 '착각적 상관'이나 고정관념, 상식적 기대 등이 늘어나서 오히려 판단의 오류가 증가하게 된다(Lueger & Petzel, 1979).

　오랜 세월 동안 의사들이 과잉으로 많은 검사를 지시하는 경향이 관찰되어 왔다(Stutz & Feder, 1990, pp. 134-136). 『미국의료협회지(Journal of the American Medical Association)』에서는 진단의 실패가 의사 과실에 대한 소송의 주요 원인이므로, 결국 의사들이 방어용으로 추가적 검사를 많이 하게 된다고 지적했다. 그러나 소송의 주요한 내용들을 자세히 살펴보면, 검사가 부족한 것이 아니라 사용 가능한 검사 결과들을 참고하지 못하거나 추적하지 못한 것이 대부분이었다. 이런 상황에서 검사의 수를 늘리는 것은 문제를 줄이지 않고 더욱 악화시킬 뿐이다(Feder, 1990, pp. 135-136). 흥미롭게도 보험회사들이 대부분의 비일상적·일상적 의학검사에 대한 사전 허가권(preauthorization)을 요구하면서 미국 건강보험체계에 관여하게 된 이후로, 미국의료협회가 제기한 문제들이 검사의 정보 과다로부터 검사의 충분성으로 논점이 바뀌게 되었다.

　부가적 타당도(incremental validity)의 문제는 1980년대에서 1990년대의 미국에서 정신건강에 대한 장기치료를 단기치료로 대치하는 과정에서 특히 중요했다. 단기치료의 경우, 기존의 길고 번거로운 평가 절차의 결과는 환자가 퇴원할 때까지도 사용하지 못할 수 있었다. 이에 간단한 선별검사가 개발되어 기분장애와 같은 정신건강의 문제를 평가할 때 보조적으로 사용되게 되었다(Meyer et al., 2011). 하지만 다른 임상 장면으로 적용되기에는 다소 시간이 걸렸다.

임상가가 부가적인 심리검사 평가 절차를 진행하기 위해서는 다음과 같은 세 가지 문제를 묻는 것이 필요하다.

① 부가적인 절차나 평가가 환자나 내담자에 대한 필요한 정보를 증가시키는가?
② 부가적 자료가 치료 결정을 바꾸거나 영향을 주는가?
③ 부가적 절차가 특히 유용하다면, 기존의 절차를 보완하기보다 대체할 수 있는가?

과도한 해석에 대한 편향

1종 오류(type I error)와 2종 오류(type II error)라고 불리는 판단의 오류는 양적 평가와 질적 평가 모두에서 일어날 수 있다. 1종 오류는 거짓 가설을 수용할 때 일어나고, 2종 오류는 참가설을 거부할 때 생긴다. 우리가 오류 부정(false negative, 아픈 사람을 건강하다고 하기)을 할 때 1종 오류를 범하게 되며, 오류 긍정(false positive, 건강한 사람을 아프다고 하기)을 수용할 때 2종 오류를 범하게 된다.

많은 경우, 이런 오류는 과학적 원리를 적용할 때보다 가치 갈등을 해결하려 할 때 생긴다. 이 오류는 가치 판단에서의 편향(bias)을 반영한다. 어떤 신약이 개발되었을 때 아직 실험 중이고 검증 중이지만, FDA(미국식품의약국)가 일부 환자가 그 약으로 효과를 보았다고 해서 사용을 허용할 것인가(2종 오류), 아니면 약의 부작용이 어떤 것인지 밝혀지기까지 사용하지 못하게 할 것인가?(1종 오류)

실제 불확실성 속에서 이루어진 모든 결정이 이런 오류를 갖기 쉽다. 당신이 구걸하는 사람에게 돈을 준다면 불법적인 약의 사용에 돈이 쓰이는 것이 되는가 또는 구걸하는 사람을 지나치면 극도로 굶주린 사람을 도와주지 않는 것이 되는가? 주가가 계속 상승한다면 팔아서 돈을 잃을 위험을 줄일 것인가 또는 계속 주식을 갖고 있어서 주가가 떨어지는 위험을 감수할 것인가?

2종 오류의 가능성이 생기는 이유는 체계화된 직업적 편견의 결과다. 정신건강 전문가는 정신병리를 발견하도록 훈련받는다. 어느 곳이든, 그들은 자신이 찾는 것을 발견하기 쉽다. 옛 속담에서처럼 이발사에게 당신이 머리를 깎아야 하는지 묻지 마라. 그들은 항상 그렇다고 이야기할 것이니까.

선별진단 대 감별진단

이러한 편향 경향은 정밀한 감별진단에 유용한 검사가 학교 아동이나 대중 같은 일반 집단을 대상으로 하는 선별진단에 사용될 때 잘못된 판단을 하도록 하게 할 수 있다.

이 문제의 대표적인 예로 오늘날 많은 사람이 잊어버린 대규모의 맨해튼 도심지대 프로젝트(Midtown Manhattan Project)를 들 수 있다. 이 프로젝트는 1950년대에 정신과 의사, 정신보건 사회복지사, 임상심리학자, 사회복지사로 구성된 팀이 얼마나 많은 사람이 정신과적 장애를 겪고 있는지 조사하고자 실시하였다. 이 연구팀은 1,600명의 뉴욕 사람을 면접한 후에 그 결과를 발표해 신문의 헤드라인을 장식했으나, 결국 미국 사람들에게 뉴욕 시민들은 모두 미치광이라는 깊은 인상을 주었다. 조사된 사람 중의 18%만이 건강하거나 정신과적 증상이 없는 것으로 드러났다. 이 보고서에서는 인터뷰에 참가한 사람들의 21.9~25.9%가 '손상'되어서 증상으로 인한 고통과 어려움을 겪고 있음을 95% 신뢰도를 갖고 추정했다. 또한 이 연구는 "실제 질병률은 25.9%에 가깝다."라고 결론을 지었다(Srolo et al., 1962, p. 138).

우리도 이 저자들과 같이 면접에 참여한 뉴욕 사람 중 18.5%만이 '건강'하다고 결론을 내려야 하는가? 아니면 증상 발견에 민감한 정신건강 전문가들이 우리 모두가 '정상'이라고 여기기 쉬운 행동들을 '증상'이라고 해석하기 쉽다고 가정하는 것이 이성적인가?

우리는 충성심, 적절한 의존성, 정직함 같은 긍정적 성격 특성보다는 불안과 편집증적 사고 같은 부정적 성격 특성을 발견하기 위한 검사가 더 많이 있다는 것을 기억해야 한다.

임상가가 장애를 잘 찾고 그 증거를 발견하는 경향은 오랫동안 잘 알려져 왔다. 예를 들어, 맥마흔(McMahon, 1967)은 졸업학기에 있는 박사과정 임상심리학자들은 지적인 사람들의 로샤 반응의 내용과 상징을 부정적으로 과대 해석함으로써 정신적 장애가 있다고 평가하는 경향이 있다는 것을 발견했다(pp. 56-57). 지적으로 능동적·지배적인 태도가 정신적 장애가 있는 태도와는 매우 다르다는 것은 명확하다.

믿는 것을 보게 된다

우리의 기대가 우리의 지각을 왜곡시키는 두 가지 주요한 이유가 있다.

자폐적 재구조화

자신이 죽었다고 믿는 어떤 남자에 대한 이야기가 있다. 그는 그의 거실에서 화려한 비단으로 덮인 떡갈나무 관에 누워 있다가 방문객들에게 "나를 평화롭게 쉬게 해 주세요."라고 말하며 고개를 돌렸다. 깜짝 놀란 그의 친구가 심리치료자를 데려와 죽은 사람도 피를 흘리는지 물어보았다. "물론 아니야."라고 죽은 사람은 딱 부러지게 말했다. 이때 그 치료자는 자신의 양복 옷깃에서 핀을 빼서 죽은 사람의 엄지손가락을 찔렀다. 핏방울이 솟아오르자, 그 남자는 놀라서 심리치료자를 째려보며 소리쳤다. "당신이 뭘 알아? 죽은 사람도 피를 흘린단 말이야!"

우리가 믿는 것과 객관적 증거 사이의 갈등에 직면하면, 우리의 신념 체계를 바꾸기보다는 우리의 내적 기분에 맞게 객관적 현실을 재구조화하려는 경향이 있는 것 같다. 이런 위험성은 어떤 성격 이론에 대해서도 잘 믿으면서 비판하려 하지 않으려는 태도에 내재해 있는 것 같다. 인간 관계에서 이론은 확실성의 어머니라는 사실이 거론되어 왔다.

이 오류에 대한 가장 좋은 방어는 인간 지각의 부정확성과 우리가 믿고 신뢰하는 성격 이론도 틀릴 수 있음을 다시 한 번 생각해 보는 것이다.

착각적 상관

1967년 후반에, 채프먼(Chapman)과 채프먼(Chapman)은 로샤 검사와 인물화검사 (Draw-A-Person-Test) 같은 유명한 심리검사를 전문가들이 해석하는 방법에 대해 연구했다. 이 연구는 이 검사들에 대한 오래된 의심을 밝혀 줄 것으로 기대되었다. 그들은 이 검사 결과를 해석하기 위해 보통 임상가들은 자신의 선입견과 가설을 환자를 묘사하는 데 투사시키는 것 같다고 적었다.

1949년에 캐런 마코버(Karen Machover)가 개발한 인물화검사는 성격과 그림을 그리는 방법 간의 상관이 있다는 결과를 매뉴얼에 싣고 있다. 예를 들어, 의심스럽고 편집증적인 개인은 크고 정교하며 날카로운 눈동자를 그린다. 작은 머리는 지적 부적절성(intellectual inadequacy)을 의미한다. 이러한 상관은 많은 전문가가 임상적으로 확인하였고, 코피츠(Elizabeth M. Koppitz)가 개발한 인물 그리기 검사(Human Figure Drawing Test: HFDT)에서도 확인되었다.

문제는 많은 임상가의 열정적인 증언에도 실험적 연구에서는 그 타당도가 성공적으로 입증되지 않는다는 것이다. 대부분의 임상가도 이 사실을 알고 있었지만, 이 검사를 계속 사용했고 계속 적용했다. 그들은 임상 장면에서 동일한 결과가 확인된다는 사실이 계속 사용하는 주요한 이유라고 주장했다. 채프먼과 채프먼은 어떤 심리학자가 "나는 연구논문을 신뢰하기보다는 나의 감각을 믿습니다."라고 말한 것이나, 또 다른 심리학자가 "편집중 환자가 실험실에서는 큰 눈을 안 그리지만 내 사무실에서는 틀림없이 그렇게 그린다."라고 말한 것을 인용했다(1971, p. 20).

채프먼과 채프먼은 대안적 설명을 시도했다. 임상가들은 '착각적 상관'이라는 현상의 희생자일 수 있다는 것이다. 사람들은 자신이 기대하는 것을 보고자 하는 성향을 타고난다. 채프먼과 채프먼은 이 가설을 검증하기 위해 이 인물화검사에 익숙한 임상가와 이에 대해 전혀 알지 못하는 순진한 대학생을 피험자로 사용했다. 그들은 일련의 그림을 주의 깊게 선별했고, 일부러 전통적인 상관관계와 맞지 않는 그림과 성격 기술의 조합을 만들었다. 그럼에도 임상심리학자와 대학생들은 '의심스러워하는' 사람이 눈을 크게 그렸다고 보고했다. 연구자들은 "우리는 징후들이 착각이라는 것을 안다. 그 신호들이 자료에 포함되지 않기 때문이다."라고 말했다(p. 106).

또한 그들은 로샤 검사의 해석 역시 해석자가 발견하기를 기대하는 것에 의해 편향된다는 사실을 발견했다. 그들은 경험 많은 심리학자와 학생들을 대상으로(잉크 반점과 그 기술문을 체계적으로 짝짓게 하는) 실험을 했다. 다시 한 번, 두 집단 모두 이미 주의 깊게 제외된 연합들을 보았다고 보고했다. 왜 아무것도 모르는 '순진한' 대학생들도 어떤 관계가 있다고 보고했을까? 명백히 전문가들의 해석은 고정관념에 기초한 기대와 큰 차이가 없다고 할 수 있다.

채프먼과 채프먼은 다음과 같이 말했다. "임상가들은 착각적 연합을 적절히 보상하려면, 우선 착각적 연합을 자각해야만 한다."(p. 107) 재훈련하고 보완하는 것이 쉽지 않을 수 있다. 착각적 상관이라는 함정은 그렇게 하지 않도록 주의를 주었을 때에도 지속된다는 사실이 발견되었다(Waller & Keeley, 1978).

원인과 결과

평가와 연구의 차이점은 두 가지가 서로 다른 종류의 논리를 갖고 있다는 것이다. 귀납적인 원인–결과 논리는 실험적 연구의 중심에 있다. 실험하는 연구자는 하나나 그 이상의 원인이 특정한 결과를 가져오는지 확인하기 위해 가능한 요인들을 조작하거나 고립시킨다. 이 과정을 기반으로 한 작업가설(working hypothesis)은 조작의 결과를 예측한다.

한편, 평가는 결과를 원인과 연관시키는 논리(effect-to-cause logic)와 관계가 있다. 실험하기 어려운 상황에서의 가능한 원인에 대한 가설을 세워야 한다. 결과를 원인과 관계짓는 논리의 위험성은 객관적 증거나 확률을 기반으로 하지 않고 가설을 기반으로 해서 결론을 내리기 쉬우며, 그 결론 역시 쉽게 부정할 수 없다는 것이다.

사후 설명

논리학자들이 사후 설명이라고 부르는 몇 가지 유형이 있다. 그중 하나는 형식논리학에서 선행하는 것이 곧 원인이라는 논리(post hoc, ergo propter hoc) 혹은 때로는 사후 오류(post-mortem fallacy)라고 불리는 것이다. 사람들은 항상 자신에게 일어난 좋거나 나쁜 모든 일에 대해 설명하기 위해서 자신의 행동에 대한 여러 가지 근거 없는 주관적인 이유를 발견할 수 있다. 정신과나 심리치료적 평가에서는 흔히 실제적 증거가 아닌 이론적 원리에 근거해 원인들을 정립해 나간다.

자기제한적 증상

사후 설명은 종종 치료의 효과에 대한 증거로 제시된다. 불행하게도 모든 형태의 치료는 그 효과가 과장되기 마련인데, 중요한 한 가지 이유는 대부분의 증상이 자기제한적이라는 것이다. 증상을 만드는 질병이나 장애는 단순한 감기나 실연하거나 친구 사이의 문제가 생겼을 때 느끼는 우울감처럼 그냥 사라져 버릴 수 있다. 주요 장애의 증상들조차 약화되기 쉽다. 치료가 불가능한 아주 소수의 장애들에서도, 그 증상이 직선적인 패턴으로 줄어드는 경우는 별로 없다. 많은 정신장애는 명확히 순환적인 패턴으로 증상이 나타난다. 실제로 모든 증상이 관해(remission)의 기간을 갖는다.

그럼에도 개인치료자가 환자의 증상 개선을 치료의 효과로 인한 것이라고 보고, 실패는 외부의 영향이나 환자가 '비반응적'인 것에 의한 것으로(의료 장면에서 책임 회피의 핑곗거리와 같이) 보는 일이 종종 있다. '열정적 임상가'에게 어떤 증상의 개선도 자신의 노력의 결과로 보이는 것은 자명한 일이다. '회의적 연구자'에게 어떻게든 일어날 수 있는 변화의 공로를 치료자가 차지하는 것처럼 보이는 것도 비슷하게 명백한 일일 수 있다.

그러나 증상 관해의 비율은 장애의 종류에 따라 다양한 것 같다. 그것은 기저율의 지속적인 영향을 벗어나기 어렵다. 증상 관해는 우울증에서보다 조현병에서 덜 자주 나타난다. 반면, 어떤 우울증 환자들은 자신의 삶에서 한두 번의 임상적 우울의 위기를 겪을 뿐이다. 다른 우울증 환자들은 반복되는 삽화(recurring episode)를 가지며, 어떤 경우에는 주기적인 특성을 갖는다. 어떤 연구자들은 우울증의 관해는 다차원적이 므로 더 구체적인 추가적 정보와 평가가 필요하다고 주장한다(Nease et al., 2011).

특정 장애에서 증상 관해율을 확인하기 위한 기저선을 확보하기 전까지는 환자의 회복이나 관해가 개입에 따른 것이라고 보기 어렵다. 지금까지 이 문제는 해결되지 않은 질문이다. 기저율에 대한 더욱 완벽한 연구 결과를 기다려야 할 것이다.

증상 관해로 생기는 평가의 왜곡은 주로 한 가지 요인에 따른 결과다. 대부분의 환 자나 내담자가 일정 기간 고통을 겪은 후에야 도움을 찾기 때문에 치료 동안 호전되 는 것은 당연한 일이다. 치료자와 환자 모두 증상의 개선을 치료나 치료자의 능력이 라고 생각하는 것 역시 자연스러운 일이다.

치료자가 사후 오류에 빠지는 일은 전문적 학술지나 책에서 넘쳐나는 일화적 자료 (anecdotal data)에서 흔히 나타난다. 사례사(case history)는 어떤 치료적 원리를 제공했 는지에 대한 논리적·합법적 설명 방법 혹은 검증된 가설을 제시하는 방법이 된다. 그러나 종종 학술지에 제시된 사례사는 치료자가 긍정적 변화를 자신의 치료에 귀인 시키는 주관적 증거에 불과할 때가 많다.

평균으로의 회귀

환자의 변화는 흔히 평균으로의 회귀(regression to the mean)라고 알려진 통계적 원 리에 의한 경우가 많다. 불행히도 이 통계적 원리는 잘 인식되지 않고 있으며 종종 잘못 해석되고 평가의 오류를 낳는다.

1960년대 중반, 당시 히브리 대학의 젊은 교수이던 카네만은 공군 비행 교관들에 게 훈련의 심리학을 강의했다. 그는 강화가 벌보다 훨씬 효과적이라고 강조한 몇 가 지 연구를 제시했다. 그런데 교관 중 한 사람이 강하게 반대 의사를 표현했다. "나는 전술을 잘한다고 하며 사람들을 따뜻하게 칭찬했어요. 그러면 그 사람들은 다음 기회 에 항상 더 못해요. 그리고 나는 잘못된 전술을 한 사람들에게 소리를 질렀어요. 그러 면 그 사람들은 다음 기회에 대체로 잘하게 돼요. 보상이 효과적이고 벌은 효과가 없다고 제게 말하지 마세요. 제 경험은 그 반대거든요."(McKean, 1985, p. 24) 다른 비행 교관들도 이 의견에 동의했다.

카네만은 이 현상이 평균으로의 회귀라는 것을 알아차렸다. 그리고 "이전까지는 어떤 사람도……. 이것을 알아차리지 못했을 것이라고 생각했다. 나는 이 순간이 내 직업에서 가장 흥분되는 순간 중의 하나였다."라고 말했다(McKean, 1985, p. 24). 평균으로의 회귀는 영국의 프랜시스 골턴 경이 처음으로 제시한 통계적 원리다. 평균을 중심으로 무선적 사건에서 확률의 법칙이 작용함에 따라 무언가 특별하거나 비일상적인 사건들 이후에는 군집을 이루는 일련의 더욱 일반적인 사건, 즉 평균에 가까운 사건이 뒤이어 나타나게 된다. 사실, 회귀의 원리[당시에는 '복구(reversion)'라고 칭해짐]는 골턴으로 하여금 다른 변인들 사이의 상관계수를 산출하는 공식을 개발하게 했다. 그는 이것을 '상관계수(coefficient of regression)' r이라고 불렀다[현재 쓰이는 상관계수는 골턴과 동 시대 사람인 칼 피어슨(Karl Pearson)이 개발한 것이다. 그러나 상관계수는 골턴이 사용한 r을 그대로 쓰고 있다].

평균에 대한 회귀가 이론적인 통계적 원리지만, 이 원리는 무선적인 모든 일련의 사건에 영향을 준다. 실제로 우리 삶의 모든 활동이 적어도 부분적으로는 우연에 의해 영향을 받기 때문에, 회귀도 원인을 알 수 없는 상황과 그 결과에 영향을 준다. 결과적으로 우리의 행동은 회귀와 기타 다른 요인들에 의해 영향을 받고 설명된다.

평균으로의 회귀는 키가 큰 부모들이 자신보다 크지 않은 자녀를 갖거나, 키가 작은 부모들이 자신보다 큰 자녀를 갖는 이유가 된다. 또한 회귀는 많은 육상가가 좋은 수행을 더 이상 반복하지 않거나 저조한 수행 후에 좋아지는 이유가 된다. 이 현상은 왜 1학년에 들어와서 잘하던 뛰어난 신입 육상선수가 2학년이 되면 실망스러운 수행을 하는 '2년 차 증후군(sophomore slump)'을 보이는지, 왜 초등학생이 아주 좋거나 나쁜 학업 수행을 반복하지 않는지, 왜 어떤 날에는 매우 좋은 변화를 보이던 내담자가 다음에는 안 좋아지기 쉬운지를 설명해 준다.

회귀의 원리가 경험적인 직관 차원에서 잘 이해되지 않으므로, 회귀의 결과는 다른 원인들로(보통 관계없는) 돌려지는 것이 보통이다. 교사가 학생에게 매우 빈약한 수행이나 행동을 했다고 비난하거나 벌을 주는 행동은 다음에는 좋아질 것이라고 예언하는 것과 같다. 치료자는 단기간의 내담자의 변화가 자신의 개입에 따른 것이라고 종종 생각하기 쉽다. 학습이나 행동에서의 중요한 변화는 매우 느리기 쉬우므로 단기간의 변화는 치료보다는 우연의 가능성(평균으로의 회귀)에 기인하는 경우가 훨씬 많다. 이런 이유에서, 환자의 변화를 매일 관찰하는 것이 오히려 오류를 가져올 가능성이 크다.

질문에 대한 질문

베르너 하이젠베르크(Werner Heisenberg)가 불확실성의 원리(uncertainty principle, 어떤 것을 관찰하는 행위가 관찰하는 대상을 변화시킨다)를 발표했을 때, 사실 그는 원자보다 작은 입자의 활동과 에너지 방출에 대해 이야기한 것이었다. 그러나 이 원리는 어떤 관찰이나 평가에도 적용할 수 있는 놀라운 원리다.

도구의 영향

측정을 위한 도구 자체가 결과에 영향을 주는 현상을 간단히 설명하기 위해 온도계의 효과를 생각해 보자. 온도계의 온도가 측정 전의 물의 온도와 정확히 같지 않기 쉬우므로, 물에 온도계를 담그면 물의 온도가 살짝 내려가기도 하고 올라가기도 한다. 실제로 성격, 능력, 사고 과정이나 감정을 평가하기 위해 사용되는 모든 심리 도구는 피험자의 반응에 변화를 주기 쉽다.

상황의 영향

언어적인 심리치료에서 내담자나 환자로부터 정보를 얻는 주요한 방법은(검사나 면접의 형태로) 질문을 하거나 내담자가 어떤 과제를 하도록 요청하는 것이다. 대부분의 평가에서 질문이나 과제는 치료자가 부과하며 치료자는 내담자가 평소 하듯이 반응할 것이라고 쉽게 가정한다.

　　문제는 치료자가 제시한 질문이나 과제가 환자의 삶에서 흔한 일이 아닐 때 생긴다. 심리치료에서 행해지는 질문이나 대화는 일상적인 대화와 많이 다르다. 매우 창의적인 예술치료자들은 대부분의 성인이 일상생활에서 그림을 그리거나 춤을 추지 않으며 작곡을 하지 않는다는 것을 잘 알고 있다.

　　검사자는 수검자의 반응을 해석할 때, 검사 때 보이는 내담자의 반응이 일상적인 내담자의 반응이며, 질문이나 과제를 통해 검사자가 알고 싶은 반응을 유발할 수 있다고 흔히 가정한다. 그러나 많은 질문이나 과제가 내담자의 행동에 영향을 주는 상황이나 맥락에 변화를 주기 쉽다.

　　내담자의 관점에서 볼 때, 검사나 치료 상황은 위험이 많아서 두렵고, 너무나 많은 관심을 받고 있는 것 같아 부담스러울 수 있다. 검사자가 기대하는 반응이 있는가? 질문이나 과제 요구 시 어떤 단서들이 있는가? 과제의 모든 부분이 서로 관련된 것인가? 질문이나 과제가 밝히길 꺼리는 부분을 밝힐 수 있을까?

제시의 편향

　　행동에 영향을 주는 제시의 힘에 대한 보기로서, 고객들의 신용카드 사용에 추가 요금을 부과한 어떤 회사의 경우를 생각해 보자. 비록 신용카드 산업이 사회적 압력에 상당히 굴복했지만, 그 회사는 현금 결제가 싼 것은 신용카드에 추가 요금이 부가되어서가 아니라 현금으로 지불하면 할인받기 때문이라고 일관되게 주장했다. 이렇게 되면 사람들은 신용카드를 통해 추가 요금을 지불하는 것이 아니라, 단지 현금 할인을 포기하는 것이 된다. 트버스키와 카네만이 지적한 대로 손실이 이익보다 크게 보인다(McKean, 1985, p. 30). 대부분의 독자는 이러한 원리가 현대의 홍보에서 핵심적 부분이 된다는 것을 알 것이다.

　　균형을 잃은 편향적 제시를 피하기 위해, 평가자는 가능한 한 객관적이 되도록 노력해야 한다. 그러나 의사결정을 연구하는 사람들은 정보의 제시나 '틀 만들기(framing)'에서 편향을 제거하기 어렵기 때문에 종종 좌절한다. 또한 편향이 매우 미묘해서 인식하기 어려우므로 이런 과정을 더욱 어렵게 한다. 치료자가 틀 만들기의 영향을 인식하게 되면, 종종 윤리적 딜레마에 빠진다.

트버스키와 맥닐(McNeil)(McKean, 1985)은 의사가 문제를 제시하는 방법이 무심결에 환자의 치료 선택에 영향을 줄 수 있다는 흥미로운 사실을 발견했다. 그들은 어떤 문제를 의사, 만성적 환자 그리고 대학원생들에게 제시했다. 그들과 당신의 반응을 비교해 보라.

어떤 사람이 폐암이 있어 수술이나 방사선 치료 중에 선택해야 하는 경우를 생각해 보자. 수술을 하게 되면, 100명 중에 열 명이 수술 중에 사망할 수 있고, 수술 1년 후에 32명(수술 중 열 명을 포함한)이 죽을 수 있고, 5년 후에는 66명이 죽을 수 있다. 방사선 치료를 받게 되면, 100명 중 아무도 치료 중에 사망하지 않으며, 수술 1년 후에 23명이 죽을 수 있고, 5년 후에는 78명이 죽을 수 있다(Mckean, 1985, p. 30). 어떤 치료를 선택할 것인가?

질문이 이런 형태로 주어질 때는 40% 정도의 사람이 방사선 치료를 선택했다. 그러나 생존율의 형식으로 제시될 때는 방사선 치료를 선택하는 사람이 절반으로 줄어들었다.

고정시키기: 시작과 끝

외견상, 사람들이 질문이나 문제를 고려할 때 어디서부터 시작했는지가 어디에서 끝날지에 영향을 준다. 트버스키와 카네만이 두 집단의 학부생들에게 제시한 문제가 있다(1982, pp. 14-15). 학생들에게 5분 이내에 곱셈 문제에 대한 답을 생각해 보라고 질문을 했다. 한 집단에게는 $1 \times 2 \times 3 \times 4 \times 5 \times 6 \times 7 \times 8$을 제시했고, 다른 집단에게는 $8 \times 7 \times 6 \times 5 \times 4 \times 3 \times 2 \times 1$을 제시했다.

곱셈을 빨리 하기 위해서는 가장 작은 단계의 계산을 하고 외삽법(extrapolation, 기존의 값에 기초해 추론하기)이나 조정(adjustment, 너무 크다고 생각되면 줄여서 수정하기) 등 나름대로 보완 과정을 거쳐 계산해야 한다. 트버스키와 카네만(1982)은 대부분의 경우 조정이 잘 안 되기 때문에, 이 집단의 경우에도 답이 정답보다 낮게 나올 것이라 예측했다. 또한 각 집단이 다른 '고정'지점(anchor)이나 출발점에서 시작하므로, 계산 초기 단계의 점수가 낮은 첫째 집단이 둘째 집단에 비해 작아지는 과소 추정을 하게 될 것이라 예측했다. 실험 결과, 이 두 예측이 모두 지지되었다. 1로 곱셈을 시작한 집단의 중앙치는 512였고, 8로 곱셈을 시작한 집단의 중앙치는 2,250이었다. 정답은 40,320이었다.

트버스키와 카네만(1982)은 고정지점이 종종 마지막 결정에 중요한 영향을 준다는 것을 발견했다. 다른 말로 하면, 사람들은 그들의 시작점이나 처음에 주어진 정보에 집착하기 때문에 나중에 추가적인 정보가 주어져도 불충분한 빈약한 조정을 하게 된다는 것이다. 트버스키와 카네만의 '고정'과 '조정'의 원리(현대의 심리학자들이 '초두 효과'라 부르는)는 평가와 치료 관련 결정에 많이 적용된다.

첫째, 평가에서 사용하는 질문들에는 질문을 편향시키는 고정지점이 종종 포함된다. 고정지점은 검사와 임상적 면접 절차 모두에서 나타나며, 미묘한 암시 같은 작용을 하는 경향이 있다.

질문의 한 단어만 바뀌어도 반응에 극적인 변화를 줄 수 있다. 로프터스(Loftus)와 팔머(Palmer)라는 두 연구자는 질문하는 방식이 차의 속도에 대한 목격자의 보고에 영향을 준다는 것을 발견했다. "그 차가 다른 차와 충돌할 때, 얼마나 빨리 갔나요?" 또는 "그 차가 다른 차를 칠 때, 얼마나 빨리 갔나요?"의 질문은 같은 목격자로 하여금 매우 다른 보고를 하게 한다(Kahneman & Tversky, 1982, p. 502에서 재인용).

둘째, 치료자에게 주어지는 정보의 고정지점이 치료 결정에 영향을 준다. 특히 예술치료의 비언어적 측면을 고려해 볼 때, 치료자가 하나의 표현적 언어를 다른 표현적 언어로 해석하는 것은 어려울 수 있다. 진단적 분류는 항상 언어적이므로, 병원이나 진료소의 예술치료자는 이미 다른 치료진이 내린 진단에 과도하게 의지하는 경향이 있다. 게슈탈트 치료자인 월터 켐플러(Walter Kempler)는 이러한 꼬리표(label)가 "치료자가 환자를 보기 전에 치료자의 시야를 혼란스럽게 할 수 있다."라고 주장했다(Kempler, 1973, p. 275).

특히 병원, 진료소 또는 다른 집단 장면에서 정신의학적 진단의 정확성에 대해 의문을 가지는 치료자는 집단적 합의와 다를 때 자신의 판단을 의심할 수밖에 없다. 또한 정신과적 꼬리표는 개인의 치료 프로그램에 영향을 주기 쉽다. 평가를 위한 일상적 환경의 변화와 제시의 편향을 적절히 제거하기가 어려우므로 이런 문제들이 평가에서 주요한 문제가 된다.

누구의 실제가 더 실제적인가? 구체화의 오류

조이스 캐럴 오츠(Joyce Carol Oates)는 이렇게 말했다. "일곱 가지 치명적인 죄와 같이, 절망은 신비적인 상태다. 절망은 수량적으로는 존재하지 않는다. 단지 비유적인 세계관의 한 부분일 뿐이다."(1993, p. 3) 과학자들은 이 신비적 상태를 더욱 단조로운 용어로 '가설적 구성 개념(hypothetical construct)'이라고 기술한다. 우리가 동일한 신화와 구성 개념을 받아들인다면 지적으로 의사소통을 잘할 수 있다. 그러나 이 신화와 구성의 속성에 대해 동의하지 않을 때 그리고 그것들이 실제인 것처럼 구체화되고 다루어질 때, 우리의 지각과 의사소통에 문제가 생기게 된다. 가장 좋은 예가 수학일 것이다. 유명한 수학자인 모리스 클라인(Morris Kline)은 다음과 같이 기술했다. "수학과 물리적 세계의 일들이 놀라울 정도로 조화되기 때문에 아무도 그 진리에 대해 의심하지 않는다. 수학에 대한 진리는 과거 그리스 시대처럼 강하고 의문의 여지가 없는 것으로 받아들여진다. 수학은 자연에 대한 진리다."(1967, p. 7)

이 잘 구조화된 수학의 현실 안으로 불일치가 되는 다양한 비(非)유클리디안 기하학이 들어오고, 이런 비유클리디안 기하학도 전통적인 유클리디안 기하학처럼 정확하게 물리적 세계를 설명했다. 클라인(1967)은 질문했다. 만일 우리에게 몇 가지 기하학이 있다면, 그 기하학 중 어떤 것이 실제 세계에 맞는 것이며 어떤 것이 진리인가?

물론 어떤 것도 참된 '진리'라고 하기는 어렵다. 각각의 기하학은 각기 다른 특징이 있어서, 그것을 통해 수학자들이 물리적 세계를 표상하고 기술하며 예측하게 된다. 뉴턴은 자신이 관찰한 현상을 기술하기 위해서 중력과 운동의 법칙을 고안했다. 법칙 그 자체는 자연에 존재하지 않는다. 뉴턴파 물리학자들은 그들이 관찰한 사물들을 기술하고 설명하기 위해 질서정연한 규칙을 가정했기 때문에, 이 세상이 질서정연하다는 것을 입증했다고 한다.

같은 방법으로 심리학자와 정신과 의사들은 정신(psyche)의 세계를 표상하고 기술하기 위해 구조(structures)와 구성 개념(constructs)을 만들었다. 이 구조들은 성격과 질병의 기원에 대한 갈등 이론과 같이 상충하는 가정과 지각을 전제로 한다. 이 구조들은 많은 경우 상충할 뿐 아니라, 그 구조들이 생겨난 훈련이나 맥락에 따라 다양한 특징을 갖는다. 예를 들어, 계시(revelation)와 환각(hallucination)은 동일한 경험을 설명할 수 있는 두 가지 가설이다.

많은 심리치료가 불안, 공격성, 자존감, 공포, 억압, 분노와 사랑, 장애와 질병 등과 같은 추상적 · 가설적 개념을 다룬다. 구체화의 오류(추상적 개념들을 실제적인 것처럼 취급하는 것)는 우리를 많은 오류에 빠지게 하며, 특히 우리가 질병이 있다고 꼬리표를 붙인 사람에 대한 치료에도 영향을 주고, 질병 치료의 개념에도 영향을 준다. 더 나아가서 환자를 질병 자체로 보기도 한다. 우리는 오늘 아침 경계선 성격장애와 상담을 했고 한 시간 후에 우울증과 상담했다고 말한다.

치료 중에 우리가 사용하는 특성, 증상, 장애, 고착, 투사, 승화, 내사 같은 단어들은 실제를 묘사하기 위한 추상적 표현이므로 사람마다 그 의미가 다를 수 있고, 개인의 취향과 교육, 이론적 지향에 따라 다를 수 있다는 사실을 잊기 쉽다. 이런 용어들은 시대마다 다른 함축된 의미(connotation)를 갖는 것이 보통인데 말이다.

우리의 신념 체계는 인간성에 대한 우리의 가정에 기초하며, 인간성은 우리가 보아 온 '사실'과 그 사실을 지각하고 기술하는 방법에 기초한다. 우리는 정의하고 기술하고 분석한다. 뉴턴이 자신이 지각하고 연구한 물리적 세계를 기술하기 위해 법칙을 발견했듯이, 우리도 우리가 만든 정신적 · 정서적 개념을 가지고 정의를 내리고 기술하고 분석하고 검사한다.

이론가들이 제시한 '사실(facts)'과 '실제(reality)'를 우리가 받아들이도록 촉진하는 것은 무엇일까? 생물학자 루스 휴버드(Ruth Hubbard, 1990)는 사실을 만드는 것은 사회적 과업으로 규정된 절차를 잘 준수하고 적절히 신임을 받은 사람들에 의해 이루어진다고 했다. 사실과 실제들이 적절한 (과학적 · 치료적 · 의학적 · 교육적) 공동체에 의해 검토되고 수용될 때, 그것들은 진정한 사실과 실제로서 다수의 평범한 사람에 의해 받아들여지고 믿어지게 된다[즉, 많은 과학적 사실은 우리의 기대와 다르다. 지구가 태양을 중심으로 돈다거나 깃털과 돌을 떨어뜨리면 같은 비율로 떨어진다는 사실같이]. 결국, 많은 과학적 사실은 반직관적인 것이다(pp. 22-23).

구체화의 과정은 직관에 기초하지만, 종종 통계적 증거에 많이 의존한다. 요인분석(절차의 구성타당도를 검증하기 위한 유용한 방법)은 구성 개념의 존재에 대한 증거를 제시하기 위해 많이 사용된다. 어떤 통계학자가 주장한 대로, 존재하는 그 무엇도 측정될 수 있다. 반대로 측정될 수 있다면 그것은 존재하는 것이 틀림없다.

『인간에 대한 오해(*The Mismeasure of Man*)』라는 책에서 스티븐 제이 굴드(Stephen Jay Gould, 1981)는 다음과 같이 썼다. "요인분석의 역사는 구체화의 잘못된 인도로 생긴 잔해물과 함께 엉망이 되었다."(p. 268) 스피어먼(Spearman)은 유전되는 'g' 요인(일반 요인)의 실제를 증명하기 위해 평생을 지낸 후에, 마지막 저술에서 수학적 공식이 반드시 물리적 세계를 반영하지 않는다는 사실을 인식하게 되었다고 했다(Spearman & Jones, 1950, p. 25). 치료에서 구체성의 개념은 수학에서보다 훨씬 탄력적이지만, 훨씬 논박하기 어렵다. 기하학이 실제를 정확히 기술하지 않는다면, 기하학은 조정되거나 교정되어야 하며, 그렇지 않다면 폐기되어야 한다. 심리학적 이론이 현실을 잘 기술하지 않는다면, 우리는 단순히 현실을 조종하는 것이 된다.

우리가 어떻게 심리학적 구성 개념을 다룰 수 있을까? 아마도 가장 좋은 방법은 심리학적 구성 개념은 현실을 잘 기술하고 예측하기는 하지만 은유적이거나 유사한 것이므로 현실적 실제는 아니라는 사실을 받아들이는 것이다.

요 약

우리가 의사결정을 할 때 저지르는 두 가지 주요한 오류가 있다.

첫 번째는 의사결정의 토대가 되는 정보를 모으고 조직하는 방법과 관계가 있다. 자료가 완벽하지 않고 정확하지 않다면, 그 결론은 의심스러울 수밖에 없다.

오류의 두 번째 근원은 분명하지 않으므로 첫 번째 오류보다 심각하기 쉬운데, 인간이 정보를 처리하는 방법과 관계가 깊다. 충분한 자료가 있는 경우에도 우리는 결론의 정확성을 왜곡하는 지각적 왜곡을 하게 된다. 특히 불확실성이 강할 때, 사람들은 통계적 자료나 계산과는 매우 다른 확률과 위험을 지각하게 된다. 지각에서의 주요한 오류는 다음 경향으로부터 생긴다.

- 사람들은 너무 많은 정보, 오류 정보, 관계 없는 정보를 접할 때 기저율을 무시하는 경향이 있다.
- 치료자들은 오류적 기저율과 자신의 임상적 판단에 대한 과신 등의 다양한 이유로 평가 절차의 정확성을 과다 추정하는 경향이 있다.
- 한 현상 뒤에 다음 현상이 후속으로 나타날 때, 동시에 나타날지라도 사람들은 하나가 다른 것의 원인이 된다고 가정하는 경향이 있다.
- 우리는 확률 이론이나 '가능성'에 기초해 어떤 현상의 '원인'을 찾는 경향이 있다.
- 우리는 우리가 기억하는 것을 믿으며, 보기를 기대하는 것을 보고, 종종 믿음이나 기대와 맞지 않는 정보는 무시하거나 바꾸어 버린다.
- 우리의 지각은 자료가 제시되는 상황과 방법 그리고 제시되는 순서에 의해 영향을 많이 받는다. 어떤 평가도 완전한 객관성을 유지하기는 어렵다.

우리의 지각은 이론적 개념과 구성 개념(우리가 관찰한 사실을 기술하고 설명하기 위해 받아들인)에 의해 경계선이 그어지고 제한된다. 구성 개념들(성격, 질병 특성과 같은)이 구체화될 때, 추상적 개념들이 객관적인 실체인 것처럼 취급될 때, 연구자는 정서적·지각적 문제 평가 및 치료 과정에서 많은 오류에 빠지게 된다.

참고문헌

American Psychiatric Association. (1987). *Diagnostic and Statistical Manual of Mental Disorders–III–R*. Washington, DC: APA.

American Psychiatric Association. (1994). *Diagnostic and Statistical Manual of Mental Disorders–IV*. Washington, DC: APA.

Chapman, L. J., & Chapman, J. P. (1967). Genesis of popular but erroneous psychodiagnostic observations. *Journal of Abnormal Psychology, 72*, 193–204.

Chapman, L. J., & Chapman, J. P. (1971). Test results are what you think they are. *Psychology Today, 5*(6), 18–22, 106–110. Also reprinted in D. Kahneman, P. Slovic, & A. Tversky (Eds.), *Judgment under uncertainty: Heuristics and biases*. Cambridge: Cambridge University Press, 1982.

Eddy, D. M. (1982). Probabilistic reasoning in clinical medicine: Problems and opportunities. In D. Kahneman, P. Slovic, & A. Tversky (Eds.), *Judgment under uncertainty: Heuristics and biases* (pp. 249–267). Cambridge: Cambridge University Press.

Elhai, J. D., Miller, M. E., Ford, J. D., Biehn, T. L., Palmine, P. A., & Frueh, B. C. (2012). Posttraumatic stress disorder in DMS–5: Estimates of prevalence and symptom structure in a nonclinical sample of college students. *Journal of Anxiety Disorders, 26*(1), 58–64.

Freud, S. (1937). Analysis terminable and interminable. In J. Strachey (Ed.), *Collected papers*. London: Hogarth, 1950. Vol. 5, 316–357.

Goleman, D. (1994, Nov. 29). Study finds jurors often hear evidence with closed minds. *New York Times*, p. B4.

Gould, S. J. (1981). *The mismeasure of man*. New York: W. W. Norton.

Hubbard, R. (1990). *The politics of women's biology*. New Brunswick, NJ: Rutgers University Press.

Kahneman, D., & Tversky, A. (1982). On the study of statistical intuition. *Cognition, 11*, 123–144. Reprinted in D. Kahneman, P. Slovic, & A. Tversky (Eds.), *Judgment under uncertainty: Heuristics and biases*. Cambridge: Cambridge University Press.

Kahneman, D., Slovic, P., & Tversky, A. (1982). *Judgment under uncertainty: Heuristics and biases.* Cambridge: Cambridge University Press.

Kelly, E. L., & Fiske, D. W. (1951). *The prediction of performance in clinical psychology.* Ann Arbor, MI: University of Michigan Press.

Kempler, W. (1973). Gestalt therapy. In R. Corsini (Ed.), *Current psychotherapies.* Itasca, IL: F. E. Peacock.

Kline, M. (1967). Some truths about truth and logic in mathematics. *The Hofstra Review, 2*(1), 4-9.

Leo, R. A. (1996). Inside the interrogation room. *The Journal of Criminal Law and Criminology, 86,* 266-303. DOI:10.2307/1144028.

Lueger, R. L., & Petzel, T. P. (1979). Illusory correlation in clinical judgement: Effects of amount of information to be processed. *Journal of Consulting and Clinical Psychology, 47,* 1120-21.

McKean, K. (1985). Decisions, decisions. *Discover, June,* 1985, 22-31.

McMahon, F. B. (1969). Personality testing–a smoke screen against logic. *Psychology Today, 2*(8), 54-59.

Mendez, M. F., & Fras, I. A. (2010). The false memory syndrome: Experimental studies and comparison to confabulations. *Medical Hypotheses, 76*(4), 492-496.

Meyer, T. D., Bernhard, B., Bom, C., Fuhr, K., Gerber, S., ... Bauer, M. (2011). The hypomania checklist-32 and the mood disorder questionnaire as screening tools-going beyond samples of purely mood-disordered patients. *Journal of Affective Disorders, 128*(3), 291-298.

Nease, D. E., Aikens, J. E., Kinkman, M. S., Kroenke, K., & Sen, A. (2011). Toward a more comprehensive assessment of depression remission: The remission evaluation and mood inventory tool. *General Hospital Psychiatry, 33*(3), 279-286.

Oates, J. C. (1993, July 25). The one unforgivable sin. *New York Times Book Review,* Sec. 7.

Oskamp, S. (1965). Overconfidence in case-study judgments. *Journal of Consulting Psychology, 29,* 261-265.

Reynolds, R. A., Rizzo, J. A., & Gonzales, M. L. (1987). The cost of medical professional liability. *JAMA, 257,* 2776-2782.

Spearman, C., & Jones, L. W. (1950). *Human ability, a continuation of "The Abilities of Man".* London: Macmillan.

Srolo, L., Langner, E. S., Michael, M. K., & Rennie, T. A. (1962). *Mental health in the metropolis: The midtown Manhattan study.* New York: McGraw-Hill.

Stutz, D. R., & Feder, B. (1990). *The savvy patient: How to be an active participant in your medical care.* New York: Consumers Union.

Tversky, A., & Kahneman, D. (1982). Judgment under uncertainty: Heuristics and biases. Introduction to D. Kahneman, P. Slovic, & A. Tversky (Eds.), *Judgment under uncertainty: Heuristics and biases* (pp. 3-22). Cambridge: University of Cambridge Press.

Waller, R. W., & Keeley, S. M. (1978). Effects of explanation and infromation feedback on the illusory correlation phenomenon. *Journal of Consulting and Clinical Psychology, 46,* 342-343.

CHAPTER 5

숫자의 마술: 기초 통계 개념

역사적으로 숫자에는 마술적 속성이 부여되어 왔다. 우주의 비밀을 밝히는 도구, 주문이나 마법 혹은 아주 강력한 상징으로 사용되기도 하였다. 유대교, 기독교, 이슬람 신비주의자들은 숫자를 예언하거나 꿈을 해석하고 전조를 읽는 데 사용하기도 하였다. 숫자를 마술로 인지하는 경향은 우리 시대에도 지속되고 있다. 7과 같은 숫자들은 '행운'을 상징하고, 13과 같은 숫자는 '불행'을 상징한다. 프로이트의 지인 중 한 명인 빌헬름 플리스(Wilhelm Fliess)는 생년월일의 숫자를 가지고 사람의 운명을 예언하는 '바이오리듬' 체계를 만들어 냈다.

그러나 역사적으로 보면 숫자는 다른 영역에 더 적절한데 수학자이면서 시인인 제이컵 브로노스키(Jacob Bronowski)는 "학자가 마술사로 변했다."라고 하였다. 그에 의하면, 자연은 숫자에 의해 지배된다고 가르친 그리스 철학자 프로타고라스는 "추종자들에게 일종의 마술사였다. 자연에는 조화가 있고 다양성 속에 획일성이 있으며 언어를 가지고 있다. 그는 숫자는 자연의 언어라고 말했다"(1973, p. 156). 서양사에서 가장 어두운 시기를 거치면서도 그리스의 유산은 생존하였고 이슬람 세계의 이슬람교도와 유대학자들에 의해 유지되면서 초기 유럽의 대학 생성에까지 영향을 주었다. 프로타고라스가 발견한 음악적 조화와 수학의 근본 관계는 7대 인문학 중의 하나로 중세 대학에서 음악을 연구하는 데 기초가 되었다.

르네상스 시대에서 바로 이어진 17세기와 18세기 과학 혁명을 지나면서 과학적 사상가들은 자신들의 모델을 형성하였다. 그들은 그리스 철학자들과 수학자들처럼 세상을 완전히 이해할 수는 없지만 세상이 완벽하게 혼란스럽지 않으며 이를 진정시키고 통제할 수도 있는 마술적 힘이 있다고 믿었다. 연구자들은 우주에서 가장 반복적으로 일어나는 현상은 일종의 질서가 있으며 이러한 질서는 수학의 언어를 통해 가장 잘 표현될 수 있다고 하였다. 한 천문학자는 신은 분명히 수학자일 것이라고 주장하기도 하였다.

통계 원리는 사실 간의 관계가 일종의 질서를 가지고 나타나도록 많은 양의 자료를 조직화하려는 시도다. 진리에 도달할 수 없는 한 우리는 가능성을 추정해야 한다. 우리는 브로노스키가 말한 '허용 한계'라는 어려움에 봉착해 있는 것이다(1973, p. 365).

다른 도구들과 마찬가지로 통계도 잘못 사용될 수 있다. 통계적 방법들은 의문스럽거나 혹은 잘못되고 엉뚱한 결론을 지지하는 데 사용되기도 하였다. 이미 언급한 바와 같이 통계는 변별을 명확하게 해 주는 데 사용되며 대부분의 뛰어난 거장에게 분석 도구들을 제공해 왔다. 그런데 자신들의 편견을 합리화하려는 열정적인 시도로 인해 도리어 볼 것을 제대로 보지 못하기도 하였다. 원칙을 발달시키는 데 짙은 어두움을 드리운 것은 런던 대학에서 프랜시스 골턴과 칼 피어슨을 승계하였고 당대 가장 유명한 심리측정가이던 시릴 버트(Cyril Burt)의 표절이 폭로되면서다. 버트는 사후에 지능의 유전과 인종주의를 지지하기 위해 자신의 많은 자료를 조작한 것이 드러났다(Kamin, 1974; Gruber, 1979).

자료를 잘못 사용하거나 문제가 되는 방식으로 양화한 결과, 통계학은 논쟁거리가 되었고 통계학자들은 수학적으로 입증되지 않은 가정을 섣불리 이끌어 내는 사람으로 간주되었다. 벤저민 디스렐리(Benjamin Disraeli)와 마크 트웨인을 인용해서 부정직함의 세 단계를 '거짓, 지독한 거짓, 통계'라고 정의하는 등 비웃음의 대상이 되었다.

통계학이 거짓말을 하지는 않지만 통계학자는 때때로 거짓말을 한다는 말을 우리는 자주 한다. 아주 자주 통계학자들은 숫자, 계산과 그 결과를 가지고 근거 없는 결론을 이끌어 낸다. 통계적 방법의 오남용과 오사용을 비난하는 것은 단어가 잘못 사용되었고 혼란스러우며 거짓되었다는 이유로 글을 비난하는 것과 마찬가지다. 단어들처럼 통계학은 도구들이다. 통계학자들은 전지전능한 사람이 아니다. 실수를 할 수 있고 근거 없는 추측을 하거나 원래 자신의 생각에 맞는 결론을 끌어낼 수 있다. 통계적 방법은 방대한 자료 간의 관계를 보는 기초를 제공하는 도구로서, 이 도구가 없으면 우리는 이 자료들 간의 관계를 볼 수도 없고 이해할 수도 없다. 이들은 이 도구를 남용하여 진실을 왜곡할 수도 있다. 통계학을 다루는 기본 원리는 통계라는 것이 정확하게 자료들을 모으고 정직하게 보고했다고 하더라도 그 자체로 말해 주는 것은 아무것도 없으며 반드시 해석되어야 한다는 것이다.

따라서 통계를 다루는 데 발생할 수 있는 두 가지 오류 혹은 편파에 유의해야 한다. 첫째, 자료를 모으는 과정에서 실수가 있을 가능성을 염두에 두어야 한다. 둘째, 측정치들을 해석하는 방식에서 편파나 오류가 있을 가능성을 고려해야 한다. 서로 다른 관찰자들이 동일한 자료에 대해 서로 다른 결론에 이르게 되는데 그들의 철학적 지향과 개인적 가치와 경험에 따라 달라진다.

환자나 내담자에 대한 결론을 내리면서 검사 점수에 의존하기 전에 검사의 목적, 신뢰도, 타당도, 적용 및 제한점 등 모든 적절한 자료를 확보해야 한다. 대부분의 검사는 검사 매뉴얼에 이 정보가 제시되어 있으며 『정신측정연감』『검사 비평』과 이전에 언급한 다른 문헌들에도 정보가 포함되어 있다.

그러나 대부분의 정보가 통계학 용어들로 뒤덮여 있다. 따라서 기본적인 사용에 필요한 통계적 개념과 지식이 없이는 이 중요한 정보에 접근할 수조차 없다.

이 장에서는 매뉴얼과 개관들에 나올 만한 개념을 찾아서 용어를 정리해 나갈 것이다. 우리가 원하는 것은 기본 원칙을 파악하는 것이지 수학적 계산을 하려는 것이 아니기 때문에 계산식 속에 있는 통계 공식들은 대부분 제외하였다. 계산 이면에 있는 원칙을 설명하여 검사를 사용하는 사람들이 심리측정 자료를 이해할 수 있도록 하였다. 공식에 관심이 있는 사람들은 통계학 책이나 웹사이트를 참조하면 된다.

숫자의 순서 매기기

통계는 숫자를 다룬다. 측정에서 생성되는 숫자는 계산할 때와 매우 유사하게 사용된다. 생성된 자료의 어떤 유형도 모든 목적에 다 부합하지 못한다. 자료는 크게 명명, 서열, 등간, 비율의 네 가지 기본 유형 혹은 척도로 구분된다.

명명척도

명명척도란 이름을 붙이거나 구분 혹은 분류하는 데 사용되는 숫자다. 양적인 것과는 전혀 상관이 없다. 전화번호, 집주소와 면허번호와 같은 것들이 이에 해당한다. 『DSM』 분류 체계의 대부분은 명명척도에 기초하고 있다. 각 숫자는 특정 장애를 말하며 오직 확인을 위해서만 사용된다. 범주들은 서로 구분되어 있고 그들 간의 관계는 조직적인 논리와 관련되어 있지만 수학적 혹은 원래 관계는 존재하지 않는다. 315.1은 수학장애를, 315.2는 쓰기장애를 표시하지만 한 장애가 다른 장애보다 심각하다는 것을 의미하지는 않는다. 명명 자료는 질적 혹은 범주 자료로 언급된다.

서열척도

서열척도는 가장 낮은 지점에서 가장 높은 지점까지 순서에 따라 자료에 순위를 매긴다. 기초가 되는 측정치가 있을 수도 있고 없을 수도 있다. 서열은 완벽하게 주관적인데 와인의 상대적인 맛이라든가 다양한 예술작품의 질 혹은 올해의 최고 영화 10편과 같은 것들이다. 한쪽이 다른 쪽과 얼마나 다른지에 대한 지표는 없다. 그렇지만 자료들은 측정치에 따라 순서를 매길 수 있다. 가족 수입, 교육 연수, 백분위 점수 혹은 베스트셀러 도서 10권과 같은 것들이다. 때로 숫자와 숫자가 아닌 자료들을 함께 섞어서 순위를 매긴다. 장학금 수혜자 후보 순서, 장애 등급이나 치료 우선순위를 정하기 위한 순서가 그 예들이다. 『DSM』 일부는 서열척도에 기초하고 있다. 예를 들면, 전반적 기능평가(GAF, Axis IV)는 서열척도다.

등간척도

서열척도처럼 등간척도는 순서를 매기지만 등간 자료의 경우에 순위들이 서로 얼마나 차이가 있는지를 파악할 수 있다. 예를 들면, 온도는 등간척도에 따라 배열되어 있다. 대부분 검사 점수는 등간척도라고 볼 수 있다.

등간척도의 중요 문제는 제로점 혹은 시작점이 없으며 있다고 해도 의미가 없다는 것이다. 어떤 사람이 수학 시험에서 0점을 받았다고 해서 그 사람이 수학에 대해 아무것도 모른다는 의미는 아니다. 학교 안에 더 모르는 학생이 존재할 가능성이 항상 있다. 불안 척도에서 60점을 받은 사람이 30점을 받은 사람보다 두 배 더 불안한 것은 아니다. 일부 수학과 통계 함수들은 등간척도에 적합하다.

비율척도

비율척도는 모든 수학 계산에 아주 적합하다. 그 이유는 아주 단순한데, 의미 있는 0점에서 시작하기 때문이다. 기초적인 신체 측정치—키, 몸무게, 길이, 넓이과 깊이—는 모두 실제 영에서 출발한다. 우리는 2파운드짜리 올리브 캔이 1파운드짜리 캔보다 두 배 무겁다는 것을 안다.

척도 사용에서 유의할 점

각 척도 범주의 한계를 이해하는 것은 우리가 심리측정을 할 때 생길 수 있는 주요한 문제를 피하도록 도와준다. 예를 들면, 서열척도의 제한점을 알지 못하는 치료자는 백분위 점수에서 20점 차이가 존이 40백분위에 해당하고 샘이 60백분위에 해당할 때와 새라가 60백분위에 해당하고 제인이 80백분위에 해당할 때에 서로 다른 의미를 가진다는 것을 고려하지 못한다. 존과 샘은 서로 점수가 평균 혹은 보통 수준으로 유사하지만 새라와 제인은 매우 다르다. 숫자 간격이 일정하게 나타날지라도 간격의 의미는 없다. 수적인 차이는 평균에서 멀어질수록 더 커진다.

빈도 분포

모든 심리측정에서 통계적 계산은 빈도 분포에서 시작한다. 대규모 집단을 평가할 때 발생하는 빈도에 따라 낮은 지점에서 높은 지점으로 순서에 따라 배열된다. 이런 방식으로 측정치들이 배열될 때 특정 순서 패턴이 나타난다. 우리가 키, 체중 혹은 손톱 길이 측정치를 배열할 때 측정치의 대다수는 중심점 혹은 규준 주위로 모이게 된다. 이 점수 혹은 가치는 측정의 중심경향성이라고 한다. 분포가 '정상' 혹은 대칭이라고 할 때는 사례들이 중간에 몰려 있고 양쪽 끝으로 가면서 줄어든다.

한편, '편포'되어 있을 수도 있는데 이 경우에는 일인당 소득 사례들처럼 한쪽으로 사례들이 몰려 있다. 많이 버는 사람보다 매우 적게 버는 사람이 훨씬 많기 때문에 분포는 낮은 점수에 소득 수준이 더 많이 몰려 있는 정적인 편포를 보인다.

정상 커브는 종형 분포(모양 때문에)라고도 하고 가우스 커브(방정식 공식을 만든 수학자를 기념하여)라고도 하는데, 자연적으로 많은 수가 무선적으로 일어났을 때 가장 일반적으로 나타나는 분포 현상이다. 분포가 편포되어 있다면 대칭 종형 커브를 보이기에 점수가 높은 사람이 너무 많거나 낮은 사람이 너무 많다는 의미이므로, 자료를

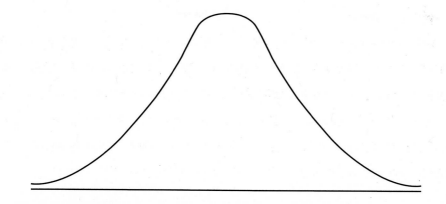

[그림 5-1] 종형 곡선의 정규 분포

통계적으로 계산할 때 특별한 방정식이 필요하게 된다.

중심경향성

일반적으로 빈도 분석에 대해 우리가 가지는 첫 번째 질문은 평균이 얼마냐다. 실제로 세 가지 형태의 평균 혹은 중심경향성이 존재한다. 각각은 나름의 목적에 적합하고 나름의 제한점이 있다.

산술평균

산술평균이란 상당수가 익숙한 평균을 의미한다. 단순히 점수들의 합을 더하고 점수의 수로 나눈다. 평균을 산출할 때 가장 많이 사용하는 형태이고, 분포가 정상 수준에 근접하다고 생각될 때는 등간 자료나 비율 자료에 가장 적합하다. 산술평균은 대문자 X로 글자 위에 막대를 표시한 형태이며 보통 'X-bar'라고 한다. 그러나 특정 목적을 위해 중심경향성을 더 선호할 수도 있다. 먼저, 분포가 정상이 아니면 한두 개의 극단치가 평균을 왜곡할 수 있다. 또한 평균은 위스콘신 주, 유토피아에 사는 가족의 $2\frac{1}{2}$자녀와 같이 실제 이에 대응하는 수가 존재하지 않는다.

중앙값

모든 피험자를 점수에 따라 배열한다면 중앙값은 그 값보다 높은 점수를 받은 사람들과 낮은 점수를 받은 사람들을 똑같이 나눈 점수가 된다. 중앙값은 가장 높은 점수와 가장 낮은 점수 사이에 있는 중간값이 아니고 전체 집단의 중간값이다. 중앙값은 분포가 심하게 편포되어 있을 때 원자료에 가장 적절한 보통값이고 등간 자료와 비율 자료에 사용된다. 예를 들면, 10년 동안 한 가지 상황을 지속해 온 사람과 같이 평균을 왜곡하는 비전형적인 사례의 영향력을 최소화해 준다.

최빈치

최빈치는 분포에서 가장 많이 발생하는 점수다. 두 점수가 '가장 자주 발생한 점수'를 두고 경쟁한다면 분포는 '쌍봉'이라고 하는데 낙타 등의 두 개 혹과 같이 생겼다고 해서 붙여진 명칭이다. 실제 분포가 두 개 이상의 최빈치를 가질 수도 있다. 최빈치는 계산해서 얻어지는 것이 아니고 관찰로 규명되므로 명명적 계산이라고 하며, 수학적 목적을 위해서는 통상 사용되지 않는다.

완벽한 정상분포에서 평균, 중앙값과 최빈치는 동일하다. 많은 분포가 완벽한 정상분포가 아니기 때문에 우리는 우리 목적에 가장 잘 맞는 것이 무엇인지 결정해야 한다. 통상적으로 평균이 일반적인 대칭분포에서 가장 선호하는 중심경향성 측정치이고, 중앙값은 심하게 편포된 분포에서 선호된다. 우리는 정상분포(혹은 정상화된 분포)를 주로 다루기 때문에 중간 수준에 대한 기본 용어로 평균을 사용할 것이다.

중심경향성의 구현

평균들은 구인들이다. 무의식이나 질병과 같은 이론적 개념들처럼 매우 구체화된 관념이고 우리 사고를 편향되고 왜곡되게 하는 원천이다. 평균을 해석하는 데는 주의가 필요한데 이를 위해 하버드 대학의 진화생물학자이며 과학역사가인 스티븐 제이

굴드의 사례를 살펴보겠다. 1982년에 굴드는 복부중피증이라는 암으로 고통받았다. 그는 중피증이 발견 후 8개월 정도의 평균 생존율을 보이는, 치료가 어려운 병임을 알았다. 굴드는 3년 후에 이러한 글을 썼다. "통계 훈련을 받지 않은 대부분의 사람은 이러한 사실에 대해 '나는 여덟 달밖에 살지 못한다.'라는 의미로 해석하리라는 것을 나는 안다. '나는 전문적인 훈련을 받았고 이로 인해 '여덟 달 생존율'에 대해 다른 견해를 가지게 되었다. 요점은 미묘했으나 심오했다. 자연사에서…… 이러한 측면은 특별한 사고방식을 형성해 주게 된다."(Gould, 1985, p. 41)

서구 플라톤적 전통은 매우 예리하게 불변하는 것이 무엇인지를 구분하고자 하는데, 굴드(1985)에 따르면 이것이 우리로 하여금 중심경향성의 통계적 측정치가 '실체들'이고 계산의 기초가 되는 변산들은 "이 숨겨진 정수의 일시적이고 불안전한 측정치라는 관점을 가지도록 하였다……. 그러나 모든 진화생물학자는 변산이 일시적이고 불안전한 측정치가 아닌 바로 실체라는 점을 잘 알고 있다. 평균과 중앙값은 추상적 관념이다"(p. 41).

굴드는 먼저 자신이 중앙값에서 더 오래 사는 쪽에 있는지를 알고 싶었다. 그는 자신이 수명을 연장시켜 줄 요소들을 가지고 있다는 결론을 내렸다. 자신은 젊고 조기

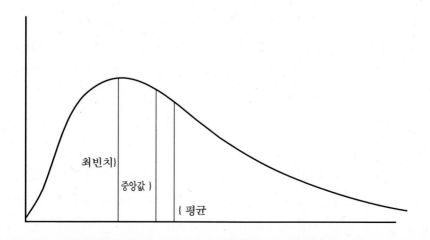

[그림 5-2] 오른쪽 편포 혹은 정적으로 편포된 커브

에 진단을 받았으며 세계에서 가장 좋은 치료를 받았고 낙천적인 성향이었다. 다음으로 자신이 중심경향성 근처 변산분포에서 오른쪽 편포에 있다는 것을 인지했다. 진단을 받고 8개월 사이 기간에 전체의 반이 죽었지만 분포의 오른쪽 끝에 있는 사람의 수명은 몇 년씩 연장되었다(그림 5-2]에서 오른쪽 끝 부분이 막혀 있지 않은 이유다). 자신이 그쪽 끝 부분에 있다는 굴드의 생각은 옳았다.

평균과 중앙값은 강력한 구인이지만 모든 도구와 마찬가지로 주의를 기울여 다루어야 한다.

오른쪽 편포 혹은 정적으로 편포된 커브. 이 커브는 중피증과 같은 난치성 질병의 사망률 분포다. 중심경향성 측정치들은 왼편부터 오른쪽으로, 최빈치, 중앙값과 평균의 순이다.

변산성

평균은 연구하는 집단 점수의 대략적인 진술이지만 다른 핵심적인 정보를 나타내지는 않는다. 우리는 점수들의 변산성에 대해 알아야 한다. 그것들이 어떻게 분포되어 있으며 평균 주변에 어떻게 분산되어 있는지 알 필요가 있다.

무용/동작 치료사가 신체장애가 있는 아동을 위한 치료 프로그램을 계획해서 두 집단을 대상으로 움직임 범위와 유연성에 대한 가정을 검증할 표준화된 검사를 한다고 생각해 보자. 각 집단의 평균 점수가 같고 분포는 모두 정상분포다. 그러면 치료자는 양쪽 집단에 동일한 한 가지 계획을 적용할 수 있는가?

범위

이 경우 치료자는 평균에서부터 점수들의 범위에 흥미를 가질 수 있다. 범위는 가장 낮은 점수에서 가장 높은 점수까지 분산되어 있다. 한 집단의 점수들이 평균 주변에 몰려 있다면 이것은 모든 집단원의 움직임 능력이 동일하므로 치료자가 모든 집단원이 참여할 활동을 계획할 수 있다는 것을 의미한다. 그러나 두 번째 집단의 점수는

훨씬 넓게 분포되어 있다. 낮은 점수의 아동들은 높은 점수의 아동들이 하는 활동에
함께 참여할 수 없다. 이 경우 치료자들은 집단 내 넓은 변산을 고려해서 프로그램을
수정해야 한다. 심각한 제한이 있는 집단은 분리해서 시작하거나 그 아동들을 위한
개별 활동을 계획할 수 있다.

분포만으로 범위를 기술하는 데는 몇 가지 제한이 있다. 가장 분명한 것은 획일적
인 높은 점수나 낮은 점수가 집단 구성의 다양성을 심각하게 왜곡할 수 있다는 것이
다. 그 결과, 범위는 기껏해야 변산에 대한 추정만을 대략 제공할 수 있다.

표준편차

변산성과 관련하여 범위보다 의미가 있는 개념은 표준편차다. 표준편차는 극단 점
수의 영향을 최소화해 준다. 표준편차는 주어진 점수가 평균으로부터 얼마나 멀리 떨
어져 있는지를 알려 준다. 평균으로부터 한 점수의 원편차는 단순히 빼기만 하면 된
다. 레이첼이 읽기 시험에서 95점을 받았다면, 평균 점수가 75점이므로 그녀의 평균
에서의 편차는 20점이다. 잭의 점수가 55점이라면 편차는 −20이다.

표준편차는 분포 평균의 편차에 제곱을 한 것의 평균의 제곱근이다. 이것은 그렇
게 복잡하지 않다. SD로 표시하거나 그리스 문자 시그마의 소문자인 σ로 표시한다.
표준편차는 다음 방식으로 계산한다.

① 각 점수의 산술평균을 뺀다. 이렇게 하면 평균에서 편차인 x가 남는다.
② 이 차이 점수 혹은 편차를 제곱하라(x^2).
③ 모든 제곱한 차이 점수를 더하라.
④ 제곱한 차이 점수의 합을 점수의 수로 나누라. 이렇게 하면 분포의 변량이라고
   하는 숫자가 산출된다.
⑤ 이 숫자에 제곱근을 하라.

점수가 평균 근처에 몰려 있는 분산에서는 표준편차가 작다. 점수가 평균 양쪽으

로 퍼져 있으면 분산은 크다. 우리가 평균과 표준편차를 알고만 있으면 그래프로 표시된 커브가 없을 때에도 분포를 시각화해서 볼 수 있다.

정규곡선

정규곡선 개념은 18세기 중반부터 시작되었는데 계산 공식을 개발한 칼 프레드리히 가우스가 확장하였다. 정규곡선이라는 용어는 종같이 생긴 대칭 분포를 의미하는데 칼 피어슨이 만든 용어다. 정확하게 정상분포를 나타내는 표본 집단은 거의 없지만 표본이 커질수록 정규곡선 추정치는 증가한다.

정규곡선의 분포

정규곡선에서 실제 영점(zero)은 존재하지 않기 때문에 평균 자체가 시작점이 되며 종종 이를 영(zero)으로 정해 놓는다. 이 평균으로부터 곡선 아래 영역을 표준편차로 나누는데 평균보다 낮은 점수는 마이너스라고 하고 평균보다 높은 점수는 플러스라고 한다.

정규곡선의 기능 중 하나는 표준편차의 의미를 해석하고 명료화하는 것이다. 평균으로부터 각 방향으로 1 표준편차에 해당하는 부분은 34.13%다. 이는 68.26% 혹은 2/3를 의미하며 1 표준편차에서 위로 혹은 아래로 1 표준편차가 더 벌어지면 2 표준편차가 되며 95.44%가 되고, 3 표준편차가 되면 99.74%가 된다. 실제적으로 점수들이 얼마나 같은지 혹은 다른지는 표준편차로 구분할 수 있다. 두 개의 표준편차가 나타나면서 하나는 크고 하나는 작다면 후자는 자료들이 좀 더 근접하게 몰려 있고 전자는 더 넓게 분포되어 있음을 알 수 있다.

치료자는 내담자 혹은 환자의 점수가 분포의 어디에 위치하는지 알기 위해서 혹은 정규곡선을 시각화하기 위해서 표준편차를 추정하고자 할 수 있다. 바로 앞에서 기술

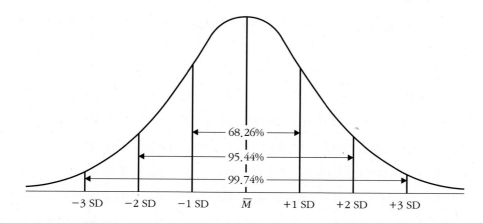

[그림 5-3] 평균으로부터의 표준편차에 근거한 정규곡선의 퍼센트 영역

한 방법이 계산을 하지 않고 표준편차를 추정하는 가장 빠른 방법이다.

정규곡선 아래에 있는 대부분의 사례(95%)가 평균에서 2 표준편차 아래 혹은 위에 위치하고 있다. 95%의 사례가 매우 밀접하게 분포되어 있기 때문에 우리는 단지 분포의 표준편차를 알아내기 위해 4개로 나누기만 하면 된다.

유도 점수

신체검사의 일부로 혈액검사를 정기적으로 하는 예를 들어 보면, 혈액세포 수, 당 수준, 칼슘, 인, 트리글리세리드 및 여러 숫자가 기록된 결과물이 출력될 것이다. 정상 혹은 바람직하다고 생각되는 기준 범위 혹은 준거 범위가 주어지지 않는 한 우리에게 이 숫자들은 무의미하다.

유사하게 불안검사에서 30점이 나왔다고 하는 것은 불안의 정상 수준과 비교하지 않는 한 우리에게 아무것도 알려 주지 않는다. 원점수는 다른 사람들이 얻은 점수와 어떻게 관련되는지 알기 전에는 어떤 의미도 제시하지 않는다.

이런 이유로 대부분의 표준화된 검사 점수는 '유도' '전환' 혹은 '변환' 점수로 바뀐

것이다. 편차 점수는 피검자의 수행이 평균에 비추어 어디에 위치하는지를 신속하게 알려 준다.

백분위 점수

받아쓰기 시험에서 레오너드가 받은 70점이 반에서 60%를 넘는 점수이면(70점을 동일하게 받은 학생들의 1/2을 더한) 그의 백분위 점수는 60이 될 것이다. 평균에 대한 준거가 없이 백분위 점수는 가장 낮은 점수가 0이 되는 누적 점수다. 서열 점수이며 원점수 간 차이에 대해서는 아무것도 알려 주지 않는다. 그러나 대부분 원점수가 평균 주변에 모여 있기 때문에 이 점수들 간의 간격이 중간 혹은 50번째 백분위에 갈수록 좁아지고 양 끝으로 갈수록 넓어진다는 것을 예상할 수 있다. 백분위 점수는 학습 평가나 연구 목적에 적합하지만, 백분위 점수의 의미들은 주로 경쟁에 의거하기 때문에 치료 목적으로는 가치가 제한적이다.

표준 점수

표준 점수 혹은 표준편차 점수는 평균과 표준편차에 근거해서 정보를 제공한다. 몇 가지 표준 점수 체계가 있다.

z점수　표준 점수는 0점을 평균으로 해서 마이너스 혹은 플러스로 표시되는데 이는 표준편차를 의미한다. z점수는 표준편차로 계산된다. z점수가 1.33인 사람은 평균에서 1과 1/3 표준편차 점수에 해당하는 것이다. 계산은 상대적으로 간단하다. z점수는 원점수에서 평균을 빼서 표준편차로 나눈 점수와 같다. 내담자가 검사에서 60점의 원점수를 얻었고 평균이 55점이고 표준편차가 5라면 이 경우 차이 점수를 5로 나누게 되므로 z점수는 1이 된다.

표준 점수를 이용하여 백분위 점수와 동일한 정보를 얻어 낼 수 있다. 예를 들어, 내담자의 점수는 검사받은 다른 사람들의 84%보다 높은 점수다(평균 아래로 50%, 평균 위로 34%이면서 +1 표준편차 아래). 백분위와 다른 편차 점수와 같이 표준 점수는 서로 다른 검사에서 받은 원점수를 비교할 수 있는 체계를 제공한다.

T점수　z점수에는 중요한 문제가 있다. 평균 아래 모든 점수가 부적 숫자를 가지게 된다. 이로 인해 이후의 계산이 번거로워질 뿐 아니라 평균 이하로 수행한 사람의 점수를 기술할 때 유쾌하지 못한 느낌을 줄 수 있다.

해결책은 간단하다. 0점에 숫자를 더하면 된다. T점수(심리학자 손다이크를 기념하여 붙임)는 평균이 50이고 표준편차가 10으로 고안되었다. 체계는 평균에서 위로 다섯 개의 편차, 아래로 다섯 개의 편차로 구성되어 있다. T점수는 미네소타 다면적 인성검사(Minnesota Multiphasic Personality Inventory: MMPI)와 같이 우리가 잘 알고 있는 검사들에서 사용되고 있다.

기타 표준 채점 체계　표준편차 개념에 기초한 다양한 다른 채점 체계들이 있다. 스테나인(Stanines, 표준화된 9)은 5점을 평균으로 하고 표준편차가 2인 점수이며 9점으로 구성되어 있다. 학업적성검사(SAT)와 대학원수학능력시험(GRE) 원점수는 평균을 500, 표준편차를 100으로 맞춘 스테나인 점수로 전환된다. 지능검사는 '정신연령' 개념에 근거한 것이다. 지능지수 혹은 IQ는 '정신연령'을 신체 연령으로 나눈 후 소수점을 없애기 위해 100을 곱한 것이다. IQ라는 용어가 유지되는 한 점수를 문자적으로 기술하지 않는다. 데이비드 웩슬러는 '편차 IQ'라는 체계를 발달시켰는데, 이는 평균이 100이고 표준편차가 15로 구성된다. 웩슬러 체계에서 IQ는 85점에서 115점 범위가 정상 범위에 해당한다.

정상화된 표준 점수　정규곡선 정상분포가 이론적으로 매우 큰 집단 분포를 대표하지만 실제 표준화된 검사 중 어느 것도 완전히 정상분포는 아니다. 표준 채점 체계는 정상분포에 의거해 예측한다는 것을 기억할 것이다. 그렇다면 어떻게 편포된 분포를 다룰 것인가? 편포된 표본을 정상 표본으로 전환하는 두 가지 기본적인 방법이 있다.

첫 번째는 복잡한 통계 계산을 통해서 점수를 변환해 정규 표준점수 척도를 만들어 내는 것이다. 이 전환은 여러 통계적·논리적 이유로 거의 하지 않는다. 대부분의 검사 개발자는 정규분포에 가깝게 만들기 위해 검사 난이도를 이리저리 조절하는 단순한 방법을 사용한다.

표준화된 검사

'표준화된 검사'라는 말은 종종 잘못 이해된다. 먼저 '표준화'와 '객관적'이라는 용어는 동일한 의미가 아니다. 표준화된 검사들이 객관적이라는 말은 채점 방식이 획일화되어 있고 사전에 결정된 준거를 따른다는 것을 의미한다. 그러나 객관적 검사들은 반드시 표준화된 것은 아니다. 당신이 고등학교나 대학교 때 본 적이 있는, 교사들이 만든 다중선택이나 예/아니오를 묻는 검사를 생각해 보자.

표준화된 검사는 다음 세 가지 준거에 부합해야 한다.

① 모든 피험자에게 동일한 표준 과제 혹은 표준 과제 묶음이 제공되어야 한다.
② 동일한 환경에서 표준 지시에 따라 시행되어야 하며 객관적으로 채점되어야 한다.
③ 검사가 원래 의도한 대표성 있는 집단의 피험자 표본에서 표준화 혹은 '규준화' 되어야 한다. 이 표본 집단에서 표집한 규준은 나중에 검사할 집단들에 대한 규준이면서 원래 모집단의 규준이라고 가정한다.

통계치로부터 예측하기

통계학 분야는 기술통계와 추론통계로 종종 나뉜다. 기술통계는 요약 형태로 자료를 제시한다. 특정 병원에서 기분장애로 진단받은 환자의 백분율 기록을 가지고 있다면 우리는 100명의 진단받은 환자 중 67명이 여자이고 33명이 남자라는 사실을 찾아낼 수 있을 것이다.

만약 이 병원을 찾은 환자의 비율을 알고 있다면 이 수치로부터 새롭게 입원할 환자 비율을 추정할 수 있을 것이다. 이러한 형태의 통계치는 추론통계라고 한다. 표본

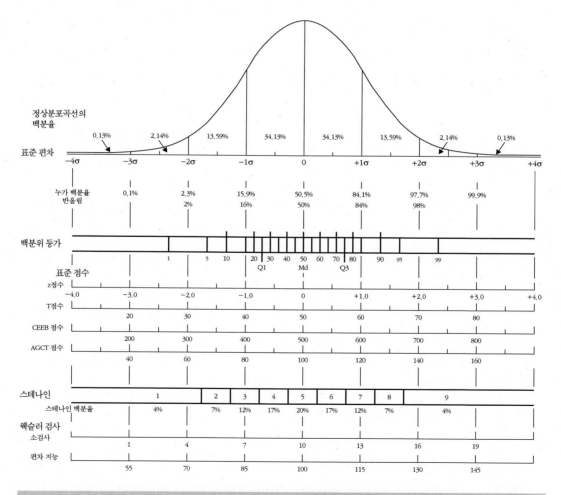

[그림 5-4] 표준편차와 다양한 채점 체계 관계

Psychological Corporation *Test Service Bulletin* No.48, 1955로부터 허가 받음.

추출에 기초하고 있으며 작은 표본으로부터 전체 모집단의 속성을 추론하게 된다.

추론통계에서 추론의 기초가 되는 표본 선택이 추론의 정확성을 결정하게 된다. 예를 들면, 입원환자 표본에서 추출된 규준은 의뢰된 환자나 스스로 상담소나 클리닉에 찾아온 내담자에 대해 대표성을 가지지 못한다. 치료자는 규준이 얻어진 표본의 특성을 잘 알고 있어야 한다.

추론통계의 개념은 귀납적 논리에 기초한다. 즉, 부분에서 전체를 추론하며 표본으로부터 일반화하는 것이다. 반대로 확률은 연역적 논리에 기초한다. 즉, 전체로부터 부분을 예측하고 일반화된 것을 특정 피험자나 피험자 집단에 적용하여 작업한다. 예를 들어, 우리는 아무런 정보가 없어도 우울증 환자 중 남자가 1/3이라는 것은 안다.

표준 과제

표준화된 검사는 규준에 기초하므로 과제들은 표준화된 집단의 피험자들과 이후에 검사를 받는 피험자들에게 가능한 한 동일하게 제기되어야 한다. 과제 자체나 수행 시간 혹은 채점 과정에 차이가 있다면 검사 결과를 피험자들끼리 비교할 수 없고 동일한 피험자에게 서로 다른 시점에 시행한 검사도 비교할 수 없게 된다.

이것이 예술치료의 표준화된 검사 설계의 주요한 어려움이다. 지능검사 혹은 성취검사는 어느 정도 명확하게 기술된 과제들이 있지만 예술에서는 표준화하는 것이 어렵다. 지시가 동일하다고 해도 사람마다 움직이거나 만들어 내거나 그림이나 음악에 반응하는 것이 감정에 따라 매우 다르다. 들뜬 기분, 치료자와 피험자의 관계, 선행 사건, 다른 사람 앞에서 움직이거나 수행하는 것에 대한 피험자의 억제 혹은 자신이 드러나는 것에 대한 피험자의 염려 등.

피험자가 과제에 반응하는 방식이 매우 다양하기 때문에 예술치료에서 단일한 검사를 통해 피험자의 '진짜' 반응 특성을 파악하는 것은 불가능하다. 그러나 개인마다 움직이는 방식, 그리는 특성과 음악에 반응하거나 음악을 만들어 내는 특징들이 있다. 표준화된 검사를 여러 번 실시하면 점수 분포가 형성될 것이다. 가우스 곡선에 따르면, "분포는 불확실 영역을 표시한다. 우리는 진짜 위치가 중앙인지 알 수는 없다. 우리가 말할 수 있는 것은 불확실 영역에 위치한다는 것과 관찰된 개인 분포를 통해 영역을 계산한다는 것이다"(Bronowski, 1973, p. 358). 분포는 이후에 다룰 표준측정오 차를 통해 분석될 수 있다.

규준 혹은 표준화된 표본

검사를 만드는 과정에서 검사 개발자는 검사가 고안된 집단을 대상으로 해야 한 다. 이 집단은 종종 불안이나 경직성과 같은 공통 특성을 공유하는 사람들의 '모집단' 이라고 한다.

대규모 대상 집단에 대한 기저율을 얻기 위해 전체 집단 모두에게 검사를 실시하 는 것은 명백하게 실행 불가능하며 터무니없이 많은 비용이 들고 물리적으로도 불가 능하다. 따라서 검사 개발자는 전체 집단을 대표할 수 있다고 보이는 집단 혹은 집단 의 표본에 검사를 실시하게 된다. 감별진단을 위해 고안된 검사에서 한 표본은 그 진 단을 받은 혹은 그 특성을 공유한다고 생각되는 사람들의 '준거 집단'으로 구성되고, 다른 표본은 그 특성이나 진단을 가지고 있지 않은 개인들로 구성되며 종종 '정상' 집 단이라고 한다. 이런 방법으로 대상 집단과 통제 집단에 대한 규준이 만들어진다. 이 규준들이 나중에 그들이 그 특성이나 장애를 공유하는지를 밝혀 줄 진단이나 개인 평 가의 준거가 된다.

표본 추출의 근본적인 문제는 '어떻게 대상 집단을 대표할 표본을 선택하는가?'다. 이는 쉽지만은 않은 일이다. 아무리 주의해서 한다고 해도 대상 집단 자체가 달라질 수도 있다. 예를 들면, 대학입학시험 위원회의 SAT는 원래 1941년 대학 입학 지원자 만 명을 대상으로 규준을 얻었다. 그해 대학에 지원한 대다수는 중산층 이상의 백인 남성이었고 그들의 SAT 평균은 500이었다. 많은 세월이 지나 검사를 받는 대입 지원 자들은 이 표준화된 집단에서 만들어진 규준으로 평가되었는데 사실 제2차 세계대전 이후로 대학 지원자들의 분포에 빠른 변화가 일어났다. 1960년대와 1970년대 SAT 점수가 낮아졌고 원인을 찾아본 결과 이 시기 동안 대학 지원자들의 패턴이 달라졌으나 규준은 그대로 사용되었다는 점이 드러났다. 전국 평균이 저하된 이후, 1994년에 언어 영역 423, 수학 영역 479로 500점이던 각 점수들이 새로 조정되었다. 유사하게, 미네소타 다면적 인성검사는 입원한 정신과 환자를 준거 집단으로, 중서부에 거주하며 초등학교 교육을 이수한 교외에 거주하는 백인 남성을 통제 집단으로 규준을 산출하였다. 이후 반세기 동안 어떠한 재규준화도 시도되지 않았다.

표준화된 표본 선별하기

표준화된 표본을 선별하고 기술하는 데는 몇 가지 방법이 있다. 우리는 이를 '무선'과 '비무선' 범주로 나누려 한다.

무선 표집

일상 대화에서 '무선'이라는 단어는 종종 '우연'의 의미로 쓰인다. 그런데 통계학과 수학에서는 일반적으로 그런 것처럼 무선이 매우 다른 의미를 가진다. 무선 표집은 대상 집단의 모두에게 동일한 기회가 가도록 고안하는 방법이다.

무선 표집은 일반적으로 모든 대상 집단에게 동일한 선발 기회를 부여하기 위해 먼저 모든 대상 집단을 명확히 하는 것을 우선 과제로 한다. 교실이나 하나의 학교와 같이 작은 집단에서는 이것이 비교적 단순한 일이다. 그러나 커다란 집단을 다룰 때는 아주 어려워진다. 도시에서 모든 주거민의 이름을 어떻게 얻을 것인가? 전화를 소유한 사람의 이름을 찾는 것은 보이는 것만큼 쉽지 않다. 많은 사람이 전화를 가지고 있지 않으며 혹은 전화번호부에 자신의 이름을 올려놓지 않으려 한다. 그 결과, 우리가 먼저 기술한 단순 무선 표집은 작은 집단이나 미국무용치료협회 회원과 같이 쉽게 알아낼 수 있는 사람들에게만 사용한다.

단순 무선 표집   모집단 목록에서 표본을 선별한다. 일반적으로 이는 난수표를 통해 이루어진다. 거의 모든 통계 교과서와 인터넷에서 볼 수 있는 표들은 그래프를 그렸을 때 동일한 패턴이 나타나지 않도록 가로와 세로로 배열되어 있으며 숫자 행렬 이 파생되도록 만들어져 있다.

캔자스 대학의 특정 프로그램에 들어가려는 500명의 학생 중 50명에 대한 무선 표 집을 원하는 연구자는 그 학생 목록을 확보해서 001로 시작해서 500으로 끝나는 세 자리 수에 각각 할당한다. 연구자는 난수표를 보고 어떤 수를 손가락으로 짚고 좌우, 상하 어떤 방향으로든 죽 연결해서 001에서 500까지 모든 학생 목록이 다 할당된 숫 자들을 짚어 간다. 무선 숫자 목록을 이용하여(Downie & Heath, 1970) 40번째 줄 8번째 칸에서 시작해서 다음의 숫자를 찾아냈다.

4 4 2 1 4 0 5 8 2 3 0 8 5 9 4 5 8 2 3 0 6 2 9 8 6 3 0 4 1 0 7 6

학생 목록을 보고 번호 442가 할당된 학생을 우리 표본에 포함시키고 그다음에는 140번을 포함시킨다. 그다음 번호는 582인데 너무 큰 숫자이므로 무시해 버리고 308 로 가고, 이렇게 50명을 채울 때까지 표를 이리저리 사용한다.

체계적 표집   우리가 보통 간격 표집이라고도 하는 무선 번호 목록은 체계적 표 집에는 필요하지 않다. 500명의 이름을 살펴서 50명을 채울 때까지 매 10번째 이름을 체크한다. 체계적 표집의 장점은 난수표를 사용하는 데 드는 시간과 노력을 피할 수 있다는 것이다. 단점은 특정한 소수 집단 사람들이 틈새로 빠질 위험이 있다는 것이 다. 이 문제는 다음 표집 유형에서 기술될 것이다.

계층화된 표집   인기 있는 대학 프로그램 집단을 보면 남녀가 불균형을 이룬다. 혹은 특정 민족, 종교, 국가나 사회경제 집단원들이 아주 많거나 아주 적다. 각 집단을 균등하게 하려면 더 동질적인 하위 집단 혹은 계층으로 나누어 집단을 계층화한다. 각 하위 집단이 연구하려는 일반 모집단과 동일한 비율이 되게 한 상태에서 단순 무선 표집을 한다. 각 하위 집단은 모두 숫자가 부여된 완벽한 모집단으로 간주된다. 이름들을 선별한 후 전체 집단을 대표한다고 생각되는 계층화된 표본에 모두 합친다.

군집 표집   극단적으로 큰 집단에서 군집 표집은 대표성 있는 표집을 하는 데 요구되는 노력과 시간을 절약하는 방법 중 하나다.

미국 곳곳에 있는 주립대학의 대표성 있는 학생을 표집한다고 해 보자. 군집 표집에는 두 단계가 포함된다. 먼저, 대학의 무선 표집을 선택한다. 보통 주립대학 모두에 번호를 부여하고 미국 내 지역들에 기초한 계층화된 접근 혹은 무선 접근을 시도한다. 선별된 각 대학의 학생들에 대한 단순 무선 표집을 할 수 있다. 이 군집 접근은 미국에 있는 모든 주립대학을 다 살펴야 하는 어려움을 피할 수 있게 해 준다.

비무선 표집

비무선 표집은 무선 표집보다 훨씬 쉽지만 대상 집단을 대표할 수 없는 편향된 표집이 이루어질 가능성이 크다.

할당 표집   다양한 연령, 성별, 종교, 민족이나 사회계층 표집을 확실히 얻기 위해 모집단과 동일한 비율로 집단들을 표집할 수 있다. 프로그램에 포함된 학생의 45%가 여자라는 것을 안다면 여학생이 45% 포함된 집단을 선별할 수 있다. 얼핏 보기에 할당 표집이 계층화된 무선 표집과 비슷하게 보일 수 있다. 그러나 할당 표집은 연구자가 사용하는 방법에 따라 이루어지며 남학생과 여학생의 비율을 정확하게 하기 위한 체계적인 어떤 방법도 포함되지 않는다.

유의 표집   '판단 표집'이라고도 알려진 이 방법은 표본을 선택할 때 상식 혹은 직관적인 판단에 의존한다. 예를 들어, 미국 중류가정 비율에 관심이 있다면 『뉴스위크』와 『피플』을 구독하는 사람이 그 계층을 대표한다고 가정하고 진행할 수도 있다. 혹은 "뉴햄프셔가 움직이면 나라 전체가 움직인다."라는 몇 년 전에 유행한 말을 생각해 보면, 우리는 뉴햄프셔의 사전 투표를 나라 전체의 판도를 읽는 길잡이로 볼 수 있다. 이런 형태 표집의 위험은 표집이 더 이상 큰 집단에 대해 대표성을 가지지 못할 수 있다는 것이다. 몇 년 전 뉴햄프셔의 사전 투표가 더 이상 대표성을 보증해 주지 못함이 드러났을 때 "뉴햄프셔가 움직이면 버몬트가 움직인다."라는 말로 수정되었다.

유의 표집은 특히 극단적이거나 다양한 사례 표집에 유용하다. 예를 들면, 어떤 프로그램이 왜 인기가 있으며 다른 프로그램들은 학생 모집에 왜 문제가 있는지 혹은 어떤 사람은 성공을 하는데 다른 사람은 그렇지 못하는지에 대해 알고 싶다면 유의 표집을 사용하는 것이 적절할 수 있다.

유의 혹은 합목적적 표집은 때로 결정적인 사례 표집이라고 하기도 한다. 한쪽으로 몰리거나 서로 모순적인 표본으로부터 타당한 일반화를 얻으려면 논리적으로 일반화된 것이 모든 사례에 참이라는 점이 가정되어야 한다. 예를 들면, 갈릴레오가 진공 상태에서 깃털과 무거운 공이 동일한 속도로 떨어진다는 것을 발견했다면, 동일한 일반화가 서로 무게가 다른 두 물체에 모두 적용될 수 있다는 추론이 얻어져야 한다.

편의 표집   '우연' 혹은 '우발적인' 표집이라고 알려져 있으며 시간, 노력과 돈을 절약해 주지만 편향되거나 대표성이 없는 표집이 이루어질 가능성이 매우 크다(Patton, 2002). 표집은 어떤 대상에 대해서도 이루어질 수 있다. 우리는 이미 심리학 과목 수강생과 같은 이미 확보된 청중이나 연구자가 속한 기관 회원 혹은 연구자가 설문지를 부탁할 수 있는 길거리 행인들과 같은 다양한 표집에 대해 논의했다. 편의 표집의 예는 평가 절차 규준화를 하면서 검사 개발자의 병원이나 클리닉 환자를 대상으로 하는 것이 될 수 있다. 이는 더 큰 집단에 대한 대표성을 가질 수 없다. 불행하게도 편의 표집은 아주 일반적이며 MMPI와 같이 광범위하게 사용되는 도구들의 표준화에 사용되었다. 그러나 어떤 경우에는 편의 표집을 할 수밖에 없는 경우도 있다. 예를 들면, 학생 표본을 구하려는 사람은 반드시 학교 위원회, 행정관들과 교사와 협의해야 한다. 이 과정이 매우 어렵기 때문에 검사 개발자나 연구자는 종종 편의 표집에 의지할 수밖에 없다.

표준화된 검사의 마지막 기준인 검사의 '규준'은 가장 어려운 부분이다. 특정 내담자의 특성에 맞는 표준화된 표집을 발견하기가 어렵기 때문에 언제나 점수 간 비교가 불가능할 가능성이 있다. 규준 비교의 어려움을 피하기 위해 많은 임상가는 내담자의 이전 점수와 현재 점수를 비교하는 데만 표준 점수를 사용한다. 이는 특히 모니터링 과정에 유용하다.

표준오차

새로운 자료를 가지고 설문 연구 혹은 예측을 보고할 때면 언제나 '오차 한계'를 보고해야 한다. 그 수치는 어디에서 발생하며 무엇을 의미하는가?

의사소통 기술자들은 전달의 정확성을 이야기할 때 '신호'와 '잡음'을 이야기한다. 리 크론바흐(1970, p. 156)는 우리가 원하는 정보를 기술하는 데 신호라는 용어를 사용하였다. 이는 수검자가 여러 번 검사를 받을 때 얻게 되는 보편적인 점수다. 잡음은 머리 스타일이 엉망이거나 무언가에 기분이 상할 때 피검자가 만들어 내는 점수와 같이 개입이나 오류로 발생하는 왜곡이다.

'오차 한계'는 표준편차를 사용하여 수학적으로 계산할 수 있다. 이는 검사에서 생길 수 있는 다양한 질문에 답하는 데 유용하다. 내담자의 검사 점수가 그 사람의 '참' 점수 혹은 '보편적' 점수를 반영하는지에 대해 얼마나 신뢰할 수 있는가? 내담자 검사 점수의 변화가 우연에 의한 변화가 아닌 실제 변화를 반영할 가능성은 얼마만큼인가? 표준화된 표본의 점수가 다른 표본 점수를 얼마나 정확하게 대표할 수 있는가?

당신은 수리심리학자들이 다루는 모든 통계치가 언제나 하나의 표본이라는 것을 기억해야 한다. 검사 점수는 수검자가 만들어 낸 점수의 한 표본이며 표준화된 표본은 다양한 표집이 추출될 수 있는 전체 집단의 한 가지 표본이다. 결과적으로 많은 표준오차들이 계산되는데 점수의 표준오차, 두 점수 간 차이 표준오차, 두 평균 간 차이 표준오차, 상관계수의 표준오차 등이 해당하며, 각각은 서로 다른 목적이 있다. 예를 들면, 평균 간 차이 표준오차는 연구자들에게 준거 집단과 통제 집단 간의 점수 차이가 두 모집단 혹은 표집 오류 간 실제 차이를 반영하는지를 알려 준다.

표준오차 사용을 더욱 명확히 하기 위해 몇 가지 예를 살펴보겠다.

표준측정오차

표준점수오차라고도 하는데 3장에서 다룬 검사 신뢰도의 다른 측면이다. 검사나 절차의 신뢰도란 그것이 수검자의 '진점수'를 얼마나 가깝게 측정하는지를 말한다. 표준측정오차 혹은 SEM은 신뢰도가 증가함에 따라 감소되는 방식으로 계산된다.

표본오차 계산의 기본적인 생각은 수검자가 동일한 내용에서 나온 일련의 표본에 반응할 때 반응은 그 사람의 '진점수'로 가정되는 주변에 분산될 것이며, 피험자의 정서 상태, 검사 상황과 검사가 실시되는 방식, 변인의 수 등에 따라 영향을 받을 것이라는 점이다. 따라서 모든 가능한 반응의 평균은 진점수에 대한 적절한 추정치가 될 것이다. 그리고 수검자의 진점수를 알 수 없지만 환자 혹은 내담자가 실제로 얻은 점수 주변에 분산되어 있는 가능한 점수들을 계산할 수 있다. 우리가 한 검사의 점수 분포에 대한 신뢰도와 표준편차를 알거나 계산할 수 있다면 어떤 특정 점수의 표준오차를 계산할 수 있다.

SEM이 계산되는 방식을 살펴보겠다. 로레인이 '무기력'을 평가하는 검사를 받았다고 가정해 보자. 검사의 평균은 100이고 표준편차는 20이다. 로레인의 '진'점수는 110이다. 그녀가 검사에서 받을 실제 점수는 얼마인가?

검사 신뢰도 계수가 .84라고 알고 있다면 1 표준편차는 그 검사에서 8점이다(1-신뢰도계수의 제곱근). 측정의 표준오차는 사실 로레인이 받은 검사 점수의 표준편차이므로 다음과 같이 말할 수 있다.

- 로레인이 받은 진점수가 102~118 범위에 있을 가능성은 68% 혹은 2/3다.
- 그녀가 102 미만의 점수를 받을 가능성은 1/6이며 118 이상을 받을 가능성도 1/6 정도다.
- 그녀의 진점수가 94 미만, 126 이상일 가능성은 아주 희박하다(2/100~3/100).

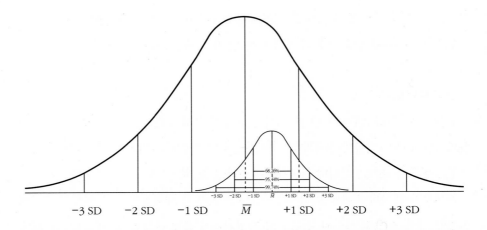

[그림 5-5] 로레인의 점수에 대한 SEM 곡선

로레인의 '진'점수인 110점을 포함할 수 있는 점수 분포. 실제 점수가 102점과 118점 사이에 있을 가능성은 2/3다.

　로레인의 진점수를 모르기 때문에 설사 그것이 진점수라고 할지라도 검사에서 얻은 검사 점수를 사용한다. 점수들이 충분히 밀접하게 분산되어 있어 측정의 표준오차를 추정할 수 있다.

　실제 치료자가 내담자에 대한 오류 크기를 계산할 것 같지는 않기 때문에 측정의 표준오차에 대한 논의는 이 정도로 기술하려 한다.

　환자나 내담자의 모든 점수는 오직 확률적으로만 '진'점수에 접근하는 것이다. 단일 점수에 지나친 확신을 가져서는 안 되며 그 점수는 단지 내담자에 대한 가설의 하나라는 관점을 가져야 한다.

두 점수 간 차이에 대한 표준오차

　'진'점수 주변 분포에 대한 이 개념은 우리로 하여금 내담자, 환자의 검사 점수에서 나타나는 변산을 해석하고 환자에게 나타나는 어떤 변화가 치료가 아닌 우연이나 표본 추출 과정의 오류인지를 결정하는 데 도움을 줄 수 있다.

　자존감 검사에서 124점을 얻은 내담자의 사례를 보자. 한 달간 치료 후에 다시 검사를 했고 이때 점수는 133점이었다. 이 변화는 내담자가 받고 있는 치료가 효과가 있다는 것을 말해 주는가?

　치료자는 확신하지 못할 수도 있다. 9점 차이가 단지 우연이 아닌 내담자의 진정한 변화를 반영하는지를 알려 줄 방법이 있는가? 이 검사는 .92의 신뢰도 계수와 .14의 표준편차의 검사 신뢰도를 가지고 있다. 공식을 적용한 결과, 표준오차는 5.6이 나왔다. 11점 미만의 차이는 통계적으로 신뢰할 수 없다는 것을 의미한다. 두 차례 검사 점수 차이는 '오차한계' 내에 있으므로 우연에 의한 변량이라고 할 수 있다. 다시 말하면, 내담자는 치료가 시작하기 전에도 133점을 받을 수 있었다는 것이다.

　또한 치료자가 두 점수 간 표준오차 차이를 계산하지 않더라도 일부 검사 매뉴얼은 의미 해석이 가능한 점수 범위에 대한 표를 제시하고 있다.

두 평균 차이에 대한 표준오차

　지금까지 표준편차 개념은 많은 상황에 적용될 수 있음을 분명히 하였다. 그러나 더 언급하고자 하는 것은 표준편차 개념이 두 모집단의 차이를 구분하도록 검사가 설계되었는지를 알아보는 데에도 중요하다는 점이다.

　평균 간 차이에 대한 표준오차는 연구자로 하여금 그 검사가 두 모집단 간 차이를 얼마나 잘 구분할 수 있는지를 알게 해 준다. 폭력 성향이 있는 사람으로 구성된 집단에 검사를 한다고 해 보자. 동일한 검사가 '정상'이라고 생각되는 통제 집단 사람에게도 시행된다.

　연구자는 두 집단 간 평균 차이를 찾아낸다. 그러나 그 차이가 두 집단 간 실제 차이를 반영하는지 어떻게 알아낼 것인가? 두 평균 간 차이에 대한 표준오차를 찾아내는 공식을 사용해서 z점수를 산출한다. 표를 찾아보면 연구자는 그 차이가 '통계적으로 의미가 있는지' 정도를 알 수 있다. 두 집단 간 차이를 구분하는 신뢰도 수준이 검사 매뉴얼에 제시되어 있다. 이는 검사자에게 성격 특성을 진단하고 평가하는 데 검사가 얼마나 유용한지에 대한 정보를 제공한다.

상 관

상관은 두 가지가 서로 관련되는 방식을 다루는 것이다. 여러 가지 면에서 이 개념은 심리측정의 기초가 된다. 점수와 행동 간 관련성을 알고 검사 측정치들이 측정하려는 것들을 얼마나 일관되게 평가하는지를 알기 전에는 검사 점수로부터 어떤 사람의 행동이나 상태를 예측할 수 없다.

신뢰도와 타당도는 두 가지 자료의 관련성에 근거해서 표현된다. 예술치료사가 아동 인지 발달에 대한 그림검사를 개발하였고 구성타당도를 얻기 위해 동일 아동의 지능검사와 어떻게 관련되는지 알고자 한다고 가정해 보자. 혹은 치료자가 아동이 행동하는 방식과 그 점수가 얼마나 관련되는지 알고 싶다고 해 보자. 치료자는 또한 검사-재검사 신뢰도, 내적 일치도, 평정자 간 신뢰도 등를 확립하고자 할 수 있다.

평균과 표준편차와 같이 상관계수(r로 표시)는 두 분포 간의 관련성을 나타낸다. 상관계수는 완벽한 부적 상관인 −1.00에서 완벽한 정적 상관인 +1.00에 걸쳐 있다. 대부분의 상관은 둘 간의 분수로 표시된다. .50과 같은 중간 정도의 상관은 검사 점수와 예측하려는 행동 간 두 점수가 어느 정도의 관련성이 있지만 수많은 예외가 있다는 것을 의미한다.

각기 나름대로 적용되는 두 변인 간 상관을 계산하는 여러 가지 방법이 있다. 가장 흔히 사용되는 방법은 Pearson Product-Moment 상관이며 피어슨 r로 알려져 있다. 양쪽 자료가 연속선상에 있을 때 피어슨 상관이 사용되는데 한 점수가 연속선상에서 어떤 수로서 가치가 있으며 수의 순서가 등간척도로 이루어진다는 것을 의미한다. 여러 공식이 피어슨 상관을 계산하는 데 사용될 수 있다.

신뢰도 측정에서의 상관

전부는 아니지만 검사 매뉴얼이나 객관적인 검사 보고서 등의 많은 상관계수가 신뢰도와 관련된다. 3장에서 검사 신뢰도를 추정하는 데 기본적으로 세 가지 접근이 있다는 것을 살펴보았다. 그것은 검사-재검사 신뢰도, 동형검사 신뢰도, 내적 일치도다. 이 밖에도 검사를 사용하는 사람은 또한 각 검사자가 채점뿐 아니라 점수를 해석하는 데 얼마나 일치하는지를 보는 관찰자 간 신뢰도에도 관심을 가져야 한다.

각각의 신뢰도는 상관에 따라 얻어진다. 상관과 공식은 검사의 목적, 검사 속성과 상관계수가 사용되는 방식에 따라 결정된다. 접수 평가와 같이 단일 시행을 기본으로 하는 검사라면 검사의 내적 일치도가 가장 중요하다. 반복되는 검사—예를 들어, 환자의 진행 상황을 점검하는—에서는 검사-재검사 신뢰도나 동형검사 신뢰도가 중요하다.

피어슨 상관은 가장 유용한 상관계수다. 검사-재검사 신뢰도와 동형검사 신뢰도(반분신뢰도 포함)를 측정하는 데 사용될 수 있다. 그러나 신뢰도에 대한 문헌을 찾아보면 다른 세 개의 공식도 있다.

스피어먼-브라운 공식

한 검사의 길이가 달라지면 신뢰도도 반드시 달라진다는 점이 강조되었다. 반분신뢰도를 계산할 때 원래 검사 길이의 반이 되는 두 개의 하위 검사를 다루게 된다. 스피어먼-브라운 공식은 각 반쪽 검사 신뢰도를 교정해서 전체 검사의 신뢰도와 동일하게 하는 데 사용한다. 반쪽 검사의 계수를 문항 수가 두 배가 되었을 때의 숫자와 같도록 교정한다.

쿠더-리처드슨 공식

여러 가지 쿠더-리처드슨 공식이 있는데 가장 잘 알려진 것은 보통 KR-20이라고 하는 쿠더-리처드슨 공식 20이다. 반분신뢰도를 추정하기 위해 만든 여러 공식 중 20번째라고 해서 붙여진 이름이다. 문항들이 서로 일치되지 않기 때문에 반분한 것이 동일한 특성이나 속성을 측정하지 못할 수 있다. KR-20은 이러한 불균형을 교정하기 위해 만들어졌다.

알파 계수

크론바흐 알파 계수는 다양한 목적으로 사용된다. 그러나 모든 문항이 동일한 특성이나 속성을 평가하는지를 보는 동질성 검사에서 내적 일치도나 문항 간 일치도를 추정하는 데 주로 사용된다. 이런 이유로 종종 반분신뢰도를 계산하는 데 사용된다.

기타 상관계수

피어슨 상관은 r이라고 간략하게 표현되며 계수를 산출하는 데 광범위하게 사용된다. 특정 상황에 사용되는 다른 여러 방법이 있는데 주로 자료가 피어슨 상관의 기준을 충족하지 않을 때 사용된다. 이 방법들은 r 다음에 표시된다.

스피어먼 Rho

이 계수는 찰스 스피어먼이 만들었으며 '순위' 상관계수라고 불린다. 표본이 작고 자료가 순서나 순위, 형태에 따라 배열될 때 사용된다.

이연상관

이 방법은 두 가지 종류의 자료가 연속적이지만 한 자료가 '이분'척도일 때 사용된다. 예를 들면, 집단을 65세 미만과 65세 이상 연령 집단으로 나눌 수 있다. 혹은 특정 행동이 드물게 일어나면 정상, 자주 일어나면 비정상이라고 할 수도 있다. 발생 빈도에 임의적으로 지점을 정해서 그 행동을 '증상이 있는' 혹은 '증상이 없는'으로 나눌 수도 있다. 한 검사의 점수와 증상이라고 정의한 행동 간 상관을 볼 때 이연상관을 사용할 수 있다.

점이연상관

이 계수는 한 종류의 자료는 연속적이고 다른 자료는 성별이나 임신 여부와 같은 양분 자료일 때 사용한다. 양분 자료는 모호하고 어떤 해석도 가능할 수 있다. 예를 들면, 점이연 접근은 범주에 자주 사용되는데 약물을 복용한 집단과 그렇지 않은 집단 혹은 범죄자와 준법시민과 같이 구분선이 절대적인 것이 아닐 수 있다. 어떤 경우 구분선을 매우 주의해서 정해야 한다. 예를 들면, '준법'이라는 말은 그 사람이 중죄 선고를 받지는 않았지만 속도 위반과 같은 위법은 했을 수도 있다는 것을 의미한다.

파이 계수

그리스 문자 파이로 표시되는 이 계수는 양분 자료인 두 변인 간 관계를 알아내는 데 사용된다.

두 검사 간 점수의 상관

상관계수를 사용하는 데는 주의가 필요하다. 두 가지 자료 간 상관을 기술하는 계수의 신뢰도는 조사된 각 자료의 신뢰도에 따라 크게 좌우된다. 치료자가 아동의 읽기 지체를 평가하는데 읽기검사와 지능검사를 합치기를 원한다고 해 보자. 각 검사는 각기 .90의 신뢰도 계수를 가지고 있으며 둘 간의 상관은 .80이다. 치료자가 읽기 결함 수준을 표시하기 위해 표준 점수 간 차이를 사용하려고 한다면 이 차이 점수의 신뢰도는 단지 .50밖에 되지 않을 것이다(여기에서 수학 계산을 보여 주지는 않겠다). 두 검사 자체의 오류 가능성과 그들 간의 상관에서의 오류 가능성이 극대화되는 것이다.

유의도 수준

유의도 수준이라는 의미는 말 그대로다. 그것은 통계적 계산을 통해서 얻은 숫자가 가질 수 있는 유의 수준을 우리에게 알려 준다. 따라서 우리는 어떤 검사의 점수가 그 검사 점수 평균에서 +/−1 표준편차 내에 있다면 68%의 신뢰도를 보인다고 말할 수 있으며, 2 표준편차 내에서 일어난다면 95% 신뢰도를 보인다고 할 수 있다.

그러나 유의도 수준이 검사 매뉴얼과 연구 결과 보고에서 사용될 때는 어느 한 통계치가 우연히 일어날 가능성을 의미한다. 때때로 신뢰도 수준이라고도 하는데 상관이 수학적인 고리나 우연의 일치로 일어난 것인지 혹은 두 집단 평균 차이가 우연이나 표본 추출 오류가 아닌 실제 차이를 반영하는 것인지의 가능성을 이해하는 쉽고 간단한 방법이다.

상관에서 유의도를 얻기 위해 두 가지 숫자(상관계수와 점수들의 숫자)가 필요하다. 모든 통계 교과서에 있는 신뢰도 표를 사용하면 '.01의 유의도 수준'에서 열 개 점수에 대한 피어슨 상관은 .899라는 것을 알게 된다. 이것은 표본 추출 오류나 우연으로 이 상관이 산출될 가능성이 100분의 1보다 작다는 것을 의미한다. 통상 .05 유의도 수준을 사용하는데($p < .05$'로 표시), 이는 통계적으로 의미가 있는 상관과 우연으로 나타난 상관을 구분하는 선이다.

요 약

통계학은 연구자로 하여금 거대한 정보들을 조직화하여 그들 간의 관계를 이해할 수 있게 해 준다. 이 장에서는 기본 개념에 대한 통계학적 배경에 대해서는 거의 소개하지 않았다. 원래 목적이 검사 매뉴얼이나 논문들에서 나오는 용어나 참고 사항들을 이해하는 데 도움을 주는 것이었다.

인간 특성 평가에서 모든 통계적 계산은 빈도 분포에서 시작된다. 측정이나 점수는 패턴에 따라 배열된다. 그러한 배열로부터 분포가 나타내는 속성, 특히 중심경향성, 범위와 변산을 발견하는 데 관심을 가지는 것이다.

변산에서 가장 중요한 측정치는 평균으로부터의 편차인데 이것이 우리로 하여금 점수들이 평균 주변에 분포되어 있는 방식을 알게 해 준다. 이러한 분포를 다루는 가장 유용한 방법은 표준편차이며 이 방법은 서로 다른 평가치들이나 점수를 서로 비교하는 일반적인 방법이다.

도형적으로 정상분포를 묘사한 '종모양' 커브의 가장 중요한 기능은 표준편차의 의미를 해석하고 명확하게 하는 것이다. 평균으로부터 한 방향으로 1 표준편차가 떨어진 지점은 전체 점수들의 34.13%에 해당한다. 이것은 모든 측정치의 2/3 정도가 평균에서 1 표준편차 이상 혹은 이하에 포함된다는 것을 의미한다. 95%는 2 표준편차가 되며 정방향과 역방향 모두 포함된다. 100퍼센트에 가장 가까운 것은 +/−3 표준편차다. 이 체계는 특정 사람의 평가치나 점수가 평균에서 얼마나 떨어져 있는지를 분명하게 볼 수 있게 해 준다.

'원점수'가 규준이 되는 정보를 제공하지 않기 때문에 원점수는 '편차' 점수로 전환된다. 여기에는 백분위 점수, CEEB 점수, IQ 점수, z점수, T점수 등이 있으며 이들은 모두 표준편차에 근거한다. 표준화된 검사에서 얻어진 점수는 비교될 수 있다.

표준화된 검사는 다음의 기준을 만족해야 한다.

- 표준화된 과제에 기초해야 한다.
- 표준화된 환경에서 표준화된 지시에 따라 시행되어야 한다.
- 검사가 고안된 모집단에 대한 대표성을 가질 수 있는 표본에서 '규준화' 혹은 표준화가 되어야 한다.

대표성이 있는 표본을 선택하기 위해 많은 방법이 개발되어 왔다. 여러 유용하고 정확한 방법들은 한두 가지 무선 추출 방법에 의해서 시행된다. 또한 얻어진 점수가 '진'점수일 가능성을 계산하는 여러 가지 통계적 방법이 있다. 결과를 왜곡시키는 우연 발생 가능성을 추정하는 이러한 '표준오차'는 표준편차 개념에 근거하고 있다.

전체 검사들은 자료들이 서로 관련되며 그 관계가 규명될 수 있고 신뢰도와 타당도를 평가할 수 있을 것이라는 생각에 기초하고 있다. 여러 가지 상관 방법이 특정 도구들과 목적을 위해 개발되었다. 가장 많이 사용되는 방법들이 이 장에 설명되었다.

참고문헌

Bronowski, J. (1973). *The ascent of man*. Boston: Little, Brown.

Cronbach, L. J. (1970). *Essentials of psychological testing* (3rd ed.). New York: Harper and Row.

Gould, S. J. (1985). The median isn't the message. *Discover, 6*(6), 40–42.

Gruber, H. E. (1979). A Dr. Strangelove of the mind. A review of *Cyril Burt, psychologist*, by L. S. Hearnshaw. *New York Times Book Review*, Dec. 16, 1979, p. 3.

Kamin, L. J. (1974). *The science and politics of IQ*. Hillsdale, NJ: Erlbaum.

Patton, M. Q. (2002). *Qualitative research and evaluation methods* (3rd ed.). Beverly Hills, CA: Sage.

CHAPTER *6*

객관적 심리검사

객관적 심리검사는 지능, 능력, 적성 등을 측정하기 위해 개발되었다. 이 심리검사들이 정확히 무엇을 측정하는지에 대해서는 여러 이견이 있지만, 그 검사 결과는 시간과 상황에 크게 구애받지 않고 꽤 안정적으로 지속되는 것으로 보인다.

성격과 정신병리에 관한 척도는 훨씬 복잡한 분야로, 불안감이나 우울감을 측정하는 심리검사는 훨씬 덜 정확하며 유용성이 떨어지는 것이 사실이다. 검사 점수는 항상 개개인의 상황과 환경, 시간을 고려하여 분석하여야 한다. 게리 그로스-마냇(Gary Groth-Marnat) 박사가 이야기하였듯이 "…… MMPI 9번(조증) 척도에서 75점의 T점수가 나왔을 경우, 이 점수가 사회생활에 큰 문제가 없는 높은 지적 수준의 전문직을 가진 사람에게 나타났을 때와, 직장과 대인관계에서 오랫동안 문제를 겪은 환자에게서 나타났을 때 그 해석적 의미는 완전히 다를 수 있다는 것을 의미한다"(1990, p. 4).

'객관적'이라고 명명한다고 해서 주관적 요소를 완전히 배제한다는 것은 아니다. 심리 평가 과정에는 주관성이 개입될 수밖에 없다. 심리검사가 구성되고 편성되는 모든 과정, 검사 항목의 선택, 심리검사의 실시와 채점, 해석 과정에서 주관성이 드러나게 되어 있다. 객관적 검사는 간단히 말해서 채점자의 판단 범위의 가변성을 줄이는 데 중점을 둔다. 이것은 채점 방법을 단일화하는 것으로, 객관적 심리검사에서는 각 검사 항목의 모든 답변이 채점자의 주관성과 상관없이 미리 정해 놓은 기준에 따라 채점된다. 또한 자주 일어나는 가변성의 가능성을 예측하여 대비할 수 있는 방법을 미리 제공하기도 한다.

심리검사와 전형적인 행동

리 크론바흐(1970)는 심리검사를 크게 두 부류로 나누었다. 지능검사, 적성검사, 성취검사는 최대 행동치 검사로, 개인의 가능성이나 한계점, 즉 개인이 무엇을 얼마나 할 수 있는지를 측정한다. 반대로, 성격검사와 그 밖의 진단을 목적으로 한 거의 모든 심리검사는 일반적인 행동 양상, 즉 그 사람이 어떻게 행동하는지를 측정하기 위해서 쓰이며 이것은 훨씬 측정하기 어렵다. IQ가 80인 사람이 IQ가 110인 척하기는 어렵지만, 소위 전형적인 행동 양상들은 고의적이든 무의식적이든 속이고 바꾸거나 숨기기가 훨씬 용이하다. 더 어려운 것은 어떤 행동 양상들은 특정 환경(직장, 학교 또는 가족과의 관계)에서만 나타나는 경우가 허다하다는 것이다.

당연한 말이지만 개인의 일반적인 행동 패턴을 파악하는 가장 좋은 방법은 오랜 기간 모든 환경에서 그 사람을 관찰하는 것이다. 하지만 이것이 가능하다 할지라도 호손 효과(Hawthorne Effect)를 배제할 수 없다. 하이젠베르크 원리(Heisenberg Principle)에 따르면, 관찰되는 행동 양상이 관찰되지 않을 때와 같다고 단정할 수 없기 때문이다. 호손 효과는 호손에 위치한 뉴욕웨스턴전기회사에서 공장 근로자들을 상대로 이루어진 저명한 연구에서 발견된 양상으로, 조명 밝기 등 작업 환경의 변화가 생산성에 미치는 심리적 요인을 밝혀 내는 데 중점을 두었다. 연구 결과, 모든 변화—조명을 더 밝게 하는것, 덜 밝게 하는것, 원래의 조명 밝기로 돌아가는 것—가 생산성을 높였다.

치료자들은 보통 치료 회기마다 환자의 행동을 관찰하고 기록한다. 그것은 치료 과정에서 아주 중요한 일이지만, 환자의 일반적인 행동 양상에 대한 관찰이라고는 볼 수 없다. 더욱이 단기간에 결정을 내려야 하는 치료 초기의 상황에서는 이 정도 관찰 기록도 제대로 이루어지지 않는 경우가 많다. 외래환자나 개인치료를 받는 환자들에 관해서도 직접적인 관찰이나 평가가 '일반적인 양상'을 관찰할 만큼 오랜 기간 이루어지기는 어렵다. 특히 사회적 상황에서 나타나는 양상을 들여다보기는 더욱 어렵다.

수행 혹은 상황 검사

수행 검사자들은 '전형적인' 행동을 측정하는 것을 포기하고 수검자들의 행동을 대표할 수 있는 표준화된 상황을 인위적으로 연출하여 행동을 관찰하고 그것을 다른 사람들의 행동 양상과 비교한다. 이런 류의 검사는 리더십이나 조직 내에서의 업무 능력 등을 평가할 때는 유용하지만 시험 불안과 같은 상황 특정적인 문제를 다루지 않는 한 심리치료 상황에서는 거의 쓸모가 없다.

일부 예술치료자는 치료 상황에서 그림을 그리거나 움직이는 양상이 예술치료 밖에서의 경험과 '일치한다'고 주장하였다. 창조적 심리치료(creative therapy) 자체가 이런 가정에 기인한 것이며, 그것이 치료적 측면에서는 타당성이 있을지 몰라도 검사실 밖에서 벌어지는 '전형적인' 행동이나 양상에 대한 측정이나 객관적 평가에 대한 문제를 해결해 주지는 못한다.

자기보고식 질문지

심리학자들과 다른 치료사들은 직접 관찰할 수 있는 행동 양상 대신에 보고된 행동 기록에 의존해 왔다. 행동 보고는 주로 환자가 자기보고를 하거나 설문지를 작성하는 것으로 이루어지며, 어떤 것은 점수를 매겨서 심리학자나 심리검사자들이 분석하고 해석하기도 한다. 자기보고식 설문지는 가장 널리 쓰이는 평가 도구 중의 하나이며, 보통 평가 절차에 관한 설명이 첨부되어 있다.

자기보고식 질문지에도 목록(inventory), 체크리스트, 지표, 척도 등 여러 종류가 있다. 목록이나 체크리스트는 어떤 행동이나 생각, 감정 등의 범위에 대해 보고할 때 자주 쓰이며 지표나 척도는 숫자상으로 연속되는 성질의 양상을 측정할 때 쓰인다(예/아니오 답변을 요구하는 질문에는 쓰지 않는다). 지표와 척도는 가끔 비슷한 언어로 쓰이지만 엄밀히 말하자면 기술적인 차이가 있다.

자기보고식 질문지의 한계

자기보고를 통해서 얻어진 정보를 해석하는 데에는 문제들이 있다. 전형적인 행동을 보고하는 데서 환자 자신이 최상의 관찰자인 것처럼 보이며, 여러모로 사실이기도 하다. 하지만 자기 자신의 행동을 스스로 보고하는 경우에는 몇 가지 문제가 발생한다.

모호성

질문지를 통해 질문을 하게 될 때, 애매성을 피하기는 쉽지 않다고 지적했다. 찰스 피터슨(Charles A. Peterson, 1978)은 경계선 환자들을 찾아내기 위한 검사 도구를 검토하면서, 다음 질문을 인용하였다. "당신은 기이하거나 극적인 성애적 또는 종교적 경험이나 모험을 한 적이 있습니까?" 피터슨은 이 말이 의미하는 바가 구체적으로 무엇인가에 대한 질문을 제기하였다. 한편, "다른 사람들로부터 의견을 받아들이는 편입니까?"라는 질문이 주어지면, '예' 또는 '아니오'로 대답하기보다는 크론바흐가 말하는 대로 피검자들은 '기억들을 평균 내는' 작업을 한다. 흔히 '보통' '대개' '꽤' '가끔' '거의' 중의 하나로 대답하게 될 때, 과연 그것은 몇 퍼센트를 의미하게 되는가.

대부분의 질문에 내재한 애매성을 없애기 위해 몇 가지 기법이 개발되었다. 즉, 환자를 그 과정에 참여시키거나, 질문 또는 답변의 시각을 직접 해석하게 하는 것이다. 한 예로 '쿠플레(couplet)' 반응이 있는데, 이에 대해서는 후에 설명하도록 한다.

인상 관리

인상 관리란 사회적 행동의 초기 학자들(Goffman, 1959, 1963; Braginsky, Braginskiy, & Ring, 1969)이 다른 사람들이 우리에게 가지는 인상에 영향을 주고 싶어 하는 일반적인 성향을 설명하기 위해 만든 용어다. 우리는 다른 이들에게 어떤 인상을 주기 위해 옷 입고, 말하고, 행동한다. 우리가 원하는 인상을 위해 이와 일치하지 않는 정보들을 막거나 억제하고, 진실을 감추며, 우리의 행동 또는 표정을 바꾸기도 한다. 이것들을 모두 의식적으로나 고의적으로 하지는 않는다. 일부는 성격의 한 부분으로도 볼 수 있다(Nunnally, 1978).

왜곡(faking)　　수검자들이 점수를 높이거나 낮추는 데에는 이유들이 있을 수 있다. 어떤 수검자는 회사 면접에서 자신을 어필하기 위해 더 '좋게 왜곡'할 가능성이 크다. 반면, 어떤 범죄자는 법원 명령으로 시행된 정신 감정에서 무죄 판결을 받기 위해 '나쁘게 왜곡'할 수도 있다. 환자나 내담자들의 경우 동정심을 유발하기 위해서나 치료 과정에 채택되기 위해 자신의 증상을 과장할 수도 있다.

이런 과장은 고의적일 수도 있고 아닐 수도 있다. 크론바흐(1970)는 이를 'hello-good-bye' 효과라고 불렀다. 이는 환자들이 증상이 정점에 달하여 치료를 찾을 때는 마음이 매우 힘들다는 것을 보여 주고 싶어 하지만 퇴원할 때는 "'감사합니다. 선생님, 저 좋아요.'라는 심리 상태를 나타내는 경향성을 말한다" (p. 496).

반응 세트　　수검자들이 질문의 내용과 상관없이 각자의 성격대로 응답할 때, 그들은 자신의 '반응 양식' 또는 '반응 세트'를 나타낸다(Jackson & Messick, 1962). 반응 양식은 성격이 나타나는 것으로 볼 수 있는데, 그 과정을 정신분석학적으로는 무의식적인 것으로 보지만 행동주의적으로는 학습된 것으로 본다.

많은 반응 세트가 연구되었다. 앨런 에드워즈(Allen L. Edwards, 1957, 1966)는 이 중 한 가지를 집중적으로 연구했는데, 이것을 '사회적 바람직성'이라 불렀다. 즉, 어떤 유형의 성격검사든 수검자가 내놓는 반응들은 어느 정도는 자신이 진짜 느끼고 믿는 것보다는 사회적 통념에 의한 대답일 수 있다는 것이다.

기타 반응 양상들을 살펴보면 다음과 같다. 우선, 묵종의 경향성, 즉 '거짓' '반대' '싫음'보다 '진실' '동의' '선호' 등으로 답하려는 경향이 있다. 저항 혹은 반대하는 경향성도 언급되어 왔다. 신중하려는 경향성 혹은 책임을 꺼리는 경향도 있다. 신중한 반응 유형은 '대답할 수 없음'이라는 답이 불균형적으로 많이 나올 수 있다. 일탈 경향성, 즉 해석의 혼돈을 줄 수 있는 비정상적인 대답을 하는 경향도 나타날 수 있다.

반응의 편향성 문제를 다루는 세 가지 방법이 있다. 하나는 검사 구성을 좀 더 신중하게 해서 이를 최소화하는 것이다. 항목의 단어 선택을 바꾸거나, 항목을 꾸며 진짜 목적을 감추거나, 문제의 관련성을 찾기 어려운 미묘한 문제를 내거나 또는 '최선'의 선택을 강제로 할 수밖에 없는 문제("이 중 당신의 상황을 가장 잘 표현한 것은?")로 바꿔 편향의 문제를 최소화한다.

두 번째는 '타당도' 또는 '교정' 척도를 검사에 넣어서 반응 편향이 점수에 영향을 미쳤다는 사실을 인지하고, 그 편향을 교정하는 것이다. 이는 MMPI에서도 사용하는 방법이다. 세 번째는 반응 세트 자체를 하나의 성격 표현으로 간주하고 이를 측정 변인으로 보는 것이다. 이렇게 되면, 실제 반응보다 많은 정보를 얻을 수 있게 되기도 한다. 실제로 어떤 반응 유형들은 정신 질환의 진단 지표가 되기도 한다.

객관적 자기보고 구성에 대한 접근법

자기보고식 검사를 구성하는 데 세 가지 주요 접근 방법이 있다. 여기서는 그 검사들을 설명하고 각각의 예를 들겠다.

논리적 혹은 직관적 검사 구성

'내용' 혹은 '직관적' '합리적' 접근법으로 알려진 논리적 검사 구성(logical test

construction)은 상식이나 직관적 수준에 합당하는 것으로 여겨지는 항목들을 문항으로 모아 놓은 것을 말한다. 예를 들어, 강박적으로 과식하는 것을 측정하기 위한 검사를 만들고자 한다면, 다음과 같은 항목들을 검사 문항에 포함시킨다.

1. 나는 직장에서 음식에 대한 생각을 자주 한다.　　　　(예)　(아니요)
2. 나는 과자를 먹으면서 TV를 시청한다.　　　　　　　(예)　(아니요)
3. 나는 끼니 사이에 간식을 먹는다.　　　　　　　　　(예)　(아니요)
4. 나는 화가 나거나 초조할 때 자주 먹는다.　　　　　　(예)　(아니요)

이러한 검사는 직접적인 질문들로 구성되어 있어서 수검자에게 그것이 무엇을 검사하는지 알고 있다는 안정감을 제공할 수 있다. 이러한 테스트에는 숨겨진 목적이나 의도가 없고, 응답들은 액면 그대로 받아들여진다.

그러나 이러한 '안면타당도(face validity)' 접근법은 우리가 앞서 설명한 모든 것을 포함하는 몇 가지 문제점을 만든다. 타당도 척도가 거짓으로 답하는 것이나 반응 세트의 영향을 찾아내기 위해서 쓰일 수 있는 반면에, 이 범주 안에 있는 대부분의 검사 구성 접근법은 다른 평가 도구와 개인사를 반영하여 점수를 고려하고 검사를 수정한다. 이것은 어떠한 검사에도 해당하는 적절한 예방책이다.

반응 편향의 효과를 최소화하기 위해 사용할 수 있는 하나의 방법은 강제선택법이다. 수검자들에게 몇 개 중에 하나를 고르도록 강제하는 것이다. 만약 모든 항목이 똑같은 수준의 사회적 바람직성을 가지고 있다면, 거짓으로 답할 방법도 없고 그렇게 할 이유도 없다. 게다가 '답할 수 없음'을 골라 질문을 피할 방법도 없다.

프랭크 맥마흔(Frank B. McMahon, 1960)은 다른 접근법을 제시하였다. 내담자를 마치 경종을 울려 주어야 하는 '거미 미로처럼 위장된 질병'으로 보는(p. 55) 심리학자들의 태도에 반대하면서, 맥마흔은 '쿠플레(聯句)' 스타일의 연구 질문법을 만들어 냈다. 이 질문법은 수검자가 질문을 해석하는 방법을 분명히 하기 위하여 설계되었다. 예를 들면, 다음과 같다.

가족 간에 사랑과 애정이 별로 없다.   (예) (아니요)

참일 경우: 나는 타인(친구, 친척 등)으로부터 충분한 사랑과 동료애를 얻는다.

(예) (아니요)

맥마흔은 이러한 쿠플레 스타일에 두 가지 사실이 존재한다고 하였다. 환자가 더 이야기하고자 하는 영역이 무엇인지를 알 수 있게 해 주고, 그 때문에 환자가 대답을 명료화할 수 있는가에 많이 좌우된다는 것이다(p. 57). 다음에서는, 논리 혹은 직관에 토대를 둔 검사 몇 개를 예시하고자 한다.

벡 우울척도

벡 우울척도(Beck Depression Inventory: BDI)는 1961년에 최초로 만들어졌다(Beck et al., 1961). 우울한 환자들이 호소하는 증상을 토대로 우울중 증상을 21개 항목으로 나누었다. 성격 특질은 두 번째 개정판에 포함되었다(Beck & Steer, 1996). 내용타당도를 높이기 위해 『DSM』의 진단 준거에 맞추면서, BDI는 정신의학적 진단을 받은 청소년과 성인의 우울 증상 유무와 심각도를 측정하기 위해 설계되었다. 최근에는 BDI의 두 번째 개정판(BDI-II; Beck, Steer, & Brown, 1996)과 단축 버전 그리고 다른 형식이 사용되고 있다.

21개 문항은 0점에서 3점까지 답할 수 있는 척도로 되어 있다. 수검자는 지난 2주 동안의 자신의 감정에 대해 보고하도록 요구된다. 각 세트는 4개의 서술로 이루어져 있고 0 혹은 전혀 그렇지 않다("슬픔을 느끼지 않는다")에서 매우 그렇다("나는 견딜 수 없을 정도로 매우 슬프다" 혹은 "행복하지 않다")의 범주로 구성되어 있다. 문항들은 인지적이고 정동적인 주제, 예를 들어 비관주의, 죄의식, 울음, 우유부단함 등을 다룬다. 신체적 요소 및 수행 요소들, 예를 들어 수면의 어려움, 성욕 상실과 같은 것을 다루는 문항도 있다. 만약 수검자가 문항 안에서 하나 이상의 서술을 고른다면, 점수가 높은 답이 채점된다.

심리측정적 속성   척도의 문항들이 직관적 판단에 기초하여 고안되었고, 검사 도구의 타당성을 증명하기 위해 여섯 환자 집단에서 자료가 수집되었다. 집단에는 우울증, 기분부전증 그리고 알코올 남용 환자들이 포함되었다(Sundberg, 1992, p. 81). 내용타당도, 구성타당도, 공인타당도 연구가 시행되었고, 이 타당도들은 BDI가 유용함을 증명하였다. 내용타당도는 BDI와 『DSM』 준거 간의 상관관계에 근거하였다.

BDI는 다년간 널리 사용되었다. 원판 BDI를 사용한 다수의 연구들을 분석한 메타분석 결과, BDI와 임상적 우울 평정 간의 평균 상관이 정신과 표본에서는 수용 가능한 수준(.72)으로 나타났고 비환자집단에서는 중간 수준(.60)으로 나타났다.(Beck & Steer, 1988). 25개 연구의 크론바흐 알파값, 내적 일치도는 .73에서 .95로 나타났으며, 정신병리 집단의 평균 계수는 .86이었다(Conoley, 1992, p. 78). 검사−재검사 신뢰도는 보고될 때마다 좀 달랐는데, 우울 증상은 시간의 흐름에 따라 가변적이기 때문이다.

장점과 한계점   BDI는 5분에서 10분 사이에 대답할 수 있을 만큼 간단하고, 간결하고, 직접적으로 우울을 측정하기 때문에 평가에 유용한 도구다. 하지만 유의해야 할 것들이 있다. 『정신측정연감 제11판(*Eleventh Mental Measurements Yearbook*)』(1992)에 BDI를 리뷰한 콜리 코놀리(Colie W. Conoley)는 다음과 같이 적었다. "자살 사고를 숨기려고 하거나, 반대로 자신의 우울을 과장하려는 사람들에게 BDI를 사용할 때에 반드시 주의가 요구된다."(p. 78) BDI 매뉴얼에서는 우울한 사람을 선별하기 위해 BDI를 사용할 때 주의를 요하며, 노년층에 사용할 때에는 특히 그렇다고 경고한다(Sharp & Lipsky, 2002).

준거를 기반으로 한 검사 구성

이 접근법은 '경험에 근거한' 방법 혹은 '대조 집단' 혹은 '한정된 집단(defined group)'의 방법이라 불리는 것으로, 자주 감별진단과 더불어 선별을 위해서 사용된다. 이것은 통계적 상관을 기초로 한다. 합리적인 검사 구성과 함께, 준거 기반 검사의 항목들은 직관적으로 만들어진다. 이러한 종류의 도구들을 특징 짓는 것은 검사 항목들이 엄격한 통계 분석을 통해 정해진다는 것이다.

사람들이 선호하는 음악이 그들의 자존감 수준을 반영한다고 생각한다고 가정해 보자. 사람들에게 다양한 종류의 음악을 듣도록 하고, 그들이 좋아하거나 싫어하는 것에 체크하도록 하는 자기보고식 검사를 만들었다. 그리고 나면, 그것을 최소한 두 집단에 시행하게 된다. 첫 번째 집단은 '준거' 집단으로 낮은 자존감 때문에 고통받고 있는 수검자들로 구성한다. 두 번째 집단은 '통제' 집단으로 자존감에 관해서는 '정상' 인 것으로 추정되는 사람들로 구성한다. 점수를 비교한 이후, 이 검사가 실제로 이 두 집단을 구분해 낼 것인지를 평가하게 될 것이다. 통계적으로 유의미하게 두 집단을 분간해 내는 문항들을 유지하고, 그렇지 않은 문항들은 제외하는 방법으로 그 검사를 수정해 나갈 것이다.

논리적이거나 직관적인 접근법과는 대조적으로, 경험에 근거한 문항들의 안면타당 도는 반드시 높지는 않다. 질문들이 우리가 살펴보려 하는 구성 개념과 분명한 상식 적인 관계가 있어야 하는 것도 아니고 행동 표본을 대표한다고 간주되어야 하는 것도 아니다. 만약 우리가 자존감이 낮은 사람들이 '모르겠다'고 대답하는 경향이 더 자주 나타나는 것을 찾았다고 한다면, 이 응답은 질문의 내용과 관계없이 낮은 자존감의 가능한 징후 혹은 지표라 할 수 있다. 이러한 접근법을 사용함으로써 우리는 수검자 가 대답하는 것이 사실이냐 아니냐를 의심하는 문제를 피할 수 있다. 레오나 타일러 (Leona E. Tyler, 1963)는 다음과 같이 말했다. "우리는 사람들이 그들에 관해 말하는 것 과 행동적으로 상관이 있는 것을 찾는다. 그리고 그들이 의식적이든 무의식적이든 사 실을 말하고 있는가라는 본질적으로 대답할 수 없는 질문을 포기한다."(p. 77) 경험을 기반으로 한 방법은 변별력이 있는 강력한 접근법이기 때문에, 이와 같은 문항 분석 은 '타당도 척도'를 만들기 위해 사용될 수도 있다. 그러한 척도는 임상적 이슈를 다루 지 않는다. 하지만 점수를 왜곡할 수 있는 수검자의 반응 스타일에 관한 지표는 된다. 예를 들어, 진짜 응답보다 사회적으로 바람직한 응답을 선택하는 경향을 들 수 있다.

질문지 중에 경험적으로 점수가 정해지는 검사는 성격 평가나 감별진단을 위해서는 아마도 가장 타당하고 신뢰할 만한 도구일 것이다. 미네소타 다면적 인성검사 (Minnesota Multiphasic Personality Inventory: MMPI)는 자기보고식 검사로, "기본적으로 임상적 진단과 일반적인 성인 정신병리의 평가를 돕기 위해 고안되었다"(Rush, First, & Blacker, 2007, p. 89). MMPI는 표본 접근과 징후 접근 간의 흥미로운 조합을 사용한다.

MMPI

1930년 심리학자 스타크 해서웨이(Starke R. Hathaway)와 정신과 의사 존 매킨리 (John C. Mckinley)가 MPI(Medical and Psychiatric Inventory)라는 이름으로 처음 개발한다. MMPI는 1940년대 초에 미네소타 대학 출판부에서 출판하면서 이름이 바뀌었다. 감정, 태도, 증상들에 관한 약 1,000개의 문항으로 이루어져 있는데, 해서웨이와 매킨리는 정신과 환자들을 대상으로 각 문항에 대해 그렇다, 아니다로 답하게 하였다. 정상적인 집단으로 병원 방문객, 미네소타 대학 검사 연구소의 고객, WPA 근로자 그리고 일반적인 의료 대상자들에게 같은 질문들에 답하게 했다. 이들을 준거 집단과 통제 집단으로 나누고, 통계적으로 유의미한 차이가 있는지를 보았다. 준거 집단이 건강염려증 환자들일 경우에만 건강염려증 척도(Hs)로 채점되었다.

이렇게 해서 선택된 504개 항목을 추후에 566개 항목으로 늘렸으며, 여기에 16항목의 중복 문항과 2개의 척도를 추가하였다. 26개의 내용 범주는 건강, 가족 문제, 종교, 성정체성, 정신 증상 등을 포함하고 있다(Cohen, Swerdlick, & Smith, 1992, p. 417). 대부분의 질문은 비교적 분명하게 정신과적·심리적·신경학적 또는 신체적 증상들을 다루지만, 어떤 것들은 모호하고 문제에 대한 연관성이 직관적으로는 분명하지 않은 주제를 다룬다. 예컨대, 동물들을 괴롭히는 것에 대해서 물어보는 항목도 있다.

이 질문은 우울과 연관성이 없어 보이지만, 우울 척도에 포함하고 있다. 경험적으로 정상인보다 우울한 사람들이 '아니오'라고 대답하는 경우가 더 많기 때문이다.

임상가들이 MMPI를 실시하고 이들의 경험이 축적되면서 검사 해석에 대한 유용한 정보들이 축적되었다. 단일 점수보다 척도 점수들의 조합이나 프로파일 양상들이 더 많은 정보를 주기도 한다. 조현병 척도(Sc)가 높다고 해서 조현병을 시사하는 것은 아니다. 다양한 척도가 연속적으로 보여 주기 때문이다. 16개 문항은 다른 하위 척도에서도 반복적으로 나오게 된다. 척도들을 이름 그대로 해석하는 것은 부정확하기 때문에 MMPI 척도들은 보통 이름보다는 숫자로 나타낸다.

1940년대 MMPI의 개발 이후로 원래의 척도들에서는 다뤄지지 않던 다양한 집단이나 성격 특성을 위해 이용할 수 있는 보충 척도들이 새롭게 많이 만들어졌고(예: 불안, 퇴행, 자아력), MMPI 프로파일의 진단적 해석을 제공하는 수많은 가이드가 나왔다.

MMPI-2

기존 검사의 문제들을 보완하기 위해 1989년 MMPI-2가 개발되었다. 반세기 넘게 수집된 엄청난 양의 연구 기반과 MMPI에 헌신한 임상가들을 위해서 재표준화위원회는 기본 형태를 유지하면서 새로운 세 가지 타당성 척도를 더했다. 공포, 강박, 건강염려, 분노, 냉소, 자존감, 사회적 불편감과 같은 성격 요인을 평가하기 위해서 합리적이고 통계적인 절차를 통해 부적절한 항목은 삭제되었고 새로운 보충 척도들이 추가되었다.

MMPI-2는 8개의 기본 증후군 척도로 구성되었다.

건강염려증(Hs) 척도	편집증(Pa) 척도
우울증(D) 척도	정신쇠약(Pt) 척도
히스테리(Hy) 척도	조현병(Sc) 척도
반사회적(Pd) 척도	경조증(Ma) 척도

두 개의 기본 임상 척도는 남성성-여성성(Mf) 척도와 사회적 내향성-외향성(Si) 척도다. 수검 태도가 얼마나 타당한지를 평가하기 위해 거짓말(L), 빈도(F), 교정/방어(K)의 세 가지 척도가 있다. 기본 척도의 해석을 돕기 위해 부가 척도들이 채점될 수 있는데, 예를 들면 A유형 행동과 기이한 사고(Bizarre Mentation) 그리고 여러 다른 척도다(Rush, First, & Blacker, 2007).

재표준화　　　　MMPI-2를 MMPI와 구별하는 가장 큰 변화는 신문광고와 무작위 표본 추출로 여성 1,462명, 남성 1,138명을 7개 주(州)에서 표집하여 실시한 재표준화 집단이다. 이 재표준화 집단은 나이, 성별, 인종 그리고 가족 소득을 포함하고 있는 1980년 미국 인구 센서스 자료를 토대로 수집하였다. 원판 MMPI는 제한된 교육을 받아 온 정상 표본에 치우쳐 있는 반면, MMPI-2는 전체 인구에 비해 교육 수준이 높은 정상 표본에 치우쳐 있다(Archer, 1992). 따라서 사회경제적 수준이 낮은 집단의 검사 결과를 해석할 경우에 적합성에 대한 염려가 야기된다.

장단점과 한계점　　　　개정판이 일부 문제를 해결하려 하고 있기는 하지만, 여전히 문제점들이 있다. 즉, 척도들 간의 내용 중복으로 정신과 집단들 간에 감별진단을 하는 데 유용성이 떨어진다는 것, DSM에 더 이상 사용하지 않는 정신과적 개념이나 이름들, 일부는 『DSM』에서 삭제된 진단 용어들을 척도 이름으로 사용한다는 것 등이 한계점으로 지적되고 있다(Groth-Marnat, 2009). MMPI가 다양한 문화 집단에서 사용될 수 있지만 점수들을 해석하는 데서는 신중해야 한다. 점수들은 다양한 성격 자료를 산출하는 데 유용하지만 여기에는 문화 규범들이 반영되어 있을 수 있다. MMPI-2가 많은 언어로 번역되었지만, 각각의 규준이 마련되지 않았다면 문화적 타당성은 의문스러울 수 있다.

　　많은 단점에도 불구하고, 원판 MMPI조차 개인력과 함께 사용될 경우 성격을 평가하는 데 상당한 정도의 부가적 타당도가 있다고 알려졌다(Garb, 1981). MMPI의 결과가 환자의 다른 자료와 결합됐을 때 진단 정확도는 증가한다(Schwartz & Wiedel, 1981). 검사 실시에는 한 시간에서 한 시간 반 정도가 소요되고, 100개 이상의 척도가 있지만, 컴퓨터를 이용하면 쉽고 빠르게 채점할 수 있다. 이런 이유로 MMPI-2는 지금도 효율적인 임상 평가 도구로 평가되고 있다(Rush, First, & Blacker, 2007).

이론에 근거한 검사 구성

MMPI가 개발되기 전까지 거의 모든 심리검사는 그것이 성격장애 이론과 얼마나 일치하는지를 보았다(Levitt & Duckworth, 1984, p. 467). 이론을 바탕으로 한 심리 척도는 '구성(construct)' 검사라고도 불린다.

MBTI

마이어스–브릭스 유형지표(The Myers-Briggs Type Indicator: MBTI)는 캐서린 브릭스(Katharine C. Briggs) 박사와 그녀의 딸 이사벨 브릭스 마이어스(Isabel Briggs Myers) 박사가 20여 년을 연구한 결과 만들어져 1975년부터 널리 알려졌다. MBTI는 강제 선택의 자기보고형 설문지로, 의식적 심리 유형에 주로 근거한 범주에 따라 사람들을 나눈다. 이 검사는 개개인의 무작위적이고 질서 없어 보이는 행동 양상들이 사실은 의식적 선택에 기인한 것이라는 가정을 토대로 한다.

개인은 저마다 다른 인식(perception) 방법과 판단(judgment) 기능이 있고 이것이 '개인의 특성과 관심사, 가치관, 욕구와 동기, 가장 잘하는 것과 하고 싶은 것'에 다르게 접근하게 한다고 이사벨 마이어스가 이야기한 바 있다(1962, p. 1). 특성은 유전적으로 타고나는 것이지만, 성격 유형은 개인의 선택을 토대로 특징적으로 행동하는 양상을 서술한 것에 지나지 않는다는 것이다.

MBTI는 개인의 선호도 스타일을 네 가지 차원에 따라 나눈다. 각 차원은 이분법적으로 구성되어 있고, 수검자는 개인의 선호도에 따라 둘 중의 한 선호 지표나 그 반대를 고르도록 되어 있다.

외향형(Extroversion) – 내향형(Introversion) 지표　　이 지표는 세상에 대한 전반적인 태도에 관한 것이다. 사람들은 기본적으로 외향형이거나 내향형인 것으로 구별된다. 이 E-I 지표는 보편적으로 사람들이 생각하는 활달하거나 숫기가 없는 것과는 다른 것으로, 그 사람의 에너지와 관심의 방향과 원천에 대해서 설명한다. 외향형은 대체로 다른 사람들이나 외부에서 이루어지는 사건 등을 중시하고, 글로 쓰는 것보다 서로 말을 통해 교감하는 것을 선호하며, 세상을 경험해 보려는 욕구가 더 큰 편이다. 이에 반해 내향형은 자신의 내면세계에 중점을 두고, 행동하기 전에 먼저 이해하는 것을 선호한다. "그러므로 행동하기 전에 먼저 사색할 시간이 필요하다."(Myers & Myers, 1987, p. 2)

감각형(Sensation) – **직관형**(Intuition) **지표**   이 차원(두 "기능" 과정 중의 하나)은 정보를 인식하는 방식에서의 경향성을 나타낸다. 감각에 의존하는 사람들은 사실적인 자료와 세부 사항에 집중하는 반면, 직관을 선호하는 사람들은 세부 사항이나 감각적으로 받아들여지는 정보를 뛰어넘어 함축되거나 암시되어 있는 더 큰 의미를 보려고 하며 자료가 갖고 있는 가능성과 잠재력을 보려고 한다.

사고형(Thinking) – **감정형**(Feeling) **지표**   두 번째 기능 과정 지표로서 개인이 어떻게 결정을 내리는가를 보는 판단 기능 척도다. 사고형은 이성적 사고와 논리를 이용해 증거를 분석하고, 발생할 수 있는 일의 결과를 논리적으로 예측함으로써 판단하는 반면, 감정형은 사람을 중시하는 가치관을 우선에 둔다.

판단형(Judging) – **인식형**(Perceiving) **지표**   사람이 근본적으로 어떻게 외부 세계를 지향하는지에 관한 지표로, 판단형은 질서와 정리, 체계화를 중요시하여 빠른 결정과 상황이 일단락되는 것을 중시한다. 이에 반해 인식형은 비교적 융통성 있고 때로는 즉흥적으로 접근하는 편이며 판단과 결정을 미루고 선택 여부를 열어 두는 것을 선호한다. 통제하기보다는 이해하려고 하는 편이며 상황 변화에 적응하고 맞추려는 편이다.

네 가지 선호 지표를 조합하여 나오는 성격 유형에는 열여섯 가지가 있으며, 그 어떤 유형도 다른 유형보다 좋거나 나쁘다고 할 수는 없다.

판단형-인식형(J-P) 지표는 개별적인 지표이지만, 다른 두 개의 기능 지표인 감각형-직관형(S-N) 지표와 사고형-감정형(T-F) 지표를 통합하고 이해하는 데 중요한 열쇠가 된다. 모든 사람이 이 두 가지 기능을 모두 사용하지만 둘 중의 하나를 더 편안하게 생각하여 자주 쓰게 되며 그것이 주기능이 된다. 이 판단형-인식형(J-P) 지표가 주기능과 부기능을 나누는 방향을 제시해 준다.

여기에서 주기능과 부기능 간에는 복잡한 관계가 있다. 외향적인 경우, 주기능은 그들이 가장 편안하게 생각하는 외부 세계를 지향하는 행동에서 더 드러나게 되며, 부기능은 내면세계로 향하게 된다. 그 반대로, 내향형은 자신의 에너지가 대부분 향하는 내면세계에 관한 행동에서 주기능을 발휘하게 된다.

두 기능 중 어떤 것이 주기능이 되고 부기능이 되는지에 대한 지표로 판단-인식형(J-P) 지표를 쓸 수 있다. 판단형 기질이 있는 외향형은 판단 기능인 사고-감정(T-F) 기능을 주기능으로 쓰게 되고, 인식 기능인 감각-직관(S-N) 기능은 부기능이 된다. 그러므로 ESFJ 유형인 경우 주 판단 기능이 감정(F)이 되며, 부기능으로는 인식 기능인 감각(S)을 사용하게 된다.

내향형의 경우는 조금 다르다. 앞서 말했듯이 판단형-인식형(J-P) 지표는 개인이 외부 세계에 대해 반응하는 태도를 보는 반면 내향형은 자신의 내면세계에서 주로 활동하기 때문에, 내향형의 판단-인식(J-P) 지표는 주기능이 아닌 부기능을 가리키게 된다. 예를 들어, INTP 유형인 경우, 인식형(P)이라는 지표는 그 사람의 직관(N)이 부기능(관찰 가능한 행동 양상으로 미루어 볼 때)이며 사고(T)가 내면으로 뻗어 나가는 주기능이라는 것을 알려 준다.

MBTI의 응용과 사용   MBTI는 매우 다양한 용도로 쓰이고 있다. 개인의 행동 양상을 예측하거나 진로 계획 또는 사람들 간의 화합도를 측정할 때에도 쓰인다. 그뿐만 아니라 대처 기술 강화, 인사 선발 채용, 개인이나 커플 및 가족 심리상담 그리고 리더십 훈련이나 교육에 이르기까지 그 응용 폭이 넓고 다양하다(McCaulley, 1981, 1990-1991). MBTI는 정상인들 사이의 다른 점을 측정하도록 만들어졌다. 마이어스는 심리치료에서도 MBTI가 '개개인의 차이를 정상화하는 데' 유용할 수 있다고 주장했으나(1962, p. 2), 심리치료의 응용성은 아직 확실하지 않다.

MBTI에 관한 기술 자료   MBTI는 이론을 토대로 만들어졌지만 지난 수십 년간 그 타당성을 입증하려는 실증적인 노력이 있어 왔다. MBTI를 채점하는 방법은 크게 두 가지가 있다. 저자들이 훨씬 선호하는 방식은 이분법 분류 체계(dichotomous typology)로, 모든 사람이 한 유형이 아니면 다른 유형으로 분류되는 방식이다. 두 가지 유형을 연속적인 척도의 양 끝으로 보는 것이 아니라 완전히 질적으로 다른 두 유형으로 보는 것이다. 계량심리학자들이 선호하는 또 다른 방식은 외향형−내향형(E-I) 지표를 연속 척도로 보는 방법이다. 1985년도에 발간된 『정신측정연감 제9판』에서 MBTI를 논평한 앤서니 드비토(Anthony J. Devito) 박사에 따르면, "[각 척도를] 연속성 지표로 보는 것이 등한시되어 왔으며, 이는 유형 이론 자체와 가장 동떨어진 것이기 때문이다. 하지만 그 [연속성 척도의] 점수가 이 검사의 심리측정적 속성을 가장 잘 나타내고 연구 결과 분석에 가장 유용한 것도 사실이다"(p. 1030).

MBTI 개발자와 동료들이 행한 검사−재검사 신뢰도 연구는 기존 점수를 이분법적으로 분류하여 많은 계량심리학자를 혼란에 빠뜨렸다. 심리유형응용센터(Center for Applications of Psychological Type)의 메리 매컬리(Mary H. McCaulley) 소장은 검사−재검사 신뢰도 연구의 '가장 중요한 질문'은 "수검자들이 재검사에서 같은 유형으로 판정될 가능성이 얼마나 되느냐는 것이다. 다시 말하자면, 네 개의 이분척도에서 첫 번째 검사와 같은 선호도를 보이는지가 관건이라는 점이다."라고 밝혔다(1981, p. 318). 짧게는 5주에서 길게는 6년까지 기간을 두고 재검사를 실시한 아홉 개의 표본 중에, 수검자들이 같은 유형을 보인 확률은 31~61%였다(1981, p. 318). MBTI 매뉴얼에서 보고하는 검사의 내적 일치도는 수용 가능한 수준에서 높은 수준에 이르고 있다(Myers, Kirby, & Myers, 1998).

타당도 연구 역시 수년에 걸쳐 검사의 여러 측면에서 진행되었다. MBTI 매뉴얼은

MBTI가 유사한 구성 개념을 측정하는 다른 검사와 적정한 공인타당도를 보였다고 보고하고 있다. MBTI Form M의 매뉴얼에서는 타당도 정보를 세분화하여 여러 성격 평가검사와 각 검사의 항목별로 나누었다(Consulting Psychologists Press, 2009). 더 오래전에 실시된 연구에서는 변형된 MBTI가 진로 선택과 관련하여 구성타당도를 인증받았다(McCaulley, 1981, 1990–1991; Kelly, 1985).

예술 심리치료사들의 흥미를 끌 만한 연구는 행동 양상과 MBTI의 상관관계에 관한 것이다. 카스카돈(Carskadon, 1979)은 융의 유형 분류 체계와 행동 양상이 높은 상관관계가 있다고 하였다. 예를 들어, MBTI에서 외향형으로 구분된 사람은 우리가 외향적인 사람과 결부 짓는 행동 양상을 보였는데, 즉 남들과 신체적 접촉을 더 시도하고, 말을 많이 하고 대화를 주도하는 편이며, 사람들의 이름을 잘 기억하는 등의 행동을 보였다. 몇몇 동작분석가는 유형 분류 체계와 몸동작 분석 간의 상관관계를 연구하기도 하였다.

장점과 한계점   MBTI의 가장 뛰어난 장점 중의 하나는 판단하지 않는 특징에 있다. 이는 성격검사로서는 드문 특징이며, 그 덕분에 MBTI 결과를 내담자와 공유할 수 있게 되었다. MBTI는 비즈니스와 교육적 측면 그리고 결혼상담이나 개인상담에서도 유용하게 쓰이지만 심리학자와 정신과 의사들 사이에서는 아직 잘 받아들여지지 않고 있다. MBTI 척도의 기본 구성이 되는 융의 이론 자체가 심리학자들 사이에서 널리 받아들여진 상태가 아니기 때문에 위와 같은 태도는 당연한 것일 수도 있다.

하지만 수년간의 연구 결과가 가져온 실증적 자료들을 보면, 이론적 기초를 신뢰하지 않더라도 MBTI의 유용성을 충분히 인정할 수 있을 것이다(예: Quenk, 2009). 물론 MBTI를 서로 다른 측면에서 보게 되는 이론주의적 학파와 심리측정을 중시하는 사람들 간의 의견 차이는 분분할 수밖에 없다. 제리 위긴스(Jerry Wiggins, 1987)는 "MBTI가 더 널리 사용되지 못하는 가장 주된 장애물은 이 검사의 저자들이 고수하는 비연속적 척도의 양극적 구조 모델 때문"이라고 강조하며, 그 양극이 "마치 절대 영점이 있는 순수양분법 지표라도 되는 것처럼" 묘사되는 것이 문제라고 지적했다(p.

538). 드비토 역시 각 지표와 척도의 연속적인 점수에 대한 정상 규준을 내놓지 못하는 것이 MBTI가 심리검사로 인정받지 못하는 가장 큰 이유라고 지적했다(p. 1032). 그러나 MBTI의 저자들이 이 척도를 심리검사로 보지 않기 때문에 위에 지적한 부분들을 당사자들은 문제점으로 여기지 않을 수도 있다. 심리측정의 관점에서 이 척도를 사용하고 싶어 하는 사람들을 위해서는 다행히도 외부에서 진행된 타당도와 신뢰도에 관한 연구가 상당수 있다.

프로그램 검사와 대안 포맷

'프로그램' 검사는 리 크론바흐(1970)가 처음 사용한 용어로 특정 프로그램이나 연구소, 수검사의 요구에 맞출 수 있도록 설계된 검사를 말한다. 프로그램 검사는 기존 검사의 수정본인 검사의 길이, 과제나 문항의 설계, 검사의 실시나 채점 등이 상황에 따라 바뀐다.

프로그램 검사를 설계하는 사람은 수정된 도구들이 원래 검사의 타당도와 신뢰도를 유지한다고 가정한다. 그러나 그 절차의 타당도와 신뢰도는 그것이 연구된 특정 과정에만 국한된다. 절차가 바뀔 때마다 검사의 속성도 변한다. MMPI의 신뢰도 계수가 MMPI-2에 자동적으로 적용된다고 가정할 수는 없다. 마찬가지로 같은 이름을 가진 여러 다른 형태의 검사, 예컨대 MMPI-F, G, M의 신뢰도와 타당도가 반드시 같다고 가정할 수 없다.

치료자가 검사를 변형하고 수정할 만한 합당한 이유들이 있다. 예컨대, 검사 대상이 인구통계학적으로 표준 집단에서 벗어나 있을 수 있다. 이러한 경우에 첫 번째 과제는 검사 매뉴얼에 대한 자문을 받는 것이다. 일부 신중하게 연구된 검사들은 국가적 규준뿐만 아니라 지역적 규준도 제공해 줄 수 있다. 하지만 만약 치료자가 현재 사용하는 검사를 변형시키는 방법밖에 없다고 판단한다면 두 가지 문제를 생각해 보아야 한다. 하나는 저작권 위반의 가능성이며, 다른 하나는 검사의 본래 속성을 잃어 버리는 것이다. 두 개의 검사가 같은 원리와 같은 형태를 가지고 있다 하더라도 모든 검사는 그 자체로 표준화되고 타당화되어야 한다.

마지막 주의 사항은 주의 깊게 타당화되고 규준화된 검사와 비슷하다고 가정된 검사를 사용할 때도 마찬가지로 적용된다. 때로 검사 매뉴얼에서 연구 자료를 인용할 때 오류를 범할 수도 있다. 크론바흐(1970, p. 118)는 인상적인 타당도 증거를 제시한 검사 배터리를 하나 인용했다. 하지만 거의 모든 '증거'가 전혀 다른 검사 세트들에서 수집된 것이었고 아주 다른 용도로 사용된 것들이었다. 아마도 그 검사들이 표면적인 유사성을 지니고 있기 때문에 타당도 자료도 마찬가지로 적용 가능하다고 가정한 것으로 보인다.

어떤 검사들이 같은 이론적 원리를 토대로 하고 같은 환자를 위해서 같은 목적으로 설계되었다고 할지라도 질문지의 내용이나 문항 수가 변하면 타당도와 신뢰도가 영향을 받게 된다. 예컨대, 70문항으로 된 커시 기질검사(Keirsey Temperament Sorter; Keirsey & Bates, 1984)는 MBTI와 마찬가지로 융의 이론을 근거로 하여 네 개의 차원으로 구성한 유형검사다. 이것은 표면적으로는 MBTI와 비슷하다. 그러나 문항들이 좀 더 모호해서 여러 가지 해석 가능성을 열어 놓고 있다. 예컨대, 19번 문항은 "당신은 (a) 논리적인 판단을 할 때 더 편안합니까, (b) 가치 있는 판단을 할 때 더 편안합니까?"를 묻는다(p. 6). 만약에 당신이 논리적인 형태로 가치의 충돌에 대한 선택을 해야 한다면 어떻게 대답하겠는가? 또한 51번 문항은 "당신은 경험을 더 신뢰합니까, 직감을 더 신뢰합니까?"를 묻는다. 만약 당신이 경험을 근거로 하여 직감을 믿는다고 한다면 이 질문에 어떻게 대답할 것인가?

이 밖에도 두 개의 검사가 길이, 형태, 채점에서 차이가 있을 수 있다. 이렇게 되면 두 검사 도구가 같은 타당도와 신뢰도를 갖는다고 가정할 수 없다. 치료자가 프로그램 검사를 만들거나 사용할 때, 기존의 검사를 변형시켜서 사용할 때, 충분하게 연구되었다고 알려진 검사와 비슷한 검사를 사용할 때, 혹은 같은 검사의 다른 버전(예: MMPI와 MMPI-2)을 사용할 때, 최선의 조언은 그 검사의 심리측정적 속성이 확인된 상태가 아니라면 매우 신중하게 사용해야 한다는 것이다.

정보를 얻는 출처로서의 검사 매뉴얼

검사 매뉴얼은 그 검사에 대한 정보를 가장 처음 얻는 곳이며, 가장 좋은 정보를 얻을 수 있는 곳이기도 하다. 그럼에도 모든 매뉴얼이 다 유용한 것은 아니다. 뷰로스(Buros) 등이 지적했듯이, 일부는 잘못된 정보를 주거나 오해의 소지가 있을 수도 있다. 갈수록 인터넷으로 쉽게 접할 수 있는 지식을 통해 검사 정보나 리뷰를 얻기가 용이해지고 있다. 정신측정연감 웹사이트나 다른 인터넷 출처를 통해서 자세한 정보를 찾을 수 있다.

사용과 적용

어떠한 검사도 '좋은 검사'라고만 기술될 수는 없다. 그 검사를 왜, 어떤 연구 대상에게, 어떻게 사용할 것인지에 관한 명확한 계획 없이는 그 검사를 제대로 평가할 수 없다. 검사 제작자들이 그 검사의 유용성이나 사용법에 관해 제시하고는 있지만, 그 검사의 가장 적합한 용도를 찾는 데에는 검사자 자신의 선택이 가장 중요하다.

검사에 대한 리뷰나 검사 매뉴얼에서는 지금까지 그 검사가 어떻게, 어떤 상황에서 쓰여 왔는지에 대해 이야기하고 적합한 사용법을 제시할 것이다. 검사를 쓰고자 하는 목적이나 의도에 맞는지에 대한 결정을 내리기 위해, 그 검사가 지금까지 쓰인 용도와 검사에 관한 연구 결과를 참고하는 것이 좋다.

검사 실시와 채점

검사를 실시하는 데 편리성이 고려되어야 하지만, 이보다 중요한 것이 있다. 검사를 실시하는 방식은 꼭 검사가 고안된 목적이 아니더라도 사용되는 목적에 적합해야 한다. 예를 들면, 어떤 검사가 아주 심도 있고 상세한 평가에 적합하고 유용하다고 가정해 보자. 그러나 그 검사의 목적이 입학, 배정, 배치에 관한 결정 등 신속한 판단을 요하는 것이라면, 검사가 복잡하고 실시하는 데 긴 시간이 드는 것은 다시 고려해 봐야 할 만한 사안이다. 대체로 개인상담을 하는 치료자들은 쉽게 실시할 수 있고 시간이 많이 들지 않는 검사를 선호할 것이다. 특정한 관심사를 가지고 있는 임상가가 선별이나 평정을 하는 데 유용한 도구로 이용 가능한 자기보고식 검사들이 많이 있다. 그로스-마넷(2009)이 말했듯이 1990년대에 의료 비용 절감을 목표로 한 의료 보장 시스템이 확장되면서 심리치료의 계획과 감찰을 목적으로 하는 검사 도구가 급증하기 시작했다. 좋은 예로, 불안감과 공포장애의 심각성을 간단히 측정할 수 있는 벡 불안척도(Beck Anxiety Inventory)가 있다. 이런 검사 도구들을 찾기 좋은 책으로는 『정신과 척도 핸드북』(*Handbook of Psychiatric Measures*)(Rush, First, & Blacker, 2007)을 추천한다.

그 어떤 검사 도구를 선택하든지 검사 실시 방법이나 안내는 명료해야 하고 수검자의 언어, 학력, 사회경제적 지위, 문화 등에 가장 적합하여야 한다. 수검자에게 주어진 실시 방법이나 안내는 물론 각 항목의 실제 내용도 살펴보아야 한다. 검사 매뉴얼에 제시된 표준화 표본 집단의 구성을 점검해 보기를 추천한다.

어떤 검사들은 검사 방법이 너무나 복잡해서 검사자에게 숙련된 기술이나 전문적인 연수를 요하는 것도 있다. 검사 자체가 복잡하지 않더라도, 자격증이 있는 심리학자들만 검사를 실시하도록 되어 있는 주도 있다. 이런 것들은 검사를 시작하기 전에 꼭 고려해야 할 사항들이다. 채점도 문제가 될 수 있다. 어떤 심리검사들은 전문적인 훈련을 받지 않은 검사자들은 채점을 할 수 없게 되어 있다. 이런 점은 매뉴얼에 상세히 기재되어 있어야만 한다.

기술적 자료

이전 장들에서 다룬 타당도, 신뢰도 그리고 표준화에 관한 문제들 역시 검사 매뉴얼에 포함되어 있어야 한다.

타당화

3장에서 구성타당도와 준거타당도에 대해 다루었다. 타당도를 구하는 통계적 방법에 대해 기본적인 지식을 구축하였으니 이제 타당성에 대해 더 세밀한 질문을 할 수 있을 것이다.

표준화 표준화 집단의 구성은 어떻게 되는가? 어떻게 선발되었는가? 제시된 자료는 당신이 검사하고자 하는 환자나 내담자를 표준화집단이 얼마나 대표하는지를 판단하는 데 도움이 되는가?

준거타당도 준거와 관련하여 검사의 타당도를 만족시킬 만한 증거가 매뉴얼에 제시되어 있는가? 그 연구들이 검사 도구의 예언적 가치에 대한 증거를 제공하고 있는가? 어떤 집단이 연구 대상이 되었고, 그것이 당신이 연구하고자 하는 대상들을 대표하는가? 이들의 상관계수가 충분히 높은가? 이 매뉴얼이 그 검사와 준거 간에 시간 간격을 명시하고 있는가? 그 검사가 당신이 원하는 바를 행해 주는 검사라는 것을 시사할 만한 다른 경험적인 증거가 있는가?

신뢰도 검사의 신뢰도를 지지할 만한 증거가 있는가? 관찰자 간 신뢰도를 지지할 만한 증거나 있는가? 보고된 관찰자 간 신뢰도에 도달하려면 특별한 훈련 과정이 필요한가?

기본적으로, 다음과 같은 하나의 중요한 질문을 염두에 두고 매뉴얼을 읽어 보아야 한다. 즉, 당신이 환자나 내담자에 대해서 결정해야 하는 것을 결정하는 데 그 검사가 얼마나 도움을 주고 있는가?

요 약

객관적인 검사는 말 그대로 '객관적이다'. 채점의 주관성은 최소화되는데, 준거가 미리 결정되어 있고 단일화되어 있기 때문이다. 도구 혹은 절차가 표준화되면, 객관적 접근은 검사 사용자가 신뢰도에 확신을 가지고 검사를 사용할 수 있게 해 준다.

평가는 전형적인 행동의 확인과 분석을 기반으로 이루어진다. 평가는 환자나 내담자가 보고한 행동을 기반으로 이루어진다. 객관적 검사에서 이것은 검사 목록, 체크리스트, 척도의 형태를 취하는 자기보고식 질문지를 통해서 실시된다.

자기보고식 질문지는 그 자체로 취약성이 있다. 즉, 문항을 만들 때 모호함이 있고 수검자가 문항을 일관되게 해석하지 않는다는 문제가 있다. 자기보고의 정확성은 여러 가지 상황에 의해서 영향을 받는다. 즉, 수검자가 거짓말을 하거나 속임수를 쓰거나 또는 수검자가 반응하는 특정 경향성에 의해서 영향을 받는다.

이러한 문제를 다루기 위해 수많은 기법과 접근법이 개발되어 왔다. 이러한 기법들에는 검사 구성을 수정하는 것, 타당도 척도와 교정 척도를 포함하는 것, 그리고 반응의 편향을 하나의 검사 요소로 다루는 것 등이다.

객관적인 자기보고식 검사를 구성하는 세 가지 기본 접근 방법이 있다. 논리적, 합리적 혹은 직관적 척도와 지표들을 직관적으로 도출한 문항들의 선택에 토대를 두고 구성한다. 이런 척도와 지표는 안면타당도가 높으며 질문에 대한 답을 행동의 표본으로 간주한다. 이러한 접근법의 이점은 간단하고 명료하며 내담자에게 자신의 평가에 대해 통합된 느낌을 가지게 한다는 것이다. 제한점으로는 왜곡에 취약하며 반응 편향의 영향을 받는다는 점 등이 있다.

준거 기반의 검사는 소위 '대조 집단' 방법으로 일컬어지는데 준거 집단과 통제 집단의 반응을 분석하는 것을 기반으로 한다. 이 반응들이 비교되고, 집단들을 변별하는 문항들이 선택된다. 이 방법은 통계적 상관을 근거로 한다.

이론에 근거한 질문지는 이론 혹은 특정 개념에 부합하는 반응들을 보이는 문항들을 선택하여 만든다. 이 검사 도구들이 이론을 토대로 만들어지기는 하지만 통계적으로 타당화되는 경우가 흔히 있다.

참고문헌

Archer, R. P. (1992). Review of the Minnesota Multiphasic Personality Inventory. In J. J. Kramer & J. C. Conoley (Eds.), *Eleventh mental measurements yearbook* (pp. 558–562). Lincoln, NE: Buros Institute of Mental Measurement.

Beck, A. T., & Steer, R. A. (1988). *Manual for the Beck Hopelessness Scale.* San Antonio, TX: The Psychological Corporation.

Beck, A. T., Steer, R. A., & Brown, G. K. (1996). *Manual for the Beck Depression Inventory II* (2nd ed.). San Antonio, TX: The Psychological Corporation.

Beck, A., Ward, C. H., Mendelson, M., Mock, J., & Erbaugh, J. (1961). An inventory for measuring depression. *Archives of General Psychiatry, 4,* 561–571.

Braginsky, B. M., Braginsky, D. D., & Ring, K. (1969). *Methods of madness.* New York: Holt, Rinehart, and Winston.

Butcher, J. N. (1990). *MMPI-2 in psychological treatment.* New York: Oxford University Press.

Carlyn, M. (1977). An assessment of the Myers–Briggs Type Indicator. *Journal of Personality Assessment, 41,* 461–473.

Carskadon, T. G. (1979). Behavioral differences between extroverts and introverts as measured by the Myers–Briggs Type Indicator: An experimental demonstration. *Research in Psychological Type, 2,* 78–82.

Cohen, R. J., Swerdlick, M. E., & Smith, D. K. (1992). *Psychological testing and assessment.* Mountain View, CA: Mayfield.

Conoley, C. W. (1992). Review of Beck Depression Inventory, revised ed. In J. J. Kramer & J. C. Conoley (Eds.), *Eleventh mental measurement yearbook.* Lincoln, NE: Buros Institute of Mental Measurement.

Cronbach, L. J. (1970). *Essentials of psychological testing* (3rd ed.). New York: Harper and row.

DeVito, A. J. (1985). Review of Myers–Briggs Type Indicator. In J. V. Mitchell (Ed.), *Ninth mental measurement yearbook*. Lincoln, NE: Buros Institute of Mental Measurement.

Edwards, A. L. (1957). *The social desirability variable in personality assessment and research*. New York: Dryden.

Edwards, A. L. (1966). Relationship between probability of endorsement and social desirability scale value for a set of 2,824 personality statement. *Journal of Applied Psychology, 50,* 238–239.

Goffman, E. (1959). *The presentation of self in everyday life*. New York: Anchor.

Goffman, E. (1963). *Behavior in public places*. Glencoe, IL: Free Press.

Groth–Marnat, G. (1990). *Handbook of psychological assessment*. New York: John Wiley and Sons.

Groth–Marnat, G. (2009). *Handbook of psychological assessment* (5th ed.). New York: John Wiley and Sons.

Jackson, D. N., & Messick, S. (1962). Response styles and the assessment of psychopathology. In S. Messick & J. Ross (Eds.), *Measurement in personality and cognition*. New York: Wiley.

Keirsey, D. N., & Bates, M. (1984). *Please understand me: Character and temperament types*. Del Mar, CA: Prometheus Nemesis.

Kelly, E. J. (1985). The performance of chess players. *Journal of Personality Assessment, 4*(9), 282–284.

Levitt, E. E., & Duckworth, J. C. (1984). Review of MMPI. In D. J. Keyser & R. C. Sweetland (Eds.), *Test critiques,* Vol. I. (pp. 466–471). Kansas City, MO: Test Copr. of America.

McCaulley, M. H. (1981). *Jung's Theory of psychological types and the Myers–Briggs Type Indicator*. Gainseville, FL: Center for Applications of Psychological Types.

McCaulley, M. H. (1990-1991). *The Myers–Briggs Type Indicator: A Measure for Individuals and Groups*. Gainesville, FL: Center for Application of Psychological Types. Reprinted from *Measurement and evaluation in counseling and development, 22*(January, 1990) and *23*(January, 1991).

McMahon, F. B. (1969). Personality testing-a smoke screen against logic. *Psychology Today, 2*(8), 54-59.

Myers, K. C., & Myers, I. B. (1987). *Myers-Briggs Type Indicator, Form G self-scorable question booklet.* Palo Alto, CA: Consulting Psychologists Press.

Myers, I. B. (1962). *Manual: The Myers-Briggs Type Indicator.* Princeton, NJ: Educational Testing Service.

Myers, I. B., Kirby, L. K., & Myers, P. B. (1998). *Introduction to type.* Mountain View, CA: CPP, Inc.

Nunnally, J. C. (1978). *Psychometric theory* (2nd ed.). New York: McGraw-Hill.

Oakland, T., & Dowling, L. (1983). The Draw-A-Person Test. Validity properties for non-biased assessment. *Learning Disabilities Quarterly, 6,* 526-534.

Peterson, R. A. (1978). Review of Rorschach procedure. In O. Buros (Ed.), *Eighth mental measurements yearbook.* Highland Park, NJ: Gryphon Press.

Quenk, N. L. (2009). *Essentials of Myers-Briggs type indicator assessment.* Hoboken, NJ: John Wiley & Sons.

Rush, A. J., First, M. B., & Blacker, D. (2007). *Handbook of psychiatric measures* (2nd ed.). Washington, DC: American Psychiatric Publishing, Inc.

Schwartz, S., & Wiedel, T. C. (1981). Incremental validity of the MMPI in neurological decision-making. *Journal of Personality Assessment, 45,* 424-426.

Sharp, L. K., & Lipsky, M. S. (2002). Screening for depression across the lifespan: A review of measures for use in primary care settings. *American Family Physician, 66*(6), 1001-8.

Sundberg, N. D. (1992). Review of the Beck Depression Inventory. In J. C. Kramer & J. C. Conoley (Eds.), *Eleventh mental measurements yearbook.* Lincoln, NE: Buros Institute of Mental Measurement.

Tyler, L. E. (1963). *Tests and measurements.* Englewood Cliffs, NJ: Prentic-Hall.

Wiggins, J. S. (1987). Review of the Myers-Briggs Type Indicator. In J. C. Conoley & J. J. Kramer (Eds.), *Tenth mental measurements yearbook.* Lincoln, NE: Buros Institute of Mental Measurement.

CHAPTER 7

평가에서의 투사적 접근

인간 특성을 연구한다는 것은 모순에서부터 출발한다. 모든 인간은 유사하지만 또한 모두가 서로 다르다. 현재 지구상에 살고 있는 혹은 과거에 살았거나 미래에 살 수억 명의 사람 중에 누구도 정확하게 같은 유전자와 경험을 공유하지 않는다. 개인들은 확실히 구분되기에, 우리는 사진, 공항이나 철도역의 군중 속에서 친구, 친지 혹은 낯선 사람을 가려낼 수 있다. 우리는 전화에서 목소리를 구분할 수 있으며 우리가 알고 있는 사람의 움직임, 리듬과 악센트를 구분할 수 있다. 또한 일반화할 수도 있어서 '인간 속성' '평균적인' 키와 체중 및 '전형적인' 반응과 태도에 대해 이야기할 수 있다.

사람들의 유사성 혹은 차이점에 초점을 맞추는 것을 통해 사람을 더 잘 이해하는가? 사람들이 일반적으로 가지고 있는 것이 무엇인지 찾은 후에 각 개인이 이러한 규준에서 어떻게 다른가를 찾아내는가? 혹은 각 개인의 독특성을 찾는 것에서부터 시작하는가? 앞의 두 장에서 우리는 중심경향성을 계산하는 것으로부터 시작해서 규준적 접근에 대해 다루었다.

지난 75년여 동안 일부 이론가는 객관적인 규준 평가가 개별 내담자에 대해 알려 주는 것이 거의 없다는 점에 의문을 제기해 왔다. 성격 연구들은 사람들이 동일하다고 보며 중심경향성에서 벗어나는 것들을 문제가 되는 편향으로 다루고 개성을 무시하고 하찮게 여기며 공통성에 초점을 맞추어 접근하였는데, 이를 통해 어떻게 개인차를 알아낼 수 있는지에 대한 비판이 제기되었다(Frank, 1939, p 393). 유사한 논쟁이 치료자들의 연구에 대한 무관심과 관련하여서도 일어났다는 점은 흥미로운 일이다 (Cruz & Berrol, 2012). 비평가들은 동일성이 아니라 개성이 인간 지각의 독특한 특징이라고 주장한다. 그들은 각 개인이 자신의 감각 근거를 해석하는 방식이 개인의 성격을 형성하게 된다고 말한다.

이러한 철학적 반박 외에도, 많은 이가 '전형적' 행동이 확실하다는 전제하에 이루어지는 자기보고는 개성의 근원을 찾아낼 수 있는 표면 밑을 탐색할 수 없다고 주장한다. 그들은 성격의 많은 측면이 무의식적 방어와 의식적 저항으로 인해 자기보고로는 규명될 수 없다고 주장한다.

투사 평가 기법은 이러한 논쟁에서 비롯된 것이다. 전통적으로 그러한 평가들은 주로 정신분석 이론에 기초하며 임상적 평가를 기본으로 한다. 그러나 타당도와 신뢰도를 수립하려는 시도들은 그들로 하여금 통계적 확증의 장으로 들어가게 했다. 투사 기법이 임상적으로 유용하다는 것을 아는 치료자들은 자신들의 가정, 가설과 결론에 의문을 제기하는 연구자들과 갈등에 빠지게 되었다.

이 주제를 더 깊이 논의하기 전에 성격 평가의 일부 학문 영역에서는 성격검사를 '투사적' '객관적'으로 구분하는 것을 없애도록 권고한다는 점을 미리 말해 두는 것이 필요하겠다(Meyer & Kurtz, 2006). 논쟁은 오직 점수만이 객관적 검사에서 객관적이라는 점에 있다. 메이어(Meyer)와 커츠(Kurtz)는 투사검사가 개인이 검사자의 최소한의 지시만을 받는 상태에서 반응하는 자극들을 포함한다는 점을 지적했다. 또한 상황은 모호성에 반응하면서, 응답자들이 성격적 특성 요소들을 포함한다는 점을 강조하였다. 이러한 입장은 내담자의 시각적 결과물, 음악적 결과물, 움직임의 성격화를 이런 방식으로 보는 대부분의 창조적인 예술치료사들과 훌륭한 조화를 이룬다. 이러한 지식에 기초한 투사 기법에 대한 더욱 깊이 있는 논의가 적절하고 유용하기를 기대한다.

투사 가설

전통적인 투사 기법은 종종 '투사 가설'이라고 하는 것에 기초하는데 이는 주로 정신분석 이론에서 비롯된 것이다. 이 가설을 수용하는 사람들은 우리가 개인 성격을 변화시키려 한다면 그 개인이 만들어 냈거나 그 개인을 둘러싸고 있는 환경을 통하여 자신의 개인성을 어떻게 나타내는지를 관찰해야 한다는 입장을 가지고 있다 (Rapaport, Gill, & Schafer, 1968, p.224).

그러나 외부로 드러나는 성격 대부분은 보통 검사로 접근할 수 없는 우세한 내적 요소들에 의해 추동된다. 투사적 접근의 초기 개발자 중의 한 명인 로렌스 프랭크 (Lawrence K. Frank, 1939)는 "개인에게 가장 중요한 것은 말할 수 없거나 말하려 하지 않는 것이다."(p. 395)라고 기술하였다. 행동의 내적 측면들이 개인이 의식 수준에서 노출할 준비가 되지 않은 지각, 환상과 사고를 구성하는데 이들은 자각되지 않아도 상징적으로 드러날 수 있다. 측정하는 사람에게 놓인 도전은 성격의 감추어진 내적 측면들을 드러나게 하는 것이다.

투사 기법

투사적 절차는 "그 안에서 개인이 능동적이고 자발적으로 구조가 없는 재료에 구조를 부여하고 그 과정 속에서 자신의 구조를 만드는 원칙이 드러나는 것인데, 그것이 바로 그 사람의 심리적 구조의 원칙인 것이다"(Rapaport, Gill, & Schafer, 1968, p. 225).

다양한 형태의 투사 절차 가운데 이 장에서는 사고나 감정 패턴을 알아내는 데 사용하는 투사검사에 초점을 맞출 것이다. 데이비드 라파포트(David Rapaport)는 투사검사를 선행 사건에 대한 검토 없이 매 순간 그 사람에게 내재해 있는 심리적 구조를 끌어내고 관찰 가능하게 만들어 의사소통하려는 시도라고 정의하였다. 이 목표에 도달하는 방법에 따라 일반적인 투사적 절차와 투사적 검사가 구별된다(Rapaport, Gill, & Schafer, 1968, p. 226).

앞 장에서 자기보고는 직접적인 측정이라고 하였다. 대상의 전형적 행동에 대한 자기관찰인 것이다. 반대로 투사검사는 간접적이다. 내담자로 하여금 자신에 대해 이야기하게 하는 대신, 투사검사들은 자기 밖의 것들—구름, 그림, 잉크반점 혹은 다른 사람들—에 대해 이야기하게 한다. 혹은 내적 원칙에 따라 대상을 창조하도록 하거나 외부적으로든 내부적으로든 자발적으로 자극에 반응하도록 한다. 그렇게 할 경우, 투사 가설에 따르면 외부 세계에 대한 반응을 통해 내부 구조가 드러나는데 종종 상징적인 표상으로 나타난다. 과정이 간접적이기 때문에 수검자들은 자신이 드러내고 있는 것에 대해 전혀 알지 못하게 되므로 거짓으로 꾸미거나 검열하지 않는다. 그 자료들은 최소한 의식적인 것에 해당하는 양만큼을 무의식에서 끌어낸 것이다.

이 장에서는 잘 알려진 투사 기법들을 살펴볼 것이다. 먼저 투사 기법으로 가장 유명한 로르샤흐 잉크반점 절차에 대해 간략하게 살펴볼 것이다. 역설적이게도, 투사적 요소는 로르샤흐에서 단지 일부일 뿐이다.

로르샤흐의 시행과 해석은 자격증이 있는 심리학자만 할 수 있다. 대부분의 예술 치료사는 단지 자극만으로 활용되는 도구를 사용하는 것을 즐겨 하지 않을 것이다. 대신에 내담자가 숨겨진 구조적 원칙을 드러내고 논의를 위한 시작점이 되는 자신만의 결과물을 만들어 내는 것을 선호한다. 그럼에도 로르샤흐는 전반적으로 투사 접근의 패러다임에 해당한다.

로르샤흐 검사

로르샤흐 방법, 로르샤흐 잉크반점 기법, 로르샤흐 정신진단검사라고도 알려진 로르샤흐 검사는 이를 만들어 낸 스위스 정신과 의사인 헤르만 로르샤흐(Herman Rorschach)의 이름을 따라 붙여졌다. 정신과 의사인 로르샤흐는 정신분석과 예술 간 관련성에 관심을 가지고 개인이 지각한 것과 그 지각한 것을 처리하는 방식은 개인

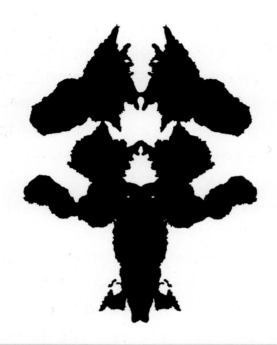

[그림 7-1] 로르샤흐 같은 형태의 잉크반점

성격의 기본 구조에 달려 있다는 결론에 도달하였다. 그는 그의 "실험"(그는 로르샤흐 검사를 검사라고 칭하지 않았다)을 성격의 많은 측면(인지, 정서, 지각, 사회적 측면)이 담겨 있는 표준 과제로 보았다.

　자극 재료들은 [그림 7-1]에서 보는 것과 유사한 10개의 반점으로 구성되어 있으며 각 반점은 개별 카드에 인쇄되어 있다. 5개는 무채색으로 검은색에서 회색 톤이며, 2개는 붉은색이 포함되어 있고 3개는 여러 색이 포함되어 있다.

　로르샤흐 자신은 시행, 채점이나 해석에 대한 지시 사항을 적은 매뉴얼을 만들지 않았지만 수년이 지나면서 매뉴얼을 포함한 다양한 체계가 만들어졌다. 그 다양한 체계는 여러 측면에서 서로 다르지만 기본은 유사하다. 카드들은 보통 한 번에 하나씩 정해진 순서에 따라 제시된다. 수검자는 자신이 무엇을 보았는지 말하기만 하면 된다(예: "이것이 무엇처럼 보이나요?"). 검사자는 반응 내용을 그대로 다 받아 적고 각 카드를 대할 때마다 수검자가 카드를 드는 방식이나 특이한 몸짓 등을 다 기록한다. 첫 번째 시행 동안 검사자는 조용히 침묵하면서 수검자가 어떤 방해나 간섭 없이 '투사'할 수 있도록 해 준다. 두 번째 시행은 '질문' 단계라고 알려진 과정으로 수검자가 왜 그렇게 반응하였는지, 잉크반점의 어떤 측면이 그러한 답변을 하게 하였는지, 새로운 반응이 더 있는지 그리고 수검자가 첫 번째 반응을 기억하는지 등을 알아내는 과정이다.

채점 체계에 차이가 있더라도 대부분은 다음 범주들을 따른다.

① 위치: 반응이 전체 잉크반점을 다루는가, 조그만 부분을 다루는가, 큰 부분을 다루는가, 혹은 빈 공간을 다루는가?

② 내용: 수검자가 사람을 보는가? 동물을 보는가? 무생물을 보는가? 성적 상징을 보는가? 신체 일부를 보는가? 여기에서 선택은 연상 과정과 관련된다.

③ 결정인: 어떤 성질이 지각되는가? 색? 형태? 음영? 운동? 수검자가 모든 속성을 자각하고 있는 한편, 반응의 구체적인 내용은 반응을 결정한 특징들이 무엇인지를 보여 준다.

④ 형태: 반응은 얼마나 정확한가? 개념 자체가 단순한가 복잡한가? 서로 응집되어 있는가 분리되어 있는가? 연상 반응("○○○를 생각나게 하는?")이 지각을 압도하게 되면 이는 정신병리의 증거로 간주된다(Rapaport, Gill, & Schafer, 1968, p. 284).

⑤ 독창성: 반응이 '평범'(예측 가능)한가? 반응이 '독창적'이라면(드물게 나타난다면), 그것이 현실과 연결되어 있는가 혹은 기태적인가?

수년 동안의 임상적 관찰에 근거해서 로르샤흐는 대부분 정상적인 사람들은 전체 형태에 먼저 반응을 하고 그다음에 세부에 대해 이야기하고 큰 것에서 작은 것으로 반응한다는 것을 발견하였다. 그리고 이 패턴이 역전될 경우를 비정상 지표라고 해석하였다. 또한 빈 공간에 초점을 맞추는 것을 비정상 지표라고 해석하였다. 로르샤흐는 적은 개수의 반응(보통 30개가 평균)을 우울과 관련시켰다. 그러나 모두 합쳐서 10개를 완벽하게 정상(평범) 반응을 한 사람은 강박적 성향이 있고 대부분의 '정상' 반응은 대칭적이지만(잘 균형이 잡힌) 완벽하게 일치되지는 않는다는 것을 알아냈다. 우울한 수검자는 분명한 형태를 지각하고자 지나치게 염려하며 그들의 반응은 매우 전형적이었다.

특히 로르샤흐는 색채 지각을 정서 통제의 단서로 보면서 위축된 사람은 색을 무시하고, 우울한 사람은 검은색과 회색에 초점을 맞추고, 충동적인 수검자는 통제되지 않은 혼란스러운 방식으로 반응한다고 하였다. 회색, 청록색, 분홍색과 황갈색이 섞인 한 카드는 신경중적인 사람에게 '색 충격'을 유발한다고 하였다.

오늘날 10개의 그림이 사용되는데 이는 수년 동안의 실험을 통해 로르샤흐가 골라낸 것이지만 잉크반점이 사용되는 방식은 1921년 처음 출판된 이래로 많은 변화가 있어 왔다. 로르샤흐 본인은 반응의 상징적 내용을 분석하는 것보다 감별진단 체계 개발에 더 관심이 있었다.

그러나 1922년 로르샤흐 사후 5개의 채점 체계가 개발되면서 사실 로르샤흐는 각각 특유의 이론적 접근과 해석 체계를 갖춘 5개의 서로 다른 검사가 된 셈이었다. 결과적으로 많은 임상가는 출판된 채점 체계를 버리고 상징에 초점을 맞추고 프로이트적인 용어로 반응을 해석하면서 반응 내용에 대한 주관적 분석에 기초를 두었다. 1974년에 엑스너(John, E. Exner)는 기존의 5가지 체계의 좋은 점만을 취합해서 '종합체계'를 개발했다. 여전히 일부 임상가는 자신들의 직관적인 해석 체계나 기존의 5개 체계를 사용하기는 하지만, 엑스너 체계는 가장 넓게 사용되는 로르샤흐의 시행, 채점과 해석 방식이 되었다.

심리측정적 속성

다른 투사 기법과 마찬가지로 로르샤흐의 신뢰도를 평가하는 것은 아주 어려운 문제다. 먼저, 검사 신뢰도를 수립하는 전통적인 방법은 적용되지 않는다. 어떻게 반분법을 가지고 신뢰도를 평가할 것이며 각 잉크반점이 나름의 속성을 가지고 있는데 어떻게 서로를 비교할 수 있는가? 자극이 너무 모호해서 한 검사 시행에서 다음 검사 시행까지 지속될 수 없는 유동적인 기분, 순간의 염려와 일시적인 연상에 기초한 반응을 하게 되는데 어떻게 검사-재검사 신뢰도를 얻을 수 있는가?

연구들은 로르샤흐에서 판단자 간 신뢰도에 높은 점수를 주지 않는 편이다. 많은 연구에서 특정 체계로 훈련받은 검사자들의 점수에서 높은 신뢰도가 보고되었으나 (Cohen, Swerdlick, & Smith, 1992, p. 446) 측정에서 중요한 것은 채점이 아니고 그 점수가 의미하는 바를 해석하는 것이다. 이 경우, 결과들이 고무적이지 않은데 몇몇 연구의 계수들은 .33 이하로 집단을 변별하는 데 효과적이지 않았다(Cohen, Swerdlick, & Smith, 1992, p. 446).

문화적 편향

로르샤흐는 검사로 사용될 때 문화 편향적이라는 점을 염두에 두어야 한다. 먼저, 개인의 지각은 모국어와 같은 그 사람의 문화적 배경에 크게 영향을 받는다. 원시 사막인 모로칸은 겨우 식별할 정도의 세부적인 것에 집중하는 반면에 사모아인들은 세부적인 것을 무시하고 새나 물고기와 같이 전반적인 것만을 지각하는 성향을 보인다.

연구자들은 검사자가 내담자가 낮은 사회계층에 속한다는 사실을 알았을 때 병리를 더 많이 진단했다는 결과를 통해 검사자의 해석이 수검자의 사회계층에 의해 영향을 받는다는 사실을 밝혔다. 낮은 사회계층 수검자들에게서 자주 나타나는 전형적인 반응들이 중류계층의 수검자에게서 나타나면 병리적인 것으로 해석되었다(Peterson, 1978, p.661).

로르샤흐는 진정한 의미에서 검사인가

2장에서 코끼리를 놓고 논쟁한 장님들처럼 서로 다른 것들에 대해 다양한 해석이 내려지는데 이는 로르샤흐 해석이 임상가 각자에게 저마다의 고유한 의미와 가치를 가진다는 것을 뜻한다.

로르샤흐 자체는 다양한 해석과 정의가 가능하다. 찰스 맥아더(Charles C. McArthur)는 『정신측정연감 제7판』(1972)에서 로르샤흐가 "우리가 알고 있는 가장 풍부한 행동 표본 수집 방법"이라고 하였지만 다음과 같이 덧붙였다.

로르샤흐는 '검사와 측정'이라는 측면에서 보면 '검사'가 아니다. 이것은 표준화된 행동 표본이다. 그러나 역설적으로, 이 검사가 아닌 것에 대한 '심리측정'과 관련된 문헌이 점점 많이 나오고 있다. 로르샤흐는 내용만을 '해석'하는 검사자에 의해 왜곡되지만 정신분석적인 것도 아니다. 로르샤흐는 투사검사가 아니다. 투사 기제는 오직 한 가지 종류의 반응에서만 나타난다. 무엇보다도 심리측정적이지도 않고 측정 도구도 아니다. 로르샤흐를 '로르샤흐 검사'라고 부르는 것은 단순히 심술궂은 재미를 위해서 쉽게 넘어뜨려지는 허수아비를 일으켜 세우는 것과 같다(pp. 440–441).

『정신측정연감 제8판』(1978)에서 리처드 데이나(Richard H. Dana)는 로르샤흐에 대한 인식이 바뀌는 것에 대해 다음과 같이 기술하였다. "심리학자는 더 이상 로르샤흐를 통해 임상적 진단을 기대하지 않는다. 그보다는 로르샤흐 자료가 정보의 원천을 제공하거나 구조화된 면담을 제공할 것을 기대한다."(p. 1040) 그러나 같은 연감에서 다른 저자는 로르샤흐를 검사 대신에 구조화된 면접으로 부른다고 해서 "주관적이고 타당화되지 않은 자료의 사용이 수용된다는 의미는 아니다."라고 경고하였다(Peterson, 1978, p. 1043). 임상가들이 착각 상관(4장 참조)에 빠질 가능성이 많다는 점을 지적하면서 그는 다음과 같이 기술하였다.

로르샤흐의 예언타당도 결여는 임상 현장에서 지속적으로 사용하는 데 심각한 의문을 제기한다. 로르샤흐 절차의 열렬한 추종자들은 계속해서 로르샤흐 검사를 사용할 것이므로, 해석과 예언에 기초가 되는 예언타당도 자료를 제공할 의무가 있다. 그러한 자료가 없다면 로르샤흐 사용자는 단지 이론과 전문가 의견에 입각해서 내담자의 자료를 받아들이도록 요구하게 된다(p. 662). 찬양과 비난 속에서 로르샤흐는 가장 많이 읽히고 연구되며 분석되는 기법이 되었다. 연구자들의 비판에도 불구하고 로르샤흐는 가장 많이 쓰이는 성격 평가 도구 중의 하나로 남아 있다. 임상가들의 로르샤흐 검사에 대한 열정적 지지를 발견했던 연구자들은 임상가들이 비판적인 연구 결과들에 의해 영향받지 않는데 "이는 그들이 개인적 임상 경험을 실험적 증거보다도 더 신뢰하기 때문이다"(Wade & Baker, Cohen et al., 1992, p. 449 에서 재인용)라고 가정했다. 그러나 로르샤흐의 심리측정적 속성에 대해 비관적인 찰스 맥아더는 심리측정가와 임상가는 서로 다른 세상에서 활동하고 있다고 비판 하였다. 로르샤흐가 왜 사라지지 않는지의 신비는 심리측정 지향적인 저자들을 오 랜 세월 동안 좌절시켰다. 로르샤흐를 사용하는 사람들이 문헌을 읽지 않기 때문인 가? (아니다, 그들도 읽는다.) 대중적 광기의 한 예인가?(McCall, 5:154) (그러지 않기 를 바란다!) 최선의 답은 로르샤흐를 사용해 본 경험에서 발견되어야 한다……. '검 사가 우리에게 사람에 대해 알려 주는 것이 무엇인가? 삶? 기능? 알게 되는 것? 행 동하는 방식을 보는 것? …… 로르샤흐가 가장 괜찮은 것이다.(1972, p. 442).

헤르만 로르샤흐가 잉크반점을 내놓은 이후 대부분의 검사는 수검자에게 투사 적 의미를 가질 만한 그림과 같은 표상적 이미지를 더 많이 사용하였다. 이러한 심 상들은 내담자 반응을 일으키는 자극으로 간주되었다. 로젠츠바이크 그림좌절검사 (Rosenzweig Picture-Frustration Study)와 주제통각검사(Thematic Apperception Test) 같은 검사들이 전반적인 선별을 위한 심리평가 배터리의 일부로 자주 사용되었다.

투사적 그림

대부분의 예술치료 평가 기법에는 내담자와 환자의 그림이 포함된다. 이 그림들은 지시적인 것과 자발적인 것으로 양분된다. 자발적인 그림들은 투사 원리를 더 많이 드러내게 되지만 결과를 설명할 수 있는 변인이 너무 많아서 평가 도구로서 심각한 한계를 가지게 된다. 따라서 특정 준거에 의해 점수를 매기거나 전의 것과 비교하기 가 어렵다. 이런 그림은 그저 전반적인 평가만이 가능하다. 결과적으로 그림을 비교 하기 위해서는 어떤 그림이든 지시적 과제에 의존해야만 한다.

과제의 자발성을 제한하면 그림의 투사적 요소를 억압하게 된다. 그렇지만 그림검사는 실제 투사적 요소에 의해서 이루어졌든 아니든 간에 대부분 '투사적' 그림이라고 한다. 대부분 그 검사들의 타당화는 형태(크기, 모양, 색, 선)가 구체적인 특성, 장애나 결함과 상관이 되는지를 탐색하는 데 기초를 두고 있다. 이는 심리측정가들로부터 양적인 측면 및 규준과 관련된 타당화 모두에서 비판을 받고 있다.

그림을 그리는 절차는 보편성과 일반화를 추구하는 심리학자들에 의해 주로 발달했다. 그래서 채점은 단일화되는 경향이 있어 결과들의 비교가 가능하다. 11장에서 살펴 볼 예술치료에 사용되는 접근들은 여기에서 기술한 투사적 접근에 기초하고 있지만 평가와 연구를 목적으로 예술에 기초한 측정을 사용할 수 있도록 개발되었다.

역사적 발달

한 세기가 넘게 정신과 의사, 심리학자, 인류학자와 교육자들은 개인이 그리는 그림과 그들의 지능 및 정신 상태 간 관련성에 관심을 가져왔다(Anastasi & Foley, 1941; MacGregor, 1989). 그 관련성이 확립되는 만큼 그림은 인지나 정서 발달 혹은 정신과적 장애의 진단적 지표를 반영하는 것으로 볼 수 있다.

1876년에 이미 막스 시몬(Max Simon)은 정신과 환자의 그림뿐 아니라 그들이 입는 옷, 그들의 지각과 정서 상태에 진단적 가치가 있다고 하였다(Anastasi & Foley, 1941, p. 9). 이후에 연구자들이 환자의 그림을 분석해서 정신증 지표를 밝혀 내기 위한 방법들을 체계화하고 표준화하였다(Anastasi & Foley, 1941; Gantt, 1992). 환자의 그림은 그들의 움직임, 음악 선호나 음악 표현과 달리 진단에 활용될 수 있고 언어에 의존하지 않는 환자의 사고와 지각의 가공물이고 기록이다.

정신과 장애의 표식을 찾아내기 위한 그림 연구와 더불어 아동의 그림에 대한 심리학적 연구가 1880년대 후반과 1910년도 사이에 이루어졌다. 연구 결과들은 아동의 발달 단계에 따라 그림이 순차적으로 변화하며 그들의 지능 발달을 반영한다는 점을 밝혔다(Fredrickson, 1985).

인지 능력에 대한 그림검사

상기한 연구 결과와 자신의 관찰에 근거해서 플로렌스 구디너프(Florence Goodenough)는 1926년에 최초로 형식적인 그림검사인 남자그리기검사(Draw-A-Man Test)를 개발하였다. 이 검사는 비언어적 지능검사로 인지되었으며 관찰의 정확성과 개념적 사고 발달을 평가하였다. 그림 내용이나 예술적 장점은 전혀 중요하게 고려되지 않았다. 이 검사는 1963년도에 더 발전되어서 지금은 구디너프-해리스 그림검사(Goodenough-Harris Drawing Test)로 알려져 있다. 이 검사는 오늘날까지 심리측정적으로 가장 좋은 그림검사로 알려져 있으며 특히 잭 내글리어리(Jack Naglieri, 1988)가 개발한 양적 채점 체계가 있다. 성격검사보다는 지능검사로 간주됨에도 여러 가지 목적으로 사용되는 인물화 검사의 표준이 되었다.

구디너프-해리스 그림검사

구디너프의 검사 이후 인지 능력을 측정하는 몇 가지 그림검사가 개발되었으나 데일 해리스(Dale B. Harris)의 개정판이 가장 유명하고 많이 쓰이고 있다. 구디너프는 그림에 대한 평가가 아동 지능에 대한 심리측정 연구와 병렬적이라는 것을 발견하였다. 그녀는 그림의 질이 나이와 더불어 향상된다는 선행 연구 결과들을 확증하였다. '질'에 대해 구디너프는 그림의 일관성과 더욱 발달한 세부 사항들을 언급하였다. 성숙은 주로 인지적 측면에서 나타나며 예술적 측면은 아니었다. 그녀가 만든 체계에서는 51문항을 채점하는데 그 안에는 신체 부분(귀, 목, 팔꿈치, 손가락 등)이 포함되며 연결과 차지하는 비율의 질 등이 포함되었다.

1963년에 해리스가 체계를 개정하고 확장하였다. 그는 두 개의 형태를 추가하여 더 상세한 채점 체계(73문항으로 구성)와 광범위한 표준화 기초를 만들었다. 해리스는 남자 그림 검사에 여자 그림 검사와 자기 그림 검사를 추가하였다(Harris, 1963a, 1963b). 이 체계는 남자와 여자 그림에 대해 12점 질적 척도로 채점하는데 1점이 가장 낮은 점수이고 12점이 가장 높은 점수다. 자기 그림은 채점하지 않았고 성격에 대한 투사검사처럼 보았다.

구디너프-해리스 그림검사는 5세에서 15세까지 2,975명의 소년과 소녀를 대상으로 표준화하였으며 미네소타와 위스콘신 지역 도시와 교외 지역을 포함하였다. 해리스는 IQ를 이전의 정신연령/생활연령 체계에서 편차 IQ 체제로 개정하였다. 원점수를 얻어 평균 100, 표준편차 15인 표준 점수로 전환하였는데 이는 많은 언어지능검사와 동일한 심리측정적 기초를 제공한다.

더불어 참조할 수 있도록 해리스는 연령별 사례가 포함된 24장의 표준화된 그림의 질적 척도 카드를 개발하였다. 질적 척도 카드는 상세한 채점 체계에 대한 단순하고 전반적이며 양적인 대체물로 고안되었으며 이미 세부 채점 체계 경험이 있는 사람에 한해서만 사용하도록 권유하고 있다.

구디너프-해리스 검사는 주로 심리치료자, 학교심리학자와 자격을 갖춘 심리평가자들이 사용하였는데(Frederickson, 1985) 이들의 관심은 성격보다는 지능 발달 평가에 있었다. 이는 언어지능 평가가 가능하지 않은 언어 손상이 있는 아동이나 다른 아동들에게 자주 사용되었다.

심리측정적 속성   구디너프-해리스 검사는 표준화되기는 하였으나 여전히 다른 그림검사와 마찬가지로 신뢰도 면에서 취약성이 있다. 아동들은 거의 일관된 방식으로 그림을 그리지 않으며 그림의 내용들도 크게 다르다. 카우보이 그림과 소방관 그림이 전반적인 질적 기초 요소(창의성, 기태성 등)에 대한 검사-재검사 신뢰도와 내적 일치도를 평가하기 위하여 비교될 수 있기는 하지만 이것들을 하나당 1점 기준으로 비교하게 되면 상관계수는 낮거나 중간 정도밖에 나오지 않는다. 그러나 평정자 간 신뢰도는 의미가 있는데 해리스(1963a)가 보고한 피어슨 상관을 보면 .91~.98이며 다른 연구자는 남자 그림에서 .90의 피어슨 상관계수를 보였고, 여자 그림에서는 .94를 나타냈다(Scott, 1981).

일부 연구자는 도구의 구조 자체를 비판하였다. 세 가지 인물, 특히 자기 그림을 선택한 것에 대한 논리적 혹은 경험적 지지가 없으며 내적 일치도 계수(알파 계수)는 자기 그림이 무엇을 측정하든 간에 남자와 여자 그림에서 측정되는 것과 동일하지 않다는 것을 보여 준다(Cosden, 1992).

그럼에도 이 검사는 투사적 그림에 대한 심리 평가적으로 타당한 채점 방식으로 간주된다(Groth-Marnat, 2009). 이는 자기 그림은 제외한다면 구디너프-해리스는 투사검사가 아니기 때문일 것이다.

성격검사로서의 인물화 검사

심리치료자들이 성격을 측정하는 방법으로 그림을 사용하는 것은 예측 가능한 일이다. 또한 애초에 성격의 본질에 대한 합의가 이루어지지 않고 있다는 점을 고려한다면, 이 영역이 임상가와 연구자들 사이에서 가장 열띤 공방이 있는 영역이라는 점도 예측 가능하다.

마초버의 인물화 검사

1949년에 캐런 마초버(Karen Machover)는 정신분석적 원칙에 기초한 인물화(Draw-A-Person Test: DAP) 투사검사를 출간하였다. 이후에 다른 사람들(Hammer, 1958; Handler, 1985; Koppitz, 1968, 1984; Urban, 1963)이 개정하고 확장하여, DAP는 아마도 오늘날 성격 측정의 목적으로 가장 광범위하게 사용되는 투사 그림검사일 것이다.

마초버는 "'사람을 한번 그려 보세요.'라는 지시를 받은 사람이 그리는 그림은 ······ 바로 그 사람 자신이고, 그림이 그려지는 종이는 그가 처한 환경에 해당한다."라고 가정하였다(Machover, 1949, p. 35).

그러므로 수검자가 사람 그림을 그리면서 그림의 팔을 지우고, 그 위치를 여러 번 바꾼다면, 아마도 그것은 말 그대로 수검자가 그의 행동상에서 자신의 팔로 무엇을 할지를 알지 못한다는 것으로 해석될 것이다. 만일 주먹을 꽉 쥐고 있다면, 그것은 또한 말 그대로 그 사람의 공격성을 나타내는 것일 수 있다(Machover, 1949, p. 183).

검사의 실시 방법은 간단하다. 수검자에게 백지를 주고 "사람을 그리세요."라고 말한다. 그림 그리기가 끝나면, 수검자에게 반대 성(opposite sex)의 사람을 그리라고 요구한다.

그림 그리기가 끝나면 '질문 단계'를 거치게 되는데, 여기서는 수검자에게 그림 속의 인물에 대해 물어본다. "이 사람에 대해 이야기해 보세요." "이 사람은 무얼 하고 있나요?" "지금 어떤 기분인가요?" 질문에 대한 수검자의 반응들은 진단적 가정의 기초가 된다. 따라서 실제적으로 이 검사는 진단적 도구로도 사용이 되고, 임상적 면접을 시작하는 도구로도 사용된다.

채점과 해석　　마초버는 그녀의 검사를 직관적 판단과 자신의 임상적 관찰을 통합한 몇 개의 가설과 가정에 기초해서 개발하였다. 그 대부분은 이종동형(isomorphy)에 기초하고 있다. 즉, 매우 작은 그림은 낮은 자존감이나 우울감을 반영하고, 지나치게 큰 그림은 과대망상이나 조증 상태인 환자의 경우처럼 보상적인 과장을 시사한다. 남자가 그린 지나치게 큰 여자 그림은 지배적인 어머니나 성 역할에서의 문제 등을 시사하며, 종이에서 사람의 위치는 수검자가 사회적 환경에서 기능하는 방식을 반영한다.

이에 더해서, 그림들은 그림을 완성하는 데 걸린 시간, 지우개의 사용, 신체 부위의 왜곡이나 생략, 필압, 얼굴 표정, 자세, 복장, 선의 질, 음영, 전반적이고 총체적인 그림의 질 등의 요인들을 기초로 채점된다.

이후에 여러 학자가 자신의 고유한 해석 채점 체계를 추가하였고, 그 기법들이 오늘날 사용되고 있다. 따라서 채점과 해석은 마초버뿐만 아니라 다른 학자들이 만든 해석적 가설들의 조합에 기초해서 이루어진다. 예를 들자면 다음과 같다.

- 큰 눈 그리고/혹은 큰 귀는 편집 성향을 시사할 수 있다(Machover, 1949).
- 종이의 경계를 넘어서는 그림, 짧은 완성 시간, 생략, 부적절한 비율, 공격적 요소들은 충동성을 시사한다.
- 한편, 눈의 강조, 입을 자세히 그리는 것, 음영, 완성하는 데 오랜 시간을 소요하

는 것은 비충동성을 시사한다(Oas, 1984).

- 이에 더해서, 마초버(1949)와 다른 연구자들이 음영은 불안을 나타내는 것이고, 특정 영역에 음영이 있는 것은 이 부분에 대한 걱정을 반영하는 것이라고 가정하였다.
- 지나치게 음영이 강하거나, 강조된 손가락은 죄책감의 표시로 간주된다. 비정상적으로 낮은 필압은 성격상의 불안을 시사한다(Exner, 1962).
- 긴 발과 길고 눈에 띄는 넥타이는 남근 상징을 나타내고, 성적 공격성을 암시한다(Machover, 1949).
- 오목하거나 '구강 수용적'인 입은 구강기 수준의 고착을 시사하며(Machover, 1949), 두드러지고 눈에 띄는 단추들은 의존성이나 유아기적 경향을 암시한다(Halpern, 1958).
- 반대 성의 사람을 먼저 그리는 것은 성적 정체감 혼란의 가능성을 시사한다(Machover, 1949).
- 그림의 위치가 오른쪽 위인 것은 미래에 대한 지나친 낙관성을 시사하고, 왼쪽 아래인 것은 우울과 과거에 대한 갈망을 시사한다(Buck, 1948).

DAP에 대한 문헌 고찰에서, 말로니와 글래서(Maloney & Glasser, 1982)는 정상인과 다양한 정신과 환자 집단을 감별하는 데 유의미한 9개 요인의 목록을 발견하고 정리하였다. 부적응의 징후는 다음을 포함한다.

- 미숙하거나 지나치게 단순화된 머리
- 막대기 그림에서처럼 단순화된 몸통
- 1에서 9에 해당하는 척도에서 평가했을 때, 세부 사항이나 정확성, 비율 등과 관련해서 전체적으로 질이 좋지 않은 경우
- 신체의 왜곡, 신체의 각 부위가 연결되어 있지 않거나 부적절하게 연결된 경우, 비율이 부적절한 경우

- 손, 발, 팔 등의 중요한 세부 사항의 생략
- 유방이나 성기와 같은 성 관련 기관을 지나치게 세밀하게 묘사

심리측정적 속성   마초버의 인물화 검사는 출판될 때부터 연구 지향적인 논평가들에게는 제대로 대접을 받지 못했다. 특히 마초버는 검사의 유용성에 대한 강한 자기주장으로 비판을 받았는데, 사례 기록에서 '수천 개의 그림'의 '정확한 일치'를 언급하였지만 이러한 주장을 뒷받침할 자료를 제공하지 못했기 때문이다. 사실, 타당도와 신뢰도에 대한 아무런 자료도 제공되지 않았다. 한 논평자는 『정신신체의학(*Psychosomatic Medicine*)』에서 마초버의 가정 중 많은 것이 그럴듯해 보이기는 하지만, 충분히 타당성 있는 자료로서 받아들여질 수는 없다."라고 하였다(Waldfagel, 1950). 다른 연구자는 이미 정신분석가들이 "상징이 지극히 개인적 언어"라는 사실을 깨닫기 시작한 시점에서 마초버의 해석이 "고정된 [프로이트식] 상징들(남근의 상징으로서의 긴 발, 긴 넥타이, 총과 칼)에 구속되어 있다"고 비난하였다(Kendig, 1949). 『미국정신의학지(*American Journal of Psychiatry*)』의 한 논평가는 성격에 관한 마초버의 가설이 그녀의 임상적 관찰에 의존한 것에 대해 회의를 표현하였다. "그녀는 자신의 논의가 오로지 이것만으로도 그럴듯해 보일 것으로 기대하는 듯하다."(Richards, 1949) 마초버의 인물화 검사의 결함점을 정리하면서, 필립 키테이(Philip Kitay)는 다음과 같이 적었다.

> 마초버의 매뉴얼은 이론적 기초, 해석 절차, 신뢰도, 타당도 할 것 없이 대단히 미흡하다. 그것은 …… 해석될 그림 부위 묘사의 정확도, 이론적 근거, 제공된 해석의 경험적 근거 등의 측면에서 부족하다. 통계적인 규준 자료들이 존재하지 않는다(1965, p. 195).

이후에는 투사적 검사 절차를 옹호하는 사람들이 이전 연구자들의 작업을 비판하였다. 해머(Hammer, 1981)는 아마도 투사적 검사의 가장 두드러진 옹호자인 듯한데, 이전에 이루어진 연구 결과들의 일부는 임상적 경험과 매우 불일치한다고 주장하면

서, 연구에서 투사검사 결과에 대한 지지가 부족한 것은 잘못된 연구 방법에 기인한 것이라고 주장하였다.

심리측정가들의 비판에도 DAP는 진단적 가설을 임상가에게 제공하는 데 유용하고 신속하며 사용하기 쉬운 기술이기 때문에 이를 알고 있는 사람들에게 사용되고 있다. 그것은 연구 방법에 대한 훈련이나 지식이 없는 사람들도 사용할 수 있기 때문에, 예술치료자들에게 사용될 뿐만 아니라 여러 예술치료적 측정에 모델이 되기도 하였다.

이 검사가 이렇게 계속 사용되는 것은 이 검사의 심리측정학적 약점이 임상가의 경험, 특히 DAP를 많이 사용하는 사람의 경험에 의해 균형을 잡을 수 있기 때문이다. 그러나 불행히도 이러한 가정조차 실험적 연구에 의해 도전받아 왔다. 여러 연구가 진단적 정확성, 전반적인 임상적 경험, DAP에 대한 친숙성, 투사적 기법에 대한 전문성 간에 아무런 관련성이 없음을 발견하였다(Wanderer, 1967; Watson, 1967).

아동의 인물화검사

엘리자베스 코피츠(Elizabeth M. Koppitz)는 아동을 평가하는 데 구디너프와 마초버의 그림검사 접근을 통합하려고 시도하였다. 그녀는 하나의 그림 특징을 발달적 단계와 정서적 문제의 지표로서 동시에 해석할 수는 없다고 생각해서, 병렬적인 채점 체계를 개발하였다. 코피츠(1968)는 자신의 인물화(Human Figure Drawings: HFD) 혹은 인물화검사(Human Figure Drawing Test: HFDT)를 해리 스택 설리번의 대인관계 이론에 기초하였다. 그녀의 관점은, 그림은 아동이 다양한 요구와 수행을 조정할 때 나타나는 두려움, 근심, 스트레스뿐만 아니라 주어진 나이의 발달적 특징을 반영한다는 것이다. 그녀는 두 종류의 지표를 개발하였다. 하나는 발달적 지표이고, 다른 하나는 정서적 지표다.

아동에게 단순히 사람의 전신 그림을 하나 그리라고 한다. 채점 지침은 30개의 발달적 지표와 30개의 정서적 지표를 위해 제공된다. 채점은 단순히 지표들을 세는 것보다 훨씬 복잡하다. 아동의 나이 수준에 따라서 고려되어야만 하는 지표들의 중요한 조합들이 있다.

코피츠는 단순한 일대일 해석에 대해 경고하였다(1968, p. 85). 그러나 비평가들은 그녀가 특정한 특징의 존재나 혹은 그것의 부재에 스스로 의미를 부여한 것을 지적하였다.   예를 들어, 비스듬하게 그려진 사람 그림은 명백히 "학업적 성취를 방해하는 불안정과 불균형의 징표"(p. 52)이고, 이것은 그 아동이 안전한 기반이 부족한 것을 시사한다. 작은 사람 그림은 겁, 수줍음을 나타내고, 큰 사람은 공격성을 나타내며, 작은 머리는 "지적 부적절함에 대한 강한 감정을 시사"한다는 것이다(p. 61).

클린턴 체이스(Cliton Chase)가 쓴 바에 의하면, 경험적으로 지표를 식별하고자 하는 노력은 "칭찬받을 만하다. 그러나 방법론들은…… 경험적인 시각을 가진 독자들의 견해에서 보자면 부적절한 것이 너무 많다. 지표와 지표의 조합이 명백한 경험적 자료의 적절한 지지 없이 사용되었다"(1984, p. 193).

어떤 비평가들은 아동의 그림 하나만을 가지고 아동의 성격 특성을 설명할 수 있다는 핵심 가설에 의문을 제기한다. 그런 접근을 '맹목적인 분석'이라고 하면서, 로다 켈로그(Rhoda Kellog)는 "그림이 어떻게 '그려져야만 하는지'에 대한 성인들의 생각이 아동 자신의 고도로 발달되고 자연적인 사고들을 대체하는 훈련을 받기 전까지 아동의 그림 능력은 …… 존재하지 않는다."라고 주장하였다(1969, p. 189). 켈로그는 또한 하나의 그림에 기초한 아동의 지적 혹은 정서적 발달에 대한 추론은 불가피하게 왜곡될 수밖에 없다고 주장하였다. 아동의 사람 그림은 심지어 짧은 기간에 걸쳐서도 두드러지게 변화하기 때문이다.

데일 해리스는 HFDT를 개괄하면서 다음과 같은 결론을 내렸다. 반응을 채점하고자 하는 시도에도 불구하고,

> HFDT는 …… 검사라기보다는 추정의 근거가 되는 임상적 증거에 대한 평가라고 할 수 있다. 그것은 그림의 주관적이고 '임상적인' 사용에 객관적이거나 양적인 자료를 거의 더해 주지 못한다……. 질적이고 주관적인 증거에 대한 믿음과 사용에 따라 HFDT는 질적이든 양적이든 다른 증거들과 함께 장애가 있거나 의심되는 성격의 임상적 양상을 밝히고 명료화하는 데 사용될 수 있을 것이다(1978, p. 398).

그림검사의 변형

인물화검사의 개념은 다양한 목적으로 다른 검사들에 차용되었다. 해머(1978)에 의하면, 빗속의 사람그림검사(The Draw-A-Person-in-the-Rain)는 저작권이 없는 것으로 알려져 있으며, 불유쾌한 상황에 대한 개인의 반응을 측정하는 데 사용된다. 이 검사의 해석은 얼굴 표정, 움직임, 위치, 우산을 포함한 방어물 그리고 구름이나 번개, 무지개 같은 추가적인 요소들의 관점에서 수검자가 반응하는 방식에 초점을 맞추게 된다.

해머(1978)는 소수집단의 구성원 그림 검사(Draw-A-Member-of-A-Minority-Group)라고 부른 검사를 개발하였는데, 이 검사는 귀인과 편견을 측정하기 위해 만들어졌다. 여러 성격검사의 이름을 검토해 보면, 특정한 목적을 위해 고안된 인물화검사의 다양한 변형을 찾아낼 수 있을 것이다.

HTP

마초버가 DAP를 출판하기 1년 전에, 존 벅(John N. Buck, 1948)은 집 나무 사람 (House-Tree-Person: HTP) 기법을 출간하였다. 이는 원래 지능과 성격을 측정하는 이중적인 목적으로 고안되었는데 근본적으로 투사적인 도구다. 인지적 능력을 알아내기 위한 상당히 번거로운 절차는 거의 이용되지 않는다. 검사 요강은 나중에 벅 (1966), 그리고 벅과 에마누엘 해머(Buck & Emanuel F. Hammer, 1969)가 개정하였다.

검사 실시 방법은 수검자에게 먼저 집을 그리라고 하고, 두 번째로 나무, 마지막으로 사람을 그리라고 하는 것이다. 벅은 사람들이 사람뿐만 아니라 집과 나무들에도 상징적 의미를 부여한다고 가정하였다(Buck, 1948, 1966). 집 그림은 수검자의 신체뿐만 아니라 가정생활이나 가족 관계를 반영하다고 간주되었다. 나무는 수검자의 성장과 생명력의 느낌을 나타낸다. 만일에 이 세 가지가 한 장의 종이에 그려진다면(많은 저자가 제안한 이 검사의 한 변형임), 이들 간의 상대적 크기와 관계가 중요하다. 나중에 절차가 수정되어서 첫 번째 그림을 그린 후에 인터뷰가 포함되었고, 8개나 그 이상의 크레용으로 그리는 채색화, 그러고는 다시 집과 나무와 사람에 대한 구조화된 면접이 더해졌다. 질문들의 예는 다음과 같다.

- 만약 집에 불이 났다면 누구를 구해 낼 것 같은가?
- 이 나무에 올라가는 것은 쉬울 것 같은가?
- 어떤 일이 이 사람을 화나게 할 것 같은가?

벽과 해머 그리고 몇몇의 다른 사람이 제공한 해석은 직관적으로 개발된 것이고 지나치게 상징에 의존하고 있다. 집은 자기 자신(지붕은 환상이나 지적 능력을 상징한다)이나 가족을 상징한다. 나무도 다양한 상징적 해석이 가능하나, 보통은 뿌리는 안전감 및 현실과의 접촉을 상징하며, 개인의 자아나 자기 발달의 반영으로 보인다.

해머(1958)는 임상적 관찰 결과, 평균적으로 사람들이 집 그림에 서너 가지 색깔을 사용하고, 나무 그림에는 두세 가지 색깔, 사람 그림에는 세 가지에서 다섯 가지의 색깔을 사용한다는 것을 발견하였다. 억압적인 사람들은 한 가지 크레용만 사용하는 경향이 있고 크레용을 마치 연필처럼 사용한다. 반대로 정서를 적절히 통제하지 못하는 사람들은 '지나치게 다양한' 색깔을 사용하는 경향이 있다. 해머(1958)는 "한 정신병 환자가…… 통상적인 현실과의 괴리뿐 아니라 부적절한 정서 통제를 8개의 창이 각각 다른 색으로 칠해진 집을 그림으로써 드러냈다"(p. 232)고 밝혔다.

빨간색과 노란색의 사용은 자발성을 반영하고, 푸른색이나 녹색의 사용은 통제를 나타낸다는 보고도 있다(Zimmerman & Garfinkle, 1942). 검은색과 갈색은 억압의 징후를 나타내고(Bieber & Herkimer, 1948), 노란색의 지나친 사용은 적대감과 공격성의 표현일 수 있다(Brick, 1944).

검사에 대한 반응은 평가자와 독자들의 이론적 입장에 따라 매우 달라진다. 만일 당신이 직관적이거나 인상적인 접근을 선호한다면, 아마도 HTP를 환자의 내적 성격 구조를 파악하는 데 유용한 기법으로 생각할 것이다. 전통적인 프로이트적 용어로 해석하는 경향이 있는 사람들은 특히 집 그림에서의 굴뚝이 남근을 의미하는 것처럼 그림 속에서 매우 다양한 상징을 발견하게 될 것이다.

한편, 당신이 연구 지향적인 사람이라면, 이 검사에 대해 여러 가지 문제점을 발견할 것이다. 『정신측정연감』과 『검사 비평』에서 HTP에 대한 개관은 냉담하거나 냉혹하기까지 하다. 메리 하워스(Mary Haworth, 1965)는 "벅, 해머와 졸스(Jolles)가 제공한 해석을 지지하는 실험적 자료는 매우 조금밖에 없는데도 이러한 출판물들이 임상가들이 그림의 의미를 해석하는 데서 흔히 하는 추론들을 만들어 내는 데 기여하고 있다."(p. 435)라고 하면서, 아마도 HTP를 더 정규적인 검사를 시행하기 전에 사전 검사로는 사용할 수 있을 것이라고 제안하였다(p. 436). 이보다 인내심이 없는 한 논평가는 원래의 검사 실시 매뉴얼에 대해 "제공된 자료들이 과학적 타당화에 대한 노력에서 엄청난 순진무구, 광신, 터무니없는 무시를 보여 준다."라고 하였다(Ellis, 1989, p. 592). 벅은 통계적으로 사고하는 연구자들을 만족시킬 수 있는 "채점 체계와 해석의 타당도에 대한 통계적인 증명이 없다는 것"을 인정하였다. 그러나 그는 "전체로서의 HTP 방법의 원칙들에 대한 타당도는 충분히 확립되었다는 것이 저자의 신념이다(비록 증거가 거의 전부 임상적인 것이라고는 해도)."라고 주장하였다(Killian, 1984, p. 348에서 재인용).

이러한 언급은 그랜트 킬리언(Grant A. Killian)의 경멸을 초래했는데, 그는 『검사 비평』에서 HTP에 대한 논평을 하였다. 그는 "사람들은 어떻게 한 검사가 타당하지만 신뢰할 만하지 않은지에 대해 의아해한다."라면서, "만일에 투사적 검사가 그 측정에서 일관되지 않다면 그리고 평가자 간에 채점에서 일치할 수 없다면, 그것이 원래 측정하고자 목적한 것을 측정할 수 없다."라고 적었다(pp. 348-349).

그러한 비판에도 HTP 검사는 널리 사용되었을 뿐만 아니라 더 확장되고 수정되면서 여러 해에 걸쳐 다양한 형태의 변형이 나타났다. 심리학자 로버트 번스와 정신의학자 하버드 카우프먼(Robert C. Burns & S. Havard Kaufman, 1970, 1972)은 나무, 집 그리고 사람을 한 종이에 그리는 것을 제안하고, 수검자로부터 더욱 통합적인 반응을 얻어 낼 것을 제안하였다. 번스는 그림 속의 사람이 '뭔가를 하고 있는 것'을 묘사하도록 요구하는 것을 추가하여 동작성 집나무사람 검사(Kinetic House-Tree-Person: K-HTP)를 개발하였다. 또 다른 저자는 수검자로 하여금 집, 나무, 사람 각각이 성격을 가지고 있고 그들이 서로에게 이야기할 수 있다는 가정에 기초해서 그에 대한 이야기를 쓰도록 하는 투사검사를 개발하였다(Diamond, Killian, 1984, p. 339에서 재인용).

가족화

개인의 성격과 정서적 반응이 대인관계 맥락과 관련이 있기 때문에, 다양한 측정도구가 가족 구조와 그 안에서의 수검자의 역할을 알아내는 데 초점을 두어 왔다.

가족화(family drawings)에 대한 생각은 1930년대의 심리학자들과 정신의학자들이 발전시켰는데, 가족화는 비공식적으로 평가와 치료에 사용되었다. 1960년대에 가족치료의 인기가 증가하면서, 데일 해리스(1963a)가 구디너프의 남자 그림 검사를 확장하여 더 형식을 갖춘 검사를 개발하였는데, 이것이 가족화 검사(Draw-A-Family test: DAF)다. 이름 없는 인물의 그림이나 한 쌍의 인물들 대신에, 수검자는 '자신의 가족'을 그리라는 지시를 받는다.

이 기법은 한나 퀴아트코스카(Hanna Y. Kwiatkowska)가 미국립보건원에서 실시한 가족치료 회기에서 선구적으로 사용했을 때부터 예술치료자들 사이에서 광범위하게 사용되었다. 그녀는 치료 회기 중에 모든 가족이 포함된 가족화를 그리는 것이 가족 구성원 간의 관계뿐만 아니라 각각의 구성원의 역할과 위치에 대해 많은 것을 보여 준다는 것을 발견하였다. 퀴아트코스카는 자신의 치료 프로그램을 개인외 지각을 비교하는 데 유용한 자발적인 예술적 표현과 약간의 표준화된 과제의 조합이라고 보았다. 동일한 과제가 새로이 입원하는 가족들 각각에게 주어졌다. 퀴아트코스카는 예술치료자들에게 "함께 이 절차들은 놀라울 정도로 [그 가족의] 구성원과 상호작용에 대한 정확한 이해를 제공해 준다."라고 이야기하였다(1971, p. 139).

퀴아트코스카는 가족화를 이용한 다른 심리치료자들과 마찬가지로 그림을 정신분석학적으로 해석했다. 일반적인 절차는 전체적인 분위기를 보는 것이고 다음에는 각 가족 구성원의 크기와 위치의 의미를 분석하는 것이다. 이러한 방법은 그 개인이 가족 내에서 자신의 위치를 어떻게 보는지를 보여 준다. 해석은 동형적으로 이루어진다. 예컨대, 물리적 근접성이나 거리는 정서적 밀착과 거리감의 지표다. 제일 먼저 그려진 인물 혹은 다른 인물보다 큰 인물은 작거나 나중에 그려진 인물보다 영향력이 있거나 중요한 것으로 여겨진다. 개개의 인물에 대한 해석은 DAP에서 사용된 것과 유사하다. 개개의 가족 구성원에 대해 다른 모습이 그려진 것은 그 개인을 표상한다 기보다는 그 구성원의 중요성이나 성격에 대한 수검자의 견해로 보인다.

1970년대 초반에, 번스와 카우프먼은 DAF가 정적이고 가족 구성원 간의 상호작용을 제공하지 못한다고 불평하였다. 그들은 기본적으로 아동들에게 사용할 목적으로 동작성 가족화(Kinetic Family Drawing: KFD)의 개념을 발전시켰다. 그들은 수검자들에게 그들의 가족이 '무언가를 하고 있는 것'을 그리도록 요구함으로써, 가족 상황에서 아동의 정신병리를 이해하고자 할 때 "더욱 타당하고 역동적인 자료를 얻는다."고 주장하였다.(1970, p. 18).

그림이 완성되고 나면, 수검자는 그 그림에 대해 묘사하거나 이야기를 해 보도록 요구받는다. 해석은 마초버(1949)가 제안한 이전의 그림검사와 유사하다.

번스와 카우프먼은 또한 동작적인 요소(스타일, 행동, 관계)에도 관심이 있었다. 어떤 인물이 다른 사람들에게서 떨어져 있다면 그 사람은 가족으로부터 분리되어 있는 것으로 간주된다(혹은 형제간의 경쟁심이 존재하는 경우에는 소망적 사고의 표시일 수도 있다).

해석을 돕기 위해 번스와 카우프먼은 KFD 해석지를 제공하였는데, 이는 기본적으로는 다음의 다섯 가지 기본적 요소에 주의를 기울이게 하는 체크리스트 형태의 지침서다.

① 스타일: 사람들이 서로 분리되어 있는가? 가장자리에 테두리를 만들었는가? 개개 인물을 강조하였는가?

② 상징: 전통적인 프로이트식 상징들은 어떤 것이 있는가?

③ 활동: 가족 개개인이 무엇을 하고 있는가? 가족들 사이에 어떤 행동들이 관찰되는가?

④ 신체적 특징: 각 개인에게 팔 길이, 팔을 든 정도 등에서 어떤 특징들이 두드러

지는가? 어떤 인물이 앞에 있고, 누가 뒤에 있는가? 고개를 숙이고 있는가? 신체 부위 중 일부가 생략된 가족 구성원은 누구인가? 지우개로 지운 부분이 두드러지는 부분은 어디인가? 완전히 생략된 가족 구성원은 누구인가?

⑤ KFD 배치: 가족 구성원들이 어떻게 배치되었는가? 그들 각각의 상대적 크기는? 가족 구성원 간의 거리는 어떤가?

가족화 체계가 점점 인기가 높아짐에 따라서 몇 개의 객관적 채점 체계가 개발되었다. 현재는 관찰자 간 신뢰도, 공인타당도, 검사-재검사 신뢰도를 검증해 온 5개의 채점 체계가 있다. 일반적으로 채점자 간 신뢰도는 상당히 좋은 것으로 알려져 있다. 그러나 검사-재검사 신뢰도는 낮은 것으로 나타났다(이는 어떤 KFD 변인들이 아동의 일시적인 성격 상태에 민감하다는 것을 의미한다). 채점 체계가 정상인과 임상 집단을 구별하는 힘이 있는가에 대한 연구 보고는 서로 모순적이고 아직 결론이 없는 상태다 (Raskin & Bloom, 1979; McGregor, 1979).

사람들이 뭔가를 하고 있는 그림에 대한 아이디어는 몇 가지 다른 동작성 검사 체계를 발전시켰는데, 프라우트(Prout)와 필립스(Philips)가 개발한 동작성 학교 생활화 (Kinetic School Drawing: KSD)와 KFD와 KSD의 해석을 통합하고자 시도한 동작성 가족화 및 학교생활화 체계(Kinetic Drawing System for Family and School)(Knoff & Prout, 1985)가 그것이다.

심리측정적 속성

검사가 연구에 의해 지지받기를 원하는 사람들은 여기서 다시 한번 실망하게 될 것이다. 버트 컨딕(Bert P. Cundick)은 동작성 가족화 및 학교생활화 체계를 개관했는데, 『정신측정연감 제10판』에서 검사를 만들어 낸 이론적 근거가 없고, 규준 집단도 없고, 타당도를 결정하려는 아무런 체계적 시도도 이루어지지 않았다고 하였다. 대신에 그것은 "기법에 대한 자료들의 일람표"(p. 422)일 뿐이고 그림 속에 있는 사람에 대해 아이들에게 물어보는 일련의 질문들이다. 채점 체계라기보다는 "이 기법을 다루는 출판물들에서 제안된 임상적 가설들"(p. 423), 달리 말하면 각 저자들이 각 요소가 의미하는 것이 무엇인지를 적어 놓은 것에 불과하다고 비판하였다.

  그러나 저자들에게 공정하게도, 컨딕은 그들이 검사를 만들려고 의도한 것은 아니었고, 그들의 접근은 "감별진단에 초점을 맞춘 절차라기보다는 기본적으로 가설 검증 모델이다."라고 지적하였다(p. 423). 리처드 와인버그(Richard A. Weinberg, 1989)도 동일한 검사를 개관했는데, 의미 있는 심리측정적 자료가 없다는 것이 문제라는 것을 발견하였다.

> 로버트 번스는 자신의 핸드북 서문에서 심리측정의 과학과 투사적 기법의 임상적·예술적 효과 사이에서의 역사적 긴장을 잘 묘사하였다. 번스는 임상적 타당성에 대해 "보다 정교화되고 현명한 질문을 하는 첫 단계"라고 주장하였다. 불행하게도 오늘날 다른 종류의 타당도를 기다릴 인내심이 바닥나고 있다. 이 핸드북에 반영된 것처럼 전반적인 투사검사와 특히 동작성 인물화 및 학교생활화 체계에 대한 축적된 심리측정적 지지 기반은 매우 빈약하다.

청각적 투사검사와 음악적 투사검사

  1955년에, 크로커(Crocker, 1955)는 정서적으로 혼란되고 정신병 증세가 있는 아동이 현실을 지각하는 방식을 알아내는 기법으로 즉흥음악을 사용하였다. 사운드 통각검사(Sound Apperception Test: SAT)는 널리 알려진 주제통각검사(TAT)의 청각적 동격 형태로 개발되었다(비록 그 검사를 기술하는 논문은 「청각적 잉크반점을 기반으로 한 음악치료」여서 로르샤흐와 동격인 것처럼 느껴지지만). 일상적인 환경의 사운드는 6개의 반구조화된 사운드 패턴으로 변화되었다. 원래의 정상인 500명의 규준 자료 이외에는 SAT에 대해 알려진 정보가 별로 없어서 그리 널리 사용되지 않은 것으로 보인다.

  음악치료자에게 더 익숙한 것은 뮤지컬 발췌곡들에 기초한 검사다. 가장 많이 알려진 것은 IPAT 음악선호 성격검사(IPAT Music Preference Test of Personality)로, 레이먼드 카텔(Raymond B. Cattell)과 동료들이 개발하였다(Cattell & Anderson, 1953; Cattell & Saunders, 1954; Cattell & McMichael, 1960). IPAT 음악선호검사는 정상적인 사람과 다양한 병리 집단 간에 음악 선호에서 차이가 있는지를 찾아내고자 시도하였다. 카텔과 동료들은 16요인 성격질문지(Sixteen Factor Personaity Questionnaire)와 상관이 있는 100개의 음악 발췌곡을 수집하였다. 이 검사는 수검자들을 이들의 음악에 대한 선호에 기초해서 8개의 성격 요인(예: 내향성 대 사회적 접촉, 적응 대 좌절된 정서)으로 분류하고자 시도하였다. 카텔과 동료들은 그 검사가 진단적 도구로 유용하다고 결론 내렸으나 연구자들은 이전에 투사적 검사에 대해 그랬던 것처럼 비판적이었다. 가장 크게는 이 검사들을 지지하는 심리측정적 자료가 빈약하기 때문이다. 몇몇의 연구는 카텔의 주장을 지지하는 데 실패했는데 그 검사가 다양한 집단들을 구분하지 못했기 때문이다(Healey, 1973; Robinson, 1976). 어떤 경우든, 검사의 타당도 문제는 학문적인 것으로 보인다. 많은 음악치료자는 IPAT 음악선호검사를 제한적 실용성을 지닌 흥미 있는 이론적 실험이라고 간주하는 것 같다. 일반적으로 음악치료자들은 검사가 치료 결정에 대한 명백한 지침을 제공하지는 않는다는 것에 동의하고 있는 것 같다.

무용/동작 치료에서의 투사적 기법

1940년대에, 한 집단의 임상가와 연구자가 뉴욕 시의 벨레뷰 병원에서 언어적 그리고 비언어적 투사검사로 실험을 하였다. 그 집단은 상당히 다양했는데, 정신분석가 폴 쉴더(Paul Schilder), 심리학자 로레타 벤더(Lauretta Bender), 예술치료자 마거릿 나움버그(Margaret Naumberg), 인형극의 아돌프 월먼(Adolf Wollman), 무용치료의 프랜지스카 보아스(Franziska Boas)로 이루어져 있었다.

이미 창조적 무용 동작에서 흔히 사용되는 투사적 접근에 근거해서, 보아스는 투사적 기법을 치료적 목적뿐 아니라 진단적 목적을 위해서도 사용할 수 있는 무용 체험의 확장으로 보았다. 그녀는 투사적 도구들을 환자들이 정신 운동적 자유연상을 통해 사고와 감정을 투사할 수 있는 방법으로 보았다(Levy, 2005).

그러나 진단적 도구로서 투사법에 대한 생각은 '정상적인 신경증 환자들'을 치료했던 블랑쉬 이반(Blanche Evan), '능동적 상상'이라는 융 심리학적 개념을 적용한 메리 화이트하우스(Mary Whitehouse)를 포함해서 다른 몇몇 치료자가 채용하였지만, 무용치료에서 투사적 기법은 결코 평가나 진단적 수단으로 간주되지 않았다. 아마도 무용치료는 창작무용과 현대무용에 뿌리를 두고 있기 때문에, 투사적 기법은 기본적으로 그 자체가 치료적인 목적을 지니는 동작 경험의 확장으로 여겨지며 부수적으로만 평가에 사용될 것이다. 치료자는 이후 회기의 방향을 알아내기 위해 투사된 생각과 감정 속에서 단서를 찾으려고 할 것이다.

투사적 검사는 얼마나 타당한가

'열정적인 임상가'와 '회의적인 측정학자들'이라고 불리는 집단들 사이의 논쟁은 투사적 검사가 개발되면서부터 불타올랐다. 가장 큰 문제는 두 집단이 다른 종류의 가정과 기대에 기초하고 있다는 것이다.

투사적 기법들을 개관하면서, 우리는 임상적 장면에서의 그들의 용도와 '검사'로서의 용도를 구별해야만 한다. 이 기법들은 아마도 수검자의 개인적 특성들을 탐색하기 위해 이용될 때 가장 유용할 것이다. 아마도 개인적인 의미를 탐색하기 위해 내담자와 논의를 시작하는 도구로서 이만한 것이 없을 것이다. 그러나 투사적 '검사'를 개발한 사람들이 어떤 집단의 사람들에게 해석을 적용하고자 한다면 그들은 심리측정자들과 연구자들을 초대해서 자신들의 작업을 검증해야 하며, 아마도 그들의 작업은 부족한 것으로 판명될 것이다.

인지 발달을 측정하고자 고안된 구디너프–해리스 검사는 경험적으로 개발된 양적인 채점 절차에 기초하고 있다. 이 장의 앞에서 본 것처럼, 이 검사는 아마도 심리측정적으로 가장 견실하고 안전한 그림검사일 것이지만 투사적 기능을 포기하는 대가를 치렀다. 한편, 인물화를 성격을 측정하는 데 사용하고자 하는 이러한 시도는 심리측정자들로부터 환영받지 못했다.

투사적 기법은 검사가 될 수 있는가

투사적 접근의 심리측정적 속성에 대한 비난에 더해서, 착각에 따른 상관 현상에 의한 임상가들의 투사도 지속적인 문제다. 이것은 이미 투사적 접근을 옹호하는 사람들도 인지한 위험이다. 해머(1968)는 임상가들의 해석이 해석자의 성격 특성을 반영한다고 하였다. 예를 들어, 적대적인 사람들은 환자들의 그림에서 적대감을 보여 주는 징후를 더 많이 발견하는 경향이 있다.

성격 평가에서의 인물검사의 타당도에 대한 경험적 증거들을 개관하면서, 케이힐(Kahill, 1984)은 임상가들이 그림검사를 과학적 검사로 만들려는 '쓸데없는 시도'를 포기할 것을 제안하였다. 대신에, 그 기법은 "다양한 가설과 환자와의 토론의 발판이 되는 풍부하고 잠재적으로 가치 있는 임상적 도구로 적절한 자리를 찾아야 한다."라는 것이다(p. 288). 정신분석적 접근과 인본주의적 접근에 모두 동의하는 사람들은 이러한 접근에 별 문제가 없다. 사실, 많은 사람이 정확하게 그런 방식으로 그 기법들을 사용해 왔다. 해석적 가설의 근원으로 그림검사를 생각하는 것에 반박하는 사람은 많지 않을 것이다. 문제는 채프먼(Chapman)과 채프먼(Chapman)의 연구(1967, 1971)에서 제안되었는데, 사실은 많은 임상가가 경험적 증거들을 무시하고, 이 기법들을 '검사'로 사용하고 있으며, 연구 결과에 의해 지지되지 않거나 혹은 반대되는 직관적으로 유추된 해석을 한다. 모든 그림 기법이 검사라는 개념을 강화하는 것은 계속해서 많은 연구자가 그 기법을 검사라고 언급하고 『정신측정연감』이 투사적 원칙에 기초하고 있든 그렇지 않든 투사적 도구들을 '투사적 검사'로 수록한다는 사실이다.

최근 심리학과 상담에서 창의적인 예술치료뿐 아니라 문화적 · 인종적 다양성이 강조되고 있어, 이 장에 기술된 투사적 검사와 이전 장에서 논의된 객관적 검사와 관련된 마지막 이슈는 문화적·인종적 요인의 문제다. 객관적·투사적 측정에 대한 문화적·인종적 요인의 잠재적 영향에 대한 이해가 부족한 것에 대해서 공개적으로 논의된 적이 별로 없다. 창의적인 예술치료자들에게 이것들은 임상적 실천에 영향을 미치는 중요한 이슈다. 예를 들어, 문화적·인종적 요인들은 그릴 수 있는 대상을 제한하고, 움직이고 음악을 만들고 상호 작용할 수 있도록 허용되는 대상을 제한한다(예: Alyami, 2009; Hervey, 2012).

다양한 문화권의 사람들에게 다른 투사적 검사법을 사용하는 것의 적절성에 대한 이슈에 더해서, 검사 실시자의 해석과 규준 표본의 다양한 집단(만약에 있다면)의 부족이나 대표성에 대한 이해가 있다. 문화와 인종에 대한 검사 실시자의 지식이나 편견은 검사 해석과 아주 밀접한 관련이 있다. 이 주제는 검사 및 평가와 관련해서 중요하지만 자주 다뤄지지 않은 이슈다. 여기서 우리는 이것을 부가적인 주의사항으로 부각시키고자 하며 미래의 예술치료자들이 실천과 연구에 반영할 수 있기를 기대한다.

요 약

심리측정자들은 개인 간의 차이를 평균으로부터 이탈한 정도에서 주로 찾는다. 반대로 투사적 기법을 선호하는 사람들은 각 개인이 자신의 지각을 구조화하는 독특한 방식을 찾으려고 한다.

투사적 접근은 '투사적 가설'에 기초하고 있다. 이것은 개인들이 자신의 성격을 구성하는 독특한 구조화 원칙들을 가지고 자신의 환경을 만들어 내고 해석한다는 입장이다. 이러한 원칙들이 표현되도록 만들기 위해, 검사자들은 수검자들이 자신의 지각적 구조를 잘 투사할 수 있도록 상대적으로 덜 구조화된 가공되지 않은 재료들을 제공해야만 한다. 역으로 수검자는 보통은 숨겨진 내적인 작용을 개방할 수 있는 상황이나 대상 혹은 움직임을 만들어 내는 과제를 제공받는다. 자기보고 측정치와는 달리, 투사적 기법들은 간접적인 측정치들이다. 사람들은 자신에 대해 보고하거나 다루는 것이 아니라 외부적인 것들을 다룬다. 이런 이유로 투사적 방법에서는 사람들이 무엇이 드러나는지에 대해 잘 알지 못하고, 따라서 자신을 의식적으로든 무의식으로든 덜 가장하게 된다고 가정된다.

투사적 기법 중 가장 잘 알려진 것은 로르샤흐 잉크 반점 검사다. 이 검사에서는 10개의 모호한 잉크반점이 수검자에게 순서대로 제시되며, 수검자는 그들이 본 것에 대해 기술하게 된다. 반응은 위치, 내용, 결정인, 형태, 독창성 등의 기준에서 채점된다.

반응들을 성격 특성이나 정신장애와 관련지으려는 시도는 심리측정적으로 유효하지 않은 것으로 간주되어 왔다. 하지만 로르샤흐 검사는 여러 가지 이유로 높은 인기를 유지해 왔는데 측정에서의 정확성 때문이라기보다는 면담 기법으로서의 유용성 때문이었다.

그림검사는 투사적 기법의 중요한 범주다. 그림검사들은 지능의 측정이나 성격의 지표로 사용되어 왔다. 구디너프-해리스 검사는 일반적으로 아동의 지능을 비언어적으로 측정하는데 심리측정적으로 유효한 접근법으로 간주된다. 그러나 인지적 발달을 측정하기 위해서 사용될 경우, 그림검사들은 경험적으로 타당화된 것으로 완전히 투사적이라고 할 수는 없다.

그림검사를 성격 평가에 사용하는 것은 이와 같은 심리측정적 지지를 얻지 못했다. 심리측정가들은 이 검사들의 해석적 가설 중에서 성공적으로 타당화된 것은 거의 없으며, 이 검사들의 가설과 가설이 기초하고 있는 기저의 가정들에 상당한 오류가 있다는 것을 발견하였다. 이러한 기법들은 감별진단에 유용한 것으로 밝혀지지 않았다.

그럼에도 로르샤흐처럼 투사적 기법들은 임상가들 사이에서 여전히 인기가 있는데, 그 가치가 진단적 유용성에 있다기보다는 반구조화된 면담으로서의 임상적 가치 때문인 것 같다. 한 개관 연구자는 임상가들이 그림검사를 과학적 검사로 만들려는 '쓸데없는 시도'를 포기하라고 조언하였으며, 그들의 노력을 작업 가설의 근거로서 그리고 인터뷰를 위한 길잡이로서 그 기법들을 임상적으로 사용하는 데 돌리라고 조언하였다. 명백하게, 이미 많은 임상가가 투사적 기법들을 이런 방식으로 사용하고 있다.

참고문헌

Alyami, A. (2009). The integration of art therapy into physical rehabilitation in a Saudi hospital. *The Arts in Psychotherapy, 36*, 282-288.

Anastasi, A., & Foley, J. P. (1941). A survey of the literature on artistic behavior in the abnormal. *Annals of the Academy of Sciences, 42*, Art. I., 3-111.

Bieber, I., & Herkimer, J. K. (1948). Art in psychotherapy. *American Journal of Psychiatry, 104*(10), 627-631.

Brick, M. (1944). Mental hygiene value of children's art work. *American Journal of Orthopsychiatry, 14*(1), 136-146.

Buck, J. N., & Hammer, E. F. (Eds.). (1969). *Advances in House-Tree-Person techniques: Variations and applications.* Los Angeles: Western Psychological Services.

Buck, J. N. (1948). The H-T-P technique, a qualitative and quantitative scoring manual. *Journal of Clinical Psychology, 4*, 317-396.

Buck, J. N. (1966). *The House-Tree-Person technique: Revised manual.* Beverly Hills, CA: Western Psychological Services.

Buck, J. N. (1986). *The House-Tree-Person technique: Revised manual.* Beverly Hills, CA: Western Psychological Services.

Burns, R. C., & Kaufman, S. H. (1970). *Kinetic family drawings (KFD).* New York: Brunner/ Mazel.

Burns, R. C., & Kaufman, S. H. (1972). *Action, styles, and symbols in kinetic family drawings (K-F-D).* New York: Bri.

Cattell, R. B., & Anderson, J. C. (1953). The measurement of personality and behavior disorders by the IPAT music preference test. *Journal of Applied Psychology, 37*, 446-454.

Cattell, R. B., & McMichael, R. E. (1960). Clinical diagnosis by the IPAT Music Preference Test. *Journal of Consulting Psychology, 24*, 333-341.

Cattell, R. B., & Saunders, D. (1954). Musical preferences-personality diagnosis: A factorization of one hundred and twenty themes. *Journal of Social Psychology,*

39, 3-24.

Chapman, L. J., & Chapman, J. P. (1967). Genesis of popular but erroneous psychodiagnostic observations. *Journal of Abnormal Psychology, 72*, 193-204.

Chapman, L. J., & Chapman, J. P. (1971). Test results are what you think they are. *Psychology Today, 5*(6), 18-22, 106-110. Also reprinted in D. Kahneman, P. Slovic, & A. Tversky (Eds.), *Judgment under uncertainty: Heuristics and biases.* Cambridge: Cambridge University Press, 1982.

Chase, C. I. (1984). Review of psychological evaluation of children's human figure drawings. In D. J. Keyser & R. C. Sweetalnd (Eds.), *Test critiques 1* (pp. 189-193). Kansas City, MO: Test Corporation of America.

Cohen, R. J., Swerdlick, M. E., & Smith, D. K. (1992). *Psychological testing and assessment.* Mountain View, CA: Mayfield.

Cosden, M. (1992). Review of draw-a-person: A quantitative scoring system. In J. J. Kramer & J. C. Conoley (Eds.), *Eleventh mental measurements yearbook.* Lincolen, NE: Buros Institute of Mental Measurement.

Crocker, D. B. (1955). Music as a projective technique. *Music Therapy, 5*, 86-97.

Cruz, R. F., & Berrol, C. F. (Eds.). (2012). *Dance/movement therapists in action: A working guide to research options* (2nd ed.). Springfield, IL: Charles C Thomas.

Cundick, B. P. (1989). Review of kinetic family drawing system for family and school. In J. C. Conoley & J. J. Kramer (Eds.), *Tenth mental measurements yearbook.* Lincoln, NE: Buros Institute of Mental Measurement.

Dana, R. H. (1978). Review of Rorschach inkblot. In O. Buros (Ed.), *Eights mental measurements yearbook* (pp. 1040-1042). Highland Park, NJ: Gryphon Press.

Ellis, A. (1989). Rational-emotive therapy. In R. J. Corsini & D. Wedding (Eds.), *Current psychotherapies* (4th ed.). Itasca, IL: F. E. Peacock.

Exner, J. E. (1962). A comparison of human figure drawings of psychoneurotics, character disturbances, normals, and subjects experiencing experimentally induced fears. *Journal of Projective Techniques, 26*, 292-317.

Frank, L. K. (1939). Projective methods for the study of personality. *Journal of Psychology, 8,* 389-413.

Fredrickson, L. C. (1985). Review of Goodenough-Harris Drawing Test. In D. J. Keyser & R. C. Sweetland (Eds.), *Test critiques,* Vol. II, 319-325. Kansas City, MO: Test Corporation of America.

Gantt, L. M. (1992). A description and history of art therapy assessment in research. In H. Wadeson (Ed.), *A guide to conducting art therapy research.* Mundelein, IL: American Art Therapy Association.

Groth-Marnat, G. (2009). *Handbook of psychological assessment* (5th ed.). Hoboken, NJ: Wiley & Sons.

Halpern, F. (1958). Child case study. In E. F. Hammer (Ed.), *The clinical application of projective drawings* (pp. 113-129). Springfield, IL: Charles C Thomas.

Hammer, E. F. (1958/1978). *The clinical application of projective drawings.* Springfield, IL: Charles C Thomas.

Hammer, E. F. (1968). Projective drawings. In A. I. Rabin (Ed.), *Projective techniques in personality assessment* (pp. 366-393). New York: Srpinger.

Hammer, E. F. (1981). Projective drawings. In A. I. Rabin (Eds.), *Assessment with projective techniques: A concise introduction.* New York: Springer.

Handler, L. (1985). The clinical use of the Draw-A-Person Test (DAP). In C. S. Newmark (Ed.), *Major psychological assessment instruments.* Newton, MA: Allyn and Bacon.

Harris, D. B. (1963a). *Children's drawings as measures of intellectual maturity: A revision and extension of the Goodenough Draw-A-Man Test.* Cleveland, OH: The Psychological Corporation.

Harris, D. B. (1963b). *Goodenough-Harris Drawing Test: Manual.* Cleveland, OH: The Psychological Corporation.

Harris, D. B. (1978). Review of psycholingual evaluation of children's figure drawings. In O. K. Buros (Ed.), *Seventh mental measurements yearbook.* Highland Park, NJ: Gryphon Press.

Haworth, M. R. (1965). Review of H-T-P. In O. K. Buros (Ed.), *Sixth mental measurements yearbook* (pp. 435–436). Highland Park, NJ: Gryphon Press.

Healey, B. (1973). Pilot study in the applicability of the music preference test of personality. *Journal of Music Therapy, 10,* 36–45.

Hervey, L. W. (2012). Embodied artistic inquiry. In R. Cruz & C. Berrol (Eds.), *Dance/ movement therapists in action: A working guide to research options* (2nd ed.). (pp. 205–232). Springfield, IL: Charles C Thomas.

Kahill, S. (1984). Human figure drawings in adults: An update of the empirical evidence, 1967–1982. *Canadian Psychology, 25,* 269–290.

Kellog, R. (1969). Learning through movement: Summary. In I. Jakab (Ed.), *Art interpretation and art therapy: Psychiatry and art.* Vol. II. Basel: Karger.

Kendig, I. V. (1949). Review of MDAP test. *Quarterly Journal of Psychiatry and Neurology, 4,* 252–253.

Killian, G. A. (1984). Review of House–Tree–Person technique. In D. J. Keyser & R. C. Sweetland (Eds.), *Test critiques,* Vol. I. (pp. 338–353). Kansas City, MO: Test Corporation of America.

Kitay, P. M. (1965). Review of Machover draw–a–person test. In O. K. Buros (Ed.), *Sixth mental measurements yearbook* (pp. 466–468). Highland Park, NJ: Gryphon Press.

Knoff, H. M., & Prout, H. T. (1985). The Kinetic Drawing System: A review and integration of the Kinentic Family and School Drawing techniques. *Psychology in the Schools, 22,* 50–59.

Koppitz, E. M. (1968). *Psychoanalytical evaluation of children's human figure drawings.* Yorktown Heights, NY: The Psychological Corporation.

Koppitz, E. M. (1984). *Psychological evaluation of human figure drawings by middle school pupils.* New York: Grune and Stratton.

Kwiatkowska, H. Y. (1971). Family art therapy and family art evaluation. *Proceedings,* 4th Annual Meeting of the American Society of Psychopathology of Expression.

Levy, F. J. (2005). *Dance movement therapy: A healing art* (2nd ed.). Reston, VA: AAH-PERD.

MacGregor, J. (1989). *The discovery of the art of the insane.* Princeton, NJ: Princeton

University Press.

Machover, K. (1949). *Personality projection in the drawing of the human figure.* Springfield, IL: Charles C Thomas.

Maloney, M. P., & Glasser, A. (1982). An evaluation of the clinical utility of the Draw-a-Person Test. *Journal of Clinical Psychology, 38,* 183–190.

McArthur, C. C. (1972). Review of Rorschach Test. In O. K. Buros (Ed.), *Sixth mental measurements yearbook.* Highland Park, NJ: Gryphon Press.

Meyer, G. J., & Kurtz, J. E. (2006). Advancing personality assessment terminology: Time to retire "objective" and "projective" as personality test descriptors. *Journal of Personality Assessment, 87*(3), 223–225.

Naglieri, J. A. (1988). *Draw-A-Person: A quantitative scoring system.* Pro-Ed.

Oas, P. (1984). Validity of the Draw-A-Person and Bender Gestalt tests as measures of impulsivity with adolescents. *Journal of Consulting and Clinical Psychology, 52,* 1011–1019.

Peterson, R. A. (1978). Review of Rorschach procedure. In O. Buros (Ed.), *Eighth mental measurements yearbook.* Highland Park, NJ: Gryphon Press.

Prout, H. T., & Phillips, D. D. (1974). A clinical note: The Kinetic School Drawing. *Psychology in the Schools, 11,* 303–306.

Rapaport, D., Gill, M., & Schafer, R. (1968). *Diagnostic psychological testing.* New York: International Universities Press.

Raskin, L. M., & Bloom, A. S. (1979). Kinetic family drawings by children with learning disabilities. *Journal of Pediatric Psychology, 4,* 247–251.

Robinson, W. L. (1976). The musical preferences of mental patients based on Cattell's interpretations of factors associated with certain aspects of personality. *Dissertation Abstracts International,* 149A.

Scott, L. H. (1981). Measuring intelligence with the Goodenough-Harris Drawing Test. *Psychological Bulletin, 8*(9), 483–505.

Urban, W. H. (1963). *The Draw-A-Person catalogue for interpretive analysis.* Los Angeles: Western Psychological Services.

Waldfagel, S. (1950). Review of the Machover Draw-A-Person Test. *Psychosomatic Medicine, 12*, 138–139.

Wanderer, Z. W. (1967). *The validity of diagnostic judgments based on "blind" Machover figure drawings.* Doctoral dissertation, Columbia University.

Watson, C. G. (1967). Relationship of distortion to DAP diagnostic accuracy among psychologists at three levels of sophistication. *Journal of Consulting Psychology, 31*, 142–146.

Weinberg, R. A. (1989). Review of Kinetic Drawing System for Family and School: A Handbook. In J. C. Conoley & J. J. Kramer (Eds.), *Tenth mental measurements yearbook.* Lincoln, NE: Buros Institute of Mental Measurement.

Zimmerman, J., & Garfinkle, L. (1942). Preliminary study of the art productions of the adult psychotic. *Psychiatric Quarterly, 16*(2), 313–318.

CHAPTER *8*

행동적 평가

만일 행동주의의 수호 성인이 있다면, 아마도 그것은 오캄의 면도칼이라고 알려진 과학적 노선을 만들어 낸 14세기 철학자 오캄의 윌리엄일 것이다. 이 원칙은 절약의 법칙으로도 알려져 있는데, 말하자면 사실에 부합하는 단순한 설명이 복잡한 것보다 낫다는 것이다. 현상을 설명하기 위해 필요한 것보다 많은 것을 제공하지 말라는 뜻이다.

우리의 정신은 설명을 갈구한다. 설명 불가능한 행동에 대해 불충분한 자료를 만나게 되면, 우리는 각색과 설명을 통해 가용한 정보들의 조각들을 의미 있게 만들려고 시도한다. 행동주의자들에 따르면, 가설적인 원인에 기초한 행동에 대한 설명은 두 가지 문제가 있다.

첫째, 그런 설명은 더 많은 가설을 만들어 내는 더 많은 변인을 만들어 낸다. 그래서 만일 우리의 이상한 행동이 신들의 분노로 유발된 것이라면, 우리는 우리가 어떻게 신들에게 거역했는지를 추론해야만 하고, 그리고 나서 그들을 어떻게 달래는 것이 최선인지를 또 추론해야 한다. 만일 우리의 꿈이 우리의 내부에서 나온 것이라면, 우리는 그것이 우리에게 씌인 악마의 소행인지 혹은 우리가 행동하는 방식에 대해 비밀스러운 메시지를 보내는—그리고 우리에게 할 수 있거든 이 메시지들이 말이 되게 해 보라고 도전하는—무의식의 소산인지를 추측해야 한다.

두 번째로, 가설적인 원인들은 행동 그 자체로부터 우리의 주의를 분산시킨다. 행동주의자들은 무의식이나 추동, 욕구, 충동, 특성 같은 구성 개념들은 즉각적으로 설명 가능하지 않은 것의 원인을 추측하려는 시도의 유물로서 박물관에나 있어야 할 물건이라고 믿는다. 행동주의자들은 그러한 구성 개념들이 사람들로 하여금 헛수고를 하게 한다고 말한다. 정신장애를 기도나 귀신 쫓기 같은 방법으로 치료한 중세의 학자(석학)들처럼, 우리는 정신건강 문제를 문제 그 자체로 다룸으로써 치료하려 하지 않고, 우리가 그것을 설명하기 위해 만들어 낸 신화로 치료하려고 한다.

이러한 관점에서, 더 단순한 설명은 행동을 가설적인 생득적인 특성이나 정신내적 과정의 반영으로 보기보다는 우리가 환경과 문제들에 반응하기 위해 학습한 방식으로 생각하는 것이다.

많은 행동주의자는 특성이나 정신 내적 과정에 대해 이야기하는 것조차 피하는데, 버리스 프레드릭 스키너(Burris Frederick Skinner, 1953) 같은 사람은 이런 개념들을 우리가 정상에서 벗어났다고 여기는 행동을 설명하기 위해 발명한 '설명적 허구'라고 불렀다. 어떤 사람들은 행동의 습관적이거나 특성적인 방식을 묘사하기 위해 특성이라는 개념에 대해 이야기할 수도 있을 것이다. 행동은 가변적이다. 개인의 행동은 종종 비일관적이고 예측도 불가능하다. 시간에 따라 변하기도 하지만, 보통은 상황 특정적이기도 하다.

최근까지 행동주의자들은 성격검사를 통해 환자를 평가하려는 시도를 비웃었다. 그리고 대부분의 경우에는 아직도 그러하다. 그들은 가설적인 특성을 찾고 측정하려는 것에 더해서 투사적 검사와 심리측정적 성격검사들이 수검자들을 진공 상태에서 평가하려고 시도한다고 지적하였다. 수검자들은 부적절하고 부적응적인 행동이 일어나는 가족 상황, 직장, 학교, 이웃으로부터 분리되어 버린다. 앨런 캐즈딘(Alan Kazdin)이 말한 것처럼 그런 검사에서, "검사자는 아마도 수검자만의 특징적인 '진짜 생활'에서의 행동들을 결코 관찰하지 못할 것이다"(Kadzin, 1975, pp. 6, 9). 그러나 곧

보게 되겠지만, 많은 행동주의자가 사고나 감각, 지각, 정서와 태도 등 외적으로 명백하게 관찰되지 않는 '내적인' 행동들을 포함함으로써 행동에 대한 개념을 확장하여 왔다. 그런 결과로 많은 사람이 전통적인 측정 방법에 대한 자신들의 반대 의견을 수정하였다.

그럼에도 행동주의와 다른 치료법들에서 평가의 기본적 목적은 여전히 명백하게 서로 구분된다. 행동주의자들은 전통적 평가의 주요 목적이 사람들에게 진단명을 붙이고 함께 나타나는 증상들과 '장애'를 식별하는 것이라고 비난한다. 그 결과로 얻어진 진단은 처음에 환자가 치료를 받으러 오게 만들고 치료자가 진단을 내릴 때 이미 알고 있던 증상을 넘어서는 별다른 정보를 제공하지 않는다. 즉, 그것은 병인, 예후 그리고 치료에 대해 아무런 단서를 제공하지 않는다(Kanfer & Saslow, 1969). 그리고 그것은 우리에게 문제 행동 자체가 아니라 가상의 원인을 다루도록 종용한다. 더 나아가 비정상성(이상)을 암시하는 진단이 상당히 주관적이라는 문제가 있다(Bandura, 1969; Ullmann & Krasner, 1969). 부모가 보기에는 남자답고 주장적인 행동이 교사와 진로 상담자에게는 정서장애의 지표로 보일 수도 있다.

그러므로 캔퍼와 새슬로(Kanfer & Saslow, 1969)의 '기능적' 분석은 문제의 존재나 부재를 암시하는 전통적인 정신의학적 진단명을 부정한다. 부적응적 행동은 단순히 '정상적' 행동이 지나친 것이거나 부족한 것일 뿐이다. 극복할 수 없는 세균에 대항해서 끝나지 않는 전쟁을 하느라 자신의 부엌을 하루에 20번씩 닦는 '강박적인' 여성은 자신의 부엌을 깨끗이 유지하고자 하는 정상적인 욕구가 과도한 것일 뿐이다.

행동 과다의 발생 빈도, 강도, 지속 정도를 줄이거나 부족한 것의 빈도를 증가시키기 위해 치료 계획이 개발될 수 있으려면 행동의 과다나 부족이 명확하게 확인되어야 한다.

행동적 평가는 진단명을 부여하는 것에는 별 관심이 없고, 행동이 변화될 수 있는 방법에 대해 평가를 통해 얻을 수 있는 정보에 관심이 더 많다. 행동주의자들은 광범위한 대다수의 행동이 특정 상황에 대한 학습된 반응이므로, 재학습 프로그램을 구조화하기 위해 바람직하지 않은 행동이 일어나는 상황과 환경을 알아내고자 노력하였다.

최근 몇십 년간, 인지행동치료와 변증법적 행동치료 등의 행동적 심리치료 접근의 확장과 인기로 많은 행동주의자가 행동에 대한 개념을 관찰 가능한 활동을 넘어서는 행동을 포함하는 방식으로 확장시켰다. 오늘날 행동적 평가는 내적인 행동(예: 감정, 사고, 심상, 태도)과 정신생리학적 기능을 고려한다. 그런 결과로 행동적 평가는 오로지 직접적 관찰에 의존하던 것을 넘어서 이전에 비웃던 자기보고 검사나 전반적 평가, 인지적 보고(내담자들이 자신의 사고나 감정을 보고할 때처럼) 등의 기법들로 확장되었다. 어떤 행동주의자들은 자기주장이나 두려움 같은 성격적 특성을 측정하는 검사를 개발하기도 하였다. 이러한 검사들을 '행동적' 평가로 만드는 요인은 상황적 환경에 대한 강조다. 일반적 검사와의 차이점을 설명하기 위해, 테드의 공포에 대한 측정을 생각해 보자. 전통적인 성격 평가에서 테드는 '두려워하는'이라는 특성으로 특징지어졌을 것이다. 그의 두려움은 상대적으로 지속적인 성격 특성으로 간주되어서 테드는 거의 모든 상황에서 두려움을 느낄 것이다. 행동적 평가에서는 테드의 두려움을 그가 어떤 경험에서 학습한 반응이라고 보며, 특정한 상황에서만 유발된다고 가정한다. 따라서 행동적 평가의 기능은 어떤 사람의 성격적 측면에서의 두려움을 알아내는 것이 아니라 그러한 두려움을 일으키는 환경이나 상황을 식별해 내는 것이다.

표적 행동을 식별하기

대부분의 정신병원이나 진료소, 거주 시설 혹은 특수교육 프로그램에서, 치료자들은 그들의 환자나 내담자의 행동적 문제에 대해 서로 논의한다. 그들은 아마도 '문제'의 기술에서는 흔히 의견이 일치할 것이다. 예를 들어, 제이슨 M.은 '공격적'이고 '호전적'이다. 수전 L.은 '겁이 많고' '철수'되어 있다. 앨리스 K.는 '사회적 기술이 부족하다.' 혹은 어떤 내담자는 치료자에게 "저는 주의 집중에 문제가 있습니다." 혹은 "나는 언제나 화가 나 있어요."라고 말할 수 있다.

행동주의자들에게는 그러한 특성들이나 진단명이 너무 모호해서 수정되어야 할 행동을 묘사하거나 치료 과정을 제안하는 데 큰 가치가 없다. 입원한 환자들의 경우, 병원 의료진이 관찰한 행동으로부터 더욱 명확한 추리가 가능하다. 어떤 구체적인 행동들이 그들로 하여금 수전이 '철수'되어 있다고, 혹은 제이슨이 '공격적'이라고 결론 내리도록 하는가? 제이슨이 실제로 다른 누군가를 때리는가 혹은 그의 공격성이 언어적인 것에 국한된 것인가? 아이들이 '말다툼'을 할 때, 그들이 서로 의견 다툼이 있는가, 목소리를 높이는가, 혹은 몸짓이나 신체적 힘을 사용하는가?(Christopherson et al., 1972).

더욱이 이러한 행동들은 거의 항상 산발적이거나 일시적인 것들이다. 그러한 행동들은 특정 상황에서만 일어나거나 촉발 사건(행동주의자들은 자극 혹은 선행 조건이라는 용어를 선호한다)에 뒤이어 발생한다. 변화시킬 행동을 식별하는 것만큼 중요한 것이 그 행동에 선행하거나, 수반되거나, 뒤따르는 조건이나 상황을 식별하는 것이다. 제이슨은 항상 공격적인가? 어떤 사람들과 있을 때만 공격적인가? 다른 사람이 자신의 물건을 만졌을 때만 공격적인가? 윗사람에게 지시나 명령을 받았을 때만 공격적인가? 스스로 화가 나 있다고 자신을 묘사하는 내담자는 항상 화가 나 있는가 혹은 직장에서만, 집에서만, 어떤 사람들이나 어떤 종류의 사람들과 있을 때만 그러한가?

측정은 행동적 평가 과정의 중요한 부분이다. 문제 행동은 식별되어야 할 뿐만 아니라 기저선이나 반응 빈도를 설정하기 위해서도 측정되어야만 한다. 아동의 분노 발작이 실제로 부모가 기억하고 보고하는 것만큼 자주 일어나는가? 한편으로, 경계선 알코올 중독자가 자신이 기억하는 것처럼 어쩌다 한 번만 술을 마시는가?

직접적 행동 평가

행동을 측정하는 데는 다양한 접근법과 방법이 있다. 그러나 이들 모두 일반적으로 다음과 같은 요인들을 검토한다.

- 어떤 행동이 일어나는 빈도
- 그러한 행동이 일어나는 상황
- 행동이 일어나기 전에 발생한 일들(예: 언어적 상호작용, 지루함, 불안)
- 행동이 일어나고 난 후에 발생한 일들(예: 비난, 칭찬, 격려, 혹은 자기만족).

이에 더해서, 때로 필요한 경우에는 그 행동의 강도와 지속 정도가 고려된다.

1950년대와 1960년대에, 환자의 행동을 기록하는 표준적인 방법은 치료자나 부모나 교사, 배우자와 같은 대리인들의 직접적인 관찰이었다. 이러한 대리인들을 이용하는 것은 내담자의 자연적인 환경, 예를 들어 집이나 학교, 운동장 등에서 행동을 관찰할 수 있다는 이점이 있다. 자연스러운 상황에서의 관찰은 식별된 문제가 내담자의 일상적 환경 맥락에서 더 자주 일어나는 경향이 있고, 규칙성을 가지고 발생하는 경우에 더 바람직하다. 직접적 관찰은 가능하기만 하다면 표적 행동을 찾아내는 데 여전히 가장 선호되는 접근법이다.

빈도 측정

행동을 기록하는 가장 확실한 방법은 그것을 세는 것이다. 특정한 기간 내에 행동이 발생한 빈도를 반응률이라고 한다. 이는 발생한 행동의 빈도를 시간으로 나눈 것이다. 행동이 시작되고 끝나는 것이 명백하고, 그 행동이 지속되는 시간이 동일하다면 반응률을 측정하는 것이 더 쉬워질 것이다(Skinner, 1966). 그런 예로는 어떤 사람이 '안녕'이라고 말하는 횟수 혹은 한 시간에 담배 피우는 횟수 같은 것이 있다.

빈도는 구조화된 체크리스트나 1분, 5분, 30분 등의 시간 간격에 따라 표시할 수 있는 기록지를 이용해서 기록될 수 있다. 행동이 발생할 때마다 기호로 표시한다. 행동 기록의 기본적 목적은 행동이 발생하는 빈도를 기록하는 것이지만, 행동의 강도를 알려 주기 위해 간단한 코딩 체계가 사용될 수도 있다. S는 강한(strong) 강도, M은 중간(moderate) 강도, 그리고 W는 약한(weak) 강도를 표시한다.

　평가의 목적이 표적 행동이 발생하는 상황을 알아내는 것이기 때문에, 광범위한 시간과 활동을 망라하기 위해 하루나 일주일 중 다양한 시간대에 측정을 하는 것이 바람직하다.

　빈도 측정은 실제적이면서도 중요한 이점들이 있다. 그것은 실시하기 쉽고 표적 행동이 어떻게 변화하고 있는지를 명백하게 보여 준다.

　그러나 측정하고자 하는 행동이 지속적인 경우(오랜 시간 움직임 없이 앉아 있는 것)이거나 혹은 매번 지속 기간이 달라지는 경우(다른 사람과 이야기를 하거나 분노발작을 하는 것)에는 빈도 측정이 별 소용이 없다. 그러한 지속적이고 변화하는 행동들을 측정하는 데에는 구간 기록 혹은 반응 지속 기간 같은 다른 측정 기법이 사용되어야만 한다.

내담자: 새뮤얼 T.
피운 담배 개수
날짜: 3월 5일

분	5	10	15	20	25	30	35	40	45	50	55	60	
9AM ~ 10AM		/		//		/				/			5
12N ~ 1PM			/			//	//			/		/	7
2PM ~ 3PM				/									1
6PM ~ 7PM					/	/		//		/		/	6
9PM ~ 10PM	/	/	/	//		//	/	/		//		/	12

총합 31

[그림 8-1] 하루 중 몇 시간씩 5분 간격으로 행동의 빈도를 기록하기 위해서 치료자가 만든 양식

구간 기록

구간 기록은 지속 기간이 일정하지 않거나 산발적으로 발생하는 행동(예: 미소, 말하기), 시작이나 끝이 명확하지 않은 행동(예: 노래 부르기, 안절부절못함, 반복적인 행동하기)을 측정하는 데 유용한 방법이다. 그러나 관찰하고자 하는 행동 자체는 여전히 이분법적이다. 어떤 사람은 이야기를 하거나 하지 않거나 한다. 그러므로 말하는 행동의 정도에 대한 질문은 없다. 구간 기록은 정해진 시간 동안 지정된 행동이 일어나거나 일어나지 않는 것을 기록하는 것에 기초한다. 시간 구획을 결정하는 데에는 몇 가지 방법이 있다. 우리가 깨어 있는 시간을 16시간으로 나누고 각 시간마다 2분씩 내담자를 관찰한다고 가정해 보자. 우리는 그 각각의 기간에 단순히 그 행동이 일어났는지 아닌지만을 기록한다. 혹은 우리는 시간 구획을 하루에 한 시간으로 정하고 그 시간을 6개의 10초 간격으로 나누고, 각각의 기간에 관찰과 기록을 번갈아 한다. 구간 기록은 사회적으로 철수된 아동들의 사회적 반응(Wahler, 1969)이나 정신과 환자들의 상호작용(Milby, 1970) 같은 행동들을 측정하는 데 이용되어 왔다.

특별히 환자의 호전을 모니터링하는 데 유용한 구간 기록의 한 형태가 다음에 예시되어 있다. 문제가 있는 청소년들을 위해 일하는 치료자가 학교에서 주의 집중력을 증가시키기 위해 케네스라는 아이와 작업을 해 왔다. 그의 행동 변화를 모니터링하는 한 가지 방법은 수업 중 매 분 주의 집중 행동의 존재 혹은 부재를 기록하는 것이다.

케네스가 자신의 책상에 앉아서 조용히 공부하는 동안 각 기록지의 분 단위 체크난에는 체크나 '+' 표시가 주어진다. 반면에, 그가 자리를 이탈하거나 공부를 하지 않는 각각의 분 단위 체크난에는 '0'이나 '−' 표시가 주어진다. 이 경우에 기록의 목적은 행동이 일어나는 특정한 순서보다는 케네스가 이 행동을 보이는 간격의 크기를 명확하게 하는 것이기 때문에, 체크나 '+'는 위 칸에서 아래 칸으로 표시되고, '0'은 아래 칸에서 위 칸으로 표시된다. 이러한 기록 체계는 그 행동이 각 기간에서 증가했는지 감소했는지를 빨리, 명백하게 볼 수 있게 해 준다.

구간 기록의 가장 큰 제한점은 일정 기간에 어떤 행동이 발생했는지 아닌지는 알

누적 시간(분 단위)

	5	10	15	20	25	30	35	40	45
5	✔	✔	✔	✔	✔	✔	✔	✔	✔
5	✔	○	✔	✔	✔	✔	✔	✔	
5	○	○	○	✔	✔	✔	✔	✔	
5	○	○	○	○	○	○	✔	○	
5	○	○	○	○	○	○	○	○	○
총합	2	1	2	3	3	3	4	3	

[그림 8-2] 변화 감찰을 위한 구간 기록

려 주지만, 그 기간에 행동이 몇 번이나 발생했는지에 대한 정보는 제공하지 않는다는 것이다. 앞의 예에서 케네스가 얼마나 자주 자리를 이탈하거나 주의를 기울이지 않았는지는 알 수 없다. 결과적으로, 구간 기록은 산발적이고 자주 바뀌는 것보다는 지속되는 행동을 기록하는 데 기본적으로 더 유용하다.

반응의 지속

어떤 치료 프로그램의 경우, 행동의 빈도보다는 지속 정도를 증가시키거나 감소시키는 것이 그 목표인 경우도 있다. 행동의 지속 정도의 측정은 폐소공포증 환자가 작은 방에 앉아 있는 시간의 길이를 모니터링하는 데 이용되어 왔다(Leitenberg, Agras, Thompson, & Wright, 1986). 그리고 발달적으로 장애가 있는 아동들이 협동적 놀이에 참여하는 시간을 모니터하는 데에도 사용되어 왔다(Redd, 1969).

이때 관찰되는 행동이 명백하게 정의되는 것이 매우 중요한데, 그 행동이 언제 시작되고 언제 끝나는지를 잘 알 수 있어야 한다. '공격적 행동'은 환자가 노려볼 때 시작되는가? 공격적인 태도로 다른 사람에게 접근할 때 시작되는가? 공격적인 언어를 사용할 때 시작되는가?(그리고 또 어떤 종류의 언어들이 '공격적'이라고 간주되는가?) 등이 잘 정의되어야 한다.

이와 유사하게, 분노 발작의 경우도 특정한 행동들(예: 징징거리기, 울기, 소리 지르기, 발로 차기)로 정의해야 한다. 그리고 이런 행동들 사이에 조용히 있는 기간을 분노 발작의 일부로 간주할 것인지에 대한 결정을 미리 해야 한다.

자기감찰

자기감찰은 표준적인 평가 도구다. 특히 내담자가 스스로 문제를 극복하기 위해 도움을 구하고, 그래서 정직하게 보고할 동기를 가지고 있는 상황에서는 내담자들에게 자세한 일지나 일기를 쓰도록 요청한다. 예를 들어, 체중 문제가 있는 사람에게는, 음식 섭취 시간, 음식을 먹은 환경과 상황, 아마도 그에 동반된 사고나 감정 등, 음식 섭취에 대한 기록을 계속하도록 요청할 수 있다. 내담자가 하루 중 다양한 시간에 어떤 일을 하는가에 따라 기록의 방식이 다양하게 변형될 수 있는데, 일정 간격을 유지하기 위해 알람시계를 사용하기도 한다. 이런 경험적 자기감찰은 행동에 대한 기록뿐 아니라 부가적인 자료, 예를 들어 그 행동에 바로 선행한 사건들 혹은 내담자가 그 순간에 생각한 것이나 느낀 것들을 요구한다.

다양한 정교화된 자기감찰 도구가 이용 가능해져서 어떤 사람이 음식을 먹으면서 음식을 씹는 빈도를 추적할 수 있는 기계적 카운터가 나오기도 했다(Mahoney, 1974). 그리고 담배 케이스를 여는 빈도를 측정하기 위한 전기적 카운터들도 개발되었다(Azrin & Powell, 1968). 더 최근에는 행동을 추적하기 위해 문자 프로그램이나 스마트폰의 앱이 이용되기도 한다. 액티그래프(Actigraphs), 가속도계, 위성 위치 확인 시스템이 수면 패턴을 측정하거나 자신의 위치를 명시할 때 도움을 준다(Muench, 2010).

직접 관찰의 신뢰도 추정하기

다른 평가적 접근과 마찬가지로, 내담자의 수행에 대한 정확한 기록을 얻기 위해서는 측정이나 기록에 어느 정도의 일관성이 있어야 한다. 빈도 측정과 추정치가 관찰자별로 심하게 변동이 있다거나 관찰자가 정의하는 표적 행동이 때에 따라 달라진다면, 내담자의 실제 행동을 제대로 식별해 내기가 어렵고, 기저선을 결정하거나 변화를 추적하는 것도 어렵다.

빈도 세기

관찰 빈도 세기의 신뢰도는 작은 측정치를 큰 측정치로 나누면 된다. 만일 퍼센트로 표시하려면, 이 숫자에 100을 곱한다. 두 명의 부모가 아이가 식사하는 동안 음식을 뱉어 내는 빈도를 기록하는 예를 생각해 보자. 엄마는 25번, 아버지는 22번을 관찰하였다. 이 관찰 시간 동안의 일치율은 .88 혹은 88%다.

한 가지 주의 사항: 이 숫자는 부모들이 관찰 시간 중 88% 일치했다는 것을 의미하는 것은 아니다. 비록 부모들이 기록한 숫자는 일치했더라도, 그들이 동일한 사건을 보고 기록한 것이라고 확신할 수는 없다. 따라서 빈도 세기에서 신뢰도는 행동의 전체 숫자에 대한 일치를 말하는 것이지, 특정 사건이 발생한 것에 대한 일치를 의미하는 것은 아니다. 따라서 만일 표적 행동이 아주 잘 정의되지 않으면, 관찰 수치상의 높은 일치도는 실제 관찰상의 상당한 정도의 불일치를 알지 못하게 할 수도 있다.

구간 기록

구간 기록의 신뢰도는 두 사람의 관찰자가 표적 행동이 일어났다고 동의하는 구간의 비율을 계산한 것이다. 만일 동일한 구간 동안에 두 사람이 기록을 하면 일치로 표시된다.

어떤 구간이라도 한 사람은 반응을 기록하고 다른 한 사람은 하지 않으면 불일치로 표시된다. 아무 관찰자도 반응을 기록하지 않은 구간은 무시된다. 신뢰도는 일치하는 숫자를 일치와 불일치의 숫자를 합한 것으로 나눈 것으로 계산된다. 예를 들어, 두 관찰자가 9개의 5초 구간 중에 아이가 교실 창문을 내다보는 구간을 기록하는 것을 생각해 보자. 두 관찰자가 동일한 5개의 구간에는 행동의 발생에 동의했으나 2개의 구간에는 동의하지 않았다. 이때 신뢰도는 5 나누기 7, 즉 .71이 된다. 아무 기록도 없던 2개의 구간을 동의로 간주해도 된다. 이런 방식으로 신뢰도를 계산하는 것은 신뢰도를 .78까지 상승시킨다(7 나누기 9). 신뢰도 계산의 일치성을 유지하기 위해, 통상적으로는 두 관찰자가 표적 행동을 관찰한 구간을 일치 구간으로 간주한다(Kazdin, 1974, p. 81). 심리측정에서 신뢰도 계수와 마찬가지로, 수용할 만한 신뢰도 계수에 대한 임상적 결정은 .90 혹은 그 이상이다(Kazdin, 1974, p. 82).

간접적 그리고 유추적 접근

행동의 직접적 관찰은 아마도 교사나 부모, 건강 관리자들이 행동을 분석하고 기록하도록 훈련을 받은 경우, 학교에서 아이들의 행동을 평가하거나 병원에서 환자들의 행동을 관찰하는 데 가장 정확한 접근이 될 것이다. 그러나 많은 경우에 표적 행동이 촉발되는 시간이나 맥락 내에서 내담자의 행동을 관찰하는 것이 늘 가능하거나 적절하지는 않다. 다양한 기법이 내담자의 '현실 세계에서의 행동'에 대응할 만하고 유사한 행동을 관찰하고자 하는 의도에서 발전되어 왔다.

유도된 심상

내담자는 사람이 붐비는 대형 마트 혹은 칵테일 파티 혹은 사무실처럼, 자신이 원치 않는 행동을 유발하는 상황에 놓여 있는 것으로 상상하도록 요구된다. 내담자는 자신이 그런 상황에서 할 법한 행동들뿐만 아니라 그때 자신의 생각들과 감정들에 대해 묘사하도록 요구받는다.

역할 연기

역할 연기에서는 상황을 묘사하기보다는 내담자가 어떤 역할을 하도록 요구받는다. 아마도 치료자는 내담자의 문제를 보고하는 사람 역할을 하게 되는데, 만일에 두 명의 내담자가 있는 경우 그 두 사람이 서로 역할 연기를 한다. 결과적으로 이것을 통해 치료자는 문제 행동의 표본을 보게 된다. 역할 연기는 표적 행동을 식별하는 데 점차로 중요한 수단이 되어 가고 있는데, 어떤 저자들은 치료자의 사무실 같은 안전한 환경에서 유발된 역할 연기 행동이 현실 생활에서 유발된 실제 행동과 실제로 유사할지에 대해 의문을 제시하기도 한다.

표준화된 행동 평정 척도

행동 평가가 변화되어야 할 특정 행동을 표적으로 하는 경우, 규준 자료는 필요하지 않다. 그러나 많은 표준된 척도가 일반적으로 중요한 주제인 불안이나 공포 같은 증후군과 행동 범주들을 대상으로 개발되었다. 일반적으로 이러한 행동 평정 척도들은 관찰자들이 체크박스에 체크하거나 코드화된 기입란에 기록하도록 되어 있다. 그러한 척도들은 종종 단일 행동에 대한 단순한 식별이나 측정 도구이기보다는 문제 영역과 관련이 있는 일단의 행동을 식별하는 데 사용된다. 이러한 행동 평정 척도들의 대부분이 치료자에 의해 작성되는 데 반해, 벡 불안척도(Beck Anxiety Inventory, 1993) 같은 다수의 척도는 자기보고식 도구로 만들어졌다.

표준화된 평정 척도들은 반응 패턴과 관련된 많은 수의 행동을 측정하도록 고안되어 왔다. 예를 들어, 아동을 위한 행동평가 시스템 개정판(Behavior Assessment System for Children, Second Edition; Vannest, Reynolds, & Kamphaus, 2008)은 아동기의 문제 행동들만을 정확히 뽑아내어 평가하도록 고안되었다.

그러한 평정 척도들은 대집단 대상자의 행동들을 빠르게 평가하는 데 사용될 수 있기 때문에 학교나 진료소, 병원 등에서 유용하다. 그러나 그것들을 사용하는 데에는 몇 가지 잠재적인 문제가 있다. 첫째, 이러한 척도들이 특정 표적 행동들을 지정해서 관찰·측정하는 것보다 덜 객관적이고 일반적으로 더 추상적이고 광범위하다는 점이다. 그런 척도들은 추상적 구성 개념을 유추할 수 있는 다양한 행동을 식별해 내도록 고안되었다. 우리가 단일 표적 행동을 묘사할 때 사용하는 것과 동일한 정확도로 질문이나 문항들을 구성하는 경우는 거의 없다.

결과적으로, 행동 평정 척도들에 접근할 때도 우리가 성격검사들을 평가할 때 기울이는 것과 동일한 주의를 기울여야 한다. 행동 평정 척도의 저자들은 우리가 다른 객관적 검사의 개발자에게 기대하는 것과 같은 정보(신뢰도, 타당도, 어디에 적절한지, 표준화 절차)를 제공해야만 한다. 검사에 대한 정보와 리뷰를 찾기 위해 우리가 추천한 『정신과 척도 핸드북』(Rush, First, & Blacker, 2007), 온라인 정신측정연감, 『출판된 검사 안내서(Tests in Print)』, 그리고 『검사 비평』 같은 자료들이 행동 평정 척도들을 평가하기 위해서 사용될 수 있다. 미국심리학회는 검사를 찾고 선택할 수 있는 뛰어난 온라인 가이드를 제공하고 있다(http://www.apa.org/science/programs/testing/find-tests.aspx#). 아동 행동 체크리스트(Child Behavior Checklist: CBCL)가 잘 알려진 행동 평정 척도의 예로 포함되어 있다.

아동 행동 체크리스트

아동 행동 체크리스트(Abenbach, 1991; Abenbach & Edelbrock, 1983; Abenbach & Rescorla, 2001)의 목적은 아이들의 문제와 유능성에 대한 부모들의 보고를 얻어 내는 것이다. CBCL은 교사용(Teacher's Report Form: TRF)과 자기보고용(Youth Self Report: YSR)도 있다. 각각의 검사 형태는 초점이 약간 다르다. 그러나 대체로 CBCL과 그 동반 검사들은 진단적 분류를 하기 위해서라기보다는 행동의 표준화된 측정을 하기 위해서 고안되었다. 세 개의 체크리스트는 문항들이 유사한데, 이 점이 상황이나 지각의 범위를 넘어서 사회적·정서적 문제들을 식별해 내고자 하는 목적을 위해 리스트들을 비교하는 것을 쉽게 만든다.

하위 척도들의 명칭(예: 내재화, 외재화, 사회적 철수, 우울, 정신분열성, 공격성, 강박)은 임상적 진단을 시사하고, 경험적으로 추출된 하위 척도들을 흔히 사용되는 임상적 척도들과 연관시키기는 했지만, 저자들은 "하위 척도들의 명칭이 각각의 척도가 포함하는 문항들을 요약하기 위해 사용된 것이지 진단적 범주로 사용된 것은 아니다."라고 분명히 밝히고 있다(Christenson, 1992, p. 165).

세 가지 형태의 체크리스트 각각에서 다양한 하위 척도는 명백성과 실용성에서 차이가 있다(Elliot, 1992, p. 166). 그러나 TRF의 핵심인 행동 문제 척도는 명백히 외현적 행동에 초점이 맞춰져 있고, 3점 척도에 답하도록 되어 있다(0=그렇지 않다, 1=때로는 그렇다, 2=매우 그렇다 혹은 자주 그렇다). 한 논평가는 대부분의 문항이 객관적이고 명백하지만, 주관적 의견을 요구하는 문항("다른 성별인 것처럼 행동한다.")에서의 모호성 때문에 혼란스럽다고 평가하기도 했다(Elliot, 1992, p. 166).

표준화

표준화를 위한 표본들은 각각 검사의 모집단(부모, 교사, 아동)에 따라 그리고 각각의 하위 척도에 따라서도 별도로 선택되었다. 비록 라틴계, 아시아계, 아메리카 원주민이 덜 포함되기는 했으나 표준화 표본들은 일반적으로 적절한 크기였다. 어떤 하위 척도들의 표준화 과정에는 이상한 점이 있다. 예를 들어, 행동 문제 척도는 의뢰된 아동들을 기초로 개발되었지만, 그 규준은 의뢰되지 않은 아동들의 표본에 근거해서 만들어졌다.

신뢰도와 타당도

각 형태의 검사와 각각의 하위 척도들은 따로 타당화되었다. 검사-재검사 신뢰도는 적절하다. 두 주간의 간격으로 평균 r이 .89이고, 넉 달의 간격에는 .68로 떨어진다. 저자에 따르면, TRF의 타당도는 아동 정신병리 문헌에 나타난 문제 행동의 많은 부분과 그 구성이 일치한다는 사실과 상당량의 자료에 기초하고 있다고 한다. 준거 관련 타당도는 점수들과 의뢰 횟수 간의 상관에 기초하고 있다(Elliot, 1992, p. 167).

CBCL은 활발하게 사용되고 있으며, 2001년도에 8개 증후군 구조 모델이 제안되었다(Achenbach & Rescorla, 2001). 이 모델에서 아동들은 자폐 스펙트럼과 주의력결핍 과잉행동장애 집단, 정상적으로 발달하고 있는 집단으로 구분된다(Ooi, Rescorla, Ang, Wu, & Fung, 2011). 매우 흥미롭고 유용한 CBCL에 대한 범문화적 연구는 다문화에 걸쳐 그 결과가 안정적이다(Ivanova et al., 2007; Ooi, Rescola, Ang, Wu, & Fung, 2010; Viola, Garrido, & Rescorla, 2011).

인지적 행동 평가

몇십 년 전, 상당수의 행동주의자, 예를 들어 라자러스(Lazarus, 1973), 반두라(Bandura, 1986) 그리고 마이켄바움(Meichenbaum, 1976)은 만일 행동주의가 배타적으로, 전적으로 관찰 가능한 행동에만 초점을 맞추고 이러한 행동들에 영향을 미치는 인지적이고 정서적인 요인들을 무시한다면 이는 지나치게 제한적이라고 결론을 내렸다. 이런 입장의 인지행동주의자들이 하는 질문들은 다음과 같다.

내담자들이 어떻게 환경을 지각하는가? 그 당시 내담자의 사고와 감정은 무엇이었는가?

오직 내담자만이 그러한 질문들에 대답할 수 있기 때문에, 이러한 내현적 행동들이 겉으로 드러나서 검토되고 측정될 수 있도록 하기 위한 다양한 접근이 발전되었다. 대부분의 경우 그 기법들은 직접적인 관찰을 내담자의 자기보고로 대체한다.

인지를 기록하기 위한 임상적 기법

아래에 소개된 내담자의 사고와 감정을 기록하기 위한 임상적 기법의 몇 가지 예는 상대적으로 비공식적이고 덜 구조화되어 있다. 이 기법 중 상당수는 외적 행동을 측정하는 기법들에 필적하며, 인지행동치료, 변증법적 행동치료 그리고 여타 행동주의의 현대적 응용을 위해서 이용되었다.

언어화된 사고

몇 가지 형태가 있다. 내담자는 어떤 주제에 대한 자신의 진행되는 사고를 5분에서 10분 정도의 시간 동안 언어화하거나 자유 연상하도록 지시받는다. 그러한 언어화가 내담자의 실제적 사고 과정을 반영한다는 것은 일견 그럴싸해 보이지만, 이 절차는 인위적이고 여러 가지 이유로 내적 행동에 대한 편향된 표본을 만들어 낸다는 것에 근거해서 비난받아 왔다.

시뮬레이션

치료자는 내담자가 문제 상황을 상상하도록 시나리오나 구조화된 상황을 만들어 낸다. 예를 들어, 부끄럼이 많고 복종적인 사람은 자신이 무례한 식당 직원에게 모욕을 당하거나 상점 직원에게 무시를 당하는 장면을 상상하도록 요구받는다. 반대로 내담자는 자신이 그런 상황에서 자신의 생각을 언어화하고 주장적으로 행동하는 것을 상상하도록 요구받는다. 변형된 형태는 내담자가 실제적으로 문제 행동을 유발하는 자극에 노출되는 역할 연기의 형식이다. 예를 들어, 비난에 지나치게 예민하게 반응하는 사람은 치료자로부터 비난을 받게 될 것이고, 고양이를 두려워하는 사람은 진짜 고양이를 마주치게 될 것이다. 이 모든 경우에서 내담자의 사고와 감정은 모두 언어화되고 기록된다.

사고 표집

사고 표집에도 몇 가지 종류가 있다. 내담자는 표적 행동뿐만 아니라 이러한 행동에 동반하는 사고나 그것과 관련된 것, 또한 자신이 경험하는 감정을 기록하도록 지시받는다. 예를 들어, 내담자는 다양한 간격으로 소리를 발생시키는 삐삐 같은 기구를 지급받는다. 삑 소리가 날 때마다 내담자는 사고 표집 질문지(Thought Sampling

Questionnaire: TSQ)에 자신의 사고를 기록하는데, 이러한 방법은 알아보고자 하는 변인들에 대한 생생하고 통제 가능한 기록을 제공해 준다(Klingger, 1978).

인지행동적 자기보고와 평정 척도

인지와 감정을 포함하는 행동적 측정 개념의 확장과 더불어 더 많은 간접적 측정 도구들이 사용되어 왔다. 앞에서 벡 우울척도(Beck Depression Inventory)를 살펴본 바 있다. 그러한 도구들이 성격검사로서 지명되기도 한다는 바로 그 사실이 행동적 측정의 분야가 외적인 행동의 배타적인 직접적 관찰법을 넘어서 얼마나 확장되어 왔는지를 보여 주는 지표라고 할 수 있다.

어떤 면에서 이러한 평정 척도들, 질문지들, 검사들은 행동적 접근의 기본 정신에 위배된다. 내담자가 보고한 행동으로부터 해석자는 장애(예: 우울과 공포증), 성격 패턴(예: 자기효능감이나 충동성) 그리고 기술(예: 사회적 혹은 의사소통 기술)을 추론한다. 물론 행동과 추론 사이의 간극이 크면 클수록, 왜곡의 가능성은 커진다. 행동의 직접적인 기록을 넘어서는 단계마다 잘못되거나 왜곡된 해석의 가능성이 증가한다. 결과적으로 이러한 간접적 도구들이나 검사들은 전통적 방법의 행동적 측정이 타당도와 신뢰도를 확보하기 위해 노력한 것보다 훨씬 엄격한 기준이나 방법을 요구한다. 이 분야에 다양한 종류의 자기보고 측정치가 매우 많이 존재하며, 다시 한 번 독자들이 이 장의 앞부분에 수록된 자료와 관련 출처를 참조하기를 권고한다.

신념과 기대를 측정하기

우리 행동의 많은 부분이 사회학습에 의해 조성된다고 믿는 사람들에게 우리가 어떤 일을 하게 되는 중요한 추진력은 우리의 신념과 기대의 조합이다. 다수의 인지행동적 측정 도구가 이러한 신념과 기대를 알아내기 위해 고안되었다.

그런 측정 도구 중 하나는 비합리적 신념검사(Irrational Beliefs Test: IBT)인데, 개인의 태도와 행동을 왜곡하는 비합리적 신념을 측정한다(Jones, 1968). 수검자는 자신의 신념과 관련되는 100개의 문항을 5점 척도에 표시하도록 요구된다("나는 종종 내가 통제할 수 없는 일에 대해 자주 걱정한다."). 몇몇 연구자가 IBT와 불안(Deffenbacher et al., 1986) 및 우울(Cook & Peterson, 1986) 사이에 상관이 있음을 보고하였다. 그러나 간접적 행동 측정치들과 마찬가지로, 신뢰도 수치가 타당화 자료보다 훨씬 인상적이다 (Smith & Zurawski, 1983).

같은 맥락에서, 인지행동적 측정을 위한 한 가지 기법은 수검자 개인의 자기평가와 다른 사람의 기대를 드러내는 자기보고를 알아내는 것에 토대를 두고 있다. 인지적 기능 분석(Meichenbaum, 1976)이라 불리는 이 접근은 어떤 사람이 일상생활 중에 자기 자신에게 이야기하는 것이 그 사람이 행동하는 방식에 영향을 미친다는 가정에 기초하고 있다(Meichenbaum & Turk, 1976). 마이켄바움의 평가는 행동 전, 행동 중, 행동 후의 수검자의 내적 대화를 식별해 내는 것이다. 이러한 평가 뒤에 있는 이론적 근거는 만일 사고가 행동에 영향을 미친다면 사고 패턴을 바꾸는 것이 행동을 수정할 수 있을 것이라는 가설이다.

정신생리적 측정

정신생리적 측정의 영역은 예술치료가 근거하고 있는 기본적 원칙과 동일한 원칙에 기초하고 있다. 즉, 신체와 정신 사이에는 밀접한 관련이 있고, 한 부분의 변화는 다른 부분의 변화와 관련이 있다는 것이다.

히스테리 환자의 분석에 대한 미완성 유고에서, 프로이트는 "볼 수 있는 눈과 들을 수 있는 귀가 있는 사람은 어떤 인간도 완벽하게 비밀을 지킬 수 없다는 것을 믿을 것이다. 만일에 그의 입이 조용하다면, 그는 손가락 끝으로라도 이야기를 할 것이다. 배신은 모든 구멍에서 흘러나올 것이다."라고 하였다(Freud, 1924, p. 94). 프로이트 시대 이후로, 연구 결과들이 이러한 관계에 대한 경험적이고 실험적인 지지를 제공하여 왔고, 이러한 관계가 존재한다는 것은 더 이상 심각한 논쟁거리가 아니다.

　　그러나 생리적 행동들은 대부분 조용하고, 내적이며, 다른 사람들이 관찰하기 어렵다. 우리가 긴장했을 때 일어나는 근육의 수축, 불안할 때 빨라지는 심장 박동, 화가 나거나 두려울 때 나타나는 아드레날린이나 다른 호르몬의 분비 등이 그러하다. 이러한 많은 생리적 반응은 정신이나 신체 활동에 따라 변화하는 코르티솔 같은 호르몬이나 DHEA-S(Dehydroepinandrosteronsulphate), 웰빙을 반영하는 부신에서 분비되는 호르몬의 수준을 측정하기 위해 혈액 샘플을 측정하는 것 같은 생물학적인 측정을 요구한다(Bojner-Horwitz, Theorell, & Anderberg, 2003). 다른 생리적 반응들은 뇌 활동에 반영되는데, 이는 기능적 자기공명영상(funtional magnetic resonance imaging)이나 뇌파검사(electroencephalography) 등에 의해 측정된다(예: Lindenberger, Li, Gruber, & Muller, 2009).

　　방금 언급한 기술들의 발달로 상당히 정확하게 내적인 행동들을 측정하는 것이 가능해졌다. 더욱이 많은 연구가 특정 심리적 현상과 생리적 현상 사이의 관계를 밝혀 내었다. 50년 전보다 이전에 액스(Ax, 1953)는 구별되지 않는 '투쟁 혹은 도피' 반응을 유발한다고 가정되던 공포와 분노가 혈압과 피부전도 반응(galvanic skin response)에서 서로 매우 다른 생리적 반응을 보인다는 것을 밝혀 내었다. 이후로, 상당히 세련되고 복잡한 기술들이 이러한 보이지 않는 생리적 행동들을 측정하기 위해 개발되었다. 그리고 시간이 지남에 따라 연구자들은 심리적 상태를 탐색하기 위해 생리적 지표들을 이용하는 방법을 추구하여 왔다. 그러나 기본적인 의문에 대해서 아직 연구자들이 만족할 만한 대답을 얻지는 못했다. 그동안의 연구들이 생리적 행동과 심리적 행동 사이의 일반적인 관련성에 대한 증거는 제공하였으나, 그 관련성이 한 분야의 측정치가 다른 분야를 측정하는 데 사용되어도 될 만큼 명백한가에 대한 대답은 얻지 못한 것이다.

직접적 측정

　　행동의 개념이 사고와 정서적 감정까지 확장된 것과 마찬가지로, 많은 내적인 생리적 행동을 포함하는 데까지 확장되어 왔다. 일반적으로 이러한 많은 행동은 그것을 경험하는 사람도 잘 모르는 것이다. 체온, 혈압, 뇌파, 혈관 확장의 변화 그리고 소화관 연동 운동, 장의 수축 등. 결과적으로, 자기보고 질문지들이 그러한 행동들을 기록하거나 측정하는 데에는 별 가치가 없다.

간접적 측정

간접적인 정신생리적 측정 중 가장 잘 알려진 것은 아마도 폴리그래프나 '거짓말 탐지기'일 것이다. 폴리그래프는 구조화된 면접 동안에 몇 가지 선택된 생리적 반응들(일반적으로 호흡, 피부전도, 맥박)에 대한 그래프를 제공한다. 폴리그래프의 사용은 어떤 사람이 거짓말을 할 때는 그 사람의 몸에서 식별할 만한 변화가 일어난다는 이론에 기초하고 있다.

폴리그래프 검사가 광범위하게 산업 장면과 법 분야에서 사용되어 온 반면, 이러한 검사의 심리측정적인 속성들은 타당도와 신뢰도에 문제를 제기한다(Kleinmuntz & Szucko, 1984; Saxe, Dougherty, & Cross, 1985). 클라인먼츠와 스주코(Kleinmuntz & Szucko, 1987)는 폴리그래프를 경험한 수검자들의 반수는 오류 긍정(false positive)의 희생자라고 주장한다(p. 774). 미국심리학회가 절차의 타당성과 신뢰도에 대해 의문을 제기했음에도 구직자들과 피고용자들에 대한 폴리그래프 검사는 많은 산업체, 특히 소매업에서 대부분의 구성원에게 거의 일상적인 일이 되었다. 1980년대 후반에, 미의회 기술평가국에서는 폴리그래프가 1950년대의 심리검사의 폭발적 인기를 능가하는 인기를 누리고 있다는 것을 발견하였다(Bales, 1989). 1988년도 후반에 APA와 미시민자유연합의 압력에 직면하여, 의회는 피고용자 폴리그래프 보호법안을 통과시켰는데, 이는 사실상 구직자의 선발에서 폴리그래프의 사용을 금지하는 것이다.

특히 초기에, 음악치료자들은 음악적 자극이 변화를 일으킨다는 자신들의 주장을 지지하기 위해 정신생리적 측정에 상당히 의존하였다. 제2차 세계대전이 끝난 후, 음악치료자들은 음악을 듣는 것이 혈류와 혈압의 변화(Sears, 1954), 자세의 변화(Sears, 1951), 맥박과 조현병 환자의 전반적 활동 수준의 변화(Shatin, 1957; Skelly & Haslerud, 1952) 그리고 호흡의 변화(Ellis & Brighouse, 1952)를 가져온다고 보고하였다. 그러나 대부분의 경우 그러한 정신생리적 측정들은 개인 환자나 내담자를 측정하기 위한 실제적인 기법이라기보다는 음악치료 연구의 주제였다.

생리적 측정치들과 심리적 과정들의 상관은 심리 진단에 상당한 기대를 가져다주었다. 그러나 측정 기법들이 정교화되면서, 비록 모니터링을 하는 등의 제한적인 사용에는 충분할지 몰라도 진단이나 정신병적 혹은 정서적 문제의 평가를 가능하게 할 만한 정확성을 보여 주는 관계성은 나타나지 않았다.

행동적 평가에서의 신뢰도와 타당도의 문제

행동적 평가의 심리측정적 속성에 대해서 묘사하는 것은 어렵다. 가장 중요하게는 행동을 평가하는 단일한 접근이 없기 때문이고, 사실 행동의 정의 자체가 급속히 진화하였기 때문이다.

이에 더해서, 심리측정 학문 분야는 행동주의자들이 종종 의문을 품는 몇 개의 가정에 기초해서 발달했다. 예를 들어, 검사-재검사 신뢰도는 개인의 성격 특성이나 특징들이 상대적으로 안정적인 측면이라는 가정에 근거해서 예측되는 것이다. 그런데 행동주의자들은 행동이 매우 변하기 쉬운 것이고 많은 수의 환경적 요인에 의해 영향을 받는다고 가정한다. 그러므로 행동주의적 측정에서 중요하다고 간주되는 신뢰도란 관찰자 간 신뢰도이며, 측정 도구의 내적 일치도다.

이와 유사하게, 규준적 자료에 기초한 타당도를 설정하는 것도 어려운데, 행동적 평가는 개인적 특이성을 가정하기 때문이다. 이러한 관점에서 행동치료의 기능은 정상적인 행동이 사회적으로 어떻게 정의되느냐와 상관없이 개인이 자기 자신이나 다른 사람들이 부적응적이라고 지각하는 특정한 행동을 변화시키도록 돕는 것이다.

그러나 이것이 직접적인 측정의 측면에서는 진실이었다고 하더라도, 이전의 가정들은 행동적 평가의 확장된 개념에는 더 이상 적용되지 않는다. 행동이 주의 깊게 정의되고 관찰되고 기록되는 한, 측정의 신뢰도는 일반적으로 확보된다. 그러나 보이지 않는 행동을 측정하기 위해 검사와 평정 척도가 많이 사용됨에 따라, 많은 사람이 이러한 전제를 근거도 없고 지나치게 단순하다고 비판하여 왔다. 예를 들어, 행동치료자들도 이전의 전통적인 임상가들과 마찬가지로 그들의 기대, 편견 그리고 전략에 의해 영향을 받는다는 것이 밝혀져 왔다(Cooper & Rosenthal, 1980; Rosental, 1966). 그리고 두 비평가가 행동적 자기보고 절차가 기존의 지필 성격검사만큼 왜곡에 취약하다는 것을 발견하였다(Kaplan & Sacuzzo, 1989).

일반적으로, 자기보고 도구들에 대한 타당화 연구는 이 검사들이 급격히 늘어나는 것을 지지할 만큼 고무적인 결과를 보여 주지는 않았다. 심지어 『DSM』 기준을 매우 정확하게 따르는 벡 우울척도와 벡 불안척도마저 많은 비판을 받았다. 예를 들어, 벡 불안척도는 일반적 불안보다는 공황장애의 측정에서 도전을 받았다(Cox, Cohen, Direnfeld, & Swinson, 1996). 그리고 많은 도구의 타당화 연구가 문화적 다양성이 부족한 집단들에 국한되어 실시되었다. 그러나 벡 우울척도나 다른 인기 있는 도구들에 대한 연구들은 더 다양한 집단에 대한 신뢰도와 타당도에 대한 정보를 축적하기 위해 계속 노력하고 있다(예: Segal, Coolidge, Cahill, & O'Riley, 2008).

목적과 목표를 설정하기

"제발 여기서 어디로 가야 하는지 말해 주시겠어요?" "그건 네가 어디로 가기를 원하는지에 달린 거지."라고 캣이 말했다. "어디인지는 중요하지 않은데요."라고 앨리스가 이야기했다. "그럼 어디로 가는지는 중요하지 않아."라고 캣이 말했다.

"…… 어디로 가기만 한다면." 앨리스가 설명을 부가했다. "오, 그럼 분명히 할 수 있어."라고 캣이 말했다. "만일 네가 충분히 오래 걷기만 한다면."

− 루이스 캐럴(Lewis Carroll), 『이상한 나라의 엘리스』

어떤 다른 종류의 치료들보다도, 행동치료는 특정한 목표의 성취에 초점을 둔 교육의 영역과 공유하는 부분이 많다. 그러나 행동치료자들과 연구자들이 보기에는 너무 많은 교육자와 치료자가 그들이 어디로 가기를 원하는지에 대한 아무 생각 없이 그저 무엇인가를 하고 있다. 결과적으로, 그들은 본래 가치 있기 때문에 결국 자신들을 가치 있는 목적지로 이끌어 줄 것으로 믿어 의심치 않는 방법과 기술들을 적용한다. 그러나 그들은 사전에 그들이 어디로 가야 할지를 알지 못하기 때문에, 그곳에 도달은 했는지 혹은 언제 도달했는지도 알지 못한다.

행동주의자들은 행동을 변화시키는 것이 환경을 다루는 방식에 대한 학습이나 재학습과 관련되어 있다고 믿는다. 그래서 궁극적으로 그들의 방법은 성격 이론보다는 학습 원리 중의 하나에 기초하고 있다. 결과적으로, 그들은 교육과 치료를 상대적으로 구분하지 않는다. 사실, 발달상의 신체적, 정서적 문제들이 있는 아동들의 '차별교육 철폐론'을 제공한 미공법 94-142의 제정 이후로, 더욱 많은 수의 예술치료자들이 특별교육 분야에서 더 많이 일하게 되었고, 그러한 아동들을 돌보는 데서 교육과 치료 사이의 구분이 더욱 모호해졌다. 교육 프로그램과 치료적 개입의 효율성은 그러한 프로그램들이 성취하고자 하는 것에 기초해서 평가되어야 한다. 자신을 '계몽 행동주의자'라고 부르는 제임스 포팸(James Popham)은 교육자들의 성취를 평가하는 문제들에 대해 기술하였고, 더 연장해서 자신들의 노력이 평가되어야 하는 방식을 정의하는 것에 실패한 사람들, 즉 치료자들의 성취를 평가하는 문제에 대해 기술하였다. 자신이 성취하기를 기대하는 것을 명시하는 것에 실패한 사람들에 대해 그는 다음과 같이 썼다.

> 그것이 절대로 '인간의 지적이고 정서적인 기질의 풍부성을 잡아낼 수' 없을 것이기 때문에, 행동적 증거가 그들의 목적에 부적절하다고 주장할 때 편히 생각하라. 그러한 교육자들(그리고 치료자들)은 결코 자신들의 효용성을 분명하게 밝힐 필요가 없을 것이다. 그들이 천상의 세계에서 기능하기 때문에, 아무도 그들을 땅에 묶어 내려 둘 수 없다……. 모조품들이 번성할 것이다……. 승리들. 우리는 어느 것이 진짜인지 알 수 없다(Popham, 1977, p. 58).

행동치료에서 평가와 치료는 목표와 밀접하게 연관이 되어 있다. 평가는 변화시켜야 하는 행동(표적 행동)을 식별해 내는 반면에 치료 목표는 치료의 끝에 나타나게 될 행동을 구체화한다.

그러나 변화시킬 행동을 구체화하는 것만으로는 충분하지 않다. 수줍어하고 철수된 조앤이 만일 혼잣말을 하고 장례식에서 떠들고 웃는다면 이야기를 더 많이 하거나 더 많이 미소 짓는 것은 별 가치가 없다. 만일 우리의 목표가 샘이 자신의 숙제를 마치게 하는 것인데, 그가 주의를 기울여야 할 수업 시간에 그것을 몰래 한 것이라면 우리는 단순히 한 문제를 다른 문제로 대치하는 것일 수도 있다. 따라서 목표는 변화되어야 하는 행동을 명시하는 것뿐만 아니라 치료의 의도하지 않은 결과를 피하기 위해서 새로운 행동과 연합되기를 원하는 조건(환경)도 명시해야 한다.

목적과 목표를 구별하기

행동적 용어로 목적과 목표를 표현하는 것이 1960년대에 학교의 '책무'에 대한 요구가 증가하는 데 대한 반응으로 교육 분야에서 보편화되었다.

교육 개혁가들은 고상하고 멋진 그러나 전반적으로 측정 불가능한 교육적 목적과 교과과정 기술 사이의 불일치 때문에 못마땅했다. 예컨대, '이해한다' '인식한다' 같은 개념을 언급하고 있지만 실제로 학교 시험에서 측정되고 있는 것은 일반적으로 암기한 정보의 회상이었다. 개혁가들은 교습에서 의도한 결과가 의미 있고 측정 가능하게 되기 위해서는 교습의 최종 시점에서 학생들이 보여 줄 것으로 기대되는 사전에 결정된 행동을 정확하고 관찰 가능한 행동적 용어로 정의해야 한다고 주장하였다.

목적과 목표 사이의 차이를 명료화해 보자. 두 용어는 종종 상호 교환적으로 사용되기는 하지만, 이들을 구별하지 못하는 것은 계획을 세우거나 평가하는 데에 문제를 가져온다.

목적

목적들은 치료나 교습의 의도와 관련이 있다. 장기 목적은 치료와 교육적 계획의 기본적 취지로서 프로그램의 궁극적인 목적이다. 체셔 캣이 앨리스에게 물어본 질문의 견지에서, 그것은 당신이 어디에 가고 싶어 하는가에 대한 선언이다. 장기 목적은 일반적이거나 심지어 추상적인 용어로 표현되는데, 예를 들어 '사회적 기술을 향상하기' 혹은 '내담자의 공격적 행동을 줄이기' 등이다. 단기(혹은 교육적인) 목적은 보통 장기 목적을 달성하기까지의 이정표로서 덜 거창하다. 이러한 단기 목적들은 진전을 검토하기 위해 사용될 수행상의 목표뿐만 아니라 치료 프로그램에서 사용될 특정한 아이디어, 과정 그리고 재료를 제시할 수도 있다. 장기 목적과 단기 목적 모두 치료를 평가하기 위해서가 아니라 계획하기 위한 지침이 된다.

어떤 목적들은 너무 모호하고 측정 불가능해서 치료나 학습 프로그램을 계획하거나 목적이 성취되었는지를 알아내는 데 지침이 되지 못한다. 내담자가 '자기실현'을 하거나 '자신의 지평을 넓히는' 혹은 '자신의 행동에 대한 이유를 알게 되는 것'을 돕고자 하는 것은 칭찬할 만하지만, 달성 가능한 목적이라기보다는 훌륭한 희망이라고 보는 것이 더 정확할 것이다. 목적이 언제 성취되었는지를 알 수 있는 유의한 방법이 거의 없기 때문이다. 다른 한편으로, 어떤 교육자들과 치료자들은 명확성과 정확성의 정신에 사로잡혀서 모호성을 피하려는 일념으로 하찮은 목적들에 몰두하기도 한다.

목표

목적이 목적지라면, 목표는 거기에 가기 위한 길이라고 할 수 있다. 목표들은 내담자가 보이기를 원하는 특정한 행동들이나 일단의 행동들이다. 그것은 우리가 가고자 원하는 곳의 길에 있는 계단들이며 목적을 향한 진전을 보여 주는 계단이다. 장기 목적을 향해서 목표들을 수립하는 것은 내용타당도의 고려와 관련이 있다. 목표의 범위가 너무 한정되어 있으면, 행동 표집의 적절성과 평가의 신뢰도에 대한 의문을 제기하게 된다. 우리는 행동적 목표의 리스트가 적절한 범위의 다양한 유형의 행동 표본을 제공해서 우리가 목표를 성취하는 데 어느 정도 성공적이었는지를 판단할 수 있기를 기대한다. 그 범위는 다른 종류의 행동들이나 다른 수준의 난이도로 구성된다.

　음악치료의 처치 계획의 목적은 환자의 사회적 기술을 향상시키는 것일 수 있다. 이 경우 목표들은 음악치료 집단에서 환자가 다른 사람들에게 인사하는 것, 다른 사람과 조화롭게 연주하는 것 그리고 음악을 만드는 과정에서 다른 사람들과 더 많이 이야기하는 것 등이 될 것이다. 무용/동작 치료 집단에서, 장기 목적은 아마도 아동들이 신체적 수준에서 다른 사람들과 상호 작용하는 것을 배우는 것일 수 있으며, 행동적 목표들은 아마도 자유롭게 움직이다가 빨리 멈추는 '빨간 불, 파란 불' 놀이 혹은 '동상' 놀이를 통해서 알 수 있는 자신의 행동을 통제하는 능력을 포함할 것이다.

　내담자나 환자들이 표적 기술이나 태도를 성취하였는지를 보여 주는 목표들을 만들어 내는 과제는 세 개의 간단한 원리에 기초한다. 내담자가 의도된 목표들을 성취하였는지를 관찰자가 알 수 있으려면 다음과 같은 조건이 필요하다.

① 식별된 과제가 '이해' 혹은 '인식' 혹은 '태도' 같은 것이 아닌 관찰 가능한 행동이어야 한다. 이러한 개념들도 훌륭한 것이지만, 그것들은 관찰 가능한 행동이나 측정 가능한 행동이 아니다. 그리고 우리는 오직 내담자가 관찰 가능한 적절한 과제를 수행했을 때에만 목표가 달성되었는지를 추론할 수 있다.

② 수행 목표는 흔히 목표의 기술에 나타나는 것처럼 '그것을 할 수 있게 될' 것이라는 기술이 아니라, 반드시 내담자가 미리 결정된 행동을 수행할 것을 요구한다. 내담자가 그것을 할 수 있는지를 알 수 있는 유일한 방법은 내담자가 그것을 하는 것이다.

③ 만일 그 행동이 특정 상황에 제한되어 있다면, 그러한 행동이 일어나는 조건을 명확히 해야 한다. 예를 들어, 치료자들은 그 행동이 반응인 상황적 변인들, 혹은 '촉발자' 혹은 '자극'을 구체화하는 것을 원할 수 있다("치료자가 한 번 북을 치면 그에 반응해서 환자도 북을 한 번 칠 것이다." 혹은 "환자는 다른 사람들을 만났을 때 상대방의 인사에 답한다.").

어떤 행동주의자들은 치료에 대한 일반적 안내를 제공하는 행동 목표와 환자나 내담자가 수행할 과제들의 차원들을 명시하는 수행 목표를 구별한다. 치료자에게 수행 목표의 실행은 행동 목표가 성취되었다는 것을 보여 주는 것이다. 만일 목표들이 이런 방식으로 구별이 된다면, 행동 목표는 엘렌이 더 많이 웃게 하는 것이고, 다른 사람들을 만났을 때 인사의 말을 하도록 하는 것이고, 반면에 수행 목표는 "10번 중 적어도 8번 엘렌이 병동이나 복도에서 직원들이나 다른 환자들을 만났을 때 사람들에게 "안녕." 혹은 "좋은 아침입니다."라고 인사하거나 사회적으로 인정되는 다른 형태의 인사를 하는 것이다. 행동 목표가 환자들이 어떤 것을 '할 수 있다' 는 것이라면, 수행 목표는 이들이 무엇을 해야 하는지와 그 행동이 이루어지는 환경을 명시하는 것이다.

목표들은 목적과 명백한 관련성이 있어서 우리가 우리의 목적을 향해 진전이 있었는지를 확신할 수 있어야 한다. 이와 유사하게, 수행 목표는 반드시 행동 목표에 기술된 행동을 직접적으로 포함해야 한다. 여기서, 보다 전통적인 심리평가 접근에서처럼, 그들이 생각하기에 해결했다고 여기는 타당도의 문제가 행동주의자들에게 도전이 된다. 환자가 북소리에 반응하도록 격려받거나, '안녕' 노래를 부르도록 격려받는다고 해서 대인관계 기술이 향상되었다는 의미는 아니다. 의미 있는 목표보다 쉬운 행동 목표를 기술하는 문제는 지속적인 것이다. 열렬한 행동주의자가 교육에서 행동 목표를 수립하기 위해 한 초기의 시도를 기술하면서, 포퍰은 다음과 같이 썼다.

그들 목표의 대부분은 명료하게 진술되었지만, 학습자에 대해서 아주 사소한 종류의 결과물들을 기술하였다. 행동 목표에 관한 소책자로서 좋은 점도 있지만, 밥 메이거(Bob Mager)의 1962년 출판물[교습 목표를 준비하기]은 명백하게 진술된 그러나 소소한 교육적 목표를 너무 많이 언급하고 있다. 그리고 많은 교육자는 명확성과 중요성의 차이를 구분하지 못한 채 메이거의 것을 능가하는 장황한 목표들을 만들어 내었다.

포퍰에 따르면, "행동적으로 기술된 목표들의 강력한 이점은 그것이 우리로 하여금 진짜로 불필요한 목표들을 구별하고 제거하는 것을 가능하게 해 준다는 것이다"
(Polham, 1977, p. 59).

측정에서의 몇 가지 문제점

행동 목표라는 개념은 1960년도에 일어난 또 다른 교육 개혁과 밀접하게 관련이
있는데, 준거참조 검사가 그것이다. 교육 개혁자들은 학생들이 그들의 수행을 다른
학생의 수행과 비교해서 평가받는다는 점에서 전통적인 규준적 접근을 비판했다. 규
준적 평가는 이전에 지적된 바대로, 진단적 · 치료적 · 교육적인 목적에서는 제한적인
가치를 갖는다.

준거참조 평가는 어떤 학생이 미리 결정된 과제를 규준과 상관없이 얼마나 잘 하
는가에 기초한다. 시험이나 평가 절차는 이차원적인 척도(예/아니요, 수행함/수행하지
않음) 혹은 연속적인 척도상에서, 일반적으로 과제가 수행된 비율의 정도로 표현된
다. 학생은 만일 그가 명시된 '준거 수준'을 성취했다면 만족할 만한 성취를 보인 것으
로 간주된다. 예를 들어, 학생이 80%의 준거 수준을 성취하기 위해서는 다른 학생들
이 얼마나 잘했는가와는 상관없이 퀴즈에서 단어 10개 중 8개의 철자를 정확히 쓸 수
있는 것이 요구된다.

두 가지 접근은 매우 다른 목적에 기여한다. 연속적인 등간척도 접근은 학교에서
전통적으로 점수를 매기는 방식과 비슷한데, 교육 목적의 구체화에서 많이 사용되는
접근이다. 결과적으로, 그것은 학교 장면, 특히 특수교육 장면에서 활동하는 예술치
료자들이 많이 사용한다. 하지만 그것은 교정 또는 치료 프로그램에서는 항상 적합하
지는 않을 수 있다.

UCLA 평가연구센터(UCLA Center for the Study of Evaluation)가 만든 행동 목표 개발
을 위해 제안된 네 가지 준거를 살펴보면서 대안적 접근을 고려해 보자(UCLA, 1970,
pp. 3-5).

① 목표는 명료하고 모호하지 않은 형태로 기술되어야 한다.

②각각의 목표에 맞게 난이도순으로 몇 개의 검사 과제가 개발되어야 한다. 이런 방식은 교육자와 치료자에게 특정 학생이 어느 지점에서 도움을 필요로 하는지를 확신할 수 있도록 도와준다. 또한 치료 계획에 대한 의사 결정의 기초로서, 유능성 수준이 서로 다른 아이들을 식별할 수 있는 자료를 제공해 준다.

③어떤 아이템들이나 과제들은 관련이 있는 목표들을 다루어야 하는데, 이는 한 목표의 성취가 그와 동등하게 중요한 다른 목표의 성취와 어떻게 연관되어 있는지를 결정하는 데 도움을 준다.

④점수들과 점수에 대한 해석들이 각각의 목표에 대해 제공되어야 한다. 그러한 해석들은 규준적인 정보를 포함하고 있어서, 어떤 학생의 점수가 또래와 비교했을 때 어디에 위치해 있는지를 알 수 있는 지침이 되어야 한다.

'목적'은 실제로 하나의 목표이며, 목표라 불리는 것들은 실제로는 과제들이고, 다시 말해 전통적 학교 시험에서의 시험 문제 문항들과 유사하다. 만일 이러한 과제들이 주의 깊게 난이도순으로 개발되었다면, 성취의 준거는 학생이 막혀서 더 이상 다음 과제를 수행할 수 없게 된 바로 그 수준이 될 것이다. 그러한 채점은 수준 구별을 결정하는 기초를 제공할 것이며 교육적/치료적 프로그램을 조정하는 데 지침을 제공해 줄 수 있을 것이다.

요 약

행동주의는 이탈적인 혹은 '부적응적인' 행동은 증상이나 문제를 반영하는 것이 아니라는 원칙에 기초해 있다. 행동 자체가 문제다. 행동주의자들은 개인의 성격에서 부적응적 행동의 원인을 찾으려고 하는 심리치료의 정신 내적 모델, 특히 정신분석과 특성 이론을 거부한다. 그들은 대부분의 행동이 학습되고 상황 특정적이라고 주장한다. 그래서 행동주의자들은 행동을 설명하는 성격 특성을 알아내고 내적 욕구나 충동들 혹은 추동들을 추론하기보다, 문제 행동이 일어나는 상황에서 행동과 연합되어 있는 것으로 보이는 자극을 식별하고자 노력한다.

관찰 가능한 행동들을 측정할 때, 치료자들은 다음을 파악하기 위해 노력해야 한다.

- 행동이 일어나는 빈도 혹은 그 지속 시간
- 그 행동이 일어나는 상황
- 그 행동이 일어나기 전에 발생하는 일
- 그 행동이 일어난 후에 발생하는 일

초기 행동주의자들은 오직 직접적으로 관찰 가능한 외현적인 행동만을 고려했지만, 오늘날의 행동주의 치료자들은 행동의 정의를 사고, 정서, 태도 같은 내현적인 행동으로까지 확장하여 왔다. 전통적인 성격검사와 인지행동적 검사의 차이점은 인지행동적 검사들이 성격 특성을 추론하기보다는 반응의 패턴이 유발되는 상황을 알아내려고 한다는 것이다. 인지행동적 접근의 발달은 인지적 자기보고 검사나 평정 척도 같은 간접적 측정의 발달을 촉진하였다. 어떤 의미에서 이러한 질문지들과 검사들은 행동적 평가의 정신을 위배하는 것이다. 보고된 행동들로부터 해석가들은 장애, 성격 패턴, 기술들을 추론한다.

표적 행동이 식별되고 측정되고 수정되기 때문에, 행동치료자들이 목적과 목표들을 설정하는 것이 중요하다. 목적들은 보통 장기 목적들과 취지의 관점에서 쓰인다. 목표들은 내담자가 치료의 종결 시에 보여 줄 명백하게 정의된 특정한 행동으로 기술된다. 행동적 과제들(혹은 수행 목표들)은 위계적으로 혹은 난이도에 따라 제시된다면, 참여자가 도움을 필요로 하는 지점을 알아내는 데 도움을 줄 수 있으며 이때 가장 유용하다.

참고문헌

Achenbach, T. M. (1991). *Integrative guide for the 1991 CBCL/4-18, YSR, and TRF Profiles.* Burlington, VT: University of Vermont, Department of Psychiatry.

Achenbach, T. M., & Edelbrock, C. S. (1983). *Manual for the child behavior checklist and revised children behavior profile.* Burlington, VT: University of Vermont, Dept. of Psychiatry.

Achenbach, T. M., & Rescorla, L. A. (2001). *Manual for the ASEBA school-age forms & profiles.* Burlington: University of Vermont, Research Center for Children, Youth, and Families.

Ax, A. F. (1953). The physiological differentiation between fear and anger in humans. *Psychosomatic Medicine, 15,* 433–442.

Azrin, N. H., & Powell, J. (1968). Behavioral engineering: The reduction of smoking behavior by a conditioning apparatus and procedure. *Journal of Applied Behavior Analysis, 1,* 193–200.

Bales, J. (1989). Agency sounds alarm on work test technology. *APA Monitor, 18,* 16.

Bandura, A. (1969). *Principles of behavior modification.* New York: Holt, Rinehart and Winston.

Bandura, A. (1986). *Social foundations of thought and action: A social cognitive theory.* Englewood Cliffs, NJ: Prentice-Hall.

Beck, A. T., & Steer, R. A. (1993). *Beck Depression Inventory manual.* San Antonio, TX: Psychological Corporation, Harcourt, Brace.

Bojner-Horwitz, E., Theorell, T., & Anderberg, U. M. (2003). Dance/movement therapy and changes in stress-related hormones: A study of fibromyalgia patients with video interpretation. *The Arts in Psychotherapy, 30,* 255–264.

Christenson, S. A. (1992). Review of the Child Behavior Checklist. In J. J. Kramer & J. C. Conoley (Eds.), *Eleventh mental measurements yearbook.* Lincoln, NE: Buros Institute of Mental Measurement.

Christopherson, E. R., Arnold, C. M., Hill, D. W., & Quilitch, H. R. (1972). The home point system: Token reinforcement procedures for application by parents of children with behavior problems. *Journal of Applied Behavior Analysis, 5,* 485–497.

Cook, M. L., & Peterson, C. (1986). Depressive irrationality. *Cognitive Therapy and Research, 10,* 293–298.

Cooper, H. M., & Rosenthal, R. (1980). Statistical versus traditional procedures for summarizing research findings. *Psychological Bulletin, 87*(3), 442–449.

Cox, B. J., Cohen, E., Direnfeld, D. M., & Swinson, P. (1996). Does the Beck Anxiety Inventory measure anything beyond panic attack symptoms? *Behaviour Research and Therapy, 34,* 949–954.

Deffenbacher, J. L., Zwemer, W. A., Whisman, M. A., Hill, R. A., & Sloan, R. D. (1986). Irrational beliefs and anxiety. *Cognitive Therapy and Research, 10,* 281–292.

Elliot, S. E. (1992). Review of the Child Behavior Checklist. In J. J. Kramer & J. C. Conoley (Eds.), *Eleventh mental measurements yearbook.* Lincoln, NE: Buros Institute of Mental Measurement.

Ellis, D. S., & Brighouse, G. (1952). Effects of music on respiration and heart-rate. *American Journal of Psychology, 65,* 39–47.

Freud, S. (1924). The loss of reality in neurosis and psychosis. In J. Riviere (trans.), *Collected Papers.* New York: Basic Books. Vol. II. (pp. 277–282).

Ivanova, M. Y., Achenbach, T. M., Dumenci, L., Rescorla, L. A., ... Verhulst, F. C. (2007). Testing the 8-syndrom structure of the Child Behavior Checklist in 30 societies. *Journal of Clinical Child and Adolescent Psychology, 36*(3), 405–417, DOI:10.1080/15374410701444363.

Jones, R. A. (1968). *A factored measure of Ellis' irrational belief system with personality and maladjustment correlates.* Unpublished doctoral dissertation, Texas Technological College.

Kanfer, F. H., & Saslow, G. (1969). Behavioral diagnosis. In C. M. Franks (Ed.), *Behavioral therapy: Appraisal and status* (pp. 417–444). New York: McGraw-Hill.

kaplan, R. M., & Saccuzzo, D. P. (1989). *Psychological testing: Principles, applications, and issues* (2nd ed.). Pacific Grove, CA: Brooks/Cole.

Kazdin, A. E. (1974). Reactive self-monitoring: The effects of response desirability, goal setting, and feedback. *Journal of Consulting and Clinical Psychology, 42*(5), 704-716.

Kazdin, A. E. (1975). *Behavior modification in applied settings.* Homewood, IL: Dorsey.

Kleinmuntz, B., & Szucko, J. J. (1984). Lie detection in ancient and modern times: A call for contemporary scientific study. *American Psychologist, 39*(7), 766-776.

Kleinmuntz, B., & Szucko, J. J. (1987). Deception, lie detection, and the dynamics of legal decision making. (Final project report submitted on Grant NES-83-19138). Washington, DC: National Science Foundation.

Klinger, E. (1978). Modes of normal conscious flow. In K. S. Pope & J. L. Singer (Eds.), *The stream of consciousness: Scientific investigations into the flow of human experience.* New York: Plenum.

Kolotkin, R. A., & Wielkiewicz, R. M. (1984). Effects of situational demand in the role-play assessment of assertive behavior. *Journal of Behavioral Assessment, 6*, 5970.

Lazarus, A. A. (1973). Multimodal behavior therapy: Treating the BASIC ID. *Journal of Nervous and Mental Diseases, 156*, 404-411.

Leitenberg, H., Agras, W. S., Thompson, L. E., & Wright, D. E. (1968). Feedback in behavior modification: An experimental analysis in two phobic cases. *Journal of Applied Behavior Analysis, 1*, 131-137.

Lindenberger, U., Li, S., Gruber, W., & Muller, V. (2009). Brains swinging in concert: Cortical phase synchronization while playing guitar. *BMC Neuroscience, 10*(22), DOI: 10.1186/1471-2202-10-22.

Mahoney, M. J. (1974). *Cognition and behavior modification.* Cambridge: Ballinger.

Meichenbaum, D., & Turk, D. (1976). The cognitive-behavioral management of anxiety, anger, and pain. In P. Davidson (Ed.), *Management of anxiety, depression, and pain.* New York: Brunner/Mazel.

Meichenbaum, D. (1976). A cognitive behavior modification approach to assessment. In M. Hersen & A. S. Bellack (Eds.), *Behavioral assessment.* New York: pergamon.

Milby, J. B. (1970). Modification of extreme social isolation by contingent social reinforcement. *Journal of Applied Behavior Analysis, 3*, 149-152.

Muench, F. (2010, September). Self-monitoring made easy: It's not just for engineers anymore. *Psychology Today,* Retrieved from: http://www.psychologytoday.com/blog/more-tech-support/201004/technology-and-mental-health-using-technology-improve-our-lives.

Ooi, Y. P., Rescoral, L., Ang, R. P., Wu, B., & Fung, D. S. (2011). Identification of autism spectrum disorders using the Chile Behavior Checklist in Singapore. *Journal of Autism and Developmental Disorders, 41*(9), 1147-1156, DOI: 10.1007/s10803-101-1015-x.

Popham, J. W. (1977). Behaviorism as a bugbear. *Educational Leadership, 35,* 57-62.

Redd, W. H. (1969). Effects of mixed reinforcement contingencies on adults' control of children's behavior. *Journal of Applied Behavior Analysis, 2,* 249-254.

Rosenthal, R. (1966). *Experimenter effects in behavioral research.* East Norwalk, CT: Appleton-Century-Crofts.

Rush, A. J., First, M. B., & Blacker, D. (2007). *Handbook of psychiatric measures* (2nd ed.). Washington, DC: American Psychiatric Publishing, Inc.

Saxe, L., Dougherty, D., & Cross, T. (1985). The validity of polygraph testing: Scientific anxiety and public controversy. *American Psychologist, 40*(3), 355-366.

Sears, W. W. (1951). *Postural response to recorded music.* Master's thesis, University of Kansas.

Sears, M. S. (1954). *A study of the vascular changes in the capillaries as affected by music.* Master's thesis, University of Kansas.

Segal, D. L., Doolidge, F. L., Cahill, B. S., & O'Riley, A. A. (2008). Psychometric properties of the Beck Depression Inventory-II (BDI-II) among community-dwelling older adults. *Behavior Modification, 32*(1), 3-20.

Shatin, L. (1957). The influence of rhythmic drumbeat stimuli upon the pulse rate and general activity of long-term schizophrenics. *Journal of Mental Science, 103,* 172-188.

Skelly, C. G., & Haslerud, G. M. (1952). Music and the general activity of apathetic schizophrenics. *Journal of Abnormal and Social Psychology, 47,* 188-192.

Skinner, B. F. (1953). *Science and human behavior.* New York: Free Press.

Skinner, B. F. (1966). What is the experimental analysis of human behavior? *Journal of Experimental Analysis of Behavior, 9,* 213-218.

Smith, T. W., & Zurawski, R. M. (1983). Assessment of irrational beliefs: The question of discriminant validity. *Journal of Clinical Psychology, 3*(9), 976–979.

Ullman, L. P., & Krasner, L. (1969). *A psychological approach to abnormal behavior.* Englewood Cliffs, NJ: Prentice-Hall.

Vannest, K. J., Reynolds, C. R., & Kamphaus, R. (2008). *BASC-2 intervention guide.* Minneapolis, MN: Pearson.

Viola, L., Garrido, G., & Rescorla, L. (2011). Testing multicultural robustness of the Child Behavior Checklist in a national epidemiological sample in Uruguay. *Journal of Abnormal Child Psychology, 39*(6), 897–908 DOI: 10.1007/s10802-011-9500-z.

Wahler, R. G. (1969). Setting generality: Some specific and general effects of child behavior therapy. *Journal of Applied Behavior Analysis, 2,* 239–246.

CHAPTER *9*

임상 평가

지금까지 평가에 대한 다양한 접근을 살펴보았다. 이제 어떤 접근이 가장 적절한 지를 고려해 보아야 한다. 그러나 여기에 어려움이 있는데, 법적 계약에서처럼 어떤 가치 있는 것을 포기하지 않고 다른 가치 있는 것을 얻을 수는 없다. 우리는 상당 수준의 정확성과 확실성을 가지고 평가할 수도 있고, 또 특정 개인의 복잡성에 대해서 광범위하게 이해할 수도 있다. 그러나 문제는 동시에 이 둘 다를 확보할 수 없다는 점이다.

크론바흐와 글레서(Cronbach & Glesser, 1957)가 말한 '대역폭-정확성(bandwidth-fidelity) 딜레마'가 이 문제의 핵심이다. 간략하게 말하면 다음과 같다. 좁은 질문에 대해서는 상당히 정확하고 신뢰성 있는 대답을 얻을 수 있다. 그러나 질문의 범위가 넓어질수록 대답의 정확성은 점점 낮아진다.

'과학적' 접근은 한 사람의 총체적 성격을 정확하게 포착하기는 불가능하다는 가정에 토대를 두고 있다. 그래서 과학이 지식의 작은 부분에 대한 특정화된 이해를 추구하는 여러 학문 분야로 나뉘는 것처럼, 성격 관련 과학적 접근의 내용은 여러 작은 부분으로 구성되어 있다. 과학적 접근을 지지하는 사람은 이 대답들을 의미 있는 방식으로 조합해 성격 전체를 대략적으로 이해할 수 있다고 주장한다.

반면에, '직관적' 혹은 '인상주의적' 접근은 개인의 성격이 개별적인 특질, 태도, 기술들의 단순한 총합 그 이상으로 구성되어 있다고 가정하며, 성격은 부분들의 조합이 아니라 성격을 구성하는 부분들 사이의 관계이고, 이러한 상호작용 역학은 직관적 판단에 의해서만 포착될 수 있다고 생각한다.

고전적 심리측정에서는 높은 정확성과 낮은 대역폭을 가진 검사 도구가 이상적이다. 이 도구는 단일 질문이나 관련된 소수 질문("이 환자는 양극성 장애나 혹은 우울증을 겪고 있는가?")에 대해 타당하고 신뢰할 만한 반응을 얻을 수 있다. 그러나 그 환자의 복잡성에 관련한 풍부한 전체적 그림을 포착하기 위해 필요한 성격 구조, 가치 체계 혹은 다른 정보를 거의 제공하지 못한다.

크론바흐(1970)는 "다른 극단에서 면접과 투사적 기법은 거의 한계가 없는 대역폭을 가지고 있다."(p. 181)라 했지만 신뢰성과 타당성은 낮다고 기술하였다. 이러한 도구는 많은 주관적인 임상적 판단을 포함할 수밖에 없다. 즉, 결론의 정확성이 낮아지는 대신에 한 개인의 고유성에 대한 풍부한 정보를 제공한다.

그러므로 평가에서 다음 세 가지 기본적인 질문을 다루지 않는다면 평가에 대한 어느 한 접근 방법이 다른 방법보다 우수하다고 할 수 없다.

- 이 평가를 실시하는 목적은 무엇인가?
- 이러한 목적을 위해서 어떤 질문이 필요한가?
- 답변들은 얼마나 정확해야 하는가?

이 질문에 대한 답을 한 이후에 우리는 어떤 정보가 반드시 필요하고 어떤 것은 포기해야 하는지 결정할 수 있다.

임상 평가의 의미

최소한의 방어적인 의미에서 임상 평가는 비대표성 행동 표본에 근거한 그럴듯한 추측으로 기술될 수 있다. 홀트(Holt, 1958)는 이런 종류의 평가를 직감보다 나은 것이 없는 '순진한 평가'라고 언급했다.

가장 수용할 만한 임상 평가의 의미는 임상가가 내담자나 환자의 적절한 치료 과정을 결정하기 위해 수집하는 모든 정보를 말한다. 그래서 '정교한' 임상 평가는 내담자의 가족과 개인력, 선호와 비선호 그리고 관심 사항; 내담자의 태도와 행동에 대한 관찰; 자기보고 자료와 타인의 보고; 검사, 척도, 프로파일, 검사자의 직관적 인상과 같은 측정 자료에 대한 정보를 수집하기 위한 면접을 포함한다. 평가자가 감별적 진단에 관심이 있다면, 알려진 증상 프로파일에 따라 문제의 발생 빈도를 확인하려고 할 것이다. 요약하면, 임상 평가는 문제와 관련 있는 정보 자료에 의존한다. 임상가는 가능한 한 완전하게 개인을 설명하기 위해 자료를 조직화한다.

다양한 원천의 정보는 유용한 상호 참조를 제공한다. 중요한 것은 평가의 수검자 내 비교(ipsative) 기능으로, 치료자는 확증이나 반박을 위해 내담자의 다양한 정보를 비교한다. 사실, 검사자는 불일치하는 증거에서 내담자의 개별성과 관련된 많은 것을 알게 된다. 외견상 서로 모순되는 자료들을 조화시키려면, 검사자는 "가능한 한 많은 상반성을 해결할 수 있는 기저의 통일성을 찾아야 한다"(Cronbach, 1970, p.505).

임상적 판단

임상가가 정보 수집 방법, 자료 조직화 방법 그리고 자료 해석 방법을 결정하기 위해서는 많든 적든 어느 정도 임상적 판단을 해야 한다. 임상적 혹은 직관적인 접근에서부터 통계적 혹은 보험 통계적인 접근까지의 다양한 접근법을 구별하는 것은 임상가가 발휘하는 직관적 혹은 인상적 판단의 정도다.

직관에 대한 대안적 정의

심리치료에서 많이 사용되는 다른 용어처럼 직관이라는 단어는 임상가마다 다른 의미로 이해될 수 있다. 직관에 대한 대부분의 정의는 다음 셋 중 하나에 해당한다.

상식으로서의 직관

세상에 대한 상식 모델과 일치하는 규칙 혹은 사실은 분석하지 않고 직관적으로 포착할 수 있다. 만약 레스토랑 입구에 줄을 선 사람이 많다면, 자리에 앉기까지 아마도 많이 기다려야 할 것이라는 직관은 정확하다. 반면, 전문적인 권위자가 확증해 준다고 해도 우리 발밑에 단단해 보이는 지구가 회전하고 있을 뿐만 아니라 우주 속에서 움직이고 있다는 사실은 반직관적이다. 날고 있는 새 무리의 선두에 있는 새가 반드시 무리를 지휘하는 것은 아니라는 사실도 우리의 직관적인 감각과 반대된다.

이런 의미에서 검사는 합리적으로 혹은 직관적으로 개발되고, 보통 안면타당도를 가진 것으로 설명된다. 용어의 이런 의미 때문에 임상가와 연구자는 타당도 논제에서 충돌하기도 한다. 연구자는 상식 논리에 근거하는 많은 임상적 해석을 증명할 수 없다.

초감각적이고 비이성적인 직관

융 학파는 직관을 의식을 앞지르는 경험의 한 측면으로 본다. 직관은 초감각적이고, 감각의 증거를 넘어서는 지식이며, 인지적 과정을 따르지 않기 때문에 (반드시 불합리하지는 않지만) 비이성적이다(Jung, 1959). 직관은 관찰자의 시각이고 관계에 대한 즉각적 인식이며, 문제의 본질을 꿰뚫어 보는 인지 혹은 통찰의 빛이다. 이러한 지식은 사고에 선행하고 사고의 방향을 제시하며, 가설을 세우는 직감의 원천이다.

지식과 경험의 결과물로서의 직관

인지심리학자는 직관을 융 학파와 매우 유사한 조작적 방식으로 설명한다. 즉, 직관은 '아하' 효과로 그리고 분석적 혹은 구조화 단계의 과정 없이 자료들 사이의 관계를 파악하는 능력으로 이해한다.

유사성은 여기서 끝난다. 융은 직관을 감각 혹은 사고와는 다른 것으로 보는 반면에 인지심리학자들은 직관을 감각과 사고를 통해 점차적으로 개발된 인지적 기술로 본다. 직관은 지식, 경험 그리고 사고의 통합으로 나타나고, 실제 학습 과정의 빠른 적용이다. 노벨상 수상자인 허버트 사이먼(Herbert Simon)은 다음과 같은 단순한 예로 설명했다. 경험이 많은 내과의사는 반점이 생기고 열이 나는 아이를 보고 빠르게 홍역이라고 진단한다. 동일한 아이를 본 경험이 없는 수련의는 수두, 독일 홍역, 성홍열을 방법적으로 제거한 후에만 동일한 진단을 내릴 것이다. 그러나 반복된 경험을 통해 수련의도 이런 직관적 통찰을 개발하여 각 증상을 빠르게 변별할 수 있게 된다(Benderly, 1989, p. 36). 이러한 관점에서 숙련된 의사의 전문성은 그의 직관력에서 나오는 것이 아니며, 그의 직관적 통찰은 전문성의 기능이다.

규칙 혹은 절차는 우리가 그것을 내재화했을 때 직관적인 목록의 일부로 여겨진다. 그리고 나면 우리는 정상적인 행동을 할 때 회상이나 재구성 과정 없이 규칙을 적용하거나 절차에 따른다. 예를 들어, 모국어에서 문법 규칙은 저장된 직관의 일부분이다.

융 학파와 인지 학파의 직관에 대한 정의에는 또 다른 중요한 차이가 있다. 융 학파 관점에서 직관은 성격의 일반적인 특성으로, 직관적 '유형'의 사람이 있다(실제로 내향적 직관 유형과 외향적 직관 유형이 있다). 이와 대조적으로 인지심리학자들은 직관적 통찰을 내용 특정적인 것으로 본다. 진단적 직관이 매우 예리한 의사라고 해서 자동차의 고장 원인을 판단하거나 아기가 아파서 우는지 배고파서 우는지를 판단하는 데에서도 똑같이 직관적일 수는 없다. 마찬가지로 아기의 울음에 대해 직관적인 감각을 가진 엄마라고 해도 아기의 발진과 고열의 원인을 직관적으로 진단할 수는 없다.

임상적 판단의 주관성과 편향

직관적 통찰은 사물 사이의 관계를 재빨리 알게 해 준다. 그러나 투사적 심리검사에 대한 타당도 연구 결과에서는 투사적 심리검사가 존재하지 않는 관계를 매우 쉽게 잘못 보여 주고, 착각적 상관 오류에 쉽게 빠지게 한다는 것을 보여 주었다.

융은 이런 문제를 알고 있어 외향적인 직관 유형을 기술하였다(Jung, 1959). 오직 현실 검증 방식으로 직관적 통찰과 창조적 환상을 구별할 수 있고, 일반적으로 과학적 전통에서 이런 현실 검증은 연구의 확증하는 기능에 달려 있다.

임상적 정확성

트버스키와 카네만(Tversky & Kahneman, 1982)은 대인(對人) 예측의 중요 근거는 대표성으로, 마음이 복잡한 문제를 다룰 때 사용하는 지름길이라고 지적하였다. 특정 환자의 자살 가능성 판단에서 마음은 그 증거를 직관적으로 평가하고 자살 환자가 어떻게 보이고 어떻게 행동하는지에 관한 정신적 모델과 그 증거를 비교한다. 만약 두 자료가 일치한다면, 비록 통계적 자료(예: 기저율)가 다른 것을 시사하더라도 그 환자가 자살 가능성이 있다고 결론지을 수 있다.

대표성은 대부분 잘 작동한다. 그러나 결론이 우연 법칙이나 확률 원리와 상반될 때 대표성은 잘못 작동하기도 한다. 또한 대표성은 '입력 자료'가 개략적이고 신뢰할 만하지 않고 오래된 것일 때도 잘못 작동한다. "예측된 결과와 입력 정보가 서로 잘 일치될 경우에 생기는 근거 없는 확신은 타당도 환상이며, 이러한 환상은 판단자가 그 예측의 정확성을 제한하는 요인을 알고 있을 때조차도 지속된다."라고 트버스키와 카네만(1982)은 언급했다(p. 9).

어의적 혼동　다양한 치료와 서로 다른 이론적 학파의 실무자들이 사용하는 특정한 전문 용어가 평가의 정확성에 관한 논의를 혼란스럽게 하는 주요 문제다. 크론바흐(1970)는 "만약 한 임상가가 다른 임상가에게는 다른 것을 의미하는 단어를 사용한다면 그의 해석은 확증되거나 실용적으로 도움이 될 수 없다."라고 지적했다(p. 685). 그레이슨(Grayson)과 톨먼(Tolman)은 많은 심리학자와 정신과 의사에게 기태성과 공격성 같은 단어들을 정의해 달라고 요청하였다. 23명의 임상가가 공격성을 성격 결함과 같은 부정적인 용어로 기술하였고, 21명은 공격성을 긍정적인 성격으로 정의하였다. 저자들에 따르면, "대부분의 경우 언어적 정확성의 결여는 심리적 현상의 복잡성과 비일관적인 논리의 혼동으로부터 나온다"(Cronbach, 1970, p. 685에서 재인용). 이것은 평가 보고서를 읽는 사람들이 검사자가 의도한 것과는 완전히 다른 방식으로 그것을 해석할 수 있다는 의미다.

정확성과 경험   기대와는 반대로 검사자의 정확성은 그 검사자의 일반적인 임상 경험(Garb, 1989) 혹은 특정 평가 절차의 친숙성(Wanderer, 1967; Watson, 1967)과 거의 상관이 없다.

예를 들어, 투사적 검사의 해석에서 숙련된 임상가가 교육을 받은 비전문가(Ziskin & Faust, 1988) 혹은 검사 해석에 대한 훈련을 받지 않은 '일반' 대학생(Chapman & Chapman, 1967, 1971)보다 우수하지 않다. 이 연구에서는 경험이 많은 전문가가 내린 판단이 훈련을 받지 않은 피험자가 사용한 것과 동일한 상식적 수준의 직관에 근거한 고정관념적인 기대와 비슷했다.

정확성과 확신   많은 연구에서 임상가의 판단의 정확성과 그 판단에 대한 임상가의 확신 간에는 거의 관련이 없는 것으로 밝혀졌다(Kelly & Fiske, 1951; Oskamp, 1965). 이러한 결과는 목격자 증언에 대한 연구 결과와 비슷하다. 유명한 법학자인 데이비드 베이즐런(David L. Bazelon)에 따르면, "[목격자의] 확신은 [그] 정확성과 아무런 관계가 없었다"(1980, p. 107).

스튜어트 오스캠프(Stuart Oskamp, 1965)는 임상가의 판단의 자신감은 보통 평가 자료가 많아질수록 증가한다고 언급하였다. 그는 확신의 증가가 정확성의 증가에 의해 정당화되는지에 관심이 있었다.

그 결과는 고무적이지 않았다. 예를 들면, 32개의 평가에 대한 연구에서 부가적인 정보가 주어졌을 때도 정확성의 증가는 동전 던지기 확률과 마찬가지였다. 또한 평가자 판단 시 더 많은 정보가 주어지면 의견 수정의 빈도가 실제로 감소하였다. 이 결과는 "평가자가 처음의 단편적인 정보로부터 다소 확고한 정형화된 결론을 빈번하게 내리고 그다음에 새로운 정보를 받을 때 자신이 내린 결론을 수정하기 싫어한다."라는 것을 시사하였다(p. 265). 그리고 이 결론은 임상가의 진단적 판단 연구에 의해 지지되었다. 어떤 경우에는 진단이 매우 빠르게 이루어지는데, 때로 면접 시 초기 2, 3분 안에 이루어진다(Sandifier, Hordern, & Green, 1970). 그런 경우에 임상가는 4장에서 기술한 '초두 효과' 혹은 '고정지점(anchor)'의 희생양이 된다. 임상가는 면접 동안에 부정확한 가설을 확증하기를 간절히 기대하게 된다. 그리고 임상가는 측정 점수 같은 다른 증거를 검토해서 선택적 판단을 하는 경향이 있고, 초기 가설을 지지하는 결과를 더 쉽게 채택하며, 초기 가설과 상반되는 자료들은 평가절하하거나 최소화하는 경향이 있다. 미국의료보장의 건강 불평등에 대해 잘 알지 못하는 임상가라면, 미국의 인종적·민족적 소수자가 잘못된 진단을 자주 받는다는 연구 결과를 인식할 필요가 있다. 예를 들어, 정동장애가 있는 아프리카계 미국인은 백인 환자보다도 많이 조현병으로 진단된다(Primm et al., 2010). 임상적인 결정을 하는 데서 정형화된 결론은 심각한 결과를 가져온다. 특히 임상가는 자신의 편향에 대해 아는 것이 필요할 뿐만 아니라 무의식적이고 내재화된 편향을 인식하는 것이 정신건강 불평등에 대처하는 시작이 된다.

경험과 확신   임상적 경험과 정확성 간에는 관계가 없다. 반면에, 임상가의 경험과 그의 겸손 간의 관계는 명확하다. 경험이 없는 임상가는 자신의 평가 정확성에서 근거 없는 자신감을 보이는 경향이 있고, 경험이 많은 임상가는 경험이 적은 실무자보다 정확하지는 않지만 자신의 임상적 판단의 정확성 평가에서 좀 더 현실적인 경향이 있다(Garb, 1989).

임상적 판단에 대한 대안

임상적 직관의 정확성은 어떤 수준까지는 개선될 수 있다. 근본적으로 임상적 판단은 주관적이고 이미 논의한 기행적인 자기발견과 사고의 영향을 받기 쉽다. 그 결과 두 가지의 대안이 제안되었고 이것은 다음과 같은 동일한 가정에 근거한다. 타인에 대한 주관적 판단은 생득적이며 믿을 수 없는 자신에 대한 지각, 신념, 가정, 가치 그리고 경험의 혼합과 너무도 절망적으로 타협하고 오염된다.

'과학적' 비판가들은 평가의 주관적 측면을 최소화하는 데 그 답이 있다고 본다. 이것은 객관적인 도구와 공식을 만들어 냄으로써 가능해지는데, 이러한 도구와 공식은 새로운 정보가 발견되면 재검증되고 수정되며 향상될 수 있는 통계적으로 명확하고 경험적으로 타당한 절차에 근거한다.

모두는 아니지만 대부분 인본주의자인 또 다른 집단은 특정한 방법으로 다른 사람을 의미 있게 이해할 수 있다는 것을 의심한다. 이들은 인간이 진정으로 자신을 '알' 수 없지만 다른 사람이 아는 것보다는 스스로 자신을 잘 알고 있으므로 평가는 내담자에게 맡겨져야 한다고 주장한다. 이 관점에서는 내담자 스스로 자신의 문제를 통찰하고, 가능한 해결책에 대한 직관에 도달할 수 있는 분위기를 제공하여 내담자 스스로 자기발견을 하도록 안내하고 촉진하는 것이 치료자의 역할이라고 본다. 즉, 인본주의자는 내담자 본인만이 스스로의 치유에 영향을 미칠 수 있다고 생각한다.

평가에 대한 임상적 접근과 통계적 접근

치료자 대부분은 개인력과 가족력, 인구학적인 자료, 검사 점수와 프로파일, 개인적 관찰을 포함한 유사한 많은 종류의 자료에 의존한다. '임상적' 접근과 '통계적' 접근의 차이는 각 정보원의 상대적 비중과 결론에 도달하기 위해 자료를 이용하는 방식에 주로 달려 있다.

임상적 접근에서는 임상가의 훈련과 지식, 이론적 지향 준수 그리고 일반적으로

'직관' 경험에 근거하는 임상가 판단을 중요시한다. 이런 치료자는 경험에 기반한 검사를 환원주의적이라고 간주하고, '요리책' 접근을 경멸하며 대신에 '직감'에 의존한다. '보험 통계적' 접근은 통계적 상관과 경험적 타당화로부터 나온 규칙과 공식에 많이 의존한다. 이런 접근의 임상가는 주관적인 평가를 깊게 불신하는 경우가 흔하다.

　그러나 많은 임상가가 검사를 사용하지만 검사를 직관적으로 해석한다. 앤 아나스타시(Anne Anastasi, 1961)에 따르면, 치료자는 중다회귀 방정식이나 중다 절단점수와 같은 어떤 통계적 공식을 사용하기보다는 여러 검사 점수 사이의 관계를 직관적이고 매우 주관적으로 판단한다. 즉, "유사 사례에 대한 과거 경험…… 혹은 심리학적 이론과 발표된 관련 연구 지식"(pp. 177-178)을 근거로 해석하는 것이 일반적이다.

　한편으로 어떤 치료자는 개인적 편향과 오지각의 영향을 신중하게 고려하여 통계적 자료에 근거를 두고, 경험적 타당화가 검증된 규칙과 공식에 주로 의존한다. 순전히 '보험 통계적' 입장이라면, 증거가 비표준화되었거나 비계획적 자료와 혼합되는 것을 피하기 위해 세심하게 공식화된 계획에 따라서 수집되지 않은 자료나 만들어진 규칙을 엄격하게 적용하여 해석하지 않은 자료는 무시할 것이다.

의미 추구

　직관적 접근과 보험 통계적 접근의 주요한 차이는 평가 자료에 대한 해석에 있다.
　심리치료의 많은 부분에서 의미 탐색이나 관찰된 사실을 '해석'할 필요가 있다. 대스컬(Dascal)과 대스컬(Dascal)은 이러한 해석 충동을 설명하였다. 「해석의 한계(The Limits of Interpretation)」(1995)라는 논쟁적인 글에서 친숙하지 않은 사실을 이해하기 위해서 그 친숙하지 않은 사실을 '친숙한 영역'으로 가져오는 요구 충족의 한 방법으로 그 해석 과정을 기술하였다.

　　무의미성의 수용은 의미 발견의 실패와 해석적 노력의 실패를 승인하는 것처럼 보인다……. 발견해야 할 어떤 의미가 있다는 것을 전제로 항상 활동한다…….

이를 인간 행동에 적용할 때 이 원리는 다음과 같다. 어리석음, 무지, 비합리성, 비일관성 등. 즉, 무의미성을 수용한다. 단지 주어진 행동을 해석할 방법이 없을 때…… '의미'에 대한 가차 없는 추구는 확실히 안정된 배경에 대한 갈망의 중요 부분이다……. 여기서 우리는 게임의 규칙을 안다(p. 2).

이 의미 추구는 임상적 판단에 포함된다. 문제는 포착하기 어려운 의미의 속성에 있다. 대스컬과 대스컬(1995)은 다음과 같은 여러 해석 모델을 기술하였다.

의도성   환자의 의사소통이나 행동을 표현 그대로 수용한다. 언어 규칙이 상호 의미가 의사소통으로 이해될 수 있는 정도를 제한하므로, 단어 혹은 표현은 의미하려는 것을 의미하고 그 이상도 그 이하도 아니다.

실용주의적 해석   치료자는 환자의 의도를 확인하기 위해 맥락 단서에 의존한다. 웃으면서 하는 외견상의 모욕은 모욕이 아닐 수 있고, 겉보기에 찬사 같아도 비웃음일 수 있다. 의미는 환자와 치료자 간 '타협'의 영향을 받는다.

인과성   사물은 보이는 것과 다르다는 프로이트 학파의 개념에 따라, 이런 해석 모델은 환자의 의도가 그의 실제 깊은 동기의 합리화 혹은 증상이라고 가정한다. 이 관점에서 훈련된 전문가는 환자의 행동을 설명하는 무의식적 기제를 찾을 수 있다.

의미로서의 해석   이런 관점에서는 환자의 행동, 의사소통, 작업에는 본래 의미가 없다고 본다. 추상 예술이나 음악의 관람자나 청자가 그 안에서 의미를 읽는 것처럼, 환자의 행동의 의미는 해석자에 의해 창조된다.

관계로서의 의미   의미는 환자의 의도나 치료자의 해석 그 이상의 것이다. 의미는 환자와 치료자 간의 상호관계로 형성된다. 대스컬과 대스컬(1995)에 따르면, 모든 해석 모델은 단지 부분적으로만 타당하고 유용하며 상호보완적이다.(p. 21).

모든 임상적 해석은 의미 추구에 있다. 자주 "나는 몰라요."라고 응답하고 신체 운동 범위가 제한되거나 검은색을 선호하는 환자를 검사할 때 직관적인 임상가는 "왜지? 그 반응이 무엇을 의미하지? 그런 반응이 이 환자 자신이나 자신의 동기에 대한 지각에 관해 무엇을 나타내지?"를 질문할 것이다. 임상가는 반응 형태와 환자의 성격 혹은 정신 과정 사이의 연관성을 찾으려고 할 것이다. 이런 임상가는 개인의 직관적 수준에서든 혹은 성격 이론 관점에서든 이러한 연관성이 의미 있는지에 의해 강하게 영향을 받는 경향이 있다.

의미 추구는 정신분석학과 현상학의 많은 부분의 기저를 이루고 있다. 주요한 차이는 현상 학자는 환자로 하여금 자신의 행동에서 의미를 찾도록 격려하는 경향이 있는 반면에, 정신분석적 치료자들은 의미는 환자에게 숨겨져 있고 반드시 치료자에 의해 발견되어야 한다는 가정에서 작업한다.

이와는 대조적으로, 전통적인 행동주의자와 통계적으로 지향된 임상가는 포착하기 어려운 '의미' 탐색, 동기 확인 혹은 '해석'의 필요성에 의문을 제기한다. 행동주의자는 행동을 측정하고 혹은 행동을 변화시키기 위해서 행동을 이해할 필요는 없다고 본다. 보험 통계적 접근법을 사용하는 임상가는 환자가 많은 질문에 "나는 몰라요."라고 하는 이유나 어두운 파란색 크레용을 선택한 이유에 대해 그가 이런 행동을 한다는 사실자체보다는 관심을 덜 가진다. 이런 임상가는 많은 반응에 대해 왜 이러한 연관성이 존재하는지를 설명할 수는 없지만 특정한 유형의 사람과 반응을 연관 지을 수 있다는 것을 이해한다.

임상적 정확성 대 통계적 정확성

미국에서는 심리검사의 전성기인 1950년대에 평가에 대한 임상적 접근과 통계적 접근의 상대적 정확성에 대한 논쟁이 심했다. 이 두 접근의 진단적 · 예측적 정확성 비교에서 가장 많이 인용되는 연구가 폴 밀(Paul E. Meehl)의 『임상적 예측 대 통계적 예측(*Clinical Versus Statistical Prediction*)』(1954)이라는 논쟁적인 책에서 다루어졌다. 밀은 정신병이 있는 사람들의 치료에 대한 예상 반응과 교정 기관에서의 입소자 사이의 재범 확률을 포함한 많은 영역에서 예측을 한 임상심리학자, 상담가, 정신과 의사의 판단들을 포함한 20개의 연구를 조사하였다. 밀의 조사는 범위가 제한되어 있었다. 그는 수집된 자료의 종류 차이보다는 주로 자료를 조합하는 과정에 초점을 두었다. 그리고 검사 점수, 프로파일 점수, 인구학적 자료, 생활사의 점수화된 측면과 같이 양적인 자료만을 다루었다.

밀은 임상가가 중다회귀 방정식 같은 통계식을 사용하는 경우가 임상적 판단에 근거한 예측보다 일관적으로 예측이 더 정확했음을 발견하였다(동성애를 확인하려는 시도를 포함하는 한 가지 의문스러운 예외가 있지만). 심지어 통계식으로 요인화되지 않는 추가 자료가 획득 가능한 경우에도 임상적 예측은 통계식을 적용한 예측보다 정확성이 떨어졌다.

일반적으로 여러 연구자는 밀의 결론을 지지하였다. 실제로 한 연구(Dawes & Corrigan, 1974)에 따르면, 미리 설정된 '엄격한 규칙에 따른 공식'을 적용한 임상가의 의사결정이 동일한 임상가의 현장에서의 결정보다 정확한 예측력을 보였다. 그 이유는 아마 공식에 의한 접근 방법이 시간대나 임상가의 기분 혹은 개인적 문제와 같은 외부 변인들을 최소화하고, 예측하기 어렵거나 통제하기 어려운 환경 요인들의 영향도 최소화하기 때문으로 보인다.

크론바흐(1970)는 개인 판단자가 수행이 저조한 이유를 다음과 같이 설명했다. "확실히 개인적 판단은 실제와는 다르게 특정 요인에 더 큰 가중치를 주는데 이 가중치는 사례마다 달라진다. 즉, 임상가는 동일 사례를 시간에 따라 다르게 판단하는 반면 공식은 시간에 따라 변하지 않는다."(p. 442)

만약 평가 집단의 한 판단자가 다른 판단자와는 다르게 혼자만 직관적 판단을 하더라도 이러한 개인적 비일관성은 집단에서 평균화되어 사라지고 충분히 많은 판단자가 동일한 의견에 이르게 되면 타당하고 신뢰할 만한 예측 공식이 된다. 영국인들은 객관적인 검사 혹은 공식에 의한 접근에 크게 민감하지 않지만, 교육 장면에서는 상당한 신뢰도를 보이는 등급 시스템을 개발하였다. 반세기도 전에 영국 교육 자격시험(British General Certificate of Education: GCE)을 위한 표준이 마련되었다. 5명의 교사 평가단이 일반적인 인상을 평가하기 위해 에세이를 빨리 읽고 그것을 평가한다는 것이다. 개별 교사들의 평가 점수에는 서로 차이가 있지만, 각 평가단의 평균 점수는 동일한 에세이를 평가한 5명의 다른 교사 평가단의 평균 점수와 매우 유사했음이 밝혀졌다. 이 시스템은 영어 교사와 심리학자가 만족스러워했고 오랫동안 운영되었다. 그러나 한 에세이를 다섯 명의 교사가 읽는 데 드는 비용이 커서 이 시스템은 점차 퇴색했고, 이와 더불어 시험 등급의 신뢰도도 감소되었다.

밀(1984)은 보험 통계적 접근법을 치료자가 많이 수용하지 않는 이유를 설명하면서 인간의 비이성과 무지, 보험 통계적 접근법이 비인간적인 접근법이라는 주장, 양적 기법에 대한 오해와 두려움 그리고 치료자의 이론적 기대에 부합하지 않는 어떤 상관성도 거부하게 하는 치료자의 강한 이론적 편견 등을 거론했다.

임상적 판단 사례

통계적 접근법을 지지하는 수많은 연구 결과에도 불구하고, 통계적 자료가 연구에 유용하기는 하지만 개인적인 평가를 위한 의미 있는 지침을 제공하는지를 의심하는 비판가가 많다. 연구자들은 가설적인 '평균' 환자 특성을 기술할 수 있지만, 비판가들은 치료자가 '평균' 환자를 직접 만나 본 적이 없다고 주장한다. 이러한 발견을 개별 환자에게 적용하면 진단을 '거주자(occupant)'에게 발송하는 것과 같다. 1세기 전, 미국 심리학의 아버지인 윌리엄 제임스(William James)는 심리학은 일반 비율이나 기대 또는 전망은 설정할 수 있지만 사전에 일대기를 제공할 수 없다고 말했다.

또한 신뢰도나 타당도에 대한 심리측정적 접근 방법은 정적인 성격 개념에 토대를 두기 때문에 개인 변수나 개인 상황을 고려하지 않는다. 수요일에 면담하고 질문받고 검사를 받은 환자는 만약 그 사이에 어머니가 사망하거나 실직하거나 약혼자와 헤어진 일이 발생한 그다음 주 수요일 치료 회기의 그 환자와 완전히 동일할 수 없다. 학교생활에서 똑똑하고 잘 적응하며 성공적인 조앤 그리고 학교에서 실패와 무단결석의 경력이 있는 테레사가 자존감 측정에서 같은 점수를 받았다고 해서 그들의 점수가 동일한 의미를 갖는 것은 아니다.

개관: 임상적 접근 방법과 통계적 접근 방법 비교

평가의 통계적 접근 방법과 임상적 접근 방법 양쪽에 적합한 사례가 분명히 있을 수 있다. 보험 통계적 접근 방법은 다양한 상황에 걸쳐서 균일성과 효율성을 제공할 수 있다. 즉, 주관성과 임상가의 개인적 편견을 최소화하고, 특정 환자를 다른 환자와 비교 가능하게 하는 규준적 기초를 제공할 수 있다. 반면, 임상적 접근 방법은 통계적 접근 방법에서는 불가능한 개인의 자료 이용이 가능하고 융통성이 있다. 많은 정보는 구조화되지 않은 임상적 인터뷰나 사례에서 나오며, 또는 검사 혹은 매우 구조화된 절차로 프로그램되지 않은 직접 관찰에서 나온다. 임상적 판단은 환자의 개인적인 특질, 특정 환경 그리고 행동이 표현된 상황들을 고려하여 환자와 공감적 연결이 가능한 직관의 빛을 제공하는 것이다. 임상적 접근 방법은 신뢰성과 정확성이 낮은 수준에서 광범위한 정보를 제공한다.

이 장의 앞부분에서 제시한 질문에 대한 치료자의 대답은 이러한 각 접근 방법에 대한 치료자의 상대적 강조점에 대해 대략적으로 알 수 있게 해 준다. 이 두 접근 방법은 장단점이 모두 있기 때문에 타당도 제시가 가능한 두 접근 방법의 조합에서 가장 정확한 평가 절차를 찾을 수 있다.

감별 진단에서처럼 단일 질문에 대한 해답이 필요한 곳에서는 통계적 접근 방법이 좀 더 정확한 정보를 제공할 것이다. 이 방법은 진단 오류나 비효과적이고 유해한 치료 과정을 예방하는 데 도움을 줄 것이다.

일반적 분류의 경우, 즉 수검자에 대한 사전 지식이 없는 경우라면, 이런 검사는 깊이 있게 개별적으로 평가되어야 하는 사람들을 확인하기 위한 면접이나 다른 직관적인 접근보다 매우 유용할 것이다. 표준화된 검사 점수는 주로 직관에 의존하는 임상가가 개발한 것보다 기저율의 계산 오류에 의한 왜곡이 더 적다. 이러한 가설들은 다

른 정보원으로부터 나온 자료에 의해 검증되어야 하고, 환자와 그가 살고 있는 세계
는 항상 변화하고 있다는 치료자의 인식에 의해서도 검증되어야 한다.

평가의 인본주의적 관점

많은 치료자에게 통계적 계산에 근거하건 임상적 판단에 근거하건 임상가에 의한
평가의 개념 자체가 아무 의미가 없다는 것을 잊지 말아야 한다.

누초(Nucho, 1987)는 환자의 문제를 이해하기 위해 두 가지 접근 방법을 구분했다.
객관적 검사의 토대가 되는 '규범적 아이디어(nomomatic idea)'는 이론이나 실증적 자
료에서 가져온 아이디어나 원리를 응용한다. 이 아이디어는 환자와 환자의 문제를 객
관적으로 이해하기 위한 설계로 연결된다. 치료자가 환자의 문제와 관련한 해결책을
찾을 때 이 접근 방법은 중요하다. 또 다른 접근 방법은 내담자 개인의 생활 경험으
로부터 가져온 아이디어를 사용하고, 환자 자신의 문제해결 능력을 촉진하도록 설계
하는 '경험적(ipsomatic)' 접근 방법이다. 누초는 치료자가 문제해결 방법을 알든 모르
든 상관없이 스스로 다음 단계에 무엇을 해야 하는지 아는 환자 자신의 지식이 더 중
요하다고 말한다(p. 174).

"이론에 근거하든 혹은 객관적 자료에 근거하든 치료자의 환자 이해는 치료자 본인
의 성향이나 인생 경험 때문에 특정 방향으로 치우치거나 오염될 수 있다." 누초(1987)
는 "치료자 본인의 인생 경험에 의해 형성된 생활철학과 일치하는 특정 이론에 동조
하거나 혹은 그것을 채택하기 때문에 이런 현상이 발생한다."라고 생각한다(p. 174).

이런 관점에서 치료자는 주로 촉진자이고, 치료자의 과제는 과정과 구조를 해석해
주는 것이 아니라 내담자가 자신의 과정과 구조를 경험하도록 돕는 것이다. 환자는
직관적 통찰을 개발하도록 격려된다. 환자의 지각과 해석이 중요하다.

임상가와 연구자의 불편한 관계

　원칙적으로 내담자의 평가와 처치는 주로 직관에 의지하는 민감하고 통찰력 있는 임상가의 예술 그리고 임상가의 직관적 판단을 확증하거나 논박하는 실험 연구자와 통계적 분석가의 연구 결과를 수렴하여야 한다.

열성적인 임상가와 회의적인 연구자

　예술치료와 다른 임상적 정신건강 영역에서 예술과 과학의 행복한 결혼은 안타깝게도 흔하지 않은 사례다(Cruz & Berrol, 2012). 연구에 편향된 심리학자는 그들 스스로 보기에 부정확한 판단을 보여 주는 임상가를 간혹 비웃기도 한다. 너무 많은 치료자가 "시대 사조에 따라 흔들리는 정서에 주로 의지하고, 적절성에서 의문스럽지만 기분 좋게 해 주는 치료에 대해 너무 개방적이다."라고 비판하기도 한다(Marano, 1994, p. 21). 만약 임상가의 직관적 판단이 반복 가능하지 않고, 실증적으로 타당한 연구에 기초하지 않은 지식을 기반으로 한다면 날카로운 직관적 통찰과 스스로 만드는 착각을 서로 구분할 수 없다.

　가끔은 임상가가 그들 판단의 타당성에 의문을 제기하는 연구 결과에 무관심하거나 심지어 적개심을 보이기도 하며, 실험적인 증거보다 임상가의 개인적인 경험을 더 신뢰하기도 한다. 로르샤흐 검사나 인물화 성격검사와 같은 투사적 평가 기법의 타당도에 대한 연구자의 비판에 직면해서, 찰스 맥아더(Charles McArthur)는 이런 검사는 "없어지지 않을 것"이라고 언급했다(1972, p. 442). 임상가들은 증거가 없는 경우에도 그들이 기대하는 유령 같은 증거를 계속 신뢰한다(4장 참조).

　스스로의 직관적 판단에 따르려는 '열성적인 임상가'와, 임상가가 믿고 있는 것과 연구를 통해 확인한 것 간의 차이를 지적하는 '회의적인 연구자' 사이의 불화를 설명하려는 많은 시도가 있었다.

맥아더(1972)는 연구자와 임상가가 서로 다른 가정을 가지고 있다고 생각한다. 수검자 이해에 대한 서로 다른 접근 방법이 논쟁의 초점이다. 특정 치료에 효과를 보이는 집단을 파악하기 위해서 연구자는 유사한 문제를 가진 사람들을 찾는 반면, 임상가는 다른 문제를 가진 사람들을 찾는다. 흥미롭게도, 시간이 많이 흘러도 이 차이는 근본적으로 변하지 않았다(Lang, Wyer, & Hynes, 2007; Orinaky & Ronnestad, 2005; Seymour, Kinn, & Southerland, 2003).

> 조작적이고 경험적인 성향의 연구자와 직관적인 이해 추구자 간의 지속적인 논쟁의 한복판에 심리치료가 있다. 전자는 후자의 통찰을 타당성이 부족하다며, 심지어 명백한 타당화가 불가능하다며 기각한다. 후자인 임상가는 .05 유의도 수준에서 통계적 타당도가 검증된 결과가 독특하고 복잡한 환자를 돕는 데 어떤 도움이 될 수 있다는 것인지에 대해 의문스러워한다(Bergin & Strupp, 1972, p. 117).

버진과 스트럽(Bergin & Strupp, 1972)은 임상가와 연구자 간의 대규모 협동 작업의 가능성을 탐색하는 타당성 조사를 실시했다. 그들은 다수의 연구 센터와 임상 센터를 방문하여 심리치료 영역의 주요 인물을 포함한 중요 인사들과 인터뷰를 했다. 이를 위해 18개의 상세한 질문을 토론 자극으로 미리 보냈다. 가장 마지막 질문이 연구의 주 이슈와 관련된 내용이었다. 논쟁적인 이론에 대해서 그들은 한 임상가 집단이 "믿지 않는다."라고 반응했음을 기술하였다. '그 이론을 지지하는 일반적인 통계적 유의 수준'의 실증적 자료를 제시해도 그들은 "아직도 믿을 수 없다."라며 의견에 변함이 없었다. 버진과 스트럽은 "가설을 긍정하거나 기각하는 경험적 증거는 일정한 이론이 사실이라는 신뢰도에 차이를 만들어야 한다. 만약 그렇지 않다면 무언가가 잘못되어 있다. 그런데 심리치료 연구의 효과를 어떻게 최대화할 수 있겠는가?"라고 의문을 던진다.

많은 응답자가 협동 작업의 가능성에 비관적이었다. 직관적 과정을 높게 신뢰하는 레스터 루보스키(Lester Luborsky)는 「연구는 아직 임상 실제에 영향을 줄 수 없다

(Research Cannot Yet Influence Clinical Practice)」라는 평론을 준비하였다. 그 내용의 일부를 인용하면 다음과 같다.

> 심리치료사는 그들의 임상 경험과 임상 멘토를 계속 신뢰할 것이다. 소수의 치료적 개혁자를 제외한다면, 심리치료사가 심리치료를 실시하는 방법은 그가 어디에서 훈련을 받았는지에 따라 결정되며, 훈련 장소의 선택은 아마도 훈련 지원자의 성격과 인생사를 반영할 것이다(Luborsky, 1972, p. 125).

다양한 종류의 치료자는 많은 연구가 임상의 실제와 무관하다는 명백한 믿음을 서로 공유하고 있었다. 예를 들면, 칼 로저스는 미리 형성된 개념이나 이론과 관계를 끊는 것을 직관이라고 정의하고 직관의 중요성을 강조하였다. 그는 버진과 스트럽(1972)에게 "대부분의 나의 연구는 내가 이미 사실이라고 느낀 사항을 확인하는 것이었고…… 일반적으로 말해 나는 연구로부터 어떤 것도 배운 것이 없다."라고 이야기했다(p. 314).

연구를 지향하는 관찰자들은 연구 결과가 임상 장면에 영향을 주지 못하는 것을 다른 방식으로 설명한다. 쇼벤(Shoben, 1953)에 따르면, 임상가는 실제 성공에 토대를 두지 않은 확실성과 확신감으로 강화된 직관적 기법들을 구축하고 있다. 러즈키(Luzki, 1957)는 임상가는 이미 그들에게 친숙한 믿음, 방법 혹은 기법을 바꾸려고 하는 위협적인 연구 결과를 거부한다는 것을 시사하였다. 노크로스, 뵈틀러와 리밴트(Norcross, Beutler, & Levant, 2006)에 의하면, 최근에 현대 임상 실제에서 증거 기반 처치와 설명에 대한 요구가 점점 많아져 임상가에게 증거 기반 치료를 요구하고 있다.

크루즈와 베럴(Cruz & Berrol, 2012)은 다음과 같이 지적했다.

> 대부분의 보건 영역에서 연구와 임상 실제 간의 접촉에서 발생하는 명확한 문제들을 잘 알고 있고 몇몇 저자는 새로운 방법이 이 이슈를 잘 다룰 수 있다고 생각한다. 예를 들면, 전환 연구(translational research)를 지속시킬 수 있는 수단으로 시스

템 기반 참여 연구(systems-based participatory research)가 제안되었고(Schmittdiel et al., 2010), 다른 영역에서는 지역사회 기반 참여 방법(community-based participatory method)과 실습 기반 연구 네트워크(practiced-based research network)가 연구자-임상가 관계를 연결하는 데 잠재적으로 도움이 된다고 제안되었다(Macaulay & Nutting, 2006). 이 방법들은 연구가 심리치료의 가치 혹은 예술적 특성과 상반된다는 임상가의 견해를 다루는 데 도움이 될 수 있다. 임상가와 연구의 관계는 사실 복잡하기는 하지만 의미가 있고, 특히 임상 지향 전문직의 발전과 성장에 영향을 준다……(p. 17).

그 차이들은 좁혀질 수 있는가

명제를 각기 다르게 인식하는 점이 임상가와 연구자를 나누는 주요 논제다. 임상가들은 가정, 즉 이론적 견해에 근거하거나 아니면 타당성을 검증할 필요가 없을 정도로 자명하다고 믿는 명제의 관점에서 생각하는 경향이 있으며, 심지어 그들이 보통 지니고 있는 믿음과 모순되는 증거를 부인하기도 한다. 반면, 연구자는 경험적 지지를 필요로 하는 가설로서 명제를 의심하는 접근 방식을 취한다.

예술치료의 경우, 평가의 접근 방식으로 연구 타당화 절차를 포함하는 것까지 확장하려는 동기가 문헌에서 자주 나온다. 그것은 임상가가 그 유용성을 의심하기도 하지만 연구 방법론과 연구 결과를 평가의 공통 언어, 즉 공용어(lingua franca)로 구성하고자 하는 동기를 말한다. 예술치료자는 전문직업에 대한 신뢰성을 가지기 위해서 임상가가 동료와 같은 철학을 공유하든 공유하지 않든 간에 서로 의사소통해야 한다는 것을 알고 있다(Cruz & Hervey, 2001; Kapitan, 2010). 또한 그들은 단지 개인적 혹은 직관적 반응에 의존하는 판단과 결정에 대한 근거를 이해하지 못하는 다른 영역의 정신건강 직업 종사자와도 의사소통해야 한다.

1610년 태양은 오점이 없는 불로 구성되어 있다는 아리스토텔레스의 주장에 동조한 그 시대의 저명한 천문학자들은 갈릴레오가 새로 발명한 망원경으로 태양 혹점의

존재를 보여 주었을 때, 망원경으로 태양을 보는 것까지도 거부하였다. 그러나 이제
는 임상가도 그들의 기본 가정을 타당화하기 위해서 연구자의 망원경을 통해 보아야
하는 시대가 되었다.

평가 면접

꽤 최근까지도 내담자의 장애와 욕구를 파악하는 유일한 방법은 여전히 면접이었
다. 어떤 영역에서는 면접이 여전히 주요 정보원인 것처럼, 정신의학적 문제에서도
면접은 초기 평가의 가장 중요한 정보원이다.

면접은 온전히 언어적인 것부터 주로 비언어적인 것까지 여러 형태가 있다. 평가
면접의 목적과 속성은 임상적 상황과 임상가의 역할 인식에 따라 주로 결정된다.

평가 면접의 목적

면접은 한정된 행동의 표본을 제공한다. 면접자는 환자의 초기 인상 자료를 얻기
위해 면접 중에 환자의 일반적인 외모, 태도, 말하는 행동, 자세와 제스처의 패턴 등을
관찰한다. 예술치료 평가에서는 매체, 도구 그리고 활동에 대한 환자의 접근 방식을
포함하기도 한다. 예를 들면, 예술치료사는 그림과 같이 환자가 직접 그린 제작물뿐만
아니라 참여 활동 과정, 환자가 재료를 다루는 방식, 색의 선택 그리고 작업에 대한 반
응까지도 관심을 가져야 한다. 치료자는 환자의 그림 활동 과정 중 그리고 그림을 다
그린 후의 언급까지도 주의 깊게 관찰해야 한다. 윌슨(Willson, 1990)에 따르면, 음악치
료의 평가는 "비언어적 자극에 대한 환자의 청각 반응", 예를 들면 "노래 부르기로 청
각과 기억력을 검사하는 경우다. 음악 선택에 대한 언어적 그리고 비언어적 반응은
건강하거나 불일치하는 행동의 사회적·정서적 패턴을 나타낼 수 있다"(p. 130).

면접의 두 번째 중요 기능은 환자의 개인력, 문제 그리고 관심사에 대한 정보 수집

이다. 면접이 환자와 치료자 사이의 유의미한 최초의 의사 전달이므로, 세 번째 기능은 환자–치료자 관계를 정의하고 정확한 평가를 하는 데 매우 중요하며 효과적인 치료 가능성을 증진시키는 라포 형성의 유일한 기회를 제공한다는 것이다. 환자 개인과 일대일의 개별적 치료를 진행하는 경우, 면접은 기대와 목표를 서로 협상하고 동의하는 '치료 계약'의 설정 기회를 제공하기도 한다.

평가 면접을 단순히 어색한 분위기를 해소하는 대화나 활동으로 생각하는 것은 잘못된 것이다. 비구조적인 면접이라 하더라도 면접은 목적이 있어야 한다. 면접은 다른 방법으로는 수집하기 힘든 특정 정보를 수집하고 환자의 문제를 이해하며 치료 프로그램의 방향을 제시하고 환자와 치료자 간의 관계를 정의하기 위해서 설계되어야 한다.

면접의 구조

면접과 평가 활동은 구조화 혹은 비구조화되며 딱히 정해진 형식이 없거나 또는 상당히 지시적일 수도 있다. 각 형식은 장단점이 있다. 비구조화된 면접은 융통성을 제공하며, 환자가 비언어적 · 언어적 반응을 어떻게 구성하는지를 관찰할 기회를 제공한다. 반응이 구조화되는 방식은 환자의 내재적인 지각 원리를 많이 보여 준다. 비구조화된 면접에 대한 주요 비판은 신뢰도와 타당도 부족이다. 예를 들어, 예술치료사들은 환자의 '자연스러운 심상(natural imagery)'을 매우 다르게 해석할 수 있다.

그 결과, 평가 접근의 범위를 확장할 필요성에 대한 지식 증가와 정신과 진단의 낮은 신뢰도에 대한 비판에 영향을 받아 정신과 평가에서 반구조화된 그리고 고도로 구조화된 형식의 면접을 사용할 것이 강조되어 왔다. 『DSM-IV』 축 I 장애에 대한 구조화된 임상면접(Structured Clinical Interview for DSM-IV Axis I Disorders: SCID-I; First, Spitzer, & Williams, 1995)이 이러한 경향의 한 예다.

일반적으로 반구조화된 면접은 미리 결정된 특정의 영역을 다루기 위해서 진행된다. 면접 과정 중에 관련 있는 내용을 전부 다루었는지를 확실히 하기 위해서 치료자는 질문지를 사용한다. 그러나 환자가 느슨한 한계 내에서 자유롭게 반응하도록 허용하며, 이런 특성은 구조화된 접근 방식은 아니다. 고도로 구조화된 면접은 일반적으로 주의 깊게 짜여 있다. SCID-I처럼 정신과 장면에서 많이 사용되는 이런 면접은 『DSM』의 진단 유목에 맞추어져 있다.

심리측정적 질의 개선이 어느 정도 이루어진 것과 더불어, 이러한 반구조화된 면접이나 구조화된 면접은 치료자와 같은 높은 수준의 훈련을 받을 필요가 없는(그리고 급료 수준도 마찬가지로 높지 않은) 스태프들도 사용할 수 있다. 구조화된 면접은 평가에 대한 직관적 접근과 통계적 접근 사이를 이어 주는 시도로 인식되었다. 심지어 비구조화된 면접 방식을 선호하는 사람들도 환자의 가족력과 개인 자료를 얻기 위해서 환자가 접수면접 양식을 채우도록 하는 이런 구조화된 방법을 사용한다.

구조화된 접근 방식과 반구조화 접근 방식이 비구조화된 면접보다 타당도와 신뢰도 측면에서 유리하기는 하지만, 미묘한 차이, 개인적 특징 그리고 검사 점수나 다른 자료를 해석하는 데 중요한 평가의 다른 측면에 덜 민감하다. 무엇보다도 고도로 구조화된 기법은 환자와 라포를 형성할 기회를 감소시킨다.

말로니와 워드(Maloney & Ward, 1976)는 혼합 방식을 제안하였는데, 개방형 질문(예: "당신에 대해서 이야기를 해 주실래요?")으로 시작하는 것이 치료자로 하여금 환자가 문제를 지각하고 반응을 조직하며 자신을 표현하는 방식을 관찰하도록 허용한다고 생각했다. 이런 방식은 미리 구성된 면접 과정에서는 잘 나오지 않는 정보를 도출하기도 한다. 치료자는 빠진 내용 영역을 다루기 위해, 명료화하기 위해, 불일치를 해소하기 위해, 그리고 치료자의 직관적인 판단을 검증하기 위해 다음 단계에서는 더 지시적이고 구조화된 질문을 사용한다.

요 약

임상적 판단은 기본적으로 임상가의 직관적 감각을 기초로 한다. 직관이라는 용어

그 자체는 여러 다른 것을 의미하는 데 사용되기 때문에 다소 모호하지만, 즉각적으로 문제나 상황을 파악하는 것을 의미한다. '이성적' 수준에서 이 용어는 특정 현상에 대한 상식적 이해를 의미한다. 융 학파 용어에서는 관계에 대한 초감각적 이해를 의미한다. 인지심리학자들에게는 주로 훈련이나 경험을 통해 중간 단계를 단축하여 뛰어넘는 도약을 의미한다.

직관적 통찰이 본래 주관적이라고 인정되고 있기는 하지만 평가 과정에서 직관을 완전히 배제하기는 어렵다. 그러나 비판적인 두 집단은 임상적 판단이 개인적 지각, 가치 그리고 편견들에 의해 훼손되어서 평가과정에서 별 가치가 없을 지경이라고 결론 내렸다. 이런 결론은 많은 사람이 경험적으로 타당화를 하고, 비교적 비개인적이고 객관적인 통계적 접근 방식을 사용하여 개인적 주관성을 최소화할 수 있다는 제안을 하게끔 이끌었다. 또 다른 쪽에서는 한 인간이 다른 사람을 알거나 이해할 수 있다고 하는 평가 방법에 대해서 의구심을 갖는다. 이 비판가들은 내담자나 환자가 그들의 성격, 강점, 취약성 등을 넓게 인식하여 문제를 해결할 수 있는 환경을 조성하도록 도움을 주는 것이 치료자의 역할이라고 본다.

면접은 대부분의 평가에서 사용하는 아마 가장 중요한 단일 정보 원천일 것이다. 면접에는 다음과 같은 세 가지 주요한 목적이 있다.

- 면접은 한정된 내담자 행동 표본을 제공한다.
- 면접은 개인력, 가족력에 대한 적절한 자료를 수집하는 도구다.
- 면접은 치료자와 내담자 관계를 정의한다. 개별 치료에서 면접은 '치료 계약' 설정을 위한 기초를 제공한다.

면접 형식에는 서로 양극이 되는 비구조화된 혹은 자유로운 면접과 고도로 구조화된 혹은 지시적 면접의 두 가지 방식이 있다. 대부분은 아니더라도 많은 면접은 이 두 가지 방식 사이의 어딘가 속한다. 이런 면접은 느슨하게 구조화된 혹은 반구조화된 방식으로 되어 있다. 비구조화된 접근 방법은 환자가 지각적 구조와 조직화 구조를 투사하고 표출하는 기회를 제공한다. 이처럼 비구조화된 면접이나 느슨하게 구조화된 면접에 대한 주요 비판은 타당도와 신뢰도가 부족하다는 것이다.

고도로 구조화된 접근 방법은 검사와 구분하기 어려우며 종종 혼동을 가져오기도 한다. 구조화된 면접에서는 수검자를 서로 비교할 수 있도록 절차의 실시에 대한 표준화 작업이 필요하다. 그러나 검사와 마찬가지로 미묘한 차이와 개인 독특성에 대한 민감성을 희생해야 한다. 비구조화된 방식의 융통성을 유지하면서 구조화된 방식의 심리측정적 강점을 갖는 반구조화 과정이 많이 개발되었다. 특히 기관에서는 구조화와 반구조화를 혼합한 방식이 사용될 수 있다.

참고문헌

Anastasi, A. (1961). *Psychological testing* (2nd ed.). New York: Macmillan.

Bazelon, D. L. (1980). Eyewitless news. *Psychology Today, 13*(10), 102–107.

Benderly, B. L. (1989, September). Everyday intuition. *Psychology Today,* 35–40.

Bergin, A. E., & Strupp, H. H. (1972). *Changing frontiers in the science of psychotherapy.* Chicago and New York: Aldine–Atherton.

Chapman, L. J., & Chapman, J. P. (1967). Genesis of popular but erroneous psychodiagnostic observations. *Journal of Abnormal Psychology, 72,* 193–204.

Chapman, L. J. (1970). *Essentials of psychological testing* (3rd ed.). New York: Harper and Row.

Chapman, L. J., & Gleser, G. C. (1957). *Psychological tests and personnel decisions.* Urbanan, IL: University of Illinois Press.

Cruz, R. F., & Berrol, C. F. (2012). What does research have to do with it? In R. Cruz and C. Berrol (Eds.), *Dance/movement therapists in action* (2nd ed.). (pp. 12–22). Springfield, IL: Charles C Thomas.

Cruz, R. F., & Hervey, L. W. (2001). The American Dance Therapy Association research survey. *American Journal of Dance Therapy, 23*(2), 89–118.

Dascal, M., & Dascal, V. (1995). The limits of interpretation. In J. Rozenberg (Ed.), *Sense and nonsense in psychotherapy.* Jerusalem: Magnes Press.

Dawes, R. M., & Corrigan, B. (1974). Linear models in decision making. *Psychological Bulletin, 8,* 95–106.

First, M. B., Spitzer, R. L., & Williams, J. B. W., et al. (1995). *Structured clinical interview for DSM-IV user's guide and interview research version.* New York: Biometrics Research Department, New York Psychiatric Institute.

Garb, H. N. (1989). Clinical judgment, clinical training, and the professional experience. *Psychological Bulletin, 105,* 387–396.

Jung, C. G. (1959). *Psychological types.* London: Routledge and Kegan Paul.

Kapitan, L. (2010). *Introduction to art therapy research.* New York: Routledge.

Kelly, E. L., & Fiske, D. W. (1951). *The prediction of performance in clinical psychology.* Ann Arbor, MI: University of Michigan Press.

Lang, E. E., Wyer, P. C., & Haynes, R. B. (2007). Knowledge translation: Closing the evidence-to-practice gap. *Annals of Emergency Medicine, 49*(3), 355–363.

Luborsky, L. B. (1972). Research cannot yet influence clinical practice. In A. E. Bergin & H. H. Strupp (Eds.), *Changing frontiers in the science of psychotherapy.* Chicago and New York: Aldine-Atherton.

Luzki, M. B. (1957). *Interdisciplinary team research: Methods and problems.* New York: New York University Press.

Maloney, M. P., & Ward, M. P. (1976). *Psychological assessment: A cognitive approach.* New York: Oxford University Press.

Marano, H. E. (1994). Wave of the future. *Psychology Today, 27*(4), 22–25.

McArthur, C. C. (1972). Review of Rorschach Test. In O. K. Buros (Ed.), *Sixth mental measurements yearbook.* Highland Park, NJ: Gryphon Press.

Meehl, P. E. (1954). *Clinical versus statistical prediction: A theoretical analysis and a review of the evidence.* Minneapolis, MN: University of Minnesota Press.

Meehl, P. E. (1984). Clinical and statistical prediction: A retrospective and would-be integrative view. In R. K. Blashfield (Chair), *Clinical versus statistical prediction.* A symposium at the

92nd Annual Meeting of the American Psychological Association, Toronto, Canada.

Norcross, J. C., Beutler, L. E., & Levant, R. F. (Eds.). (2006). *Evidence-based practices in mental health: Debate and dialogue on the fundatmental questions*. Washington, DC: American Psychological Association.

Nucho, A. O. (1987). *The psychocybernetic model of art therapy*. Springfield, IL: Charles C Thomas.

Orlinsky, D., & Ronnestad, M. (2005). *How psychotherapists develop: A study of therapeutic work and professional growth*. Washington: American Psychological Association.

Oskamp, S. (1965). Overconfidence in case-study judgments. *Journal of Consulting Psychology, 2*(9), 261-265.

Primm, A. B., Vasquez, M., Mays, R., Sammons-Posey, D., McKnight-Eily, L., Presley-Cantrell, L., ... Perry, G. (2010). The role of public health in addressing racial and ethnic disparities in mental health and mental illness. *Preventing Chronic Disease: Public Health Research, Practice, and Policy, 7*(1), A20.

Sandifer, M. G., Harden, A., & Green, L. M. (1970). The psychiatric interview: The impact of the first three minutes. *American Journal of Psychiatry, 126*, 968-973.

Seymour, B., Kinn, S., & Sutherland, N. (2003). Valuing both critical and creative thinking in clinical practice: Narrowing the research-practice gap? *Jouranl of Advanced Nursing, 42*(3), 288-296.

Shoben, E. J. (1953). Some observations on psychotherapy and the learning process. In O. H. Mowerer (Ed.), *Psychotherapy: Theory and research*. New York: Basic Books.

Tversky, A., & Kahneman, D. (1982). Causal schemes in judgments under uncertainty. In D. Kahneman, P. Slovic, & A. Tversky (Eds.), *Judgment under uncertainty: Heuristics and biases*. (pp. 87-128). Cambridge: University of Cambridge Press.

Wanderer, Z. W. (1967). *The validity of diagnostic judgments based on "blind" Machover figure drawings*. Doctoral dissertation, Columbia University.

Watson, C. G. (1967). Relationship of distortion to DAP diagnostic accuracy among psychologists at three levels of sophistication. *Journal of Consulting Psychology, 31*, 142-146.

Wilson, B. L. (1990). Music therapy in hospital and community programs. In R. F. Unkefer (Ed.), *Music therapy in the treatment of adults with mental disorders.* New York: Schirmer.

Ziskin, J., & Faust, D. (1988). *Coping with psychiatric and psychological testimony* (3rd ed.). Marina del Rey, CA: Law and Psychology Press.

CHAPTER *10*

예술치료 평가에서의 이슈

지금까지 우리가 논의한 근본적인 원칙들은 모든 정신건강과 교육 분야에 적용된다. 그러나 예술치료에만 적용되는 이슈도 많다. 주된 이슈 중 하나로 치료사의 정체성이 있는데, 자신의 치료를 심리치료라고 보는지 아닌지다. 또 하나의 이슈는 예술치료사가 여러 치료 세팅에서 발견할 수 있는 의학적 모델과 관련하여 자신의 치료를 조율하거나 설정하는 정도라고 할 수 있다. 앨런(Allen, 1992)은 정신건강 분야에 널리 퍼져 있는 의학적 모델을 있는 그대로 따르는 것을 '임상화(clinification)'라고 하였다. 대부분의 예술치료사가 가지고 있는 주(州) 면허 교부 조건의 이슈는 많은 치료사가 의학적 모델을 그대로 따름을 분명히 보여 준다. 이는 개개인의 예술치료사들이 어떻게 평가 프로그램을 수행하고 구체화할지를 결정하는 데 이러한 이슈들이 큰 비중을 차지하기 때문이다.

왜 예술 기반 평가여야 하는가

모든 예술치료는 어느 정도 예술 형식과 창의적 과정 그리고 심리학적 이론 간의 삼각 관계를 가진다. 예술치료사들은 흔히 다른 건강 분야와 정신건강, 교육 분야에서 개발되어 온 평가 도구 절차와 검사들을 많이 사용한다. 정신건강 분야에서 일하고 있는 치료사들은 심리학자들이 고안한 접근 방식을 사용하거나 정신과 의사들이 만든 측정 도구나 진단에 의존하는 경향이 있다. 특수교육 또는 발달상의 치료교육 분야에서 일하는 치료사들은 종종 교육자나 심리학자들이 만든 검사들을 사용한다.

그러나 많은 사람은 예술치료사들이 주로 비언어적인 그들만의 평가 접근 방식을 개발할 필요가 있다고 생각한다. 1970년대에 몇몇 치료사는 예술치료사들이 고유의 지식 체계를 개발하고 이 지식에 기초하여 그들만의 독자적인 평가 절차를 개발하기 전에는, 독립된 직업으로서 자율성에 관한 권리를 주장할 수 없고, 심리치료의 하위 영역으로 남게 될 것이라고 하였다(Cohen, Averbach, & Katz, 1978). 그러나 특히 1970년대 이후 건강 관리와 정신건강 관리 시스템이 폭넓게 변화한 현실은 예술치료사들에게 독립을 요구하기보다는 직업과 자격증 관련 문제에 집중하게끔 하였다. 또한 흥미로운 것은 상담과 심리학이 예술치료사들이 처음 개발한 몇몇 기법을 전용했다는 사실이다(Gladding, 2005; Degges-White & Davis, 2011).

사실, 모든 예술치료에서 측정 도구와 평가 절차를 개발하려는 시도들은 있어 왔다. 11, 12, 13장은 이러한 방법론적으로 구체적인 평가 절차를 상세하게 다룬다. 일반적으로, 예술치료사들은 전통적인 심리학적 혹은 정신의학적 접근 방식을 보충하기 위한(어떤 사례에서는 대체하기 위한) 방식과 절차를 정립하고자 시도해 왔는데, 그에 대한 다섯 가지 영역이 존재한다.

감별진단　전통적인 언어 혹은 행동적 절차가 현실적이지 못한 경우가 많이 있다. 환자가 언어적으로 의사소통하지 못하거나, 전통적인 언어로 된 검사에 위협을 느끼거나 압도될 수도 있다. 혹은 환자가 의식적으로 의사소통을 숨기려 하거나, 언어로만 소통이 이루어졌을 때 필수적인 정보를 제공하지 못할 수도 있다. 예술치료에서 사용되는 예술 형식은 인간 경험의 대안적인 모습을 제공한다.

성격 평가   성격이나 정서 혹은 인지를 평가할 때 비언어적인 절차가 언어적인 절차보다 나을 수 있는 상황이 더러 존재한다. 프로이트는 '언어로 하는 치료'에 가장 편안함을 느꼈다. 그러나 그는 그의 환자들이 종종 이미지를 그릴 수는 있지만 그것을 말로 설명할 수는 없다고 하였다(Freud, 1933, p. 10). 그리고 그는 우리가 언어를 통제하고 검열할 수 있더라도 우리의 신체는 가장 내밀한 생각들을 무심코 누설한다고 하였다. 그는 다음과 같이 언급하였다. "누설은 [몸의] 모든 구멍에서 흘러나온다"(Betrayal oozes out [of the body] at every pore; Freud, 1924, p. 94).

치료에 배정하기   일단 내담자가 치료에 참여하고 진단이 내려지면, 치료사는 환자나 내담자가 특정 예술치료의 집단 혹은 개인 치료에 적합한 참여자인지 확인하고, 어떤 예술치료가 가장 적합한지 결정할 방법이 필요하다.

개인의 치료 계획을 발전시킬 자료   환자의 기호, 흥미, 예술 양식(modality)에 관한 이전 경험들을 아는 것뿐만 아니라, 치료 목표를 달성하기 위해 환자의 특정 문제와 결핍, 구체적인 양식과 관련한 기능 장애를 알고, 그 양식 안에서 의미 있는 개인의 치료 계획을 세우는 것도 중요하다.

과정을 관찰하기   변화를 추정하기 위한 기준점이 확립되어 있지 않다면, 개선이 있었는지, 치료 프로그램이 개인에게 얼마나 효과적인지에 대해 알 방법이 없다.

관 점

조지 버나드 쇼의 격언에 따르면, 당신이 거울을 볼 때에는 당신의 얼굴을 볼 수 있으며, 미술(art)을 볼 때에는 당신의 영혼을 볼 수 있다. 당신이 형식을 막론하고 미술을 창조할 때, 영혼을 보는 것보다 많은 것을 할 수 있고, 영혼을 드러낼 수도 있음을 알 수 있다. 예술치료사들은 미술을 통해 내담자들의 내적 구조화 시스템에 도달하길 좋아한다(꼭 그들의 영혼에 도달하지 않더라도).

예술이 내담자의 깊은 내면에 이를 수 있다는 것에 대해서는 일반적인 합의가 이루어져 왔지만, 예술 작품의 기능에 관하여는 예술치료사들 사이에서 두 가지 다른 견해가 존재해 왔다. 모든 예술치료사가 두 가지 학파로 나뉘지는 않지만, 특히 미술치료와 음악치료의 전문가들은 차이를 나타내었다. 두 가지 견해 중 하나는 다음과 같다. 예술 형식(art form)에서 표현이란 의사소통을 의미하는데, 의사소통을 통해 내담자들은 치료의 중점적인 사항을 나타낸다. 다른 견해는 다음과 같다. 단순히 예술 작업의 창조적인 과정에 참여하는 것만으로도, 내담자나 환자는 문제에 대처하는 대안적인 방법을 제공할 수 있는 새로운 상황을 다루게 된다. 이 두 가지 견해는 미술치료와 음악치료 문헌에서 주로 '치료에서의 예술(art in therapy)'과 '치료로서의 예술(art as therapy)'로 언급된다. 흥미롭게도, 무용/동작 치료 문헌에서는 두 학파 간의 논의를 거의 찾아보기 어렵다. 무용/동작 치료 전문가들은 두 가지 접근 방식을 혼합한 것으로 보인다. 그들은 예술 형식을 내담자의 자료를 담는 미적인 그릇으로 보았는데, 그것은 예술 형식이 아니었다면 안전하지 않았을 자료에 대해 안전하고 상징적인 대화를 허락한다. 이것을 달성하게 해주는 무용과 동작 과정은 치료사에게 창의적인 의무다.

모든 예술치료 접근 방식이 다양한 수준으로 표현적 대화와 창의성을 둘 다 포함하는 것이 사실이지만, 진단과 평가에서 치료사가 무엇을 강조하느냐의 차이는 중요하다. 예술치료사들은 표현이나 창의성 혹은 둘 모두에 집중할 수 있다. 그러나 이 용어들은 혼용할 수 없으며, 각각의 용어는 평가에 명확한 의미를 전달한다.

정신분석적 접근을 취하는 미술치료사 마거릿 나움버그(Margaret Naumburg)는 미술치료의 가치가 환자와 치료사 사이의 의사소통을 향상시키는 것이라고 믿는 이들의 입장에 대해 설명하였다. 그녀는 다음과 같이 말했다. "장애가 있는 환자들은 메시지가 타인에게 해석되는지와 관계없이 의사소통을 시도한다."(Naumburg, 1966, p. 45) 나움버그는 프로이트가 무의식이 이미지를 통해 드러난다고 말하면서도 막상 그의 환자들이 꿈에 대해 말하기보다는 그려 보겠다는 제안을 했을 때 받아들이지 않았음을 언급하였다(Naumburg, 1966, p. 2). 꿈의 이미지를 포착할 수 있는 가치 있는 도구로서 미술을 장려한 융과는 반대로(Jung, 1965), 프로이트는 환자가 자신의 꿈을 언어화하도록 요구하였다(Ghadirian, 1974). 그러나 많은 사람은 언어적인 대화와 시각적 대화 사이에 중요한 차이가 있음을 믿는다. 그레고리 베이트슨(Gregory Bateson, 1973)은 다음과 같이 언급하였다.

상징적인 대화는 언어적 대화와는 완전히 다른 기능을 수행한다. 그리고 상징적인 대화는 언어적인 대화가 수행하기에 적합하지 않은 기능들을 수행한다(p. 388).

예컨대, 어린 시절의 여러 기억은 기억된 이미지를 통해서만 접근할 수 있지만, 언어로서 기억될 수는 없다. 그 나이의 발달 단계에서 아동은 언어로 기억할 수 없기 때문이다. 더욱이 그림(Horowitz, 1971), 음악, 움직임을 통해 나타나는 이미지들은 언어적인 기술보다 훨씬 모호하고, 훨씬 덜 검열받고, 덜 억압되며, 덜 주지화된다.

나움버그와 그녀의 입장을 따르는 사람들에게, 내담자의 미술 작품이 가진 가장 중요한 하나의 기능은 환자와 치료사 사이의 대화를 풍요롭게 만드는 수단으로서의 기능이다. 그녀는 만들어진 이미지가 "상징적인 언어를 구성한다."라고 언급하였다. 시각적 이미지의 사용은 꿈과 환상을 직접적으로 표현하게 하고, 자기검열을 최소화한다. 또한 의사소통을 보존할 수 있게 한다. 그리고 시각적 이미지의 사용은 환자가 작품을 해석할 때 언어적으로 옮기는 것보다 손쉽게 해석할 수 있도록 도움으로써 전이의 해결을 촉진한다.

어떤 전문가들은 예술 과정 자체가 특별한 치유적 가치가 있다는 주장에 대해 비판적이다. 그들은 시각적 예술에 대한 대부분의 반응과 대부분의 자발적인 예술 작품은 심미적이라기보다는 현상적이라고 주장한다. 이것은 미술에 대한 프로이트의 개인적인 반응이기도 하다(Halsey, 1977). 이러한 전문가들은 저명한 예술가들을 언급하면서 그러한 생각에 대한 지지를 불러일으키기도 한다. 그들이 언급하는 예술가들은 심각하고 지속적인 정신 질환을 앓고 있지만, 미술 작업을 통해 병이 명백히 완화되지 않은 이들이다. 예를 들어, 반 고흐의 작품을 인용할 때 그것은 그의 정신적인 장애가 심해졌음을 드러낸다. 이러한 치료사들에게 평가는 주로 작품의 형태보다는 내용에 기반을 둔다. 대개 내용과 형식 둘 다 투사의 관점에서 해석된다.

반면, 다른 입장의 예술치료사들은 미술 과정 자체가 치유적일 수 있다고 믿는다. 이러한 관점에 대하여 가장 분명하게 발전된 이론 또한 프로이트의 이론에서 비롯된다. 치유로서의 창의성에 관한 아이디어는 '승화'의 구조를 크게 차용하였다. 승화는 성적 에너지와 공격적인 충동(drive)이 사회적으로 바람직한 형태로 전환되는 것을 의미한다. 치유로서의 미술을 지지하는 입장이 다양함에도 프로이트 학파와 융 학파는 이 이슈에 대해 인문주의자들과 뜻을 같이한다고 볼 수 있다.

나움버그와 마찬가지로 이디스 크레이머(Edith Kramer)의 관점도 프로이트의 이론에 기초하였으나, 그녀는 치유 과정에서의 미술의 역할에 대해 나움버그와 매우 다른 관점을 취하게 되었다. 크레이머는 다음과 같이 언급하였다(1971). "마거릿 나움버그와 같은 전문가의 미술치료에서처럼, 치료사와 환자의 대화에서 시각적인 상징이 주로 언어를 보충하는 데 사용되면, 창의적인 활동은 덜 중요한 것이 되며 대개 무산된다."(p. 25) 반면에, 크레이머는 자신의 접근을 '치료로서의 미술'로 설명하였다. 그녀는 미술치료의 치유적 잠재력이 "창의적인 작업에서 활성화되는 심리적 과정"에 있다고 믿었다(p. 25).

크레이머는 대화가 아닌 창의적인 활동 자체가 미술치료에 기여한다고 주장하였다. 바로 창조적인 활동이 환자로 하여금 일상의 경험에 대한 '동등한' 혹은 유사한 산물을 만들어 내는 기회를 줌으로써 치유적인 힘을 제공한다. 치료로서 미술 작업을 하는 것은 "아이디어와 감정의 실험을 허용하는 상징적 생활양식을 창조해 낼 수 있다"(1971, p. 219). 이러한 관점에서 볼 때, 창의적인 활동은 승화의 행위라고 할 수 있다. 승화란 잠재적으로 파괴적이고 반사회적인 에너지를 흘려보내고, 감소시키며, 변환시키는 것을 의미한다.

그것은 환자가 변화하는 현실에 대처하는 새로운 방법들을 시도할 수 있는 인격 통합의 행위를 말한다. 그 결과, 만들어진 작품의 예술적인 일관성(coherence)은 승화가 성공적임을 말하는 신호라고 할 수 있다. 작품의 질은 "치료가 성공적임을 측정하는 도구가 된다(유일한 도구는 아니지만)"(1971, p. 223).

최근 수십 년 동안, 미술치료의 훈련 프로그램은 대개 상담과 관련이 있는 주(州) 면허 조건을 충족하도록 학생들을 준비시키는 커리큘럼을 많이 제공해 왔다. 자격 취득은 개인 영업이나 클리닉 혹은 기관 세팅에서 이루어진 서비스에 대한 보험 지급을 허용함으로써 예술치료사들에게 재정적인 이득을 줄 수 있다. 미국 전역의 주 면허 규정을 추적하는 것이 지난 20년 동안 미국미술치료학회(American Art Therapy Association), 미국음악치료학회(American Music Therapy Association) 그리고 미국무용치료학회(American Dance Therapy Association)의 공무 관련 대표자들이 중점을 두는 일이 되어 왔다. 예술치료사들을 주의 규정에 포함시키고, 또한 정신 질환 환자들과 일하는 예술치료사들을 제안된 규정에 포함시키려는 노력은 미국의 예술치료사 협회에 의해 계속 진행 중이다(Goodill, 개인적 서신, 2011. 10). 아마도 교육의 수준이 변하고, 졸업생의 중요 자격 취득에 관한 접근성이 변한 것이 부분적인 원인이 되어 오늘날 많은(전부는 아니지만) 예술치료사는 예술치료사이자 심리치료사 혹은 상담가로 알려져 있다.

전문가적 정체성과 평가의 수준

미국의 의료보험체계와 건강 관리, 정신건강 환경 그리고 교육적 환경이 전반적으로 변화하고 영향을 받았기 때문에, 예술치료사들이 실제 세팅 환경에 어떻게 여러 방식으로 변화해 왔는지를 정확히 특징짓기는 어렵다. 많은 예술치료사는 현재 그들의 전문성이 제대로 반영되지 않은 직업 타이틀을 가지고 있다. 그러나 예술치료사들이 자신의 내담자를 평가하는 방식과 자신들의 창의적인 예술치료를 평가하는 방식은 크게 두 가지 요인에 기초한다. 첫 번째는 그들의 전문가적 정체성이다. 그것은 그들이 어떻게 자신의 직업을 정의하는가에 대한 것이다. 결국, 이것은 그들의 이론적인 성향, 훈련, 자격, 기본적으로 임상 실제를 과학적으로 보는가 혹은 예술적으로 보는가 등의 요인에 의해 영향을 받는다. 두 번째 요인은 기관의 행정, 자격증 대행 기관, 보험 회사 그리고 조직의 자격 위원회에 의해 정의된다. 예를 들어, 어떤 예술치료사들은 보험이 적용되지 않는 개인 기관이나 임상 현장에서 일을 한다.

또 다른 치료사들은 입원 환자들을 위한 환경에서 일을 할 것이다. 그곳에서는 평균 입원 기간이 5일에서 7일이기 때문에, 치료와 치료를 위한 평가에 따르는 제약을 감수해야 한다. 그럼에도 평가에서 주로 관심을 가지고 있는 세 가지 일반적인 영역을 다음에 소개하고자 한다.

심리적 능력 평가

치료를 위해 치료사를 찾아오는 사람들의 많은 문제는 가족, 직장 혹은 공동체 내에서 대인관계나 사회적 상황으로 나타난다. 사회적 기술의 부족이 문제의 근본 원인이라면, 그것의 개선이 치료의 중요한 기본적 목표일 수 있다. 반면, 내담자 가족과 친지의 지원이 없이는 치료에서 얻은 것이 무엇이든지 간에 치료 효과가 지속되기 어렵다고 한다면, 위의 목표는 두 번째로 중요한 것이 될 수도 있다. 사회적 수준에서 내담자의 기능을 평가하는 것은 구체적인 치료 계획을 세우기 위한 실제적인 방법으로서, 사회적 기술을 증진하기 위해 고안된 가장 적절한 형태의 치료일 것이다.

적절한 능력, 흥미, 선호에 대한 평가

예술치료의 기본적인 전제는 내담자가 편안하게 느끼는 수준에서 치료사가 내담자를 만나야 한다는 것이다. 구체적인 치료 계획을 세울 때, 내담자의 능력, 흥미, 선호를 아는 것이 중요하다. 이러한 정보를 얻기 위한 많은 방법이 있다. 치료사는 자기보고식 질문지를 사용할 수도 있고, 어떤 과제를 얼마나 오래 수행하는지 관찰할 수도 있다. 혹은 어떤 재료를 선택하는지, 어떤 자극에 반응하는지 볼 수도 있다. 때때로 가장 간편하고 효과적인 방법은 환자에게 취미 활동, 선호하는 것, 이전의 훈련과 경험에 대해 물어보는 것이다.

인생 경험과 수용력, 결점에 대한 평가

이 평가 영역은 환자의 문제를 전반적으로 살펴보거나 혹은 구체적으로 언급할 수 있으며, 평가에서 드러난 능력과 결함을 치료 방식과 관련지을 수 있다. 예를 들어, 환자의 문제는 일반적인 증상으로 표현되어 치료로 위탁될 수 있고 혹은 환자가 지닌 능력이나 강점의 용어로 표현되어 치료에서 활용될 수 있다.

정신과 입원 절차에서, 입원이 의학적으로 필요한지를 결정하는 데 중요한, 자신이나 타인에 대한 위험에 관한 입원 기준을 결정하기 위해 기관의 접수면접, 검사팀은 광범위한 측정 도구와 목표가 정해진 평가를 둘 다 사용할 수 있다. 일단 환자가 입원하면 예술치료사들은 성격 평가나 질병 분류라는 더 넓은 영역을 건너뛰고, 예술 양식과 관련하여 관찰한 측면에서 질병의 행동적인 징후에 구체적으로 집중하는 경향이 있다. 다른 치료 장면에서는 현재 정신과 입원환자들에게 실시하는 것처럼 흔히 치료와 이중적인 기능으로 평가에 개입한다. 개인 치료, 병원, 기타 다른 장면에서 제한된 치료 회기 기간으로 장기간의 평가 과정을 진행하는 것이 어렵다.

평가 절차의 범주

아이젠버그-그르제다(Isenberg-Grzeda, 1988)는 음악치료 평가 도구를 정의하는 데 사용하는 다섯 가지 범주를 음악치료 문헌에서 발견하였다. 내담자 전집(client population), 기능/건강 상태의 영역, 치료/모델, 기술, 기관에 대한 반응이 그것이다. 이 범주는 여전히 평가 절차와 프로토콜을 개념화하는 데 유용하고, 다른 예술치료에도 적용될 수 있다.

내담자 전집

어떤 평가 도구들은 병원의 정신과 환자들이나, 발달장애 성인 혹은 자폐증 아동처럼 특정 인구 집단의 상태를 평가하기 위해 특별히 고안되었다. 이러한 평가들은 감별진단의 기초가 될 수 있다. 이 중 많은 것이 특정 대상군 내담자의 기능 수준을 평가하기 위해 고안된다. 예를 들어 운동 기능, 대화 기술, 인지 기능, 사회-정서적 발달을 평가한다. 예컨대, 칼리시-와이스(Kalish-Weiss, 1988)의 신체 움직임 척도는 자폐증과 기타 이상 행동을 보이는 아동들을 대상으로 하는 행동 평가 도구의 일부분으로, 자폐 아동들의 신체 움직임 장애의 정도를 확인한다. 그리고 근본적으로 심한 손상이 있는 장애인들을 위한 마이클과 로어바커(Michel과 Rohrbacher, 1982)의 음악치료 평가 프로파일은 운동 기능, 대화 기술, 인지적 기능과 사회-정서적 발달 등의 영역을 집중적으로 본다.

기능의 영역

몇몇 평가 도구는 환자 개체군별로 나누지 않고 전반적으로 환자들의 문제와 역기능을 넓게는 평가하거나 구분해서 사용되었다. 그러한 도구들은 인지 혹은 감정 수준의 검사를 포함하는데, 예를 들어, 라이더(Rider, 1978, 1981)의 인지발달에서의 음악적 지각 검사(Musical Perception Test of Cognitive Development), 그리고 구디너프-해리스 그림검사(Harris, 1963a, 1963b)가 있다. 이 도구들은 또한 서튼(Sutton, 1984)의 음악치료 신체생리적 측정 도구(Music Therapy Physiological Measures Test)와 같은 신체적 기능 검사도 포함한다.

이론/모델

흔히 치료사의 개인적 신념 체계나 기관의 주된 철학이 치료의 길잡이 역할을 한다. 이론에 근거한 치료 프로그램에 평가 결과가 유용하게 사용되기 위해서는, 기초 이론을 바탕으로 만들어진 평가 기법을 사용하여 얻은 평가 결과여야 한다. 각각의 예술치료에서 구체적인 이론적 구조와 가정에 따라 개발된 평가 도구가 있다. 이러한 몇몇 도구는 11, 12, 13장에 자세히 설명되어 있다.

기 법

분명히, 예술치료는 예술에 반응을 하든지 예술을 창작해 내든지 간에 특정한 예술의 형태로 된 기술을 사용하는 것에 중점을 두고 있다. 하지만 몇몇 상황에서는 특정 기술이 너무나 일반적으로 유용하여서 평가를 위한 다용도의 기법으로 간주되기도 한다. 예를 들어, 음악치료에서 즉흥 음악(improvisational music)은 다양한 병리와 문제가 있는 내담자 그룹을 대상으로 한 평가 도구로 사용되기도 한다. 그러한 기법은 노도프와 로빈스(Nordoff & Robbins, 1977)가 개발한 즉흥적 척도의 경우와 같이 특정 이론과 관련이 있을 수도 있다. 반면, 다른 기법들은 다양한 이론적 공식화와 접근에 의해 만들어질 수도 있다. 브루샤(Bruscia, 1987)의 즉흥 평가 개요(Improvisation Assessment Profiles: IAPs)는 확실히 비이론적인 것으로 설명된다.

즉흥 평가 개요(IAPs)는 다양한 이론으로 해석할 수 있고, 광범위한 개체군에 적용하여 해석할 수도 있다. 특정 기법은 종종 시각예술과 춤/동작 평가 모두에 사용된다. 음악치료사가 즉흥 음악을 진단적 도구로 사용할 수 있는 것과 마찬가지로 미술치료사와 춤/동작 치료사들도 시각예술 창작물이나 동작을 같은 방식으로 사용할 수 있다.

외적 평가에 의존하는 것에 대한 경고

많은 경우에 미술치료사들은 타인에 의해 보고된 평가에 의존하게 된다. 예를 들어, 병원이나 정신건강 센터에서 치료사들은 종종 정신과 의사들이 명명한 정신과적 진단명을 액면 그대로 받아들인다. 진단은 환자의 요구와 치료 목표를 위한 권고를 설명한 진단적 보고를 동반한다. 미술치료사들이 미술치료사가 아닌 사람들이 작성한 평가 중 적어도 일부분은 참고해야 하는 분야로는 학습장애, 주의력결핍장애, 신경학적 손상, 발달장애 그리고 여타의 많은 신체적이거나 정신적인 문제에 관한 것이 있다.

미술치료사들은 타인이 보고한 평가 혹은 진단에 꼭 의존해야 할 때마다 평가자의 전문가적 판단을 너무 비평 없이 받아들이는 것을 주의하여야 한다. 미술치료사들은 환자나 내담자를 의뢰한 사람이 사용한 평가 도구의 심리측정적 속성에 익숙해지도록 모든 노력을 기울여야 한다. 가장 확실한 방법은 검사 매뉴얼에서 얻은 자료를 평가자에게 요구하는 것이다(p. 255). 아마도 더 선호할 만한 다른 방법은 미술치료사가 직접 문제 영역과 관련된 전문적 문헌과 『검사 비평』이나 『정신측정연감』과 같은 표준적인 참조 문헌에 대한 리뷰와 같은 표준적인 자료들을 참고하는 것이다. 미술치료사는 외부 평가자가 사용한 테스트나 평가 과정에 대한 어느 정도의 지식 없이는 외부 평가자의 해석에 대하여 의구심을 품어야 한다.

정신약리학과 예술치료 진단평가

시간이 흐르면서 정신건강 영역에는 많은 변화가 있어 왔고, 이전 세기에 일어났던 몇몇의 현저한 변화는 오늘날까지도 정신건강 영역에 영향을 주고 있다.

1950년대에 신경이완 약물이 소개되었고, 이것이 최초의 진정한 정신약리학적 개입이라 할 수 있다. 여기에서는 이와 같은 변화를 주로 다루고 있지만, 이 외에 다른 세 가지 변화의 영향을 우선 언급하려 한다.

1963년, 「연방 공동체 정신건강센터법(Federal Community Mental Health Centers Act)」이 통과되었다. 이 제정법은 보호 시설에 수용하는 것보다 선호되는 대안으로 공동체를 기반으로 한 통원치료(outpatient care)를 강조하는 시도였다. 그 영향은 정신병원에서 수년간을 살던 환자들의 인생을 바꿀 만한 변화였고, 보호 시설에 수용되지 않고 병원 밖에서 정신병을 관리하며 사는 것에 대한 생각과 사상에 박차를 가했다. 1973년 「건강유지기구(Health Maintenance Organization: HMO)」법이 통과되었는데, 1990년대가 되기 전까지 그 효과가 완전히 발휘되지 않았기 때문에 이 법이 오래전에 통과되었다는 것은 많은 사람에게 놀라운 일일 것이다. 이 법에 대한 우리의 생각과 현재에 미치는 그 파급 효과가 어떠하든 간에 그 법을 제정한 애초의 의도는 건강관리 비용을 긍정적으로 조절하기 위함이었다. 1989년, 아널드 대 산(Arnold v. Sam)의 소송은 정신병이 있는 개인이 최소한의 제한적인 환경에서 치료를 받을 권리에 대한 선례를 확립하였다. 1963년 법 제정 이후 정신병 진단을 받은 많은 사람이 그들의 공동체에서 살기 시작하고 외래진료를 받는 동안, 아널드 대 산 판결은 불필요하게 제한적인 방법으로 환자를 치료하는 것을 불법으로 만들었다. 많은 미술치료사는 이와 같은 변화에 긍정적이고 또 부정적인 방법으로 영향을 받았다. 예를 들어, 미술치료사들은 자연스럽게 공동체 기반의 외래치료를 제공하고 있었고, 많은 일자리가 생겨났다. 그다음에는 1990년대 중반에서 후반까지 건강유지기구들은 비용을 절감하기 위하여 이러한 일자리를 없앴고, 미술치료사들은 남아 있는 다양한 다른 영역으로 옮겼다.

1950년대에 소개된 신경이완 약물은 심각한 정신병을 앓는 환자들의 증상에 변화를 가져왔고 정신병 근간에 대한 생각에 변화를 가져오기 시작했다. 사실상 이 변화는 정신병의 이해와 신경전달물질에 대한 이해가 발전하는 데에 신경학적 기초를 확립하였다(Cruz, 1995). 다른 신경약리적 물질의 주체가 뒤를 이었고, 오늘날 일반적으로 정신의학적 약물은 신경전달물질, 즉 (a) 모노아민(도파민, 노르에피네프린, 세로토닌), (b) GABA(gamma-aminobytric acid), (c) 오피오이드 펩타이드(opioid peptides)를 표적으로 하여 작용한다고 생각된다. 신경전달물질은 뉴런과 다른 세포들 사이에 전기 신호를 전달하고 증폭시키며 조절한다. 신경전달물질은 신경 충격이 시작되는 것을 돕거나 감소(억제)시키는 두 가지 방법으로 작용한다. 신경전달물질은 수용-재수용되거나 혹은 효소에 의해 소모되는 방법으로 뇌에서 처리된다.

향정신성(psychotropic) 약물은 항우울제(antidepressants), 불안완화제(anxiolytics), 항정신병 약물(antipsychotics), 기분 조절제(mood stabilizers), 오피오이드 차단제(opioid blockers)의 기본적인 다섯 무리로 분류된다(Cruz, 2007). 우리는 이 무리의 약들을 다음의 신경전달물질과 연관시킨다.

① 항우울제(세로토닌과 노르에피네프린)
② 불안완화제(GABA)
③ 항정신병 약물(도파민과 세로토닌)
④ 기분 조절제[리튬(신경전달물질 아님)]
⑤ 오피오이드 차단제(GABA와 도파민)

모든 신경약리학은 병의 문제 증상을 조절하는 것을 목표로 하고, 일반적으로 향정신성 약은 신경전달물질 기능의 항진 혹은 저하의 결과로 인한 증상을 다룬다. 대부분의 향정신성 약물은 여러 가지 부작용이 있다. 예를 들어, 삼환계(tricyclic)와 사환계(teracyclic)(역주: 화학적 화합이 세 개나 네 개의 고리가 있는) 항우울제는 입마름, 뿌옇게 보임, 변비, 다른 것들과의 혼란을 일으킨다. 다른 부류의 항우울제(우울증 치료제)인 선택적 세로토닌 재흡수 억제제(selective serotonin reuptake inhibitors: SSRIs)는 메스꺼움, 두통, 불면증을 야기한다. 더 자세한 약물 리스트는 부록 A에서 찾아볼 수 있다.

창조적 예술치료사들의 구체적 관심사는 일부 부작용이 인지적이라는 것이다. 예를 들어, 모든 항정신병 약물 중 자이프렉사(Zyprexa)와 리스페르달(Risperdal)(각각 올란자핀과 리스페리돈의 상품명)을 제외하고는 생각을 더디게 하고, 무기력증(즉, 신체적 기능의 저하)을 야기하며 진정된 상태를 유발한다. 항우울제 중 시네콴(Sinequan, 독세핀), 세르존(Serzone, 네파조돈) 그리고 레메론(Remeron, 미트라자핀) 등은 진정된 상태를 야기한다. 기분 안정제(기분 조절제) 중에서는 발프로에이트(valproate)가 진정된 상태를 유발하고, 다른 기분 안정제인 리튬(lithium)은 환자가 '멍한 느낌/동떨어진 느낌(feel out of it)'을 느끼게 한다. 그래서 정신병적 증상이 있던 환자, 우울증, 불안, 양극성 장애 환자들은 이러한 약물들을 복용하고 위와 같은 부작용을 겪었을 수 있다(Cruz, 2007).

예술치료사들은 환자가 무기력한지 아닌지 주의를 기울이고 만약 그러하다면 알아차려야 한다. 또한 약물 부작용일 수 있는 환자의 보고를 진지하게 받아들여야 한다. 이러한 것들은 치료하는 의사나 정신과 의사에게 보고되어야 한다. 더불어 예술치료사는 환자의 에너지 수준이나 기능에 급격한 변화가 있는지 알아볼 수 있어야 하고, 약 처방을 한 의사에게 관심을 가져야 한다.

마지막으로, 정신병 치료약을 복용한 직후에 회기를 진행하여야만 한다면(예: 아침 식사 이후 복용이나 점심 식사 이후 복용), 치료사는 완화(휴식), 심상 유도(guided imagery) 혹은 다른 낮은 수준의 노력이나 기술이 필요한 방법들을 사용할 수 있다.

중요한 경고는 많은 향정신성 약물의 의도된 효과가 개인의 시스템에 작용하려면 시간이 필요하다는 것이다. 예를 들어, 삼환계 항우울제의 치료적 효과가 나타나려면 7~14일이 걸린다. 그리고 환자의 행동이 단순히 약의 효과가 아닌 환자의 근원적인 문제가 반영된 것인지를 알아차리는 것이 항상 가능한 것은 아니다. 만약 치료사가 부작용에 대해 잘 알고 있다면, 치료사는 약의 부작용으로 나타나는 증상을 병의 증상으로 오인하지 않을 것이고 그러한 사안들을 치료 프로그램에 반영할 수 있을 것이다.

요 약

정신과와 교육적 환경 둘 다에서 많은 예술치료사는 전통적 심리학적 진단평가 도구나 정신진단학적 검사를 사용하거나 그러한 평가 방법으로 누군가가 평가를 내린 보고에 의존한다.

그러나 예술 기반 평가 절차는 현재 성장하는 추세다. 예술 기반 평가에는 감별진단, 성격 평가, 특정 활동이나 집단에 환자가 적당한지를 알아보기, 개인 예술치료 프로그램을 계획하기 위한 근거, 변화와 발전을 측정하고 추적 관찰하기 위해 초기 상태를 평가하기의 다섯 가지 주요 응용 방법이 있다.

예술 기반 평가의 역할은 예술치료사의 역할에 대한 개념과도 밀접하게 연관되어 있다. 일부 예술치료에서 예술 매체의 역할에 대한 두 가지 근본적인 관점이 있다. 하나는 심리치료에 사용할 수 있는 정보의 근원으로 주로 사용되는 것이고, 종종 '치료에서의 예술(arts-in-therapy)'이라는 역할로 언급된다. 이러한 관점에서 환자가 예술의 유형에 반응하고 창작하는 과정은 흥미로운 사실들을 보여 준다. 하지만 예술 활동 그 자체만으로 충분한 치료적 요소가 있다고는 생각하지 않는다. 그 과정에는 치료가 있어야 하고, 그 역할이 필수적이다.

다른 한편으로, '치료로서의 예술(arts-as-therapy)' 입장은 창의적인 과정 자체가 치료적이라는 입장을 견지한다. 창의적 과정은 환자가 잠재적인 공격적 충동이나 파괴적 충동을 승화시키거나 흘려보내고 바꾸는 기회를 제공한다. 창의적 과정을 '삶과 동등한 것들(life equivalents)'을 시험해 보는 방법으로 사용할 때, 그리고 변화하는 현실에 적응하는 새로운 방법을 연습할 때 앞서 말한 효과를 얻을 수 있다.

실제 임상 현장에서 많은 예술치료사는 거의 두 개의 역할 사이에 있는 연속선 어딘가에서 자신들의 위치를 찾곤 한다. 그 두 개의 역할은 연속선의 상당 부분을 차지하는 것으로 임상가로 여겨지는(혹은 배정되는) 전문가로서의 정체성과 병원, 클리닉, 공동체 센터, 자격증과 등록 위원회 그리고 주(州) 면허 기관 등 기관의 요구에 따른 정체성이다.

예술치료 임상가들은 광범위하고 다양한 현장에서 일한다. 치료가 환자의 문제와 보험이 적용되는 기간을 고려해서 계획되기 때문에, 임상현장에 따라 때로는 일반적인 관심과 능력을 넘어서는 평가는 별로 사용되지 않는다. 결과적으로, 진단과 평가는 그 과정과 환자의 참여의 결과와 관련된 것에 한정된다. 예술치료에 참여함으로써 얻는 변화는 종종 개인의 통찰로 이어지고 내담자의 삶의 다른 영역에 자동으로 옮겨질 것이라 여겨진다.

하지만 점점 많은 치료사가 환자들이 치료 활동에서 수행하는 것들이 자동으로 다른 삶의 영역에서 행동하는 방식으로 옮겨질 것이라는 데에는 회의를 표하였다. 그 결과, 예술 심리치료사들은 주로 언어로 하는 감정적 반응의 탐구를 시작하기 위한 자극으로 예술 경험을 사용하는 경향을 보인다. 그러한 탐구의 목적은 일반적으로 대답의 더 깊은 혹은 '무의식적' 원천에 대한 탐색에 있다.

예술로서의 치료, 그리고 예술 심리치료사로서의 정체성을 가지고 일하는 양쪽 모두 다른 전문가, 예컨대 정신과 의사, 신경심리학자, 말/언어 병리학자, 음성학자 그리고 여타 평가 전문가들이 실행한 진단평가에 의존할 가능성이 있다. 치료 프로그램을 그러한 외부의 평가에 바탕을 두고 계획할 때, 예술치료사들은 자신들의 접근법에 따라 선택한 검사와 절차를 평가하면서 주의를 기울이는 것과 마찬가지로 주의해야 한다.

부록 A
일반적인 향정신성 약물

항우울제(Antidepressants)

상품 종류명	일반적 하루 복용량(mg)	부작용
삼환계(Tricyclics) & 사환계(Tetracyclics)		
아미트립틸린(엘라빌, 엔데프)	100~300	항콜린제(입마름, 뿌옇게 보임, 변비, 요폐,
클로미프라민(아나프라닐)	100~250	심박 급속증, 혼돈)
독세핀(시네콴)	100~300	기립성
이미프라민(토프라닐)	100~300	심장 상태에 영향을 줌
트리미프라민(서몬틸)	100~300	과다 복용 시 치명적임
데시프라민(노르프라민)	100~300	치주 질환
노르트립틸린(파멜러, 아벤틸)	50~200	
프로트립틸린(비박틸)	15~60	
아목사핀(아센딘)	100~400	
마프로틸린(루디오밀)	100~225	
선택적 세로토닌 재흡수 억제제(SSRIs)		
시탈로프람(셀렉사)	20~60	초기 : 메스꺼움, 설사, 두통, 불면증
플루옥세틴(프로작)	20~60	
플루복사민(루복스)	50~300	
파록세틴(팍실)	20~60	
세르탈린(졸로프트)	50~200	
도파민-노르에피네프린 재흡수 억제제		
부프로피온(웰부트린 IR)	300	초기: 메스꺼움, 두통, 불면증, 불안/초조,
부프로피온 SR(웰부트린 SR, 자이반)	300	발작의 위험
세로토닌-노르에피네프린 재흡수 억제제		
벤라팍신(이펙서)	75~225	SSRIs와 비슷함(상기 참조)
벤라팍신 XR(이펙서 XR)	75~225	용량과 관계하여 과도한 긴장
둘록세틴(심발타)	20~40	n/a
세로토닌 조절제		
네파조돈(세르존)	150~300	초기: 메스꺼움, 어지러움, 혼돈
트라조돈(데시렐)	75~300	초기: 진정 상태, 지속발기증, 어지러움,
		기립함(orthostasis)

노르에피네프린-세로토닌 조절제		
미르타자핀(레메론)	15~45	항콜린성, 기립성 고혈압, 부종, 무과립구증, 간 기능장애
모노아민 옥시다제(MAO) 억제제		
페넬진(나르딜)	15~90	기립성 저혈압, 불면증
트라닐시프로민(파네이트)	30~60	부종, 심부전 환자에게 적용 안 됨, 생명에 지장을 주는 약물 상호작용 가능성, 음식물 섭취 제한

주: SR – 점진적 감소; XR – 연장된 방출; MAO는 모노아민이라 불리는 뇌의 세 가지 신경전달물질인 노르에피네프린, 세로토닌, 도파민을 파괴하는 뇌단백질이다.

항정신병 약물(Antipsychotics)

상품 종류명	일반적 하루 복용량(mg)	특징/부작용
전통적 항정신병제		
페노티아진제		이와 같은 물질들은 "매우 친화적인 뇌의 도파민 D2 수용기 대항물질이고, 정신병적 증상 완화에 효과적이다. 하지만 신경학적 부작용률이 높다. 예를 들어, 추체외로계 징후와 지발성 안면 마비 등이 있다"(Lieberman et al., 2005). 또한 여성 중 고프로락틴혈증(수유기)과 무월경증이 나타날 수 있다.
클로르프로마진(토라진)	300~600	
페르페나진(트릴라폰)	2~64	
피페리딘제		
티오리다진(멜라릴)	300~600	
메소리다진(세렌틸)	150~300	
피모자이드(오랍)	2~6	
사이오크산텐		
사이오시크젠(나베인)	15~30	
부티로페논제		
할로페리돌(할돌)	5~15	
디벤조세자핀제		
록사핀(록시테인)	45~90	
몰린돈(모반)	30~60	
비정형 항정신병제		
클로자핀(클로자릴)	250~500	이와 같은 물질들은 "다른 신경수용기, 예를 들어, 세로토닌, 노르에피네프린 수용기들과 친화력이 높다"(Lieberman et al., 2005). 그러나 체중 증가, 글루코스 변화, 지질 대사를 유발하고 더 대가가 크다. 부적 증상(감정적 둔화)을 완화한다.
리스페리돈(리스페르달; 콘스타)	4~6	
올란자핀(자이프렉사; 자이더스)	10~20(리스페르달)	
쿼티아핀(세로켈)	300~600(자이프렉사)	
지프라시돈(게오돈)	80~160	

항정신성 약물이 쓰이는 가장 흔한 징후는 극심한 정신병의 치료와 조현병 환자가 정신병 증상의 관해(remission)를 유지하도록 하기 위하여 쓰인다. 만성 조현병 환자의 치료에 관해 전통적인(conventional) 항정신성 약물과 이형(atypical) 항정신성 약물의 효과를 비교한 연구에서 74%의 환자가 18개월 전에 약물을 중단했다. 올란자핀(olanzapine)은 중단율에서 가장 효과가 크지만 엄청난 체중 증가와 포도당과 지질 대사의 증가를 동반한다. 페르페나진의 효용성은 쿼티아핀, 리스페리돈, 지프라시돈과 비슷하다. Leiberman, Stroup, McEvoy, Swartz, Rosenhech, Perkins, et al., (2005). Effectiveness of antipsychotics drugs in patients with chronic schizophrenia. *New England Journal of Medicine, 353*(12), 1209-1223.

일반적 기분 안정제(Common Mood Stabilizers)

상품 종류명	시작 용량(mg)	사용 금지 사유
리튬 리튬 카보네이트(에스칼리스, 리토네이트, 리토탑스) 연장된 방출 (에스칼리스 CR) (리토피드)	300 bid(하루에 두 번) 450 300	불안정한 신장 기능: 양극성 환자에게 사용되는 베타 차단제인 프로프라놀올(엔데롤)로 증상이 완화될 수 있는 떨림을 유발함
발프로에이트 디발프로엑스 소디움(데파코트) 발프로익산(데파켄) 디발프로엑스 ER	250 tid(하루에 세 번)	간 기능장애
라모트리진(라미에탈)*	25	붉게 튀어나온 발진이 일어날 수 있음
카르바마제핀(테그레톨)*	200mg table bid(하루에 두 번)	발작을 악화시킬 수 있음 발진이 일어날 수 있음

주: 기분 안정제는 "극심한 조증과 우울 증상, 양극성 장애에서 조증과 우울 증상의 예방을 치료하기 위한 효과"가 있는 약물이다[Bauer & Mitchner(2004). What is a "Mood Stabilizer"? An evidence-based response. *American Journal of Psychiatry, 161*, 3-18. p. 3].

* 라모트리진의 기분을 안정시키는 요소가 최근 검사 중이다. 카르바마제핀은 기분을 안정시키는 몇 가지 요소가 발견되었고, 최근 들어 기분 안정제로 간주되고 있다.

중독 치료(Treatments for Addictions)

오피오이드(아편 효능제)와 알코올 중독 환자들은 일반적으로 다음과 같은 약물을 처방받는다.

메타돈 – 오피오이드(아편 효능제)

부프레노르핀(Temgesic, Subutex) - 오피오이드(아편 효능제)
날트렉손(Revia) - 오피오이드(아편 효능제) 혹은 알코올
아캄프로세이트(Campral) - 알코올

일반적 항불안제와 최면제 (Common Anxiolytic and Hypnotic Medications)

상품 종류명	일반적 하루 복용량(mg)	부작용
벤조다이아제핀제		
알프라졸람(자낙스)	1~4	
클로르다이아제폭사이드(리브리움)	15~100	습관성 - 흔하게 팔림(가장 습관성인 것:
클로나제팜(클로나핀)	1~4	자낙스, 클로나핀, 바리움/가장 덜 습관성
클로라제페이트(트랭신)	15~60	인 것: 리브리움)
다이아제팜(바리움)	4~40	
로라제팜(아티반)	1~6	
옥사제팜(세락스)	30~120	
무벤조다이아제핀제		
부스피론(부스파)	30~60	습관성은 아니지만, 효과가 덜해 많이 사
		용되지 않음

항불안제는 불안이 중요한 요소인 범불안장애, 강박장애, 공황장애, 수행 불안, 사회공포증 등의 병을 치료하는 데 쓰인다. 범불안장애는 보통 벤라팍신(이펙사)이나 둘록세틴(심발타)을 소량 복용하도록 하여 치료한다.

불면증 치료(Treatments for Insomnia)

불면증 치료를 위한 약물은 다음과 같다.

테마제팜(Restoril)
트라조돈(Desrel) - 중독성은 없으나 악몽이나 지속발기증이 유발될 수 있다.
졸피뎀(Ambien)

아동을 위한 치료(Treatments for Children)

아동을 대상으로 실험된 약물은 매우 드물다. 최근에 FDA는 아동에게 심각한 자살 경향과 연관성이 있는 항우울제(SSRIs) 사용이 증가한 것에 대한 경고를 했다. 현재 웰부트린과 프로작은 아동에게 다른 항우울제와 같은 관련된 위험을

아직 나타내지 않았다.

주의력결핍 과잉행동장애(attention deficit hyperactivity disorder: ADHD) 아동은 빈번하게 메틸페니데이트(Ritaline), 아토옥세틴(Strattera), 모다피닐(Provigil)을 처방받는다. 아토옥세틴은 비흥분제(non-stimulant)다.

참고문헌

Allen, P. (1992). Artist-in-residence: An alternative to "clinification" for art therapists. *Art Therapy: Journal of the American Art Therapy Association, 9*(1), 22–29.

Bruscia, K. E. (1988). Standards for clinical assessment in the arts therapies. *Arts in Psychotherapy, 15,* 5–10.

Cohen, G., Averbach, J., & Katz, E. (1978). Music therapy assessment of the developmentally disabled child. *Journal of Music Therapy, 15*(2), 86–99.

Cruz, R. F. (1995). An empirical investigation of the Movement Psychodiagnostic Inventory. *Dissertation Abstracts International: Section B: The Sciences & Engineering Vol. 57*(2–B), August, 1996, 1495.

Cruz, R. (2007, November). Psychopharmacology. Symposium conducted at Lesley University, Cambridge, MA.

Degges-White, S., & Davis, N. I. (Eds.). (2011). *Integrating the expressive arts into counseling practice: Theory-based interventions.* New York: Springer.

Freud, S. (1924). The loss of reality in neurosis and psychosis. In J. Riviere (trans.), *Collected papers.* Vol. II, 277–282. New York: Basic Books.

Freud, S. (1933). *New introductory lectures on psychoanalysis.* (J. Strachey, trans. and Ed.) New York: Norton, 1966.

Ghadirian, A. M. (1974). Artistic expression of psychopathology through the media of art therapy. *Confinia Psychiat, 17,* 162–170.

Gladding, S. (2005). *Counseling as an art: The creative arts in counseling* (3rd ed.). Alexandria, VA: American Counseling Association.

Halsey, B. (1977). Freud on the nature of art. *American Journal of Art Therapy, 16,* 99–101.

Harris, D. B. (1963a). *Children's drawings as measures of intellectual maturity: A revision and extension of the Goodenough Draw-A-Man Test.* Cleveland, OH: The Psychological Corporation.

Harris, D. B. (1963b). *Goodenough-Harris Drawing Test: Manual.* Cleveland, OH: The Psychological Corporation.

Horowitz, M. J. (1971) The use of graphic images in psychotherapy. *American Journal of Art Therapy, 10,* 156.

Isenberg-Grzeda, C. (1988). Music therapy assessment: A reflection of professional identity. *Journal of Music Therapy, 25*(3), 156-169.

Kalish-Weiss, B. I. (1988). Born blind and visually handicapped infants: Movement psychotherapy and assessment. *The Arts in Psychotherapy, 15,* 101-108.

Kramer, E. (1971). *Art as therapy with children.* New York: Schocken.

Michel, D., & Rohrbacher, M. (1982). *The music therapy assessment profile for severely/ profoundly handicapped persons.* Research Draft III. Unpublished manuscript, Texas Women's University.

Naumburg, M. (1958). Case illustration: Art therapy with a seventeen year old girl. In E. F. Hammer (Ed.), *The clinical application of projective drawings* (pp. 511-517). Springfield, IL: Charles C Thomas.

Naumburg, M. (1966). *Dynamically oriented art therapy: Its principles and practices.* New York: Grune and Stratton.

Nordoff, P., & Robbins, C. (1977). *Creative music therapy.* New York: John Day.

Rider, M. (1978). *The development of the musical-perception assessment of cognitive ability.* Unpublished master's thesis. Dallas, TX: Southern Methodist University.

Rider, M. (1981). The assessment of cognitive functioning level through musical perception. *Journal of Music Therapy, 18,* 110-119.

Sutton, K. (1984). The development and implementation of a music therapy physiological measures test. *Journal of Music Therapy, 21,* 160-169.

CHAPTER *11*

미술치료 측정 도구와 평가

버나드 페더(Bernard Feder)와 일레인 페더(Elaine Feder)가 집필한 이 책의 1998년 원전에서는 11장이 '시각적 미술치료(Visual Art Therapy)'라는 제목으로 되어 있었다. 이 글을 다시 읽으면서, 지난 15년간 미술치료 측정의 영역이 발전을 이루어 왔음에도 일부 이슈가 페더와 페더의 견해를 바탕으로 다루어졌다는 것이 분명해졌다. 창의적 예술치료 분야에서 평가에 대한 페더와 페더의 공헌은 우리 역사에서 중요한 자리를 차지하고 있다. 이 책에서 설명하고 있는 많은 의견은 오늘날까지도 매우 의의가 있는 한편, 측정 도구의 성과에 관한 역사적 관점을 제공하고 이 임상 영역을 지속적으로 향상시키기 위해서 우리가 앞으로 어떤 임상과 리서치 분야에 에너지를 쏟아야 하는지 알려 준다.

페더와 페더(1998)는 '떠오르는 예술치료 분야'에서의 측정 도구와 평가를 위한 도입 안내서와 교재를 제공하기 시작했다(p. v). 그들은 어떠한 공식이나 방법을 제공하려 하기보다는 오히려 "…… 치료사들이 그들의 치료 목표와 평가 프로그램을 연관 짓고, 그들이 무엇을 평가하고자 하는가를 명확히 하고, 치료사가 시행하기를 원하는 것을 시행할 수 있는 평가 프로그램을 설계하는 것을 돕고자 했다"(p. x). 그들이 의도한 대상들은 방법론과 이론적 접근법에 중점을 두는 학생과 임상가들이었다. 임상가들을 위해서는 "······ 평가 프로그램 개발과 시행을 위한 지침"을 제공하기 위한 의도였다(p. v). 이 장 역시 그와 같은 대상들에게 설명하고 있지만 교육자와 연구자들을 위한 시사점도 포함한다.

간결함을 위하여, 이 장에서 '페더와 페더'를 언급하거나 인용할 때에, 그것은 이 장이 근간으로 삼고 있는 1998년 원전을 참고함을 가리킨다.

평가에서의 예술과 과학

"평가의 예술과 과학······" 페더와 페더 책의 표제와 철학적 갈래는 이 장 전반에 걸쳐 엮여 있다. 그들은 날카로운 통찰력으로 책의 내용들을 예술과 과학의 상호관계에 대한 주류의 생각에 뿌리내렸고, 더 나아가 "평가에 대한 창의적이고 과학적인 접근 방법"(p. v)을 포괄하며 그 둘은 서로 얽혀 있다고 주장한다. "······ 우리는 미술치료가 예술이냐 아니면 과학이냐 하는 논쟁은 헛수고일뿐더러 역효과를 낳는다고 믿는다. 또한 그러한 논쟁은 예술적 창조성과 과학적 입증 모두가 필수적인 분야에서 분열만을 영속시킬 뿐이다"(p. vii). 그들은 1998년부터 다른 예술치료 연구자들이 해 온 것처럼, 우리(미술치료사)도 우리의 성과가 의미 있는 것이 되려면 체계적으로 그 효용성을 설명해야 한다고 주장하였다. 미술치료 문헌 중 린다 갠트(Linda Gantt)의 논문인 「과학으로서의 미술치료에 대한 논고(A Discussion of Art Therapy as a Science)」(1998)와 프랜시스 캐플런(Frances Kaplan)의 책인 『미술, 과학, 미술치료(Art, Science and Art Therapy: Repainting the Picture)』(2000)가 우리의 연구에 과학적 방법을 적용해야 할 필요성을 말한 단 두 개의 예다.

연구와 연관된 동료의 리뷰를 얻은 지금까지 발행된 논문들의 수에도 불구하고(다적기엔 너무 많다), 페더와 페더(1998)의 발견은 현대의 중대한 문제와 관련되어 있다. "현재는 예술치료의 이론과 임상 실제가 연관되어 일반적으로 받아들여진 평가 절차에 관한 자료들이 부족하다."(p. v) 그러므로 우리가 평가와 연구에 대한 창의적[(전통적 예술 기반 및 질적 접근법과 과학적(양적)] 접근법의 모든 스펙트럼을 포괄해야 할 필요가 있음이 그 어느 때보다도 분명하다. 이 책의 원전에서 저자들은 "우리는 양적 평가와 질적 평가를 서로 적대적인 것으로 보지 않도록 조심해야 한다."라고 분명히 말하였다. 페더와 페더는 위와 같은 설명을 뒷받침하기 위해 보조 외과의사 개리 노블(Gary Noble, 1991)의 구절을 인용하였다. "평가를 계획하기 위한 최선의 방법은 구체적이고 측정 가능한 목표를 포함하는 프로그램을 개발하는 것이다. 양적 평가는 우리에게 우리가 어떤 효과를 가지는지(얼만큼, 어디서, 누가, 언제) 그리고 질적 평가는 왜 프로그램이 효과적이거나 혹은 문제가 있는지 이야기해 준다. 이 두 가지 평가가 다 동등하게 중요하다."(p. 2; in Feder & Feder, 1998, p. 18) 이러한 입장은 평가 도구에 대한 혼합법(mixed-methods) 또는 통합적 접근법(integrated approach)을 필요로 하는 최근 업적을 지지한다(Betts, 2012a).

페더와 페더는 질적 평가와 양적 평가 사이의 차이에 대한 해결 방법은 절대로 있을 수 없다고 인정하였지만, 그 차이들을 이해해야 한다고 주장하였다. 이 장은 미술치료사이자 임상가, 교육자, 연구자이면서 창조적·과학적 입장 모두를 아우르는 것에 불편함이 없으면서도, 그렇게 하는 것이 우리가 치료하는 내담자들을 위한 것임을 인식하는 이의 입장에서 쓰였다. "치료는 과학 없이는 피상적인 의식을 행하는 것으로 전락해 버릴 수 있으며 그러한 피상적 의식에서 각 임상가들은 존재에 대한 자신의 개인적 신화에 충실할 뿐이다. 치료는 미술(예술) 없이는 치료가 살펴보고자 하는 바로 그 인간적인 것을 잃게 된다."(p. ix) 이것은 중요하게 고려할 점인데, 너무 많은 미술치료사가 과학적 방법의 가치를 무시하기 때문이다. 책임감 있는 치료 업무는 예술과 과학 모두를 필요로 하고, 본 저자는 이것을 학생들에게 전하여 주는 것이 교육자들과 슈퍼바이저들의 의무라고 주장한다. 더 나아가, 평가에 대하여 조작적인 분리, 즉 질적이고 인본주의적인 "옆에 앉아 있기 식"의 접근과 "더 냉담한 계산"을 옹호하는 양적 평가 방식으로의 양분을 고집하는 것은 길로이, 티플과 브라운(Gilroy, Tipple, & Brown, 2012)이 지적한 대로 아무 성과가 없는 일이다.

페더와 페더가 관찰한 바, 예술치료 프로그램이 연구나 평가에 대한 지침을 제공하는 바가 거의 없었으나, 이후 변화를 거쳐 미국미술치료학회(AATA)에서는 예술치료 프로그램을 인정하기 위해서는 연구와 평가 도구에 대한 내용들을 모두 포함하도록 하였다.

페더와 페더는 그들의 책의 주제로 "예술가로서의 치료사와 과학자로서의 치료사 사이의 불편한 관계"에 대해 언급하였는데(p. ix) 그 예는 다음과 같다.

현대 심리치료의 임상 실제에서 예술과 과학의 관계는 불편하고 불안정한 관계다. 직업 전문화의 증대와 함께 예술가와 과학자는 종종 다른 방식으로 이야기하고 서로를 이해하는 데 어려움을 겪는다. 조화로운 합창이어야 할 것들로부터 자주 불편하고 귀에 거슬리는 불협화음이 나온다(p. 8).

본 저자는 페더와 페더의 입장에 지지를 표명하면서도 예술 대 과학의 논란이 "절대로 풀리지 않을"(p. ix) 것이라는 주장에 반대한다. 이 장에서는 지난 15년간 이 관계가 수월해져 왔고, 오늘날의 분위기를 예술과 과학의 경계를 아우르는 편안한 상호작용으로 바꾼 방법들에 대해 설명할 것이다.

지난 10여 년간 미국에서 두 가지 접근 방법을 통한 교육이 부상되었고, 나아가 학생들의 성공적인 교육에서 통합적 교과목의 중요성에 관심이 모아졌다. 첫째로, STEM 접근법은 교육에서의 STEAM을 위한 초석을 마련하였다. STEM은 Science(과학), Technology(기술), Engineering(공학 기술), Mathematics(수학)의 약자다. 이 프로그램은 국가과학재단(National Science Foundation) 교육과 인적자원 분과의 전 책임자인 주디스 래멀리(Judith Ramaley)가 시작하였다. 교육에 대한 메타-교육적 접근법 (meta-disciplinary approach)인 STEM은 2001년 기술과 공학 기술적 요소를 교육과정에 포함함으로써 수학과 과학을 가르치는 데 혁신을 일으키기 위하여 창설되었다(DRPF Consults, 2012). 교육 방침의 집중과 발전에서 중요한 분야인 STEM은 시작 이후에 곧장 다수의 고등교육 기관과 과학 공동체에 통합되었다(TIES, 2012).

교육과정과 지도의 박사학위자인 교육자 조지트 야크먼(Georgette Yakman)은 예술과의 통합을 위해 STEM 접근 방법을 한 단계 더 발전시켜 예술을 포함한 STEAM 프로그램을 만들었다. 2006년에 개설된 STEAM은 "공학 기술과 예술을 통해 해석된 과학과 기술 그리고 모든 것은 수학적 요소에 기반을 두고 있음"을 뜻한다(STEAM EDU, 2012). STEAM은 전통적인 학문적 주제를 구조적인 체계로 만들어 통합적 교육과정을 만들어 내는 방법에 관한 교육적 모델이다. "통합적 교육과정을 만들 때에, 한 분야가 주된 지침의 초석이 되거나, 모든 분야가 더욱 공평하게 반영되도록 계획할 수도 있다."(Wells, 2006, in Yakman, 2008)

미국 내 연방정부 수준에서 예술과 과학의 통합의 다른 증거로는 미국과학자조직(National Academy of Sciences) 후원의 무료 행사가 있다. 예를 들어, 워싱턴 DC에서는 Art Science Evening Rendezvous(DASER)가 예술과 과학 프로젝트에 관한 월례 토론으로 알려져 있다.

미술치료 분야에서는 베츠, 갠트와 로랜스(Betts, Gantt, & Lorance, 2011)가 이러한 영역들을 국제 미술치료 연구 데이터베이스(International Art Therapy Reserach Database: IATRD; www.arttherapyresearch.com)로 만들었다. IATRD는 미술치료 공동체를 위해 서비스를 제공하고, 조지워싱턴 대학의 후원을 받으며 임상에 대한 정보를 제공하고 연구를 후원하기 위한 도구로 자리매김하고 있다. 본래 1986년에 ATR-BC 자격증을 가진 린다 갠트(Linda Gantt) 박사가 구상한 IATRD는 특정 사회, 국가 그리고/혹은 진단받은 집단의 구성원들이 창작한 미술 작품 자료를 제공하기 위해 구성되었는데, 그 자료들에는 불특정 집단의 자료들과 진단적 자료들 그리고 내담자들과 미술치료사들의 견해들도 포함되어 있다. 승인된 연구자들이 그들의 GW 기관 심의위원회(GW Institutional Review Board)로부터 입증된 미술치료 평가 자료를 IATRD에 추가할수록 데이터베이스는 확장되고 연구자, 임상가, 교육자, 학생들은 수천 점의 예술 작품과 연관 자료에 접근할 수 있는 이점을 얻게 될 것이다.

미술치료 평가의 역사

초기의 토대

최근 베츠(Betts, 2006, pp. 426-427)가 논의한 것처럼, 지난 100년 동안 심리학자, 정신과 의사, 인류학자, 교육자들은 미술 작품을 평가, 치료, 연구에 사용하여 왔다 (MacGregor, 1989). 20세기 동안, 몇몇 심리학적 투사검사가 발전되어 왔다. 그러나 "…… 투사적 그림들에 관한 연구는 혼란스러운 결과를 초래했다"(Gantt & Tabone, 1998, p. 8). 그러한 문제를 제기하게 한 도구들로는 로르샤흐 잉크 반점 검사(1921), 나 무-집-사람 검사(HTP; Buck, 1948), 주제통각검사(TAT; Murray, 1943) 등이다(Betts, 2006, pp. 426-427). 1970년대와 1980년대에는 이러한 투사적 도구들로 인해 정신분 석적 이론에 대한 신뢰가 줄어들고, 행동에 대한 상황적 결정 요인이 더욱더 강조되 고, 효율성에 대한 회의와, 타당도에 대한 형편없는 견해로 인해 그 사용이 감소하였 다(Groth-Marnat, 1990). 투사적 검사가 여전히 심리학자들 사이에서 널리 사용되고 있 음에도, 몇몇 저자는 의의를 제기할 만한 연구 결과들을 예로 들며 그러한 검사들의 과학적 가치에 대해 의문을 가져왔다(Chapman & Chapman, 1967; Dawson, 1984; Kahill, 1984; Klopfer & Taulbee, 1976; Roback, 1968; Russell-Lacy, Robinson, Benson, & Cranage, 1979; Suinn & Oskamp, 1969; Swensen, 1968; Wadeson & Carpenter, 1976). 이 문헌에 대 한 더 자세한 논평을 위해서는 베츠(2005, pp. 16-20)를 참고하라. 아동을 위한 투사 적 그림 기법, 즉 인물화(Human Figure Drawing), 프랭크 그림완성검사(Frank drawing completion test), HTP, 동적 가족화(Kinetic Family Drawing), 자유화(Free Drawing), 사람 그림검사(Draw A Person), 수정된 인물화/사람 그리기 검사(Modified DAP/Draw a Man Test), 로니 자동차 그리기 검사(Loney Draw a Car Test), 좋아하는 날 그림(A Favorite Kind of Day: FKOD), 동적 학교 그림(Kinetic School Drawing), 이야기 그림(Draw-a-Story), 실버 그림검사(Silver Drawing Test: SDT)의 사용에 대한 자세한 논평은 닐과 로잘(Neale

& Rosal, 1993)을 참고하라.

미술 해석에 대한 심층적 이해

페더와 페더는 이질동상(異質同像, isomorphism)을 미술의 해석과 진단평가를 위한 필수적인 개념으로 보았는데, 이는 우리의 생각, 지각, 행동을 나타내는 요소가 우리가 만든 미술 작품에 반영된다고 보는 사상이다. 아마 미술치료사들이 이 원칙을 옹호한다 하더라도, 우리는 이것이 미술 작품 해석에 어떻게 적용되는지에 대해서는 동의하지 않을 수도 있다. 페더와 페더가 제시한 바, 미술 해석의 과정에서 성격, 병리, 발달과 미술 작품을 상호 연관시킬 수 있는 일반적인 세 가지 방법은 사전적 접근법, 형식 요소들의 수량화 그리고 현상학적 접근법이다. 최근 들어 진단평가 해석의 방법으로 형식 요소들과 현상학적 접근법이 문헌들에서 주목받으며 부상해 왔다(Betts, 2012a).

사전적 접근법이란 이질동상의 개념에 기반을 두고, 오래된 방식인 프로이트 학파의 원칙에 따른 꿈 해석 응용법을 참고로 하여 그림에 적용하는 것이다. 그림에 드러난 상징들은 내담자의 인식하지 못한 혹은 억압된 걱정, 충동, 욕망 등을 나타내는 것으로 생각되었다. 페더와 페더는 이 주제에 대해 이야기하기 위해 프로이트와 융을 참고하였다. 그들은 미술 작품의 상징에 대한 분석은 불충분한 과정으로, "…… 미술 작품의 상징들에 대한 해석은 일반적으로 검사의 부분이라기보다는 임상적 평가의 부분으로 여겨진다."라고 결론지었다(p. 263). 그와 같이 상징 해석은 진단을 위한 것이 아니라, 치료적 도구(예를 들어 대화를 시작하기 위한)로 사용될 수 있다. 페더와 페더는 영국 미술치료사들의 신념을 설명하면서 테사 달리(Tessa Dalley, 1984)를 다음과 같이 인용하였다. "…… 미술치료사들은 환자의 미술 작품을 '읽거나' 해석할 수 없거니와 그러기 위한 시도 역시 하지 말아야 한다. 미술 작품을 정확히 해석하기 위한 유일한 적임자는 그 작품을 창작해 낸 사람이기 때문이다. 치료사는 '추측하고, 제안하고, 그림의 일정 부분들과 연관 지을 수는 있으나, 이것은 신뢰, 열린 마음, 안전을 바탕으로 한 치료적 관계에서만 이루어져야 한다.'"(p. xxiv) 이것은 미국 미술치료사들도 마찬가지다. 오늘날 대부분의 미술치료사는 이 문제에 대해 잘 이해하고 있다. 최근 영국의 발간물(Gilroy, Tipple, & Brown, 2012)을 통해 대서양의 양편에 있는 미국과 영국의 미술치료사들이 현재의 평가 상황을 함께 탐구하였고, 이 사실은 공감을 얻었다.

형식 요소의 수량화의 바탕에 깔려 있는 원칙은 계리적(計理的, actuarial)이고 그 방법은 약간의 해석을 필요로 한다. 그림의 구도, 색과 공간의 사용, 전체적 어울림과 같은 요소들은 진단적 지표들의 존재 여부를 암시한다. 이러한 개념은 후에 상세히 설명된다.

현상학적 접근법은 평가 회기에서 행동주의적 측면을 고려한다. 예를 들어, 내담자가 미술 활동을 하는 동안의 행동, 언어적 표현, 미술 작품 등과 같은 것이 행동주의적 측면이다. 이러한 체제 하에 내담자는 보통 치료사에게서 이러한 행동주의적 요소들을 해석하는 데 도움을 주도록 초대받는다. 제니 라인(Janie Rhyne, 개인적 서신, 1995)을 인용하며, 페더와 페더는 미술 작품의 해석과 관련하여 일어날 수도 있는 문제들의 사례를 제공한다. '빌리'의 사례를 논하면서, 라인은 미술치료를 공부하는 학생들에게 "…… 창작자, 그리고 형태를 지각하는 사람으로서 당신의 경험을 이용하라. 빌리가 그린 세 개의 그림 모두에서 전체적인 가치를 찾아보고, 각각의 그림을 전체의 시리즈로 보라……."라고 권고하였다(p. 264). 그녀의 현명한 충고에도 학생은 빌리의 HTP 그림들을 잘못 해석하여 참담한 결과를 만들었다. 라인은 치료사가 내담자를 부추길 때에 내담자는 "…… 미술 작품 안의 구조의 역동을 자신의 행동 패턴이 드러나는 징후나 현재 자신이 염려하는 것들의 증거로 인식하게 된다."라고 주장하였다(p.265). 이 점과 관련하여 미술치료를 공부하는 학생의 부족한 지식과 경험은 그녀의 잘못된 그림 해석을 그럴듯하게 설명해 준다. 예로 든 이 사례는 내담자가 지각하는 그 자신의 미술 작품과 작품 창작 과정과 더불어 회기 중에 내담자가 하는 말과 행동의 중요성을 감안하여야 한다는 것을 강조하며, 그렇기 때문에 평가(assessment)와 평가 과정에 대한 통합된 접근이 필요함을 뒷받침한다.

최근의 발전과 현재의 동향

메츨(Metzl, 2008)은 1987년과 2004년 사이에 『미술치료: 미국미술치료학회 저널(*Art Therapy: Journal of AATA*)』에 실린 연구에서 체계적 분석 방법론을 시행하였다. 메츨은 평가 연구에 관한 견해를 밝힌 문헌에서, "미술치료 평가 측정에 대한 관심은 시간이 흐름에 따라 다소 감소하였고, 특정 도구에 대한 집중된 관심으로 변화했다."라는 것을 발견하였다(p. 68). 특히 그녀는 나무에서 사과를 따는 사람(Person Picking an Apple from a Tree)과 형식 요소의 미술치료 척도(Formal Elements of Art Therapy Scale) 연구가 증가하고 진단적 그림 시리즈(Diagnostic Drawing Series)와 만다라 연구에 대한 AATA 저널 출판물이 비교적 감소한 것을 확인하였다. 확인된 다른 변화는, 연구 방법에서 이미 고안된 미술치료 평가 하나만을 사용하는 대신에 삼각측량 방법이 증가한 것과 독립적 연구 측정이 증가한 것을 포함한다. 그와 같은 삼각측량 혹은 다양한 출처의 자료들의 통합은 곧장 탐구되었다.

방법론 통합을 위한 토대

평가를 위한 양적·질적 접근법의 필요성이 충분해지면서 강점에 더욱 관점을 둔, 철저한 내담자 평가를 제공하기 위한 두 방법이 제안되었다. 그것은 평가 배터리의 사용과 다수 자료 출처의 통합이다.

평가 배터리

'입문서(primer)'인 『평가, 진단, 치료 작성을 위한 임상 지침(*A Clinical Guide to Writing Assessments, Diagnosis, and Treatment*)』에서 호로비츠와 엑스텐(Horovitz & Eksten, 2009)은 내담자에게 시행된 다양한 평가로부터 얻은 결과에 기초한 임상 보고

서 작성과 그러한 결과에 대한 치료 목표와 목적, 치료 요약, 종결 보고서 작성을 위한 귀중한 지침을 제공한다. 이러한 종합적 평가(evaluation) 과정은 환자가 보이는 문제에 대한 포괄적이고 공정한 견해를 갖도록 하고, 치료 계획의 정확성을 높이도록 도와준다.

미술치료에서 평가 배터리는 하나 이상의 회기(directive)를 포함하고, 내담자에게 일련의 수행 작업을 제공하는데, 이상적으로 그 수행 작업들은 (하루 동안의 시간 차이, 환자의 기분 등과 같은 변인들을 통제하여 가능한 한 변화가 없도록) 한 회기 안에 마무리 되어야 하는 평가 과정이다. 미술치료에서 잘 알려진 몇몇 배터리에는 미술치료 투사심상평가(Art Therapy Projective Imagery Assessment: AT-PIA; Raymond, Bernier, Rauch, Stovall, Deaver, & Sanderson, 2010), 크레이머(Kramer & Schehr, 1983), 르빅 정서·인지 미술치료평가(Levick Emotional and Cognitive Art Therapy Assessment; Levick, 1983)가 있다. 이러한 평가들은 후에 더 자세히 설명된다. 배터리들이 감독하기에 시간이 많이 걸리기는 하지만, 더욱 정확하고 균형 잡힌 내담자에 대한 그림을 제시한다. 그렇기 때문에 임상적 과정을 보조하기 위한 귀중한 정보를 제공하는 것이다.

여러 자료 출처의 통합

페더와 페더는 오로지 미술 작품만을 가지고도 환자를 평가하기에 충분한가에 대한 문제를 제기하기 위해 웨이드슨(Wadeson, 1980)을 참고하였다. 웨이드슨의 미국국립보건원(National Institutes of Health)에서의 광범위한 임상 경험은 그러한 문제에 대한 그녀의 지혜를 보여 주기 위한 자료로 인용되었다. 이는 다음과 같다.

웨이드슨은 몇몇 집단의 환자들이 그린 그림 간의 일반적인 경향들을 찾아낸 반면에, 집단 간의 너무나 많은 다양성과 수많은 일치함을 발견하였고, 결국 그녀는 미술 작품 하나로만 차이를 구분하는 것은 불가능하다고 결론지었다(pp. 188-198).

페더와 페더는 오로지 미술 작품에만 의존한 임상적 판단에 회의를 갖고 "어떠한 종류라 하더라도 하나의 진단적 과정은 거의 정확하지 않다."라고 공명히 그들의 의견을 표현하였다(p. 277). 그림의 수량화는 평가 과정의 한 부분일 수 있다. 하지만 오직 한 부분일 뿐이다. 그리고 결과는 내담자에 관한 다양한 여타의 출처를 통한 정보와 통합되어야 한다. 이러한 결론은 최근 문헌(Betts, 2012a; Groth-Marnat, 2003)에서 뒷받침된다. 심리학자와 미술치료사, 다른 정신건강 전문가들은 자료의 삼각측량과 통합의 중요성에 대하여 잘 알고 있다.

베츠(2006) 외 다수는 미술치료 평가에 대한 논의를 분명히 표현하여 왔다. 미술 작품의 점수 매기기를 좋아하지 않는 미술치료사들이 있는데, 이는 그렇게 하는 것이 미술 작품과 창작한 사람을 비인간화하고 저평가한다고 여기기 때문이다. 다른 한편으로는, 이 문제를 심상의 수량화와 관련한 것으로 인식하는 미술치료사들이 있다. 그렇지만 그들은 형식 요소들을 도표로 작성하는 것을 택하고, 다른 이들(임상가, 저널, 연구 자금을 제공하는 기관 등)이 미술치료사들을 더욱 진지하게 여기도록 과학적 접근법의 적용이 필요함을 인지하고 있다. 이 문제에 대하여 어느 한편을 택하기보다는 몇몇 미술치료사는 미술 작품에 대한 두 가지 접근법 모두의 필요성을 포용하고, 자료의 삼각측량법/통합적 접근법을 옹호한다.

이 문제를 고려한 현대적인 방법은 베츠(2012a)에서 찾아볼 수 있다. 긍정심리학적 평가(positive psychological assessment)에 관한 문헌 연구와 그 평가법을 치료에 사용한 동료와 협력을 함으로써, 베츠는 긍정 미술치료 평가(positive art therapy assessment)를 확립하였다. 긍정심리학 평가(positive psychology assessment)는 심리학적 보고를 통해 모은 내담자에 관한 다수 출처의 자료를 통합하는 것, 그리고 의뢰된 질문, 점수, 인터뷰, 관찰과 심리검사 결과와 같은 양적·질적 자료 자원을 포함한다. 검사 결과는 축소되고, 내담자에 관한 의미 있는 기술과 평가로부터 얻은 정보들이 내담자의 삶과 어떻게 연관되어 있는지가 최대한 활용된다(Groth-Marnat, 2009).

자료 통합과 더불어, 긍정심리학자들은 평가 과정을 향상시키기 위한 추가적 조언들을 하는데 이는 다음과 같다. 검사를 선정하는 데 주의를 기울여야 하고(Snyder,

Ritschel, Rand, & Berg, 2006), 내담자 인터뷰 과정에서 '내부'와 환경적 강점과 약점을 결합하고, 내담자와 협력적으로 일해야 하고(Snyder et al., 2006; Bornstein, 2009), 내담자-치료사 관계에 집중하고(Dudley, 2004), 강점과 희망에 대한 내담자의 보고를 포함하여야 한다(Snyder et al., 2006). 이러한 접근법을 옹호하는 미술치료사들은 내담자의 진실성이 평가 과정을 통해 유지되고, 반면에 특정 과학적 방법 역시 유지되어야 한다는 것에 가치를 둔다.

긍정심리학적 평가에서 뻗어 나온 다른 평가 방법인 치료적 평가와 협력적 평가는 창의적 예술치료사들이 알아야 할 필요성이 있는 두 가지 현대적 방법론이다. 치료적 평가는 평가자와 내담자가 심리검사 결과에 영향을 준다고 생각하는 접근 방법이다(Bornstein, 2009). 이 방법론은 평가에 대한 협력적 접근법이 "환자의 통찰, 적응, 치료적인 참여에 긍정적 효과를 줄 수 있다."라는 것을 강조한다(p. 6). 심리검사를 하는 것은 내담자가 그들을 좀 더 잘 이해하도록 도우며, 문제에 대한 해결책을 찾고, 긍정적 변화를 이끌어 내기 위한 방법으로서 사용된다(Finn, 2009). 치료적 평가는 인본주의적·인간-과학 심리학(humanistic and human-science psychology)에 근거한 기술인 협력적 평가 기술을 아우른다(Fischer, 2001). 협력적 평가 접근법은 내담자의 문제를 이해하고, 생각하고 존재하기 위한 더욱 기능적인 방법의 시행을 위하여 팀 접근 방법 안에서 평가자와 내담자 간의 힘의 불균형을 최소화한다. 내담자-치료사 관계는 개입의 성공에 영향을 끼치기 때문에 그 관계를 발전시킬 평가 기술은 이점이 있다(Martin, Garske, & Davis, 2000). 미술치료 문헌에서 코헨과 콕스(Cohen & Cox, 1995)의 『통합적 법(Integrative Method)』은 미술 작품의 형식적 평가를 보충하고, 내담자에 대한 더욱 정확하고 종합적인 인상을 얻기 위하여 다수의 자료원을 통합하는 것에 중점을 둔다. 더들리(Dudley, 2004)는 평가 과정에서의 내담자-치료사 관계의 영향을 강조하고, 전통적인 '사실 규명(fact-finding)' 접근법을 덜 중요시하였다. 오히려 그녀는 내담자와의 초기 만남이 치료자, 내담자, 미술 작품의 관계에서 '아직 펼쳐지지 않은 것(unfolding)'을 관찰할 기회를 제공한다고 하였다(p. 19).

미술치료 진단평가의 영역

모든 대상과 모든 치료 환경을 망라하는 가장 적합한 하나의 진단 방법은 존재하지 않는다. 어떠한 진단평가를 사용할 때는 분명한 이유가 필요하다.

사실, 진단평가 선택에서 가장 중요한 요소는 의뢰된 질문을 다룰 때 그 평가의 효용성에 근간을 두어야 한다는 것이다(Groth-Marnat, 2009).

진단평가를 다룬 학자들마다 평가의 영역들은 다소 다양하게 설명된다. 페더와 페더의 원래의 영역들인 정신진단 및 성격 진단평가, 가족 · 커플 그림 진단평가, 인지적 · 발달적 진단평가를 고려하면서도 최신의 진단평가 정보를 얻고자 한다면, 그로스-마냇(Groth-Marnat)의 분류 시스템(2009)과, 뷰로스 연구소(Buros Institute)의 정신 척도(Mental Measurements)를 참고하는 것이 도움이 된다. 뷰로스는 70년 이상 대중의 관심을 충족하고, 측정 분야의 발전을 위해 일해 왔다(Buros, n.d). 뷰로스 연구소의 정신 척도는 출간된 검사 중 높이 평가되는 정보 데이터베이스로서, 의미 있고 적절한 검사의 선택과 사용, 그리고 현장에서 사용되는 것으로 미국심리학회의 웹사이트에 참고 자료로도 포함되어 있다. 위에서 언급된 진단평가 자료들에 따르면, 미술치료 진단평가의 일부는 페더와 페더의 원래 영역으로 범주화하는 것과 여전히 관련이 있다. 하지만 다음과 같은 몇몇 도구의 넓은 응용법 또한 고려해야 한다. ① 정신진단과 성격 진단평가(Psychodiagnosis and personality assessment), ② 관계 역동 진단평가(Assessment of relationship dynamics), ③ 인지/신경심리와 발달 평가(Cognitive/Neuropsychological and developmental evaluation), ④ 다른 치료 영역을 다루기 위한 도구와 기법들(Tools and techniques to address other realms of treatment). 각 영역과 그 영역들에 지정된 진단평가 도구는 〈표 11-1〉을 참조하라. 위에서 언급된 네 영역은 1998년 이래 미술치료 평가의 목적과 응용법의 변화를 보여 준다. 이러한 변화는 그로스-마냇(2009)의 의견과도 일치하는바, 전통적 진단평가의 정의가 확장된 것과, 메츨(Metzl, 2008)의 삼각측량법(역주: 타당도를 높이기 위해 두 가지 이상의 측정 도구를 사용하는 방법)의 출현, 그리고 심리학자들이 전반적으로 진단평가에 관여하는 것이 증가한 것과 관련이 있다.

〈표 11-1〉 미술치료 평가와 그 채점 체계 [NB: 불완전한 목록(Not an exhaustive list)]

미술치료 평가 도구	미술치료에서 사용되는 채점 체계
정신진단과 성격 평가	
진단적 그림 시리즈(Diagnostic Drawing Series: DDS) (Cohen, Hammer, & Singer, 1988)	그림 분석 양식: 내용 체크리스트(Drawing Analysis Form; Content Checklist) (Cohen, 1985; 1994; 2012)
나무에서 사과를 따는 사람(Person Picking an Apple from a Tree: PPAT) (Gantt, 1990)	형식 요소 미술치료 척도(Formal Elements Art Therapy Scale: FEATS) (Gantt & Tabone, 1998)
울먼 성격평가과정(Ulman Personality Assessment Procedure: UPAP) (Ulman, 1965)	체크리스트(A checkllist)
관계 역동 평가	
새둥지 그림(Bird's Nest Drawing: BND) (Kaiser, 1993)	카이저의 새둥지 그림 체크리스트 매뉴얼(Manual for Kaiser's Bird's Nest Drawing Checklist) (Kaiser, 2009)
동적 가족화(Kinetic Family Drawings) (Holt & Kaiser, 2001)	FADS 훈련 매뉴얼(FADS training manual)
쿼아트코스카 시스템(The Kwiatkowska System) (Kwiatkowska, 1978)	채점 시스템(Scoring system)
랜드가튼의 가족 미술 심리치료 평가(Landgarten's Family Art Psychotherapy Assessment) (Landgarten, 1987)	17개 관찰적 요점(17 Observational points): 상호작용적 정보(interactional information)
커플을 위한 미술치료 평가(Art Therapy Evaluation for Couples) (Wadeson, 1980)	
인지/신경심리와 발달 평가	
인지 미술치료 평가(Cognitive Art Therapy Assessment: CATA) (Horovitz-Darby, 1988)	관찰적 지침(Observational guidelines)
얼굴 자극 평가(Face Stimulus Assessment: FSA) (Betts, 2003)	FSA 등급 매뉴얼 1판(FSA Rating Manual, 1st Edition) (Betts, 2010)
인물화(Human Figure Drawing: HFD) (Deaver, 2009; Golomb, 1974; Harris, 1963; Koppitz, 1968; Naglieri, 1988)	5개의 수정된 FEATS 척도(Five modified FEATS scales) (Deaver, 2009)

크레이머 미술치료 평가(The Kramer Art Therapy Evaluation) (Kramer & Schehr, 1983)	관찰적 고려 사항(Observational considerations)
르빅 정서·인지 미술치료 평가(Levick Emotional and Cognitive Art Therapy Assessment: LECATA) (Levick, 2001)	채점 매뉴얼(Scoring manual)
집-나무-사람(House-Tree-Person: HTP) (Buck, 1948; Lopez & Carolan, 2001)	51개의 형식 요소 지표(51 formal element indicators) (Lopez & Carolan, 2001)
실버 그림검사(Silver Drawing Test: SDT) (Silver, 1976)	채점 매뉴얼(Scoring manual)
다른 치료 영역을 다루기 위한 도구와 기술들	
애링톤 시각취향검사(Arrington Visual Preference Test: AVPT) (Arrington, 1986)	해석 매뉴얼(Interpretation manual)
미술치료-투사적 심상 검사(Art Therapy-Projective Imagery Assessment: AT-PIA) (Raymond, Berneir, Rauch, Stovall, Deaver, & Sanderson, 2010)	해석 매뉴얼(Interpretation manual)
신념 미술치료 평가(Belief Art Therapy Assessment: BATA) (Horovitz, 2002)	
다리 그림검사(Bridge Drawing) (Hays & Lyons, 1981)	다리 그림 채점 매뉴얼 2판(The Bridge Drawing Rating Manual 2nd Edition
간단한 미술치료 선별평가(Brief Art Therapy Screening Evaluation: BATSE) (Gerber, 1996)	
표현치료 연계(Expressive Therapies Continuum: ETC) (Kagin & Lusebrink, 1978; Lusebrink, 2010)	
좋아하는 날 그림(Favorite Kind of Day) (Manning Rauch, 1987)	AFKD에 묘사된 공격성 채점 도구(3항목 체크리스트) [Aggression Depicted in the AFKD Rating Instrument (three-item checklist)]
만다라 그림기술(Mandala drawing technique) (Elkis-Abuhoff, Gaydos, Goldblatt, Chen, & Rose, 2009)	형식 요소(색상 체크리스트 등) (Formal elements) (Color checklist, etc.)
만다라 평가연구 도구 카드 검사(Mandala Assessment Research Instrument: MARI Card Test) (Kellogg, 2002)	해석 매뉴얼(Interpretation manual)
감정 그림 도구: 감정의 비언어적 어휘(Pictured Feelings Instrument: A nonverbal vocabulary of feelings) (Stone, 2004)	순위 매뉴얼(Rating Manual)
길 그림(Road Drawings) (Hanes, 1995)	

제1영역: 정신진단과 성격 평가

페더와 페더의 1998년 원전에 이어, 콕스, 아겔, 코헨과 갠트(Cox, Agell, Cohen, & Gantt, 2000)의 「내가 평가하는 것을 당신도 평가하고 있습니까? 함께 살펴봅시다!(*Are You Assessing What I Am Assessing? Let's Take a Look!)*」라는 논문이 『미국 미술치료 저널(*American Art Therapy Journal*)』에 등재되었다. 이 논문은 미술치료 진단평가에 관심이 있는 사람이라면 누구든지 흥미로워할 읽을거리로, 1998년과 1999년에 미국미술치료학회 콘퍼런스에서 있었던 2회의 전문가 공개토론에 대한 후속 연구다. 토론의 목적은 "…… 성인을 위한 세 가지의 형식적 미술치료 진단평가[울먼 성격평가 과정(UPAP), 진단적 그림 시리즈(DDS), 나무에서 사과를 따는 사람(PPAT)]의 유사성, 차이점, 독특한 특성들의 진가를 알아보기 위한 것"이었다. 이 세 가지의 진단평가는 다음과 같다.

성격평가 과정   환자가 속한 진단적 분류를 확인하기보다는, 울먼 성격평가 과정(Ulman Personality Assessment Procedure: UPAP; Ulman, 1965)은 환자의 역동을 이해하는 것에 중점을 두도록 고안되었다(Feder & Feder, 1998). 미술치료 선구자 엘리너 울먼(Elinor Ulman)은 내담자가 18 × 24인치 크기의 회색 재생지와 12색 파스텔을 사용하도록 하는 네 개의 그림 시리즈를 개발하였다. 연속하여 수행하여야 하는 미술 과제는 다음과 같다. ① 아무것이나 그리기, ② 동적 그림(이 과제를 위한 자세한 지침이 주어진다), ③ 난화, ④ 아무거나 선택하여 그리거나 다른 난화 그리기. 『미국 미술치료 저널』의 편집자인 글래디스 아겔(Gladys Agell)은 UPAP의 대중화에 기여했다. 채점 지침이 제공되지만, 숫자로 점수를 매기는 지침은 없다. 이미 고안된 채점 척도의 응용법, 예를 들어 DDS나 FEATS(후에 논의됨)를 사용하여 UPAP 그림을 채점하는 것은 미술치료 평가 연구에 의미 있는 기여를 할 것이다.

미술치료 진단 표준화의 시도   페더와 페더는 연구를 수행할 때와 환자의 진단 혹은 변화나 차도 확인을 위해 미술 작품을 사용할 때 반드시 적용해야 하는 세 개의 지침을 제시했다. 표준 자료는 기준치 비교를 위해 필요하다. 평가 수행과 채점 과정은 표준화되어야 한다. 채점의 수량화가 가능하도록 내용이 아닌 형식에 중점을 두어야 한다. 이러한 원칙들의 중요성은 린다 갠트(2004)의 논문 「형식적 미술치료 평가 사례(The Case for Formal Art Therapy Assessments)」에서 강조되었다. 이 원칙들이 특히나 연구자들과 진단을 하는 사람들에게 중요하기는 하지만, 임상가들에게도 다음과 같은 시사점을 제공한다.

> 환자가 치료를 받든 아니든 변화는 일어난다. 변화 그 자체를 인식하고 확인하고, 그러한 변화가 그저 우연히 발생된 것이 아닌 치료의 결과라는 어느 정도의 확신을 가지는 것이 중요한 사안인 것이다(Feder & Feder, 1998, p. x).

덧붙여, 매개변수(mediating variables)에 대한 정보 역시 수집되어야 한다. 매개변수로는 환자의 문화적 배경, 미술 활동의 경험 정도, 환자가 자각하는 그림 실력 등이 포함된다. 이러한 원칙들은 미술치료에서 가장 잘 알려진 두 개의 진단 과정에 뿌리를 두고 있다. 그것은 나무에서 사과를 따는 사람(PPAT; Gantt, 1990)과 그 채점 척도인 형식 요소 미술치료 척도: 채점 매뉴얼(FEATS; Gantt, 1990; Gantt & Tabone, 1998) 그리고 진단적 검사 시리즈(DDS; Mills, Cohen, & Meneses, 1993; Cohen, Mills, & Kijak, 1994)다.

나무에서 사과를 따는 사람   나무에서 사과를 따는 사람(The Person Picking an Apple from a Tree: PPAT; Gantt, 1990) 진단평가는 갠트와 태본(Gantt & Tabone, 1998)이 표준화된 채점 과정인 형식 요소 미술치료 척도(채점 매뉴얼: FEATS)를 만들기 위해 사용되었다. FEATS에 대한 더 깊이 있는 논의로는 FEATS의 사용 혹은 적용에 관한 연구 문헌을 포함하고 있는 베츠(2012b)의 논문에서 찾아볼 수 있다.

PPAT의 강점은 내담자의 임상적 상태와 치료에 대한 내담자의 반응을 평가하기 위한 간단한 미술치료 진단평가로서의 유용성이 있다는 것이다(Gantt & Tabone, 1998).

FEATS는 평가 방법으로, 정신과적 증상에 상응하는 14개 그림 표현의 점수를 매기는 구간척도([그림 11-1])를 사용한다. 그뿐만 아니라 내용 기입 표는 미술 작품에 나타난 내용의 빈도 자료, 예를 들어 옷차림, 사용된 색상 등과 같은 자세한 자료를 모으기 위한 양자 택일(dichotomous) 척도와 범주(categorical) 척도로 구성되어 있다.

갠트(2001)의 표준 연구의 필요성에 대하여, 부샤렐리(Bucciarelli, 2011)는 100명의 환자군이 아닌 대학생들을 표본으로 한 PPAT 연구를 시행하였다. 결과는 갠트(1993)가 예상한 기준치 PPAT에 대한 정상 범위의(normative) FEATS 점수 결과와 일치하였다. 갠트(1993)의 예상 결과는 다음과 같다.

> …… 주제에 적절한 색을 사용하고, 논리적이고, 통합된 구도를 보이며, 적어도 청소년들의 그림에 일반적으로 나타나는 발달적 요소를 보이고, 적당한 양의 세부 묘사, 색, 에너지를 나타내고, 적당히 사실적으로 사람을 묘사하며, 나무에서 사과를 따는 현실적인 방식을 보여 준다(p.72).

부샤렐리의 연구는 환자군이 아닌 사람들의 PPATs에 대한 갠트의 예상을 확인하였다. 발달 단계 척도는 이러한 결과에 대한 하나의 예외로, 이 연구는 환자들의 기분, 성별, 인종, 예술의 경험들 역시 이 연구의 결과에 영향을 미치는 매개 요인이 있음을 확인하였고, 그 이상의 탐구가 필요하다는 것을 제시하였다.

먼리(Munley, 2002)는 주의력결핍 과잉행동장애(ADHD)가 있는 만 6세에서 11세 사이의 남자 아동 5명의 PPAT를 같은 연령으로 구성된 일반 남자 아동 집단과 비교하였다. 그 결과, ADHD 남자 아동들의 그림은 세 가지 FEATS 척도에서 낮은 점수를 보인 것으로 나타났다. 통제군과 비교하였을 때 색칠 정도, 대상과 환경의 세부 묘사 척도에서 점수가 낮았고, 선의 질 척도에서 '통제력의 저하'가 나타났다(p. 74). 이러한 연구 성과물이 흥미롭기는 하지만, 이 연구의 표본 크기가 작아 일반화하기는 어렵다.

록웰과 던햄(Rockwell & Dunham, 2006)은 20명의 일반 성인에게 시행한 PPAT 그림의 FEATS 점수를 실험군과 비교하였는데, 이 실험군은 약물 사용 장애군으로, 가석방

중이거나 보호관찰 중이며, 상담을 받도록 법정 명령을 받은 20명의 성인으로 구성되었다. 연구 참여자들의 나이, 성별, 인종, 사회경제적 상황, 교육 수준 등은 거의 일치하였다. 결과는 세 개의 FEATS 척도가 이 두 그룹을 정확히 구분한 것으로 나타났다. 실험군은 발달 단계, 현실성, 사람 척도에서 통제군보다 낮은 점수를 보였다.

건강을 위협하는 행동에 관한 연구에서 콘래드, 헌터와 크리스혹(Conrad, Hunter, & Krieshok, 2011)은 일반 고등학교와 치료 고등학교(심리치료가 가능한 대안 학교)의 학생 193명으로부터 자료를 수집하였다. 연구 참여자들은 아동행동평가 시스템(Behavioral Assessment System for Children, Second Edition: BASC-2)을 수행하였고, 두 장의 그림을 그렸다(① 완벽한 로맨틱 데이트 장면 그리기, ② 술 또는 마약을 접할 수 있는 장소 그리기). 연구는 심리측정 특성과 두 장의 그림을 채점할 때 사용한 FEATS 구조에 내재한 의미를 살펴보고, FEATS 척도의 종합 점수가 "······ 자기보고 평가 BASC-2의 점수에 나타난 대로 정서와 행동 문제 위험군 청소년들을 정확히 구별해 내는 능력이 있는지" 알아보려고 했다(p. 345). 탐색적 요인 분석을 통해 세 개의 FEATS 종합 척도의 사용이 가능하나 FEATS 척도는 BASC-2 종합척도가 구분해 낸 위험군과 일반군의 차이를 감지해 내지 못하였다. 이 결과는, 이 연구에서 사용된 두 장의 그림은 FEATS의 종합 척도 점수를 가지고는 청소년의 사회-정서적 불편감을 구별해 내지 못하였으므로 그것을 정확히 구별해 내기 위한 FEATS의 종합 척도 점수 능력을 충분히 밝히는 후속 연구가 필요함을 제안하였다.

그림번호: _____

채점자: _____

형식 요소 미술치료 척도 (FEATS)ⓒ 채점지
Linda Gantt, Ph.D., ATR-BC & Carmello Tabone, M.A., ATR

FEATS는 특정 변인을 어느 정도 측정해 내기 위한 척도다. 채점 매뉴얼에 시각적으로 설명된 예들을 보고 당신이 채점하는 그림을 비교하여 채점하려는 그림이 특정 척도의 어느 수준(정도)에 맞는지를 보아야 한다. 채점자는 척도에 표시된 점수 사이에 표시를 하여도 된다. 채점하려는 그림을 마치 무엇을 그리려 한 것인지 모르는 것 같은 접근 자세로 보아야 한다. 각각의 항목에 상응하는 그림 요소들을 파악할 수 있는가? 만약 당신이 채점하려는 그림의 채점이 어렵다면, 매뉴얼의 그림과 서술된 설명들과 비교해 파악하기 위하여 최대한 노력하여야 한다. 다른 채점자가 채점한 결과와 당신의 채점 결과가 같은지에 대하여 걱정하지 않아야 한다. 측정하려는 변인들에 대한 당신의 첫인상을 파악하는 것에 집중하여야 한다.

#1 – 색칠 정도(Prominence of Color)

외곽선만 칠해짐　　0 | 1 | 2 | 3 | 4 | 5　　색상이 모든 가능한 공간에 칠해짐

#2 – 색의 적합성(Color Fit)

색상들이 과제와 관련 없음　　0 | 1 | 2 | 3 | 4 | 5　　색상들이 과제와 관련 있음

#3 – 내적 에너지(Implied energy)

에너지 없음　　0 | 1 | 2 | 3 | 4 | 5　　과도한 에너지

#4 – 공간(Space)

25% 이하의 공간 사용　　0 | 1 | 2 | 3 | 4 | 5　　100%의 공간 사용

#5 – 통합(Integration)

전혀 통합되지 않음　　0 | 1 | 2 | 3 | 4 | 5　　전체적으로 잘 통합됨

#6 – 논리성(Logic)

전반적으로 그림이 기괴하거나 비논리임　　0 | 1 | 2 | 3 | 4 | 5　　그림이 논리적임

#7 – 현실성(Realism)

현실적이지 않음
(무엇을 그렸는지 알 수 없음) | 0 | 1 | 2 | 3 | 4 | 5 | 매우 현실적임

#8 – 문제해결력(Problem-solving)

문제해결력의 증거 없음 | 0 | 1 | 2 | 3 | 4 | 5 | 사과를 따기 위한 합리적인 해결 사용

#9 – 발달 단계(Developmental Level)

2세 단계 | 0 | 1 | 2 | 3 | 4 | 5 | 성인 단계

#10 – 대상과 환경의 세부 묘사(Details of Objects and Environment)

세부 묘사나 환경이 없음 | 0 | 1 | 2 | 3 | 4 | 5 | 충분한 세부 묘사와 풍부한 환경 묘사

#11 – 선의 질(Line Quality)

끊기고 산만한 선 | 0 | 1 | 2 | 3 | 4 | 5 | 흐르는 유동적인 선

#12 – 사람(Person)

사람 표현 없음 | 0 | 1 | 2 | 3 | 4 | 5 | 사실적인 사람

#13 – 회전(Rotation)

완전히 기움 | 0 | 1 | 2 | 3 | 4 | 5 | 나무, 사람이 바로 섬

#14 – 보속성(Perseveration)

상당히 많음 | 0 | 1 | 2 | 3 | 4 | 5 | 전혀 없음

L. Gantt & C. Tabone, 1998, *The Formal Elements Art Therapy Scale: The Rating Manual*, Morgantown, WV: Gargoyle Press. Copyright © 1998 Linda Gantt.

이것은 FEATS(형식적 요소) 척도의 개정된 평가지입니다.
연구자들은 이 평가지를 대량으로 복사해서 사용할 수 있습니다.
다른 목적의 사용을 위해서는 서면 허가가 필요합니다.

[그림 11-1] 형식 요소 미술치료 척도(FEATS)ⓒ 채점지

복제를 위해서는 허락이 필요함.

진단적 그림 시리즈   진단적 그림 시리즈(The Diagnostic Drawing Series: DDS)는 미술치료사 배리 코헨(Barry M. Cohen)과 바버라 리소위츠(Barbara Lesowitz)가 1982년에 고안한 3장의 그림 인터뷰(a three-picture art interview)다(Cohen, Mills, & Kijak, 1994). 재료, 감독, 수집, 그리고 DDS의 채점은 표준화되었고, 지침은 DDS 안내책에 구체화되어 있다(Cohen, 1985). DDS는 세 장의 그림을 그리는 과제로 구성되며, 크기는 18 × 24인치, 무게는 60파운드인 흰색 황화 도화지(역주: 흰색 아황산 펄프로 만든 종이로 강도가 높은 도화지를 지칭한다)와 포장을 뜯은 정사각형의 분필 파스텔을 사용하여 그림을 그리도록 한다. 연구 자료를 수집할 때에는, 각각의 그림을 그리는 데에 최대 15분을 사용하도록 한다. 그러나 전체 시리즈는 보통 20분 내에 완수된다. DDS를 완료하기 위한 지시는 한 번씩, 그림을 완성할 때마다 주어진다. 지시는 다음과 같다. ① 주어진 재료를 사용하여 그림을 그리세요, ② 나무를 그리세요, ③ 선, 모양, 색을 사용하여 당신의 감정을 나타내는 그림을 그리세요. DDS 지침서는 아랍어, 네덜란드어, 프랑스어, 독일어, 일본어, 라트리비아어, 스페인어로 번역되었다.

DDS 채점 지침(Cohen, 1985/1994/2012)과 그림 분석 서식은 그림 설명과 '내용으로서의 형식(form as content)' 접근법의 미술치료사이자 심리학자인 제니 라인의 영향을 받아 내용이 아닌 그림의 구조를 나타내는 분류를 명백히 정의한 준거와 그림 설명을 제시한다. 13세 이상에게 사용하도록 고안된 DDS는 미술치료계에서 『DSM』 분류 체계와 체계적으로 연관되어 만들어진 최초의 미술 기반 평가(art-based assessment)다. 페더와 페더는 1998년에 "DDS는 다른 자료들과 함께 측정을 위한, 즉 진단적 가설을 세우거나 정신과 진단과 협력하기 위한 추정적 증거를 마련하기에 좋은 자료로 보인다."라고 적었다(p. 276). 그리고 그것은 65개가 넘는 DDS 관련 연구들의 일관성 있는 결과로 사실임이 증명되었다.

DDS는 모든 미술치료 진단평가 중 가장 많이 알려지고 널리 교육되고 있는 것으로 미국심리학회 소식지, 1985년도 『모니터(Monitor)』지에 게재되었고 안내서가 만들어졌다(Turkington, 1985). DDS는 전 세계적으로 미술치료 영역에서 가장 집중된 연구로 알려지게 되었다. 이는 46명의 『DSM』 진단 집단, 『DSM』에 속하지 않은 집단, 선행 연구(earlier normative studies)의 반복(replication)과 효과성 연구(outcome studies)를 포함한다. 통계적 연구를 통한 정신과적 진단의 다양성에 관한 시각적 특성 표준을 확립한 것과 더불어, DDS는 '일반적'(임상군이 아닌) 성인 대상을 연구하기 위한 첫 번째 미술 기반 평가로, 성인이 어떻게 그림을 그리는지에 대한 실증적 자료를 제공한다. 페더와 페더에 따르면 이러한 기준을 확립하기 위한 노력과 축적된 결과의 통합은 DDS의 주요한 가치다.

30년이라는 기간 이상, DDS 프로젝트의 연구, 교육, 수집의 대부분은 베리 코헨(Barry M. Cohen)과 DDS 수집 책임자인 앤 밀스(Anne Mills)에 의해 이루어졌다. 그들에 따르면, DDS는 재료와 광범위한 그림 표현을 제공하는 과제로 구성된 다양한 그림 구성 방식, 다양한 이론적 접근법과의 호환성, 문화 간 중립성, 합동 위원회의 인정, 연구 도구를 통한 신뢰도와 타당도 획득이라는 강점을 가진다. 많은 미술치료사가 DDS를 진단평가와 연구를 위한 유일한 도구라고 오해하는데, DDS는 미술치료사들이 일상적으로 임상을 할 때에 사용하도록 고안된 것이기도 하다.

진단적 그림 시리즈는 네덜란드에서 1986년에 최초로 출간되었고(Cohen, 1986), 그곳에서 지속적으로 임상가, 교육자, 연구자 집단에 의해 교육되고 연구되었다. 정신건강 진단과 치료를 위한 네덜란드 국립 다학제 간 지침서(Dutch national multidisciplinary guidelines)에 의하면, 최근에 DDS가 "…… 우울증의 진단에 중요한 공헌을 하였고, 여러 전문가 집단과 개인 연구소"에도 역시 기여했다고 하였다. 성격장애가 있는 성인 환자의 진단과 치료를 위해서도 유사한 특성들이 출간·제시되었다.

1998년에 페더와 페더는 DDS의 '최상의 가치(greatest value)'는 "후속 연구를 위한 데이터 베이스 구축에 있다."라는 것을 발견하였다(p. 276). DDS의 자료는 지속적으로 전 세계를 통하여 기부되고, 버지니아 주 알렉산드리아에 있는 DDS 기록 보관소에 남겨지며, 미술치료 연구의 자료로 제공된다. 30년간의 DDS 사용 이후, DDS 채점 지침서와 그림 분석 서식(DDS Rating Guide and Drawing Analysis From)은 최근에 교정되었다(그림 11-2). FEATS와 DDS 체계의 최근 버전은 둘 다 업데이트되고 향상되었다. 그 체계들은 재출간되거나 저자의 허락하에 여기에 인용되었다. 30년간의 기

술 발전 덕분에 상호적 채점 웹사이트가 구축 중인데, 그 웹사이트는 더 큰 데이터
베이스를 만드는 데 도움을 줄 것이다. 최초의 DDS 데이터 기계 학습 분석(machine
learning analysis)은 DDS를 사용한 1987 전문가 시스템 시험판의 성공을 기반으로 역
시 진행 중이다(Cohen & DeLeo, 1987). 이러한 시도의 우선적 목표는 훈련된 임상가들
이 DDS를 온라인으로 평가하고 차이가 있는 진단 보고를 받기 위한 알고리즘을 만들
기 위함에 있다.

　　DDS에 관한 자세한 정보는 여러 출판물을 참고할 수 있으나, 모든 DDS 연
구의 온전한 정보와 참고문헌에 관한 안내를 얻기 위해서는 http://www.
diagnosticdrawingseries.com에서 ePacket을 주문할 수 있다. 네덜란드에서 만든 DDS
웹사이트도 있는데, 그 웹사이트의 주소는 다음과 같다. http://www.dedds.nl.index.
html이다.

　　그 외의 채점 시스템　　베츠(2006)는 미술 기반 자료의 점수를 매기기 위한 시스
템에 관한 중요한 정보의 개요를 서술하였다. 채점 도구는 "…… 점수를 매기는 과정
은 조사자로 하여금 …… 행동이나 작업의 예를 수량화, 평가, 해석" 가능하도록 해야
한다(p. 25). 몇 개의 미술치료 진단평가는 특히 그림에 나타난 요소들(예: 그림에 사용
된 색의 양), 예를 들어 FEATS와 DDS 채점 시스템에 묘사된 것과 같은 요소들을 결정
할 수 있는 정도의 척도로 구성된 표준화된 채점 과정으로 구성된다.

　　이러한 척도들의 목적은 변인이나 척도 분류에 상응하는 형식 요소를 보여 주기
위함에 있고, 평가자는 어떤 범주가 그들의 판단에 가장 근접하게 맞는지 결정하도
록 요구된다(Wiersma, 2000). 채점 도구는 사용하는 척도의 종류에 따라 다양하다. 일
반적으로 네 가지 유형의 척도, 즉 명목(이진법, 범주형, 이분), 서열, 등간(Likert), 비율
척도들이 있는데, 각 척도들은 개선된 정도의 차이를 나타낸다(Aiken, 1997). 이러한
네 개의 척도가 평가 채점의 목적을 위해 적당한가를 놓고 다양한 의견이 있다(〈표
11-2〉와 〈표 11-3〉 참조). 베츠(2006)는 이러한 질문들을 상세하게 설명하였고, "……
척도의 선택은 도구의 목적에 따라 구체적이어야 한다."라고 결론지었다(p. 425).

진단적 그림 시리즈

Drawing Analysis Form II (DAF2)

ⓒ1985/2012 by Barry M. Cohen

(Revised 2012 by Barry M. Cohen, ATR-BC and Kathryn Johnson, PhD, ATR)

기관/연구자 #	
대상자 번호	
평점자	
나이	
성별	
인종	
진단	

각 그림의 범주당 하나의 항목에만 표시하세요.

범주	Pic 1 – 자유화				Pic 2 – 나무 그림				Pic 3 – 감정 그림			
색	☐ 단색	☐ 2-3	☐ 4+	☐ 없음	☐ 단색	☐ 2-3	☐ 4+	☐ 없음	☐ 단색	☐ 2-3	☐ 4+	☐ 없음
특이한 색	☐ 없음	☐ 있음			☐ 없음	☐ 있음			☐ 없음	☐ 있음		
색의 혼합	☐ 없음	☐ 있음	☐ 겹침		☐ 없음	☐ 있음	☐ 겹침		☐ 없음	☐ 있음	☐ 겹침	
요소	☐ 선	☐ 모양	☐ 혼합	☐ 없음	☐ 선	☐ 모양	☐ 혼합	☐ 없음	☐ 선	☐ 모양	☐ 혼합	☐ 없음
선의 길이	☐ 짧음	☐ 끊김	☐ 긴	☐ 없음	☐ 짧음	☐ 끊김	☐ 긴	☐ 없음	☐ 짧음	☐ 끊김	☐ 긴	☐ 없음
통합성	☐ 해체됨	☐ 통합됨	☐ 빈약	☐ 없음	☐ 해체됨	☐ 통합됨	☐ 빈약	☐ 없음	☐ 해체됨	☐ 통합됨	☐ 빈약	☐ 없음
나무	☐ 식별 어려움	☐ 혼란스러움	☐ 분리됨	☐ 없음	☐ 식별 어려움	☐ 혼란스러움	☐ 분리됨	☐ 없음	☐ 식별 어려움	☐ 혼란스러움	☐ 분리됨	☐ 없음
묘사	☐ 추상적	☐ 표상적	☐ 없음		☐ 추상적	☐ 표상적	☐ 없음		☐ 추상적	☐ 표상적	☐ 없음	
모서리	☐ 각진	☐ 곡선	☐ 혼합	☐ 없음	☐ 각진	☐ 곡선	☐ 혼합	☐ 없음	☐ 각진	☐ 곡선	☐ 혼합	☐ 없음
이미지	☐ 하나	☐ 다수	☐ 관계없는	☐ 없음	☐ 하나	☐ 다수	☐ 관계없는	☐ 없음	☐ 하나	☐ 다수	☐ 관계없는	☐ 없음

				그림 1	그림 2	그림 3	
색의 종류	단색 m	2~3가지 색 t	4가지 이상 f	=m= =t= =f=	=m= =t= =f=	=m= =t= =f=	—
색의 혼합		없음 n	있음 y	=n= =y=	=n= =y=	=n= =y=	—
특이한 색		없음 n	있음 y	=n= =y=	=n= =y=	=n= =y=	—
선/모양	선 l	모양 s	혼합 m	=l= =s= =m=	=l= =s= =m=	=l= =s= =m=	
통합성	해체됨 d	통합됨 i	빈약 m	=d= =i= =m=	=d= =i= =m=	=d= =i= =m=	
추상성	기하하적인 g	생물의 형태 b	혼합 m	=g= =b= =m=	=g= =b= =m=	=g= =b= =m=	
표상적	각진 a	곡선 c	혼합 m	=a= =c= =m=	=a= =c= =m=	=a= =c= =m=	
이미지	하나 s	다수 m	없음 b	=s= =m= =b=	=s= =m= =b=	=s= =m= =b=	

[그림 11-2] DDS 그림 분석 표(DAF)에서 일부 발췌*. 복제 허가 받음.

*역주: 일부 발췌된 이유는 저작권 보호를 받는 내용이라 전문 발췌가 허용되지 않기 때문이며, 필요한 임상가나 연구자들은 DDS Packet을 구입하여 사용할 것을 권한다.

채점 도구와 관련해서 등간척도 대 2진법적 선택 항목 척도의 사용에 대한 결론적인 증거는 없다. 당신이 측정하려는 내재적 구조를 가장 잘 대표하는 형식은 구성 형식을 선택하기 위해 지침을 제공할 수 있어야 한다. 당신은 척도의 목적을 정의하고, 다양한 구성 형식의 선택 사항─점수 해석 방법을 포함하여─들의 장점과 단점을 잘 구분하여야 한다. 그리고 구성 형식에 따른 점수 해석의 한계를 잘 이해하고 최선의 선택을 하여야 한다. 두 방법 모두─그리고 그에 따른 견해─는 우리가 그 방법들의 한계를 깨닫고 있을 때에만 가치가 있다(B. Biskin, 개인적 서신, 2005. 2. 22)

다양한 채점 척도 구성 형식에 장단점이 있다 하더라도, 몇몇 연구는 서열척도에 비하여 명목/범주형 척도를 선호하는 의견을 제시하였다. 페더와 페더는 FEATS의 연속척도가 숫자/이형 척도보다 환자의 변화를 관찰하기에 더 유용하다고 설명하였는데, 이는 그러한 변화에 연속척도가 더 민감하기 때문이다.

〈표 11-2〉 채점 척도의 요소

특성	명목 & 서열	등간 & 비율
채점 시간	짧은 편임	긴 편임
평가자 간 신뢰도	높은 편임 (응답에 일관성이 더 있음)	낮은 편임(더 상세화된 척도라서 응답 점수에 다양성이 더 많음)
자료 수집의 양	적은 편임 (예: 특이한 색의 유무)	많은 편임(5개의 등간 색상 적합 척도는 완전히 없음을 포함)
방향과 규모에 따른 자료 비교	불가능함	가능함

〈표 11-3〉 측정 변인 간 차이: 통계적, 분석 과정에 대한 영향

계산 가능 여부	명목	서열	등간	비율
빈도 분포	예	예	예	예
중간값, 백분위	아니요	예	예	예

더하기 또는 빼기	아니요	아니요	예	예
평균, 표준편차, 평균의 표준오차	아니요	아니요	예	예
비율 또는 변동 계수	아니요	아니요	아니요	예

http://www.graphpad.com/faq/viewfaq.cfm?faq=1089.

그러나 몇몇 연구자는 연속척도를 사용하였을 때 높은 평가자 간 신뢰도를 얻는 것에 어려움이 있다는 것을 발견하였고, 양형과 서열 척도가 이 분야에서는 더 효과적이라고 인용하였다.

형식 요소 채점 척도와 더불어 몇 개의 미술치료 평가 역시 내용 체크리스트를 포함한다(Betts, 2006). 이 체크리스트들은 범주형 항목, 예를 들어 그림에 나타나는지 나타나지 않는지 둘 중 하나를 체크할 수 있도록 하는 것으로 구성되어 있다. 예를 들어, DDS는 DDS의 채점 시스템에 내용 체크리스트를 포함하고, FEATS는 내용 기록지를 포함한다. 평가자들은 그들이 채점하는 그림에서 그들이 보는 모든 항목(예: PPAT의 경우 그림에 보이는 사과의 개수)에 대한 선택 표시를 하도록 요구된다. 체크리스트(검사표)는 그림에 관한 유용한 추가적 정보를 제공한다.

최근 미술 작품 채점의 발달에는 컴퓨터 프로그램, 즉 사람이 채점하는 것보다 효율적으로 형식 요소를 채점하도록 고안된 프로그램이 있다. 한국의 김성인과 그의 동료들은 이 주제와 관련하여 다수의 출간을 하여 여기에 다 포함하기가 어렵지만, 독자들은 그의 가장 최근 출간물을 직접 확인해 볼 수 있다(Kim, Han, Kim, & Oh, 2011). 미국 미술치료사 도널드 매트슨(Donald Mattson)도 비슷한 업적을 수행하였다(Mattson, 2012).

FEATS와 DDS 채점 시스템은 두 미술치료사가 그림을 보다 체계적으로, 즉 진단 그리고/혹은 연구의 맥락에서 보게 하는 도약판을 마련하였다는 점에서 둘 다 중요하다. 이 점은 1998년 이래로 출간된 문헌에서 찾아볼 수 있으며, 특히 다리 그림검사(Bridge Drawing)와 관계가 있다. 이 도구는 헤이스와 라이언스(Hays & Lyons, 1981)에 의해 내담자에게 "한 장소에서 다른 장소로 이어지는 다리를 그리세요."라며 미술 과제를 지시하는 것으로 고안되었다.

헤이스와 라이언스는 일반 청소년 집단에 검사를 시행하기로 결정하였는데, 청소년 단계는 일반적으로 격동적인 시기이고 다리 그림검사는 과거, 현재, 미래를 포함하는 변화를 탐구하기 위해 구상되었기 때문이다. 다리 그림검사 연구의 통합적 채점 시스템은 테니키, 호시노와 샤프(Teneycke, Hoshino, & Sharpe, 2009)의 연구에서 탐구하였다. 이 연구팀은 다리 그림검사 미술 작품의 특성에 관해 입원환자(n=34), 내원환자(n=26), 비교를 위한 정신건강 종사자 비교군(n=29) 간의 차이를 분석하기 위한 조사를 실시하였다. 그들은 진단적 그림 시리즈(DDS)의 그림 분석 서식(Drawing Analysis From), 형식 요소 미술치료 척도(FEATS) 채점 매뉴얼, 그리고 다리 그림검사의 그림 해석을 위한 12개 변인으로부터 선택한 채점 변인 범주들을 결합하여 그림을 채점하기 위한 시스템을 만들었다. 정신병 환자와 비교 집단 간에는 이동하는 방향, 미래의 위치, 색의 현저함, 단색의 사용, 사용한 색의 숫자, 색의 정확성과 색의 사용(노랑, 초록, 파랑, 보라, 갈색)에서 통계적으로 유의미한 차이가 있었다. 이 결과들은 미술 작품의 형식 요소 변인들이 정신병의 지표일 수도 있다는 것을 확인하였다.

건강을 위협하는 행동에 관한 콘래드, 헌터와 크리스혹(Conrad, Hunter, & Kvieshok, 2011)의 연구에서도 진단적 그림 시리즈(DDS; Cohen, 1985)의 FEATS 척도에 따른 범주적 채점 변인과 비교하였을 때 연관성이 있는 것으로 나타났다. 이 연구의 저자들은 그들의 연구에서 FEATS 척도의 몇몇 항목을 나눠 쓰는 유망한 과제를 시도하여 DDS가 범주화된 항목들을 사용함으로써 허용 수준의 평정자 간 신뢰도를 갖는다고 밝혀내었고(Mills, Cohen, & Meneses, 1993), 몇몇 DDS 연구에서는 집단 간 차이를 구별하는 데 이를 사용하는 것을 지지하였다(Cohen, Hammer, & Singer, 1988; Leavitt, 1988; Morris, 1995; Neale, 1994). 그러나 그들은 FEATS와 같은 연속 채점 척도의 사용도 지지하였다. 콘래드, 헌터와 크리스혹(2011)은 미술치료의 채점 시스템에 관한 문헌은 결론지을 수 없다고 판단하였다. 그리고 형식 요소에 관한 후속 연구는 유망한 분야로 보인다고 하였다.

선행 연구들, 예를 들어 테니키, 호시노와 샤프(2009)의 연구, 진행 중인 연구(Council & Martin, 2012), 마틴과 베츠(Martin & Betts, 2012)의 연구 등은 다리 그림검사의 채점 매뉴얼을 고안하고 있다. 이 매뉴얼은 최근 2판이 나왔다. 몇몇 미술치료사는 유망한 작업인 FEATS와 DDS를 결합한 채점 시스템을 연구하여 왔다.

제2영역: 관계 역동의 평가

미술치료사들은 커플, 가족, 집단 역동을 검사할 수 있는 차별화된 도구를 가지고 있다. 여기서는 4개의 익숙한 도구들을 예로 들겠다. 새둥지 그림(BND; Kaiser, 1996)의 개관부터 시작하고자 한다.

새둥지 그림(Bird's Nest Drawing)   미술치료사 도나 카이저(Donna Kaiser, 1996)는 새둥지 그림을 "애착 패턴을 치료적으로 이해하는 것을 돕기 위해서" 개인과 가족 미술 평가 세션에 활용하였다(p. 340). 카이저는 둥지라는 상징에 근거한 치료적 개입을 고안하였다. 그리고 이것을 개인, 커플, 가족, 집단 미술치료에서 애착에 대한 개념을 소개하기 위하여 사용하였다. 그녀는 이러한 과정이 그녀의 내담자가 관계, 친밀감 문제를 이해하기 쉽게 한다는 것과, 종종 자기인식(self-awareness), 통찰력, 건강한 애착 형성, 그리고 타인과의 연결고리를 강화시키는 결과를 가져온다는 것을 발견하였다. 그녀의 가족 그림 연구에 영감을 받아, BND는 "애착 이론에 발을 디디고 있고, 개인의 내적 자기 표상과 타인의 표상에 접근하는 것을 추구한다"(Kaiser & Deaver, 2009. p. 26). 이와 같이 이 평가는 내담자의 애착 안정성에 관한 임상적으로 유용한 정보를 제공하고, 이것은 치료적 관계의 발전과 치료 계획에 영향을 준다.

카이저와 디버(Kaiser & Deaver, 2009)는 BND 연구에 관한 눈에 띄는 리뷰를 출간하였다. 그들은 5개의 BND 연구의 공헌을 조사하고 요약하였다. 그것은 카이저(1996)가 시행한 41명의 엄마와 그들의 BND를 애착 이론의 지표로써 알아보기 위한 조사, 오버벡(Overbeck, 2002)의 32명의 고위험군 임산부를 대상으로 한 BND 연구, 하일러(Hyler, 2002)의 49명의 아동(9~11세)의 BND를 애착 표상으로써 연구한 조사, 프랜시스, 카이저와 디버(Francis, Kaiser, & Deaver, 2003)의 애착안정표상에 관한 연구로, 약물 사용장애 진단을 받은 내담자(n=43)가 약물사용장애가 없는 비교 그룹 환자들(n=27)과 BND를 다르게 그리는지를 조사한 연구, 트레워사(Trewartha, 2004)의 위탁 시설 청소년 14명의 애착 전략을 알아보기 위한 연구다. 다른 결론 중 카이저와 디버(2009)는 이 5개의 연구가 미술치료사에게 애착의 임상 평가를 할 때에 귀중한 정보를 제공한다는 것을 발견하였다. 카이저(2009)는 새로 축적된 연구 자료와 임상 관찰을 통해 알게 된 것들을 바탕으로 BND 매뉴얼과 채점 척도를 규칙적으로 갱신하였다.

가족 미술치료 평가

집단치료에 사용된 기술들과 비슷하게, 가족 미술치료 평가 프로토콜은 성격이나 환자 자체를 진단하는 방식이 아니더라도 가족 역동을 알 수 있는 방법을 제시한다. 가족 그림은 가족 관계에 대하여 이야기하는 것의 발판을 제공하고, 그림으로부터 나온 통합된 결과를 효과(outcome)에 포함하며, 개개인의 가족 구성원의 그림에 대한 해석 역시 포함한다. 함께 그리는 그림에서 가족 구성원의 행동적 상호작용이 일어나며, 각 구성원에 대한 역할을 각자가 어떻게 인지하는지도 그 과정에서 알 수 있다.

페더와 페더는 한나 야사 퀴아트코스카(Hanna Yaxa Kwiatkowska)와 헬렌 랜드가튼(Helen Landgarten)을 가족을 위한 평가 시스템을 구축한 주요 인물들로 인용하였는데, 오늘날까지도 이 두 시스템은 그 현저함을 유지하고 있다.

퀴아트코스카 시스템(The Kwiatkowska System)　　많은 업적 중에 한나 야사 퀴아트코스카(1910~1980)는 선구적으로 가족 미술치료의 임상 작업을 하였고, 미술치료를 국립정신건강연구소(National Institute of Mental Health)의 연구 프로그램에 소개하였다. 그녀는 가족 미술 평가(Family Art Evaluation: FAE)를 고안하였는데, FAE는 특히 모든 가능한 핵가족 구성원과의 한 번의 만남으로 구성되었다(Kwiatkowska, 1978). 평가 세션을 위한 시간은 평균적으로 한 시간 반에서 두 시간 정도이지만, 그 시간은 유연하게 조절될 수 있다. FAE에서는 끝이 사각형인 파스텔만 사용된다. 몇몇 과정은 울먼의 UPAP 평가와 비슷하다. FAE는 연속되는 6개의 활동을 포함한다. ① 자유화(주제 없이 주어진다), ② 당신의 가족 그림, ③ 추상적 가족 초상화, ④ 난화로 시작되는 그림 그리기, ⑤ 공동 가족 난화, ⑥ 자유화.

이 표준화된 도구를 고안하기 위한 노력으로, 퀴아트코스카는 채점 시스템을 만들었다. 그러나 다른 평가와 마찬가지로 페더와 페더가 논의한 대로, 미술치료사는 기술을 채택하고 적용하는 것 같지만 도구를 근본적으로 구조화된 임상 인터뷰로 사용함으로써 점수를 매기는 과정을 간과하는 경향이 있다.

랜드가튼의 가족 미술 과제(Family Art Task)　　헬렌 랜드가튼(1921~2011)은 로스앤젤레스에 있는 시터스 사이나이 병원의 살라이언 커뮤니티 정신건강센터의 미술 심리치료 임상가였고, 1988년까지 로욜라 메리마운트 대학의 미술치료학과 학과장이었다. 그녀는 '가족 미술 과제(Family Art Task)' 혹은 '가족 미술 진단도구(Family Art Diagnistic)'로 알려진 도구를 개발하였다(Landgarten, 1987). 가족 시스템을 평가하기 위하여 참가자들은 다음 3개의 미술 과제를 수행한다. ① 말을 하지 않고 집단 작품을 만든다 ② 온 가족이 함께 작업하며, 비언어적 자세를 취한다 ③ 온 가족이 하나의 미술 작품을 창작한다. 이때는 말하는 것이 허용된다. 페더와 페더는 랜드가튼의 평가를 '구조화된 임상 평가'라고 인용하였다(1998, p. 279). 그들은 다음과 같이 설명하였다. "랜드가튼이 그 과제를 '표준화된 방법(standardized method)' 평가(1987, p. 14)라고 불렀지만, 그녀는 공공연하게 과정의 구조만을 일컬었다. 어떠한 표준적인 것도 없었고 그 해석은 질적이고 직관적이기 때문이다." 그러나 이 장에서 구축된 것과 같이 그러한 평가 과정은 임상적 유용성이란 가치가 있다. 17개의 관찰적 요소를 적용하는 것으로, 랜드가튼의 과제는 치료사에게 가족 역동에 관한 직접적인 상호작용의 정보를 제공한다.

커플 평가

웨이드슨(1980)은 평가를 위한 3개의 기법을 이용하였다. "…… 기대와 상호작용이 맞물리는 복잡함은 자기, 배우자, 그리고 결혼 관계에 대한 인식으로부터 대두한다."(p. 285) 이 평가 과정에 사용되는 재료로는 18 × 24인치 종이, 다양한 색상의 두 꺼운 파스텔 등이 있다. 커플들은 공동 그림(Joint Picture), 결혼 관계를 그린 추상화 (Abstract of the Marital Relationship), 상대의 초상화(Self-Portrait Given to Spouse)를 완성하 도록 지시받는다. 그리고 미술치료사는 미술 작품에 대해 이야기를 하도록 돕고 커플 과 그 과정을 함께하고 그들이 "…… 그림을 그리는 동안 그들의 감정과, 그림을 보면 서 떠오르는 연상을 반영하도록" 유도한다(p. 285). 이 접근 방법을 사용한 커플 평가 (couples assessment)에 대한 출간된 연구물이 없다고 하더라도, 몇 개의 질적 연구 논 문은 웨이드슨의 기법을 응용한 것의 유망한 효과에 대해 기술하였다. 그 예로는 스 니어와 헤이주트(Snir & Hazut, 2012)의 공동 그림에 반영된 커플의 패턴 연구가 있다.

제3영역: 인지/신경심리와 발달 평가

페더와 페더는 이 장에서 언급된 다른 평가들과 이러한 평가의 유형을 구분하기 위하여 날카로운 통찰력으로 '인지와 발달 평가'에 관한 절을 포함하였다. 이러한 분 야의 평가들 간에 공통되는 부분이 상당히 많기는 하지만, 인지 기술 혹은 지능이 일 반적으로 발달적 평가로 알려진 범주로부터 따로 분류된다는 것을 다루기 위해서 고 안된 과정이다. 발달적 평가는 일반적으로 인지적 · 정서적 그리고/혹은 신체적 발달 의 지연이 있는 내담자를 전반적으로 판단하기 위한 것이다.

페더와 페더에 따르면, 발달적 미술치료 평가에 대한 다른 접근 방법은 에릭슨과 피아제의 관찰에 근간을 둔다. 교육 수준을 계획하기 위한 목적을 위하여 발달 수준 을 결정하는 것에 주안점을 두는 이러한 평가들은 지능과 같이 여러 가지로 구성된 것이 아닌 행동에 바탕을 둔 발달 단계의 징후를 찾으려고 노력한다.

다음 네 개의 인지와 발달적 도구가 아래에 논의되었다. 인지 능력과 적응을 위한 실버 그림검사(Silver Drawing Test of Cognitive Skills and Adjustment: SDT; Silver, 1976), 얼 굴 자극 평가(Face Stimulus Assessment: FSA; Betts, 2003), 인물화(Human Figure Drawings: HFDs; Deaver, 2009; Golomb, 1974; Harris, 1963; Koppitz, 1968; Naglieri, 1988), 르빅 정

서 · 인지 미술치료 평가(Levick Emotional and Cognitive Art Therapy Assessment: LECATA; Levick, 1983). 두 개의 다른 발달적 도구도 역시 정리되었다.

인지 능력과 적응을 위한 실버 그림검사 (SDT)(Silver, 1976)　　크리핸(Crehan, 1992, in Feder & Feder, 1998)은 SDT가 본래 측정하려고 하는 것이 아닌 구성 요소를 측정할 수도 있다는 것을 제안하면서, SDT가 엇갈린 낮은 공존타당도를 보인다는 것을 발견하였다. 크리핸은 또한 표준이 작고 구하기 쉬운 표본에 근거하여 결정되었고, 자료 수집 방법의 기술이 서술되지 않았다고 평하였다. 1998년 이래로, 동료 전문가들이 심사하는 학술지에 롤리 실버(Rawley Silver)의 평가에 관한 몇 개의 추가 논문을 포함하였다. 2003년에는 실버가 미국, 브라질, 러시아, 에스토니아, 태국, 호주에서 시행한 실버 그림검사에 대한 반응의 문화적 차이와 동질성을 요약한 논문을 출간하였다. 2009년에는 실버가 반응 그림검사 과제(Stimulus Drawing Task)와 이야기 그림검사 (Draw A Story) 연구에 나타난 아동 · 청소년의 우울을 알아보는 그녀의 과업에 관한 논문을 발표하였다. 이러한 문헌의 요약은 정서 내용과 자아상 척도에 강한 부적 상관이 있는 (총 5점 중 1점을 받은) 그림 반응이 우울증의 위험이 있는 아동 · 청소년의 조기 발견을 돕는다는 것을 밝혔다.

얼굴 자극 평가(FSA)　　FSA(Betts, 2003)는 의사소통장애, 자폐증을 포함하는 발달장애가 있는 아동의 능력을 평가하며, 치료 목표를 정하고 내담자의 차도를 알아보기 위하여 고안되었다. 베츠는 미술을 통해 내담자의 강점을 끌어내기 위한 통합된 방법의 필요성을 인식하였다. 그리고 실버(1976), 스태마텔로스와 모트(Stamatelos & Mott, 1985)의 연구에서 그녀의 생각을 뒷받침하는 것들을 발견하였다.

실버(1976)는 내담자의 언어 능력이 심각하게 손상되었다고 할지라도, 내담자의 상징화하는 능력은 유효하다고 하였다. 왜냐하면 높은 수준의 피질의 기능은 언어가 없어도 발달할 수 있기 때문이다. 스태마텔로스와 모트(1985)는 발달이 지연된 내담자의 창의적 가능성에 대해 언급하였고, 상징적 과정과 추상적 사고의 사용이 이러한 내담자들에게서 일어난다고 주장하였다. 4년에 걸쳐, 베츠는 FSA를 구성하는 3개의 그림 그리기 시리즈를 완성하였다. 첫 번째 이미지로, $8\frac{1}{2} \times 11$인치 크기의 흰 종이에 (인쇄된) 표준화된 얼굴 자극 그림이 내담자에게 주어진다. 두 번째로는 얼굴과 목의 윤곽 이미지만 주어진다. 그리고 세 번째로는 빈 종이가 주어진다. 보통의 크레이욜라 사(Crayola) 일반 마커와 다문화 마커(역주: 크레이욜라사가 다양한 문화권의 인종들을 그릴 수 있도록 선택한 색을 선별한 마커)가 내담자에게 제공된다. 내담자는 "마커들과 빈 종이를 사용"하도록 요청받는다(Betts, 2003, p. 81). 베츠(2003, 2009, 2012c)와 다른 이들(Hamilton, 2008; Hu et al., 2012; Robb, 2002; Soon Ran Kim, 2010)은 FSA의 사용에 관해 탐구하였거나 연구를 더 진행하고 있다.

김순란(2010)은 지금까지 가장 큰 규모의 FSA 연구를 시행하였다. FSA의 평가 방법을 타당화하고 발전시키기 위하여, 한국의 초등학교에서 참여자들을 대상으로 921명의 잠재적, 296명의 비규범적, 240명의 규범적 학생들의 그림을 분석하였다. 비규범적 표본은 발달장애가 있는 144명의 학생과 청각 손상이 있는 152명의 학생들로 구성되었다. 결과는 이 연구에서 발전된 FSA 평가 방법이 규범적 집단과 비규범적 집단을 구분할 수 있다는 것을 보여 주었다. 저자는 그녀가 시행한 FSA 평가 방법이 발달장애와 청각 손상이 있는 아동들의 인지 능력을 평가하는 데 성공하였다고 결론지었다. 후속 연구는 내담자의 인지 능력과 발달 수준을 결정짓는 데서 FSA의 타당도와 신뢰도를 확인하는 것에 공헌하여야 할 것이다. The FSA 패킷(Betts, 2010)은 저자로부터 제공받을 수 있다(http://www.art-therapy.us/FSA.htm).

르빅 정서 · 인지 미술치료 평가(LECATA)(Levick, 1983)   만일 구조화된 임상 인터뷰가 아닌 표준화된 검사라고 생각한다면, 페더와 페더는 LECATA를 평가 과정으로서 뒷받침하는 경험적 결과가 부족하다고 주장하였을 것이다. 페더와 페더는 르빅이 타당화를 시도하기 위한 충분히 큰 집단을 찾아야 하는 '만만치 않은 일(formidable task)'에 맞닥뜨렸다고 지적하였다(1998, p. 282). 르빅(2009)은 이러한 도전에 부딪혔고, 베츠(2011, p. 147)에서 언급된 바와 같이 축적된 규범적 결과를 한 권의 책에 통합해

냈는데, 여기에는 미술 작품에 나타나는 아동발달 지표에 대한 현대적 표준을 마련하고자 한 고된 목표를 향한 과정들이 반영되어 있다.

LECATA(Levick, 1983)는 5개의 표준화된 미술 과제에 대한 수행 능력을 연대기적 나이에 따라 비교하는 절대평가(criterion-referenced test)다. 5개의 표준화된 미술과제는 다음과 같다. (a) 자유화를 그리고 그에 관한 이야기를 구성하기, (b) 자신을 그리기, (c) 한 가지 색을 사용한 난화를 그리고 난화로부터 그림 창작하기, (d) 자신이 있고 싶은 장소(만 3~5세 아동) 또는 자신에게 중요한 장소(만 6~11세 아동 혹은 그 이상), (e) 가족화(합쳐진 그림들은 개인의 인지와 정서 능력에 관한 정보를 제공한다).

베츠(2011, p. 148)가 기술한 것처럼, 인지와 정서는 광범위한 영역으로 정의하거나 측정하기가 어렵고, 문화적 차이 때문에 혼동될 수도 있다. 르빅(2009)은 "인지적 징후를 분류하는 범주의 신뢰도를 지지하는 상당량의 자료와 그림에 드러난 자아의 방어기제"(p. 26)를 참고하여 이 두 영역의 응용법을 정의하였으나, 그러한 자료는 직접적으로 인용되지 않았다. 인지와 정서 영역의 사용에 대한 추가적 정당성은 숄바(Sholevar, 1984)가 제공하였다. 숄바(1984)는 르빅의 LECATA의 토대로써 이러한 이론을 사용하는 것에 대한 견해를 밝혔다. 숄바는 자아 방어기제와 발달 단계를 연결하는 것은 어렵다고 기술하였는데, "어떤 방어기제가 어떤 발달 단계에 속하는지에 관한 문헌에는 큰 차이가 있기" 때문이라고 하였다(p. 45). 하지만 방어기제를 구분하는 것은 미술 작품을 이해하는 데에 이득이 된다고 기술하였다. LECATA에 드러난 인지적 징후와 자아 방어기제의 응용법에 대한 지지가 있기는 하지만, 이러한 구성 요소에 대한 동료 평가 연구는 평가의 타당도를 향상시킬 것이다.

크레이머 미술치료 평가　　크레이머 미술치료 평가(The Kramer Art Therapy Evaluation; Kramer & Schehr, 1983)의 주목적은 비록 관찰에 의해 고려된 상세한 윤곽에 기반한 것이긴 하나, 아동 내담자의 발달 수준에 관한 정보를 제공하는 것이다. 그 평가 역시 치료 계획에 기꺼이 적용할 만하다. 아동은 제약이 없는 일련의 3개의 과제를 안내받는다. 아동은 연필 그리고 마커, 그다음에는 물감, 그리고 마지막으로 점토를 사용하도록 지시를 받는다. 다음 수행 과정에서 미술치료사는 내담자가 미술과 그 과정에 대해 이야기하도록 독려하여야 한다. 관찰적으로 고려할 점들은 미술 작품의 특성, 회기 동안의 아동의 태도, 예를 들어, 어떠한 것을 배웠는지, 아동에게 미술치료가 적합한지 등과 같은 다른 적절한 정보들을 포함한다.

인물화(HFD)　　　HFDs(Deaver, 2009; Golomb, 1974; Harris, 1963; Koppitz, 1968; Naglieri, 1988)는 이 책의 1998년 판 제7장, '평가에 대한 투사적 접근법(Projective Approaches in Assessment)'에서 논의되었다. HFDs는 베츠(2006)가 상세히 설명한 바와 같이 심리학 문헌에서 심하게 비판되었다. 그 비판은 대부분 해석에 대한 낡은 사전적 접근법에서 비롯되었다. 이러한 비판에도 많은 임상가는 여전히 이 도구를 사용한다. 그리고 몇몇 흥미로운 연구가 미술치료 문헌으로 출간된 바 있고, 미술 작품의 상징 해석이 아닌 형식 요소에 근간하여 점수를 매긴다.

디버(2009)는 미국에서 HFD를 사용한 규범적 아동 그림에 관한 연구를 확립하고 확장하는 매우 인상적인 노력을 맡아서 하였다. 그녀의 2009년 연구에서, 디버는 316 명의 초등학교 4학년(평균 만 9.69세) 아동과, 151명의 초등학교 2학년(평균 만 7.56세) 아동의 HFD를 연구하였다. 그림들은 FEATS(Gantt & Tabone, 1998)를 변형한 5개의 척도로 점수를 매겼다. 척도 I(색칠 정도), 척도 II(색의 적합성), 척도 III(공간), 척도 IV(발달 단계), 척도 V(대상과 환경의 세부 묘사).

디버의 HFDs를 평가하기 위한 FEATS 척도 응용법은 이 그림들을 채점하기 위한 전통적 방법에서 시작된 중요한 출발이다.

다른 많은 연구자와 더불어, 코피츠와 내글리어리(Koppitz & Naglieri)는 그려진 사람의 형상의 구체적 측면, 예를 들어 팔, 머리카락, 코 등의 유무를 측정하는 것에만 집중하였다. 그리고 그림의 형식적 미술 요소들, 즉 색 혹은 종이를 채운 공간의 양 등을 측정하려는 시도는 하지 않았다(Deaver, 2009, p. 5).

디버의 연구 자료는 성별, 나이, 민족성, 각 다섯 개의 척도에 따른 점수의 평균, 산출된 흥미로운 결과 등과 같은 변인들을 참고하여 분석되었다. 기대한 대로, 초등학교 2학년들은 그림에 유의미할 정도로 더 많은 색과 공간을 사용하였다. 이는 전형적인 어린 아동들의 분명한 색 사용과 덜 발달된 운동 능력을 보여 준다. 대상과 환경의 세부 묘사 척도와 관련하여, 예전에 아동기에는 그들의 주변 환경에 대한 인식이 증가한다고 생각되어 그들의 그림에서 더 많은 세부 표현이 이루어진다고 생각했다(Lowenfeld & Brittain, 1987; Naglieri, 1988). 하지만 이 믿음과는 상반되게, 디버는 해당 척도에서 초등학교 2학년들의 그림이($M=3.08$, $SD=1.24$) 4학년들의 그림($M=2.37$, $SD=1.32$)보다 유의미하게 높은 평균 점수($t=5.6$, $p<.01$)를 받은 것을 확인하였다.

발달 수준에서는 4학년들의 점수($M=3.25$, $SD=0.66$)가 2학년들의 점수($M=3.00$, $SD=0.59$)보다 유의미하게 높았다($t=4.0$, $p<.01$). 이는 로웬펠드(Lowenfeld)의 미술 발달 단계와 상응한다. 성별 차이는 색의 적합성 척도에서만 유의미한 차이를 보였다. 여아가 남아보다 현실적인 색을 사용하는 것으로 나타났다. 민족성은 어떠한 유의미한 주효과도 나타내지 않았다(all p values < .01).

패크먼, 벡, 반저트핀, 롱과 스펭글러(Packman, Beck, VanZutphen, Long, & Spengler, 2003)는 HFD를 골수 이식과 관련한 형제들의 정서적 고충을 측정하기 위하여 사용하였다. 질적 · 양적 연구 결과는 네 형제의 실례로부터 얻은 자료들을 비롯해 만 6세에서 18세인 참가자 42명의 HFD로부터 얻어졌다. 그림을 채점한 미술치료사들은 코피츠의 대상 범주를 사용하였고, 코피츠의 시스템으로 구분되지 않는 그림의 특정 요소를 기입할 때는 HFD에 관한 양적 견해를 제공하였다. 형제들 사이에서 고립된 기분, 분노, 우울, 불안, 낮은 자아 존중감이 주요한 주제로 부상되었다.

헤이굿(Hagood, 2003)은 내글리어리 사람 그림 그리기 검사(Naglieri Draw-a-Person Test) (DAP; Naglieri, 1988)에 대한 아동의 정상 그림 발달을 측정하는 종단 연구를 시행하였는데, 이는 미술치료사가 그것을 사용하는 것이 적절한지를 알아보기 위한 것이었다. 연구에는 만 5세에서 10세의 초등학생 34명이 참가하였다. 총 306개의 남자, 여자 그리고 자신을 그린 그림들이 세 단계에서 1년간 수집되었다. 세 개의 연령 집단은 다음과 같다. 1학년(만 5~6세, n=12), 3학년(만 7~8세, n=10), 5학년(만 9~10세, n=12). 헤이굿은 내글리어리의 기존 채점 시스템을 사용하였다. 점수는 조사자가 예상한 대로 나이와 시간에 따라 증가하였다. 성별에 따른 유의미한 차이는 없었다. 내글리어리 DAP는 인지 발달 평가와 연구 목적으로 미술치료사들이 사용하기에 유용한 도구인 것으로 여겨졌다.

다른 발달적 평가 도구 페더와 페더는 발달적 미술치료 평가의 몇 가지의 변화, 예를 들어 감각운동기와 전조작기 발달 단계에 중점을 둔 피아제 학파의 모델을 사용하는 아치-펠드먼과 컨클-밀(Aach-Feldman & Kunkle-Mille, 1987)의 시스템 등에 관하여 언급하였다. 이에 따르면, "…… 내담자의 재료, 활동, 주제 그리고 그림의 내용을 선택한다. 치료사는 내담자의 기술과 조작 수준, 재료 특징에 대한 반응, 정동을 표현하는 능력 등에 관한 자료를 수집한다"(p. 283). 윌리엄스와 우드(Williams & Wood, 1977)는 발달적 미술치료에 관한 그들의 책에서, 역시 페더와 페더가 인용한 도구에 대해 토론하였다. 윌리엄스와 우드 도구는 정서, 지능, 신체적 손상이 있는 아동들을 위한 발달적 평정 척도로, 개별화교육 프로그램을 계획하기 위한 안내를 보조하기 위한 것이다.

제4영역: 다른 치료 영역을 다루기 위한 도구와 기술들

앞서 언급한 영역들에 명확히 분류되기 어려운 평가 도구와 기법들은 여기에 수록되었다. 이 도구와 방법들은 치료 계획을 세우거나, 표출된 문제, 치료의 목표, 그리고 임상 과정의 다른 측면들을 다루기 위해 사용될 수 있다. 형식적이거나 비형식적인(비표준화된) 도구들, 예를 들어 포트폴리오 리뷰와 같은 방법들은 이 영역에 속하는 것으로 간주된다. 이 방법들과 접근법을 타당화하기 위한, 페더와 페더의 세 가지 안내 원칙은 다음의 순서와 같다. 규범적 자료는 기준치 비교를 위해 준비되어야 한다. 과정의 실행과 채점 과정은 표준화되어야 한다. 채점을 수량화하기 위해서 내용이 아닌 서식이 강조되어야 한다. 만일 임상적 목적으로 사용된 평가 도구와 기술에 관한 형식적 연구가 아니라 할지라도, 위와 같은 안내 지침은 임상가들이 그들의 결론을 타당화하기 위한 방법으로 제공되어야 한다. 페더와 페더가 지적한 바와 같이, 일부 미술치료사는 진단에 관심이 없고, 채점 시스템을 사용하는 것에 대해 위축된다고 느낀다. 몇몇 평가 도구와 그 과정은 반구조화된 임상 인터뷰나 대화를 유도하기 위한 기술로, 도구의 실행과 해석에 변형을 가하여 종종 사용된다. 그러한 경우에 검사는 더 이상 진단이나 성격 검사로 사용되지 않는다.

표현치료 연계   루스브링크(Lusebrink, 2010)는 표현치료 연계(Expressive Therapies Continuum: ETC)를 "미술 기반 평가와 미술치료에서 매체의 응용법에 관한 이론적 모델"이라고 인용하였다(p. 168). ETC의 세 단계(운동감각적/감각적, 지각적/정동적, 인지적/상징적)는 정동과 시각적 정보를 처리하는 각기 다른 뇌 구조와 기능에 대응되는 것으로 보인다. 그와 같이 ETC는 미술치료사가 어떻게 내담자가 정보를 처리하는지 알아낼 수 있도록 보조하는 체계로 사용된다. 치료에 사용될 때, ETS 단계 내에서 혹은 사이에서 일어나는 변화를 지켜볼 수 있다. 루스브링크는 미술치료의 개입과 미술치료와 뇌에 관한 연구의 공헌도를 향상하는 수단으로 ETC의 응용법을 지지했다.

다리 그림검사   본래 '미술치료 평가를 위한 투사적 기법'으로 고안된 다리 그림검사(Bridge Drawing; Hays & Lyons, 1981)는 표준화된 재료와 일관적인 채점 체계가 부족한 도구이기는 하나, 미술치료 임상가들이 치료를 계획하고 내담자의 변화의 정도를 측정하는 데 유용한 도구로 사용하여 왔다. 다양한 다리 그림검사의 응용 방법은 다음과 같다. 힘든 변화를 경험하는 일반 청소년들의 그림의 요소들을 알아보는 것(Hays & Lyons, 1981), 아동기에서 성인기로 넘어가는 청소년의 독립성과 정체성을 탐구하는 것(Stepney, 2001), 집이 없는 청년의 탄력성을 조사하는 것(Prescott, Sekendur, Bailey, & Hoshino, 2008), 정신병 환자가 그린 다리 그림의 형식적 요소를 밝히는 것(Teneycke, Hoshino, & Sharpe, 2009), 식이장애 환자들의 주간 변화를 조사하고 종결에 대한 준비성을 평가하는 것(Betts, 2008), 이행(transitions), 지지 체계의 힘, 위협의 경험, 사랑하는 사람의 죽음을 경험한 여성 수감자들의 잠재적인 자살 사고 등을 탐구하는 것(Ferszt, Hayes, DeFedele, & Horn, 2004), 그리고 성인 정신과 환자들의 자살 위험을 결정하는 것(Martin, Betts, Warson, & Lorance, 2012)이다. 마틴과 베츠(Martin & Betts, 2012)의 다리 그림 채점 매뉴얼(2판)의 후속 연구에서의 사용과, 다리 그림검사 시행 방법의 표준화(미술 재료의 일관된 사용 등)는 이 도구의 타당도에 기여하게 될 것이다.

미술치료사가 사용하는, 치료 영역을 다루기 위한 다른 도구와 기술들은 굉장히 많다. 그리고 그 중 몇 가지는 〈표 11-1〉에 포함되어 있다.

결 론

1998년 버나드 페더와 일레인 페더는 "무엇이 제대로 작동하는지 어떻게 알 수 있는가?" 하는 질문을 하였다. 책임감 있는 전문가들로서 우리는 이 중요한 질문을 우리 스스로에게 계속해야 한다. 우리 각자의 예술치료 전문직에서 평가의 예술과 과학적 측면을 포용하는 것은 다음을 얻기 위한 수단이다. 국제 미술치료 연구 데이터베이스(International Art Therapy Research Database: IATRD; www.arttherapyresearch.com)의 후속적인 발전은 미술치료사들이 이전에 가능하였던 것보다 큰 규모로 연구에 참여할 수 있는 하나의 방법이다.

어디에서 창의적 예술치료 평가를 시행하든 간에, 우리는 철저한 연구를 통해서 우리의 방법을 향상시킬 의무가 있다. 이 장에서 논의된 것처럼, 세계의 여러 곳에서, 보건(의료 서비스)과 같은 사회적 문제들은 미술치료에서 평가 도구의 사용이 증가하도록 영향을 주었다.

그러나 이 장에서 확인한 바와 같이, 페더와 페더의 지혜를 다시 참고하고 지난 15년간의 발전을 고려해야 한다. "…… 미술치료에서의 평가가 예술인가 아니면 과학인가 하는 논쟁은 성과가 없을 뿐만 아니라 비생산적이다. 즉, 그러한 논쟁은 예술적 창의력과 과학적 확인 모두가 필수적인 분야에서 분열만 지속시킬 뿐이다."(1998, p. vii) 이것은 '옆자리에 앉아 있기(sitting beside)'와 '더욱 한 발짝 물러난 계산(a more distant calculation)' 간의 대립 문제가 아니다. 두 접근법은 창의적 예술치료의 진척과 우리가 서비스를 제공하는 대중의 이익을 위해서 계속해서 통합되고 수용되어야만 한다. 이 장에서 논의된 최신의 방법들이 반영하듯이 예술과 과학은 공존하고, 이후의 과업들은 이 분야를 계속해서 앞으로 나아가게 할 것이다.

저자의 주: 미술치료 평가에 대한 정보는 다음의 웹사이트에서 찾아볼 수 있다. http://www.art-therapy.us/assessment.htm.

참고문헌

Aach-Feldman, S., & Kunke-Miller, C. (1987). A developmental approach to art therapy. In J. A. Rubin (Ed.), *Approaches to art therapy* (pp. 251-274). New York: Brunner/Mazel.

AERA (American Educational Research Association), APA (American Psychological Association), & NCME (National Council on Measurement in Education). (1999). *Standards for educational and psychological testing.* Washington, DC: American Educational Research Association.

Aiken, L. R. (1997). *Psychological testing and assessment* (9th ed.). Boston: Allyn & Bacon.

Arrington, D. (1986). *The Arrington Visual Preference Test (AVPT) and Manual.* Belmont, CA: Abbeygate Press.

Betts, D. J. (2003). Developing a projective drawing test: Experiences with the Face Stimulus Assessment (FSA). *Art Therapy: Journal of the American Art Therapy Association, 20*(2), 77-82.

Betts, D. J. (2005). *A systematic analysis of art therapy assessment and rating instrument literature.* Doctoral dissertation, Florida State University, Tallahassee. Published online at http://www.art-therapy.us/assessment.htm.

Betts, D. J. (2006). Art therapy assessments and rating instruments: Do they measure up? *The Arts in Psychotherapy: An International Journal, 33*(5), 371–472.

Betts, D. J. (2008). Art therapy approaches to working with people who have eating disorders. In S. Brooke (Ed.), *The creative therapies and eating disorders.* Springfield, IL: Charles C Thomas.

Betts, D. J. (2009). Introduction to the Face Stimulus Assessment (FSA). In E. G. Horovitz & S. Eksten (Eds.), *The art therapists' primer: A clinical guide to writing assessments, diagnosis, and treatment.* Springfield, IL: Charles C Thomas.

Betts, D. (2010). *The Face Stimulus Assessment (FSA) E-packet.* Self-published manual, Department of Art Therapy, George Washington University, Washington, DC.

Betts, D. J. (2011). Review of the book *Levick Emotional and Cognitive Art Therapy Assessment: A Normative study,* by M. F. Levick. *Art Therapy: Journal of the American Art Therapy Association, 28*(3), 147–148.

Betts, D. J. (2012a). Positive art therapy assessment: Looking towards positive psychology for new directions in the art therapy evaluation process. In A. Gilroy, R. Tipple & C. Brown (Eds.), *Assessment in art therapy* (pp. 203–218). New York: Routledge.

Betts, D. J. (2012b). Art therapy assessments: A general and historical overview. In M. L. Rosal & D. Gussak (Eds.), *The Wiley-Blackwell handbook of art therapy.* Manuscript accepted for publication.

Betts, D. J. (2012c). A fair assessment: Art therapy approaches in the evaluation of diverse populations. In P. Howie, S. Prasad & J. Kristel (Eds.), *Using art therapy with diverse populations: Crossing cultures and abilities.* London: Jessica Kingsley. Manuscript in preparation.

Betts, D. J., Gantt, L., & Lorance, J. (2011, July). *The International Art Therapy Research Database: Introducing an innovative and essential resource.* Paper presented at the 42nd Annual AATA conference, Washington, DC.

Bornstein, R. F. (2002). A process dissociation approach to objective-projective test score interrelationships. *Journal of Personality Assessment, 78*(1), 47–68.

Bornstein, R. F. (2009). Heisenberg, Kandinsky, and the heteromethod convergence problem:

Lessons from within and beyond psychology. *Journal of Personality Assessment, 91*(1), 1–8.

Bucciarelli, A. (2011). A normative study of the Person Picking an Apple from a Tree (PPAT) assessment. *Art Therapy: Journal of the American Art Therapy Association, 28*(1), 31–36.

Buck, J. N. (1948). The H–T–P technique, a qualitative and quantitative scoring manual. *Journal of Clinical Psychology Monograph Supplement, 4,* 1–120.

Buros (n.d.). *The Buros Institute of Mental Measurements: About.* http://buros.unl.edu/buros/jsp/search.jsp.

Chapman, L. J., & Chapman, J. P. (1967). Genesis of popular but erroneous psychodiagnostic observations. *Journal of Abnormal Psychology, 72*(3), 193–204.

Cohen, B. M. (Ed.). (1985). *The diagnostic drawing series handbook.* Self-published manual, Alexandria, VA.

Cohen, B. M. (Ed.). (1985; 1994; 2012). *The diagnostic drawing series rating guide.* Self-published manual, Alexandria, VA.

Cohen, B. M. (1986). Een nieuwe tekentest [A new diagnostic test–Dutch]. Psychologie, Amsterdam, April.

Cohen, B. M., & Cox, C. T. (1995). *Telling without talking: Art as a window into the world of multiple personality.* New York: W. W. Norton.

Cohen, B., & DeLeo, J. (1987, November). *Teaching computers to diagnose? Computer generated learning and Diagnostic Drawings Series research.* Poster session presented at the 18th annual meeting of the American Art Therapy Association, Miami, FL.

Cohen, B. M., Hammer, J. S., & Singer, S. (1988). The Diagnostic Drawing Series: A systematic approach to art therapy evaluation and research. *The Arts in Psychotherapy, 15*(1), 11–21.

Cohen, B. M., Mills, A., & Kijak, K. (1994). An introduction to the Diagnostic Drawing Series: A standardized tool for diagnostic and clinical use. *Art Therapy, 11*(2), 105–110.

Conrad, S. M., Hunter, H. L., & Krieshok, T. S. (2011). An exploration of the formal elements in adolescents' drawings: General screening for socio-emotional concerns. *The Arts in Psychotherapy: An International Journal, 38,* 340–349.

Councill, T., & Martin, K. (2012, July). *Assessment research in pediatric oncology: Making the Bridge Drawing measurable.* Paper present at the 43rd Annual AATA conference, Savannah, GA.

Cox, C. T., Agell, G., Cohen, B. M., & Gantt, L. (2000). Are you assessing what I am assessing? Let's take a look! *American Journal of Art Therapy, 39,* 48–67.

Crehan, K. D. (1992). Review of Silver Drawing Test of Cognitive Skills and Adjustment. In J. J. Kramer & J. C. Conoley (Eds.), *Eleventh mental measurements yearbook.* Lincoln, NE: Buros Institute of Mental Measurement.

Dalley, T. (Ed.). (1984). *Art as therapy.* London, England: Tavistock.

Dawson, C. F. S. (1984). *A study of selected style and content variables in the drawings of depressed and nondepressed adults.* Unpublished dissertation, University of North Dakota, Grand Forks, ND.

Deaver, S. P. (2009). A normative study of children's drawings: Preliminary research findings. *Art Therapy: Journal of the American Art Therapy Association, 26*(1), 4–11.

DRPF Consults. (2012). Retrieved from http://drpfconsults.com/understanding-the-basics-of-stem-education/.

Dudley, J. (2004). Art psychotherapy and the use of psychiatric diagnosis. *Inscape, 9*(1), 14–25.

Elkis-Abuhoff, D., Gaydos, M., Goldblatt, R., Chen, M., & Rose, S. (2009). Mandala drawings as an assessment tool for women with breast cancer. *The Arts in Psychotherapy: An International Journal, 36,* 231–238.

Feder, B., & Feder, E. (1998). *The art and science of evaluation in the arts therapies: How do you know what's working?* Springfield, IL: Charles C Thomas.

Ferszt, G. G., Hayes, P. M., DeFedele, S., & Horn, L. (2004). Art therapy with incarcerated women who have experienced the death of a loved one. *Art Therapy: Journal of the American Art Therapy Association, 21*(4), 191–199.

Finn, S. E. (2009). *How is Therapeutic Association different from other types of psychological assessment?* Retrieved April 5, 2010, from http://therapeuticassessment.com/about.html.

Fischer, C. T. (2001). Collaborative exploration as an approach to personality assessment. In

K. J. Schneider, J. F. T. Bugenthal, & J. F. Pierson (Eds.), *The handbook of humanistic psychology: Leading edges in theory, research and practice.* Thousand Oaks, CA: Sage.

Francis, D., Kaiser, D., & Deaver, S. P. (2003). Representations of attachment security in the Bird's Nest Drawings of clients with substance abuse Disorders. *Art Therapy: Journal of the American Art Therapy Association, 20*(3), 125-137.

Gantt, L., & Tabone, C. (1998). *The Formal Elements Art Therapy Scale: The Rating Manual.* Morgantown, WV: Gargoyle Press.

Gantt, L. M. (1986). Systematic investigation of art works: Some research models drawn from neighboring fields. *American Journal of Art Therapy, 24*(4), 111-118.

Gantt, L. M. (1990). *A validity study of the Formal Elements Art Therapy Scale (FEATS) for diagnostic information in patients' drawings.* Unpublished doctoral dissertation, University of Pittsburgh, Pittsburgh, PA.

Gantt, L. M. (1993). Correlation of psychiatric diagnosis and formal elements in art-work. In. F. J. Bejjani (Ed.), *Current research in arts medicine: A compendium of the MedArt International 1992 World Congress on Arts and Medicine* (pp. 69-74). Pennington, NJ: A Cappella Books.

Gantt, L. M. (1998). A discussion of art therapy as a science. *Art Therapy: Journal of the American Art Therapy Association, 15*(1), 3-12.

Gantt, L. M. (2001). The Formal Elements Art Therapy Scale: A measurement system for global variables in art. *Art Therapy: Journal of the American Art Therapy Association, 18*(1), 50-55.

Gantt, L. M. (2004). The case for formal art therapy assessments. *Art Therapy: Journal of the American Art Therapy Association, 21*(1), 18-29.

Gerber, N. (1996). The Brief Art Therapy Screening Evaluation (BATSE). Unpublished manual, PhD Program in Creative Arts Therapies, Drexel University, Philadelphia, PA.

Gilroy, A., Tipple, R., & Brown, C. (Eds.). (2012). *Assessment in art therapy.* New York: Routledge.

Goodenough, F. (1926). *Measurement of intelligence by drawings.* New York: World Book.

Golomb, C. (1974). *Young children's sculpture and drawing.* Cambridge, MA: Harvard

University Press.

Groth-Marnat, G. (1990; 1999; 2003; 2009). *Handbook of psychological assessment* (2nd, 3rd, 4th & 5th editions.). New York: John Wiley & Sons.

Hagood, M. M. (2003). The use of the Naglieri Draw-a-Person Test of Cognitive Development: A study with clinical and research implications for art therapists working with children. *Art Therapy: Journal of the American Art Therapy Association, 20*(2), 67–76.

Hamilton, M. (2008). *Developing a standardized rating system for the Face Stimulus Assessment (FSA) using 12 scale adapted from the Formal Elements Art Therapy Scale (FEATS)* (Unpublished master's thesis). Avila University, Kansas City, MO.

Hanes, M. J. (1995). Utilizing road drawings as a therapeutic metaphor in art therapy. *American Journal of Art Therapy, 34*(1), 19–23.

Harris, D. (1963). *Children's drawings as measures of intellectual maturity.* New York: Harcourt, Brace & World.

Harris, D. B., & Roberts, J. (1972). Intellectual maturity of children: Demographic and socioeconomic factors. *Vital & Health Statistics, Series, 2,* 1–74.

Hays, R. E., & Lyons, S. J. (1981). The Bridge Drawing: A projective technique for assessment in art therapy. *Arts in Psychotherapy, 8*(3-sup-4), 207–217.

Holt, E. S., & Kaiser, D. H. (2001). Indicators of familial alcoholism in children's Kinetic Family Drawings. *Art Therapy: Journal of the American Art Therapy Association, 18*(2), 89–95.

Horovitz-Darby, E. G. (1988). Art therapy assessment of a minimally language skilled deaf child. Proceedings from the 1988 University of California's Center on Deafness Conference: *Mental Health Assessment of Deaf Clients: Special Conditions,* Little Rock, AR: ADARA.

Horovitz, E. G. (2002). *Spiritual art therapy: An alternate path* (2nd ed.). Springfield, IL: Charels C Thomas.

Horovitz, E. G., & Eksten, S. (Eds.). (2009). *The art therapists' primer: A clinical guide to writing assessments, diagnosis, and treatment.* Springfield, IL: Charles C Thomas.

Hu, V., Betts, D., Jenkins, R., Lieberman, D., Potolicchio, S., Subiaul, F., Choi, J., & Kelly,

B. (2012). *Identifying and assessing "biological phenotypes" of autistic individuals based on medication responsiveness for "reverse pharmacogenomics" analyses.* Manuscript in preparation.

Hyler, C. (2002). *Children's drawings as representations of attachment.* Unpublished master's thesis, Eastern Virginia Medical School, Norfolk, VA.

Kahill, S. (1984). Human figure drawing in adults: An update of the empirical evidence, 1967–1982. *Canadian Psychology, 25*(4), 269–292.

Kaiser, D. (1996). Indications of attachment security in a drawing task. *The Arts in Psychotherapy: An International Journal, 23*(4), 333–340.

Kaiser, D. H. (2009). *Manual for Kaiser's Bird's Nest Drawing Checklist.* Self-published manual, Creative Arts Therapies Department, Drexel University, Philadelphia, PA.

Kaiser, D. H., & Deaver, S. P. (2009). Assessing attachment with the Bird's Nest Drawing: A review of the research. *Art Therapy: Journal of the American Art Therapy Association, 26*(1), 26–33.

Kaplan, F. (2000). *Art, science and art therapy: Repainting the picture.* Philadelphia: Jessica Kingsley.

Kellogg, J. (2002). *Mandala: Path of beauty* (3rd ed.). Belleair, FL: ATMA, Inc.

Kim, S., Han, J., Kim, Y., & Oh, Y. (2011). A computer art therapy system for Kinetic Family Drawings (CATS_FKD). *The Arts in psychotherapy, an International Journal, 38*(1), 17–28.

Kim, S. R. [Soon Ran] (2010). *A study on development of FSA evaluation standard and its validation* (Unpublished doctoral dissertation). Yeungnam University, Daegu, South Korea.

Klopfer, W. G., & Taulbee, E. S. (1976). Projective tests. *Annual Review of Psychology, 27*(54), 3–567.

Koppitz, E. M. (1968). *Psychological evaluation of children's human figure drawings.* New York: Grune and Stratton.

Kramer, E., & Schehr, J. (1983). An art therapy evaluation session for children. *American Journal of Art Therapy, 23,* 3–11.

Kwiatkowska, H. Y. (1978). *Family therapy and evaluation through art.* Springfield, IL: Charles C Thomas.

Landgarten, H. B. (1987). *Family art psychotherapy: A clinical guide and casebook.* New York: Brunner/Mazel, Inc.

Leavitt, C. G. (1988). *A validity study of the Diagnostic Drawing Series used for Assessing depression in children and adolescents.* Doctoral dissertation, California School of Professional Psychology, Los Angeles, CA.

Levick, M. F. (1983). *They could not talk and so they drew: Children's styles of coping and thinking.* Springfield, IL: Charles C Thomas.

Levick, M. F. (2009). *Levick Emotional and Cognitive Art Therapy Assessment: A normative study.* Bloomington, IN: Author-House.

Lopez, J. R., & Carolan, R. (2001). House-Tree-Person drawings and sex offenders: A pilot study. *Art Therapy: Journal of the American Art Therapy Association, 18*(3), 158–165.

Lowenfeld, V., & Brittain, W. L. (1987). *Creative and mental growth* (8th ed.). New York: Collier Macmillan.

Lusebrink, V. B. (2010). Assessment and therapeutic application of the Expressive Therapies Continuum: Implications for brain structures and functions. *Art Therapy: Journal of the American Art Therapy Association, 27*(4), 168–177.

MacGregor, J. M. (1989). *The discovery of the art of the insane.* Princeton, NJ: Princeton University Press.

Manning, T. M. (1987). Aggression depicted in abused children's drawings. *The Arts in Psychotherapy: An International Journal, 14,* 15–24.

Martin, D. J., Garske, J. P., & Davis, M. K. (2000). Relation of the therapeutic alliance with outcome and other variables: A meta-analytic review. *Journal of Consulting and Clinical Psychology, 68*(3), 438–450.

Martin, K., & Betts, D. J. (2012). *The Bridge Drawing Rating Manual* (2nd ed.). Art Therapy Program, The George Washington University, Washington, DC.

Martin, K., Betts, D. J., Warson, E., & Lorance, J. (2012). *The Bridge Drawing: An evaluation tool for suicide risk among adult psychiatric patients.* Manuscript in preparation.

Mattson, D. C. (2012). An introduction to the computerized assessment of art-based instruments. *Art Therapy: Journal of the American Art Therapy Association, 29*(1), 27-32.

Metzl, E. S. (2008). Systematic analysis of art therapy research published in Art Therapy: Journal of AATA between 1987 and 2004. *The Arts in Psychotherapy: An International Journal, 35,* 60-73.

Mills, A., Cohen, B., & Meneses, J. Z. (1993). Reliability and validity tests of the Diagnostic Drawing Series. *The Arts in Psychotherapy: An International Journal, 20,* 83-88.

Morris, M. B. (1995). The Diagnostic Drawing Series and the Tree Rating Scale: An isomorphic representation of multiple personality disorder, major depression, and schizophrenia populations. *Art Therapy: Journal of the American Art Therapy Association, 12,* 118-128.

Munley, M. (2002). Comparing the PPAT drawings of boys with AD/HD and age-matched controls using the Formal Elements Art Therapy Scale. *Art Therapy: Journal of the American Art Therapy Association, 19*(2), 69-76.

Murray, H. A. (1943). *Thematic Apperception Test.* Cambridge, MA: Harvard University Press.

Naglieri, J. (1988). *Draw A Person: A quantitative scoring system.* San Antonio, TX: The Psychological Corporation.

Neale, E. L. (1994). The Children's Diagnostic Drawing Series. *Art Therapy: Journal of the American Art Therapy Association, 11,* 119-126.

Neale, E., & Rosal, M. L. (1993). What can art therapists learn from the research on projective drawing techniques for children? A review of the literature. *The Arts in Psychotherapy: An International Journal, 20,* 37-49.

Noble, G. R. (1991, February). Director's update. *CDC HIV/AIDS Newsletter.*

Overbeck, L. (2002). *A pilot study of pregnant women's drawings.* Unpublished master's thesis, Eastern Virginia Medical School, Norfolk, VA.

Packman, W. L., Beck, V. L., VanZutphen, K. H., Long, J. K., & Spengler, G. (2003). The Human Figure Drawing with donor and nondonor siblings of pediatric bone marrow transplant patients. *Art Therapy: Journal of the American Art Therapy Association, 20*(2), 83-91.

Prescott, M. V., Sekendur, B., Bailey, B., & Hoshino, J. (2008). Art making as a component and facilitator of resiliency with homeless youth. *Art Therapy: Journal of the American Art Therapy Association, 25*(4), 156–163.

Raymond, L., Bernier, M., Rauch, T., Stovall, K., Deaver, S., & Sanderson, T. (2010). *The Art Therapy-Projective Imagery Assessment* (rev. ed.). Unpublished manual, Graduate Art Therapy and Counseling Program, Eastern Virginia Medical School, Norfolk, VA.

Roback, H. B. (1968). Human figure drawings: Their utility in the clinical psychologist's armamentarium for personality assessment. *Psychological Bulletin, 70*(1), 1–19.

Robb, M. (2002). Beyond the orphanages: Art therapy with Russian children. *Art Therapy: Journal of the American Art Therapy Association, 19*(4), 146–150.

Rockwell, P., & Dunham, M. (2006). The utility of the Formal Elements Art Therapy Scale in assessment for substance use disorder. *Art Therapy: Journal of the American Art Therapy Association, 23*(3), 104–111.

Rorschach, H. (1921). *Psychodiagnostics: A diagnostic test based on perception.* Oxford, England: Grune & Stratton.

Russell-Lacy, S., Robinson, V., Benson, J., & Cranage, J. (1979). An experimental study of pictures produced by acute schizophrenic subjects. *British Journal of Psychiatry, 134,* 195–200.

Silver, R. A. (1976). Using art evaluate and develop cognitive skills. *American Journal of Art Therapy, 16,* 11–19.

Silver, R. (2003). Cultural differences and similarities in responses to the Silver Drawing Test in the USA, Brazil, Russia, Estonia, Thailand, and Australia. *Art Therapy: Journal of the American Art Therapy Association, 20*(1), 16–20.

Silver, R. (2009). Identifying children and adolescents with depression: Review of the Stimulus Drawing Task and Draw A Story research. *Art Therapy: Journal of the American Art Therapy Association, 26*(4), 174–180.

Snir, S., & Hazut, T. (2012). Observing the relationship: Couple patterns reflected in joint paintings. *The Arts in Psychotherapy: An International Journal, 39,* 11–18.

Snyder, C. R., Ritschel, L. A., Rand, K. L., & Berg, C. J. (2006). Balancing psychological assessments: Including strengths and hope in client reports. *Journal of Clinical*

Psychology, 62(1), 33–46.

Stepney, S. A. (2001). *Art therapy with students at risk*. Springfield, IL: Charles C Thomas.

Stamatelos, T., & Mott, D. W. (1985). Creative potential among persons labeled developmentally delayed. *The Arts in Psychotherapy: An International Journal, 12*, 101–113.

STEAM EDU (2012). Retrieved from http://www.steamedu.com/.

Stone, B. A. (2004). *Pictured Feelings Instrument, A Nonverbal Vocabulary of Feelings*. Melbourne, AU: Australian Council for Educational Research (ACER).

Suinn, R. M., & Oskamp, S. (1969). *The predictive validity of projective measures: A fifteen-year evaluative review of research*. Springfield, IL: Charles C Thomas.

Swensen, C. H. (1968). Empirical evaluations of human figure drawings: 1957–1966. *Psychological Bulletin, 70*(1), 20–44.

Teneycke, T. L., Hoshino, J., & Sharpe, D. (2009). The Bridge Drawing: An exploration of psychosis. *The Arts in Psychotherapy: An International Journal, 36*, 297–303.

TIES (2012). Retrieved from http://www.tiesteach.org/stem-education.aspx.

Trewartha, S. (2004). *Attachment strategies of adolescents in foster care: Indicators and implications*. Unpublished master's thesis, Eastern Virginia Medical School, Norfolk, VA.

Trimbos Institute (Netherlands Institute of Mental Health and Addiction) (2009). DDS. Richtlijnherziening van de Multidisciplinarie richtlijn DEPRESSIE (eerste revisie) (Diagnostic Guidelines for Depression) (p. 144). Retrieved from http://www.cbo.nl/thema/Richtlijnen/Overzicht-richtlijnen/Richtlijnen-A-t-m-D/?p=402.

Turkington, C. (1985). Therapist seeks correlation between diagnosis, drawings. *APA Monitor, 16*(4), 34-36.

Ulman, E. (1965). A new use of art in psychiatric diagnosis. *Bulletin of Art Therapy, 4*, 91–116.

Wadeson, H. (1980). *Art psychotherapy*. New York: John Wiley & Sons.

Wadeson, H., & Carpenter, W. (1976). A comparative study of art expression of schizophrenic, unipolar depressive, and bipolar manic-depressive patients. *Journal of Nervous and Mental Disease, 162*(5), 334-344.

Wells, J. G. (2006). *VT STEM Curriculum Class.* In M. O. Class (Ed.). Blacksburg, VA.

Wiersma, W. (2000). *Research methods in education: An introduction* (7th ed.). Boston: Allyn and Bacon.

Williams, G. H., & Wood, M. M. (1977). *Developmental art therapy.* Baltimore: University Park Press.

Yakman, G. (2008). STΣ@M Education: An overview of creating a model of integrative education. Unpublished manuscript, Virginia Polytechnic and State University, Pulaski, VA.

CHAPTER *12*

무용/동작 치료에서의 평가와 진단평가

    창의적 예술치료 중에서 무용/동작 치료(dance/movement therapy: DMT)는 치료사와 내담자의 신체가 치료를 위한 매개가 되는 독특함이 있다. 실제로 치료 공간 안에서 치료사와 내담자는 움직이고 활동적이 되며, 이는 치료가 이루어지는 즉시성을 만들어 낸다. 치료에서 관찰의 기술들은 즉시성을 다루는 중요한 열쇠다. 더욱이 회기 안에서 안전의 중요한 이슈들을 다루기 위해 내담자의 움직임, 자세, 신체 부위의 통합 과정의 변화를 관찰하는 것은 치료사의 중재 방법들을 창조하고 안내한다. 움직임과 신체의 관찰은 무용/동작 치료 훈련에 매우 중요하다. "내담자의 움직임을 지속적으로 진단평가하는 것은 전통적인 언어 중심 심리치료사들이 '듣는 것'과 같은 의미로 설명되고 있다."(Cruz, 2006, p. 133)

    회기 안에서의 지속적인 움직임 진단평가와 무용/동작 치료에서 평가의 목적을 위한 보다 형식을 갖춘 움직임 진단평가는 서로 다르지만, 반면에 깊게 연관되어 있다는 점이 이 장에서 설명될 것이다. 두 가지 평가의 핵심은 신뢰도와 타당도라는 도전이고, 이는 매우 다른 논쟁과 결과를 가질 수 있다. 임상적으로 사용되거나 혹은 무용/동작 치료의 연구를 위해 사용되는 형식을 갖춘 분석 시스템은 적지만, 이 장에서는 움직임의 관찰과 해석을 둘러싼 문제들, 움직임 관찰 도구들의 전반적 재검토, 그리고 여러 선별된 진단과 사정의 평가 도구들에 대한 심층적 설명을 언급할 것이다.

동작 관찰 훈련

무용/동작 치료 교육에서 동작 관찰의 중요성은 강조되고 있다. 무용/동작 치료자격위원회(DMTCB)에서는 R-DMT(공인 무용/동작 치료사) 초기 자격을 위하여 동작 관찰을 교육·훈련 과정의 필수 과목으로 지정하였다. 무용/동작 치료사 자격에는 두 가지 교육과정이 있는데, 하나는 미국무용치료학회에서 승인한 교육과정이고, 다른 하나는 대안적 교육과정(Alternate Route Courses)이다. 대안적 교육과정은 미국무용치료학회의 승인된 대학 내에 개설되는 것이 요구되지는 않는다. 위와 같은 교육과정의 구분 없이, 동작 관찰 수업들은 대학의 두 학기와 동등한 수업 시간을 이수해야 하며, 무용/동작 치료자격위원회에서는 교육 강사가 어떤 특정한 동작 관찰 체계의 방법을 가르치도록 요구하지 않는다. 그러나 거의 모든 동작 관찰 수업은 라반 동작분석(Laban Movement Analysis: LMA)의 요소들을 공통 범위로 사용한다. 라반 동작분석은 동작의 가시적 역동을 설명하기 위하여 루돌프 라반(Rudolph Laban)이 최초로 고안한 체계에 대한 근대적 전문 용어다. LMA는 수년에 걸쳐 라반의 제자들이 발전시켰는데, 워런 램(Warren Lamb)과 엄가드 바테니에프(Irmgard Bartenieff)가 가장 주목할 만하다.

라반의 체계는 동작의 역동적 질에 집중하기 위한 시각과 용어를 제공함으로써 무용/동작 치료 평가의 발전에 지대한 영향을 미쳤다. 무용가이며 건축가인 라반은 정밀한 동작 이론, 동작 관찰 기술, 그리고 동작 무보의 체계를 발전시켜 제2차 세계대전 이후 유럽 대륙에 전파하였다. 라반의 많은 제자는 그의 연구를 미국과 영국에 전달하였고, 그의 이론은 그곳의 무용과 무용교육에 강력한 영향을 미쳤다(Thornton, 1971). 그의 관찰 체계와 무보는 행해진 동작 자체와 그 동작이 갖는 공

간적이고 역동적인 측면들을 묘사하는 것, 즉 동작이 담고 있는 동작의 질을 찾고
자 하는 것을 구분하는 데 주요한 역할을 하였다. 이와 같은 동작의 질은 결국 동작
에 감정의 정도(tone)를 부여한다. 행위에 국한되지 않고, 동작 행동의 분석을 허용
하여 자세와 움직이지 않는 신체뿐만 아니라 기능적 및 표현적 동작을 설명하는 데
사용할 수 있기 때문에 공간적/역동적 측면들과 단순 행위를 구분하는 것은 중요하
다(Cruz, 2006, p. 135).

LMA는 초기 무용/동작 치료의 전문 영역 안에서 중요한 도구로 소개되었다. LMA
에 대한 설명은 이 장에서 소개될 것이지만 LMA가 무용/동작 치료사를 위한 공유된
동작 언어를 제공한다는 점을 강조하는 것이 필요하다(p. 309). 바테니에프가 설명한
것처럼, "LMA는 장인들이 그들만의 특정 용어들을 갖고 거칠고 미세한 세부 항목들
을 다루기 위해서 그들의 특별한 양식과 전문적 방법들의 난해함들에 관하여 서로 이
해할 수 있는 장인들의 전문용어와 비교될 수 있다."(p. 69). 비록 "에포트, 형태, 공간
그리고 신체 요소를 포함하는 LMA의 기초 개념이 무용/동작 치료사들이 개발하는 다
양한 움직임의 관찰과 측정 도구의 기초로 활용되고 있지만", 무용/동작 치료에서의
모든 동작 평가가 LMA 체계에 영향을 받는 것만은 아니다 할 수 있다.

전문적 무용/동작 치료 임상에서의 평가

진단평가와 평가에 관한 용어 정의는 이 책의 여러 장에서 볼 수 있다. 이 장
의 목적을 위한 대략적 정의로 평가(evaluation)란 대체로 치료의 결과로서 성장 혹
은 발전을 측정하는 것에 목적이 있는 과정을 의미하는 것으로 사용된다. 진단평가
(assessment)는 치료가 시작되기 전에 이루어지는 과정을 말한다. 무용/동작 치료의
경우 위에서 간단히 설명한 것처럼 평가는 사실상 모든 회기에서 이루어지며, 회기
안에서 무엇이 일어났는가를 보여 준다.

무용/동작 치료 자격위원회의 교육필수과목뿐만 아니라 미국무용치료학회는 무용/동작 치료사들에게 여러 규칙을 유지하며 평가에 대하여 윤리적 교육의 강령에서 다음의 말로 시작하고 있다. "무용/동작 치료사는 진단의 목적, 치료 계획 그리고/혹은 연구를 위하여 내담자의 진단평가에 관여하는 자격을 갖는다."(http://www.adta.org/Resources/Documents/ADTA%20Code%20of20Etics%202010.pdf; p. 1). 윤리강령은 다음과 같은 평가에 대한 적절한 정보를 포함하는 임상훈련의 윤리규정과 함께 사용된다.

규칙 11: 평가/진단평가: 진단, 치료 계획 그리고/혹은 연구의 목적을 위하여 무용/동작 치료사는 자신이 교육받은 도구와 기술만을 사용하여 내담자들의 측정에 참여할 수 있다.

A. 진단 도구들과 진단평가는 언어 혹은 비언어적 기법들 또는 두 개 기법을 함께 하는 것을 포함할 수 있다.

B. 연구는 반드시 연구의 의도, 기간, 연구의 특성, 참여자 보상, 참여와 중단에 대한 권리, 정보 제공과 신원 확인이 된 접촉 가능한 개인, 그리고 비밀 보장 절차가 명시되어 있는 동의서에 따라 관리되어야 한다.

연구는 반드시 해당하는 모든 법적·전문적인 설명 지침과 기관감사위원회(IRB) 또는 국가 규정을 모두 준수하며 관리되어야 한다.

연구 자료는 반드시 참여자의 익명성을 충분히 유지하는 방식으로 관리되고, 저장되고, 사용되어야 하며 반드시 오역의 가능성을 최소화하는 방식으로 보고되어야 한다 (http://www.adta.org/Resources/Documents/ADTA%20Code%20of20Etics%202010.pdf; p. 4).

윤리강령과 임상 훈련의 윤리규정에 더하여, 미국무용치료학회의 승인위원회는 학회의 승인된 교육 프로그램을 수강하는 학생들은 모두 교육과정의 한 부분으로 동작의 관찰, 분석 그리고 평가를 위한 방법을 배워야 한다고 명시하고 있다. 무용/동작 치료 자격위원회는 대안적 교육과정(alternate route)을 이수하는 학생들에게도 학회 승인된 교육과정과 동일하게 기본적 무용/동작 치료의 역량으로 동작 관찰, 평가 그리고 사정평가에 대한 조직적 방법의 무용/동작 치료 훈련(90시간)을 하는 것을 명시하고 있다(http://www.adta.org/Resources/Documents/R-DMT%20Applicart%20Handbook%2012.21.11.pdf). 교육·훈련 안에 구체적 체계는 요구되지 않지만, 강사의 동작 관찰 체계에 대한 전문 지식은 기대된다.

교육과 전문적 훈련의 윤리적 규정 안에 필수적으로 동작 관찰을 포함하는 것은 필수 과목들의 전문성이 부족하다는 점과 관련이 있다. 몇몇 미국무용치료학회(ADTA)의 승인 프로그램은 그들의 DMT 프로그램 외에도 심층적 LMA 기반의 움직임 관찰 프로그램을 진행하는 반면, 승인된 프로그램을 위한 미국무용치료학회 교육과정의 필수 과목들은 비특성적이다. 몇몇 대학원 프로그램에서는 동작 관찰 교과 내에 LMA 이외의 것들을 허용하기 때문이다. 파월(Powell, 2008)은 대학원 프로그램 내 강의 계획서를 수용하여 여러 예를 제시하였다. 그중 주목할 만한 두 개의 보기 설명이 비교와 차이를 위하여 다음에 소개되어 있다.

> 이 수업에서 학생들은 어떻게 마음이 신체를 통하여 표현되는지를 볼 것이다. 정지와 움직임 안에서 모두 서술적으로 신체를 보는 기술을 기르는 데 필수적인 개념과 기본적 용어를 갖는 것에 것에 집중한다. 무용/동작 치료와 신체 심리치료에 구체화된 다양한 관찰과 평가 모델이 소개된다: 형태학적, 발달학적, 활동적, 체지적(segmented), 과정 중심적 그리고 원형적 체계(Powell, 2008, p. 33).
>
> 이 수업은 학생들에게 LMA의 체계 안에서 동작 관찰과 분석을 소개한다. 경험적이고 교훈적인 체계들 안에서 학생들은 움직임 행동으로 나타나는 개인적, 관계적, 문화적 그리고 사회적 역동들을 탐색할 것이다. 개인들과 집단들을 위한 치료적 적용들이 토론될 것이다(Powell, 2008, p. 33).

교육 프로그램과 수업에서 관찰적 진단평가와 그것의 가능한 변형을 사용하는 것에 전문적 초점이 주어지는 것은 무용/동작 치료사들이 실제로 임상에서 무엇을 사용하며 어떻게 사용하는가와 관련이 있다. 그러나 무용/동작 치료사들에 의한 진단평가의 임상적 사용에 대한 데이터는 제한적이다. 영국의 한 연구(Karkou & Sanderson, 2001)에서 케스텐버그 동작 프로파일(Kestenberg Movement Profile)과 같은 완성된 움직임 분석 도구를 사용하지 않고 이 같은 분석 도구를 비판하는 41인의 설문 응답자들이 임상적 훈련에 적용하기에 그것이 너무 복잡하다고 보고하였다. 파월(2008)은 미국과 해외 무용/동작 치료사들을 설문 조사하였는데, 응답률은 낮았지만 (6%; N=62) 대다수의 응답자는 LMA 기반의 형식적 평가 도구를 사용하고 대략 반 정도의 응답자는 스스로 개발한 도구를 함께 사용하는 것으로 조사되었다. 이들 연구의 흥미로운 점은 응답자들이 만든 형식적 그리고 비형식적 진단평가 도구들 간의 암시적 차이점이다. 영국의 연구에서는 형식적 진단평가들에 대해 비판적이지만, 미국의 연구에서는 사용되고 있다고 보고되었다. 이 조사에 응답한 무용/동작 치료사들은 실제 임상에서 가능한 것과 유용한 형식적 도구 간에 매우 현실적 거리를 느끼고 있는 것으로 보인다.

두 설문 조사의 낮은 응답률 때문에 어느 한 연구에서 결과를 도출하기는 어렵지만, 왜 특정 훈련과 진단평가에서의 설문 조사가 전문가에게 유용한 정보를 제공할 수 있는데도 유용한 표본을 얻는 데 실패하였는지 짐작하는 것은 흥미로웠다. 파월(2008)은 증거 기반 훈련을 확립하는 데 관련이 있는 무용/동작 치료의 동작 분석 표준화가 필요하다고 지적했고, 카코우와 샌더슨(Karkou & Sanderson, 2001) 역시 증거 기반 훈련에 대한 이슈에 의견을 같이했다. 무용/동작 치료의 발전을 위해 더 심화된 연구가 필요하다는 의견이 문헌에서 공통적으로 논의되고 있으며, 어떤 진단평가가 어떻게 이용되고, 어떻게 진단평가가 사용되는지에 대한 확실한 표준화는 전문성이 앞으로 한발 내딛는 데 있어 중요한 열쇠임을 보여 줬다. 그러나 무용/동작 치료의 진단평가는 무엇이 측정되는지(신체 혹은 동작), 또는 공식 혹은 비공식으로 행해진 진단평가, 그리고 동작 평가의 객관성, 신뢰성, 유효성에 관련된 문제 등의 범위 때문에 쉽지 않다. 이 문제 가운데 일부는 예전부터 그리고 최근에 더 주목되고 있고(McCoubrey, 1987; Chang, 2006; Chang, 2009; Caldwell & Johnson, 2012; Cruz & Koch,

2012), 그 내용을 이 장에서 다룰 것이다.

동작의 언어

앞에서 언급했듯이, 라반은 무용/동작 치료에 사용되는 많은 관찰 체계의 기초 동작을 위한 서술적 언어를 제공했다. 페더와 페더(Feder & Feder, 1998)는 다음과 같이 기술했다.

> 무용/동작 치료사에게 더 흥미로운 것은 어떻게 동작이 표현되는지에 관한 동작의 질적 분석과, 어떻게 에포트(effort)가 그것의 구성 요소인 공간, 무게, 시간 그리고 흐름의 관점에서 분석될 수 있는지에 대한 라반의 연구다. 이 체계는 지금까지 다른 많은 연구자가 수정하였는데, 특히 그중 라반의 에포트 분석(analysis of effort)과 워런 램의 형태 개념(concept of shaping)을 결합시킨 엄가드 바테니에프가 가장 많이 수정하였다. 그 결과물이 잘 알려진 라반 동작 분석(LAM)이다(p. 288).

바테니에프(1972)는 에포트/형태(Effort/Shape)를 "동작 행동이라기보다는 동작 사건(event)의 흐름 변동과 수정의 과정을 다루는 개념들의 집단이라고 묘사했다"(p. 69). 라반의 행동과 역동의 구별은 동작이 표현되는 특성을 전달하는 데 도움을 준다(Foroud & Whishaw, 2006). 이 특성들은 연결적으로 동작의 느낌을 전한다. 공간적 측면과/혹은 역동적 측면과 행동 간의 구별은 움직임 행위의 광범위한 분석을 허용하고, 이는 기능적이고 표현적인 움직임을 묘사하는 데 사용할 수 있으며(Foroud & Whishaw, 2006), 자세를 잡을 때나 신체가 휴식할 때도 마찬가지다. 램(1965)과 바테니에프(1980)의 이론대로, 에포트, 형태, 신체 그리고 공간의 네 가지 영역에 속하는 모든 동작에 일반적인 기능이 있다. 이 영역은 무용/동작 치료사에게 유용한 LMA의 기본 구성 요소다.

에포트(Effort) 요소   에포트 요소는 흐름, 힘, 시간 그리고 공간이다. 각 요소는 닻(anchors)과 같은 두 양극성과의 연속성을 나타내고, 다음에서 설명된다. 아래의 어떠한 서술어에도 가치 판단이 반영되지 않았다.

- 흐름(flow): 살아 있는, 신체 긴장 상태의 변화, 쉬운 혹은 저항이 있는 동작
  - 자유로운(free): 어울리는, 신체 경계를 통과하고 넘어서는 에너지를 허용하는
  - 조심스러운(bound): 제한된, 통제된; 신체 경계 안에 에너지 흐름을 보존하는
- 힘(weight): 자아감, 자기주장 – 동작에 가해지는 힘 혹은 압력
  - 가벼운(light): 세련된, 섬세한, 미세한 터치, 자신의 무게를 이겨 내는
  - 힘 있는(strong): 강한, 관통하는, 자신의 무게에 밀리는; (중력 혹은 무거움에 따른 수동성과 구별됨)
- 시간(time): 외적인 시간에 대한 보상, 행동의 지속에 대한 태도
  - 지속된(sustained): 시간의 연장, 여유롭고 능동적으로 시간 안에서 즐기기; 시간적 결정(슬로 모션과 경계 안에서의 흐름 균형과 구분)
  - 갑작스러운(sudden): 긴급한, 즉각적인, 그때그때 급박감을 되살림; 시간적 결정; (빠름, 박자 상승과 구분)
- 공간(space): 현실의 관심, 중심 에너지가 어떻게 행동에 집중되는지
  - 일정하지 않은(indirect): 중복에 대한 집중, 다방면의 관심, 능동적인 곡선
  - 일정한(direct): 연속성을 따르는, 정확하게 한 부분에 집중된

형태(Shape) 요소   이 요소들은 증가되는 적응성의 발달적 진행에서 공간으로 구성되고 접근한다.

- 형체가 흐르는(shape flow): 신체 중심의 형태 변형(예: 신생아의 움직임)
- 지향성이 있는 동작(directional movement): 환경 중심의 형태는 목표 중심으로 바꾸고, 지점과 마지막 포인트로 이동(예: 유아의 걸음마를 시작하는 움직임)

- 형체를 만드는(shaping): 환경 중심의 형태는 진행 중심으로 바뀌고, 공간 형성 혹은 공간, 환경, 조각, 조형, 조각 기법에 대한 적응을 조성함

  - 신체(body): 신체 부위들의 조화와, 시작부터 마침까지 신체를 통한 동작의 연속성이 이 영역에 해당한다.
  - 공간(space): 이 영역에서 움직이는 사람의 공간을 통한 이동경로들은 모두 형식과 설계에 대하여 나타낸다.
  - 보조 개념: 여러 보조적 개념에는 평면, 개인적 공간(kinesphere), 자세, 근접성, 눈 맞춤 그리고 표정 등이 있다.

이들 LMA 서술에는 무보(notation)로 표기가 가능하며, 하나의 예가 [그림 12-1]에 제시되어 있다.

동작을 묘사하기 위한 기본적 시스템으로서 최근 LMA는 신경학과 신경과학과 같이 무용 이외의 분야에서도 주목받게 되었는데, 이 분야들에서는 특성 동작 장애를

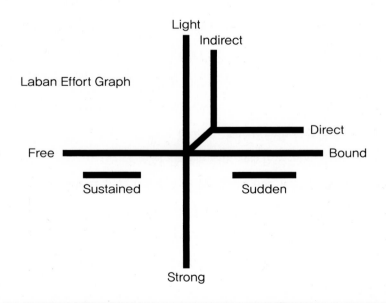

[그림 12-1] LMA의 에포트와 형태 표기법

설명하는 특정한 용어를 사용하는 것보다, 동작을 묘사하기 위한 시스템이 부족하였기 때문이다(Cruz, 1995). 흥미롭게도, 비언어적 행동 연구 영역에서도 "대다수의 비언어적 행동 연구에서 동작에 초점을 맞추지 않고 자세와 제스처(눈썹의 움직임, 눈 맞춤, 팔짱, 코를 만지는 행동) 같은 안정적인 신체 자세에 초점을 맞추는 것"과 같은 동작에 관한 연구를 하고 있다(Winter, 1992, p. 155). 그러나 LMA를 이용하여 감정 표현에 초점을 둔 최근의 연구가 『비언어적 행동 연구지(*Journal of Nonverbal Behavior*)』에 발간되어 긍정적인 변화의 신호가 나타났다(Gross, Crane, & Fredrickson, 2010). 그럼에도 무용/동작 치료의 교육, 훈련, 그리고 연구에 LMA를 사용하는 것은 여전히 행동 및 의학 과학에 한정되어 있다.

LMA는 몇몇 이론적 형식을 수반한다. 바테니에프(1980)는 에포트와 형태(Effort/ Shape) 요소는 전체적 사용의 연속성이 건강한 움직임을 묘사하는 것으로 이론화하였다. 이때 건강한 움직임은 개인적으로 선호된 에포트와 형태 요소들 간의 패턴에도 불구하고, 에포트 요소를 '좋은' 것 혹은 '나쁜' 것으로 판단하는 것과는 무관하다 (p. 315). 비록 특정 상황 안에서 논쟁이 일기도 하겠지만, 바테니에프의 건강한 동작 이론을 검증할 최종적인 연구 결과는 아직 없다. 예를 들어, 나무에 매달린 그네를 타면서 자유로운 흐름(free flow)이 필요한 것과 뜨거운 물이 담긴 잔을 들고 조심스러운 흐름(bound flow)을 사용하는 것은 물을 흘리지 않기 위해 필요한 것이다. 다양한 삶의 환경에서 동작수행은 성공을 위해 에포트 요소와 폭넓은 형태의 사용이 필요하다. 그러나 개인사와 문화의 힘은 표현적·기능적 동작에 영향을 주고, 더불어 신체 구조 또한 그것의 영향을 받은 쓰임새에 의해 발달된다.

LMA를 위한 교차문화적 적용은 처음에 민족학자인 앨런 로맥스(Alan Lomax)와 그의 동료 어네스틴 폴레이(Ernestine Paulay)와 바테니에프가 발전시켰다. 그들은 1960년대에 컬럼비아 대학에서 그들이 발전시킨 LMA가 포함된 무용동작 분석 체계인 코레오메트릭스(Choreometrics)를 이용하여 적용했다(Bartenieff, 1980). 프로젝트의 목적은 전통의 한 부분인 문화 안에서의 동작(개인차)과 스타일이 동작 안에서 문화적으로 어떤 패턴이 있는지 알아보기 위함이었다. 이 작업에 많은 다른 다큐멘터리 필름 장면이 수집·분석되었고, 4개의 영상이 제작되었다. 그러나 로맥스의 연구 결과와 조사 방법이 무용학자들에게는 논란의 여지가 있는 것으로 비춰졌다(Kealiinohomoku, 2003). 로맥스의 인류학적 연구에서 무용/동작 치료사들이 LMA를 통해 '보편적'으로 동작을 묘사할 수 있다는 가설이 불확실하고, 이 가설은 명확하게 검증된 적이 없기 때문이다. 비록 이 연구에서 교차문화적 적용에 대한 체계적인 조사는 부족하지만, 이와 같은 주제의 연구는 무용/동작 치료에서 지속적으로 관심을 갖고 있다(예: Kestenberg-Amighi, Pinder, & Kestenberg, 1992).

다문화주의와 다양성 고려

무용/동작 치료가 전문화된 후, 미국 내에서는 많은 사회적 변화가 있어 왔고, 동작 언어와 동작 관찰에 관한 논의에서 그 깊이와 맥락을 확장할 만한 두 가지 주목할 만한 사항이 있다. 첫 번째로는 무용/동작 치료가 미국과 영국에서 다른 나라들로 퍼져 나간 것이다. 이와 같은 성장은 많은 유학생이 미국의 대학에서 무용/동작 치료를 공부하고 그들의 나라로 돌아갔기 때문이다. 게다가 미국의 전문가들이 미국을 떠나 다른 나라를 직접 찾아 무용/동작 치료 발전에 도움을 주거나 관심이 있는 사람들에게 무용/동작 치료 과정을 가르쳐 준 과정도 영향을 끼쳤다. 몇몇은 1994년부터 개최된 미국무용치료학회 컨퍼런스에서 국제 패널이 국제적인 전문가의 성장에 영향을 미쳤다고도 인용했다(Berger & Dulicai, 2005). 버거와 덜리카이(Berger & Dulicai, 2005)는 37개국에서의 무용/동작 치료 발전을 기록했고, 전문가를 위해 국제적인 장면을 생동감 있고 다양하게 묘사했다. 이러한 성장과 관련하여, 무용/동작 치료가 비서양 문화권에 맞게 재개념화된 방법과 정도는 현재 알려지진 않았지만, 흥미로운 것으로 남아 있다. 창(Chang, 2009)이 지적한 대로, "역사적으로 무용/동작 심리치료를 위한 임상 이론과 모델은 서양의 유럽인과 북미인의 정신건강 개념을 기본으로 하고 있다"(p. 301). 이것은 국제적인 발전뿐만 아니라, 미국 내 다문화주의에 대한 관심의 상승과도 관련이 있다.

교차문화적 상담 기능이 1982년 미국상담협회(American Counseling Association)에 의해 공식적으로 알려진 후(Sue et al., 1998), 미국 내 다양성에 대한 인식이 계속 퍼져 나가면서, 다문화적 기능은 심리치료 수련과 임상훈련의 기본 요소로 비춰지기 시작했다. 2008년, 미국무용치료학회(ADTA)의 이사회는 윤리강령 내에 다양성에 대한 책임 이행의 새 조항을 포함하는 것을 투표했다. 그 후 2011년에 다문화와 다양성 위원회가 미국무용치료학회(ADTA) 규정에 추가되었고, 위원회 의장 또한 이사회에 정식적으로 이름을 올렸다. 이것은 무용/동작 치료의 전문성에서 다문화주의와 다양성의 이슈를 해결할 인력의 새롭게 재정비된 헌신과 다짐을 상징했다. 이처럼 공식적인 윤리 조항들은 전문성 내 논의들을 반영하는 것으로서, 미국 내에서는 전통적으로 백인, 이성애자 여성들로 이루어져 왔다.

콜드웰과 존슨(Caldwell & Johnson, 2012)에 따르면, "사회적으로 다름(계층, 성별, 성적 취향, 능력, 민족성)을 상징하는 사람들은 현 사회의 도덕에 점령당한 사람들로부터 체계적으로 학대받고 있다. 이런 담론에서 '다름'은 순식간에 '부족함'이라는 뜻이된다"(p. 122). 그들은 또한 무의식적으로 관찰자가 다른 사람을 해할 가능성을 내재하고 있을 수 있다는 것도 지적한다. 유사한 특징으로, 창(2006)은 무용/동작 치료를 위한 사회·문화 맥락은 "절대 중립될 수 없다."라고 지적했다(p. 193). 한나(Hanna, 2012)는 다른 문화의 개인과 단체에 대하여 '전통적' 무용/동작 치료 '시각'으로 인한 오해를 '완화'할 연구가 필요하다고 제안하였다(p. 169). 이 인식들은 어떻게 무용/동작 치료가 활용되는지, 그리고 임상과 조사 연구의 한 부분으로서 어떻게 동작 관찰에 새로운 조명이 필요한지를 내포하고 있다. "어떻게 동작이 다른 사람에게 보이고, 보는 이들과 움직이는 이가 동작에 어떤 가치를 부여하는지"(Chang, 개인적 서신, 2012. 6. 18)는 사회적 정의 이슈가 무용/동작 치료를 알리는 데 기여하였을 때 더 주목을 받았다. 더 나아가 문화 사이의 지각, 관심, 임시 추론, 그리고 지식 구성의 다름(Nisbett, 2003)은 무용/동작 치료에 영향을 줬다. 창(Chang)이 묘사한 것처럼, "내 경험상, 내 연구의 한국 학생들은 내가 이해한 것과 다르게 무용을 보았고, 무용/동작을 매우 다르게 해석했다"(개인적 서신, 2012. 6. 18).

이는 무용/동작 치료와 동작 관찰에 있어 무엇을 의미하는 것일까? 아마도 동작 역동에 대한 서술적 언어로 되어 있는 LMA 체계보다는 무엇이 관찰되고 언제 해석이 이루어지는지의 교차문화적 · 다문화적 문제가 발생한다는 의미인 것 같다. 동작에 대한 느낌이 동작의 특징으로 묘사되는 동안, 관찰되는 사람보다는 관찰하는 사람의 '차이'에 의해 판단되고 해석되는 것은 매우 자연스러운 일이기 때문이다. 에포트의 전체적 사용의 연속체에 대한 접근이 건강을 나타내는 척도라는 가정은 한나(Hanna)의 전통적 무용/동작 치료 관점과 연결된다. 사회적 차이에 대한 관심이 증가하고, 무용/동작 치료가 전 세계적으로 퍼져나감에 따라 여러 가정, 역사적 모델, 그리고 움직임의 관찰과 해석에 대해 질문을 가지는 것은 그 어느 때보다 이러한 직업군에서 더욱 유관하며 시급하다.

동작 관찰에서의 전통적 문제와 함정

LMA에 대한 구체적 언급으로, 매코브리(McCoubrey, 2012)는 관찰자 자신 내부의 자세와 동작에서의 선호도는 문제를 유발하거나 객관적으로 다른 이의 동작 관찰에 방해가 될 수 있다고 설명했다. 매코브리가 신뢰도의 이슈와 이것을 연관 지을 때, 관찰의 유효성도 함께 관련지어졌다. 크루즈와 코크(Cruz & Koch, 2012)는 이 신뢰도와 타당도의 표준 정의를 제안했다.

> 동작 관찰과 측정의 타당도와 신뢰도를 말하는 것은 진정 무엇을 뜻하는 것인가? 간단하게 말하자면 타당도는 어떤 관찰 척도가 측정하고자 하는 바를 측정하는 정도(정확성)이며, 신뢰도는 관찰 측정 과정에서 추출된 점수들 간의 일관성 혹은 정확도라고 정의된다(정확성)(pp. 49-50).

이들은 동작 관찰의 주관성과 순간적인 자연 움직임 표현의 어려움, 그리고 "눈에 익은 것 혹은 보고 싶어 하는 것에 맞추기 위해 패턴을 변화시키는" 인간의 경향성을 포함한 지각 편향을 일으킬 수 있는 잠재력을 묘사함으로써 한걸음 더 나아갔다(p. 50). 이들의 초점이 조사 연구 목적에 쓰일 동작 관찰의 신뢰도와 타당도를 어떻게 높일까 에 주어지는 동안 많은 이의 논의 측면은 임상적 관찰에 적용되었다.

신체에 관한 규범적인 전제에 대한 확장된 논의에서, 콜드웰과 존슨(Caldwell & Johnson, 2012)이 데이비스와 마커스(Davis & Markus, 2006)가 사용한 암호와 해독이라는 용어로 타당도의 이슈를 소개하였고, 이는 매코브리(McCoubrey, 1987) 역시 지적하였다.

예를 들어 최대 동작의 레퍼토리는 최대의 심리건강과 연관성이 있고, 중심과 말단에서 동시에 시작되는 움직임이 더 건강하며, 협력, 복합 그리고 단결된 관계가 있는 동작이 심리건강과 연관이 있다는 등의 우선적 가정이 있다(Cruz, 2009; Davis, 1970; Burn, 1987). 이 연관들이 기반이 되어, 우리가 어떻게 그것들을 운용하고, 임상적으로 다양한 환경에서 접목하는지가 결정적인 문제가 되었다. 공간을 가로지르거나, 특정 공간의 면(plane)에 몰입하는 내담자의 관찰과 이에 관련 있는 무용치료 중재는 무용치료 분야에 의해 내재화된 일상적 편견과 개인 이력을 통해 걸러지는 해석 과정이다(p. 128).

지금까지의 논의에서 분명해진 것은, 무용/동작 치료사의 가정에 대한 의문과 동작 행동 관찰의 해석에 대한 무의식적 선입견을 밝혀 내는 필요의 중요성이다. 내담자에게 그 자신의 동작에 대한 주관적 경험 묘사를 요청하는 것(Caldwell & Johnson, 2012)은 개인 경험 묘사를 위한 단어를 찾는 어려움에 도움이 될 수 있는 동시에 내담자를 무용/동작 치료로 이끄는 중요한 계기가 될 수 있다. 사실, 처음에 경험을 말로 표현하지 않아도 내적인 내용을 작업할 수 있다는 것이 무용/동작 치료의 잘 알려진 특성이다. 동작 관찰에 관련된 지금까지의 설명된 문제를 해결하는 방법을 제외하면 몇몇 타당한 의견이 만들어질 것이다.

무용/동작 치료 회기에서 가장 우선되는 것은, 치료사가 회기 안에서 내담자의 안전을 유지하고 치료적으로 개입하기 위한 관찰의 필요성이다. 임상 효과는 치료사가 '가설'을 세우는 것과 교육에서 이 가설들을 실험하는 연구조사에서 비교되어 왔다 (Chaiklin & Chaiklin, 2012). 치료사의 관찰과 전달된 중재(예: 관찰된 특성의 보완 혹은 대조, 또는 특성의 심화 혹은 완화)는 개인의 정확성과 부정확성을 치료사에게 알리는 내담자의 즉각적 반응에서 나왔다. 치료사가 느끼는 성공과 실패는 내담자와 앞으로의 치료와 슈퍼비전을 위한 내용을 만들어 낸다. 가능하다면 내담자가 주관적 경험을 설명할 수 있도록 돕고, 내담자의 능력이 극대화되도록 집중하며, 내담자의 편견(내재해 있는 혹은 그 외의)을 없애는 일은 치료사의 책임으로 남아 있다. 크루즈와 코크(2012)는 다음과 같이 말하였다.

임상적으로 무용/동작 치료사는 어떻게 그들 자신의 편견이 동작 관찰에 영향을 미치는지 특별히 주의해야 한다. 이 상황에서 치료사들은 주로 그들의 동작 행동에 대한 편견을 갖거나 관찰자에 대한 불신을 만들 수 있는 내담자의 이력 혹은 다른 정보에 다가갈 수 있다(Borg & Gall, 1983)(p. 55).

두 번째 관점은 이 분야의 연구조사에서 무의식적 혹은 밝혀지지 않은 내재한 인식은 내담자에게 부정적 인상을 주기 때문에 무용/동작 치료사에게 도움이 되는 방법 연구나 가설 연구가 필요하다는 점이다. 이 방법들은 훈련 과정에서 필요할 뿐만 아니라, 동작 관찰 훈련과 무의식 인식과 같은 요소를 표준화하는 데에도 필요하다. 무용치료 훈련에 관한 중요한 이전 논문에서, 쉬마이스(Schmais, 1972)는 학생이 "자신의 모든 움직임 레퍼토리, 내용에 영향을 주는 지속적인 동작, 표면 바로 아래 숨겨진 동작과 방어를 놓쳤을 때 나타나는 동작, 분노 혹은 우울할 때 나타나는 동작을 인지하고 있어야 한다."라고 설명했다(p. 84). 이 조언은 오늘날 전문적 임상과 훈련을 이행할 때 더 중요해졌다.

마지막 관점은 오랜 시간 동안 많은 노력이 동작 관찰을 진단 또는 일상적 움직임의 패턴을 진단적 그룹으로 지정하는 것으로 사용하는 동안(예: Burn, 1987; Goodman, 1991), 신경과학의 앞선 기술은 자발적 움직임 패턴보다 운동계의 기능장애와의 연관을 지적하고 있다. 크루즈와 코크(2012)가 말한 바와 같이, 운동 평가를 하는 데서 운동계의 특징들을 이해하는 것은 매우 중요하다(Ropper & Brown, 2005; Cruz, 2009). 예를 들어, 19세기 후반 이래로 정신병리학과 연관되는 추체외로 운동계의 장애로 만들어지는 움직임 특성들과 움직임의 다른 종류들 간의 구별이다(Cruz, 2009). 모든 운동 평가에서, 신경학적 장애에 기인하여 수의적 혹은 불수의적으로 발생하는 비정상적인 운동과 다른 운동 패턴을 구분할 수 있는 능력은 매우 중요하다(p. 53).

비정상적인 수의적 혹은 불수의적인 운동을 신경과학적 측면에서 접근하는 것은 운동을 관찰하는 데 더욱 명확한 시각을 제공할 것이다. 이를테면 포러드와 위쇼(Foroud & Wishaw, 2006)는 LMA를 이용하여 뇌졸중을 경험한 환자들이 손을 내뻗을 때 나타나는 운동학적인 그리고 비운동학적인 운동 양상 변화의 특징을 찾아냈다. 그들은 "LMA가 뇌졸중의 발생 위치와 강도를 모두 감지해 낼 수 있다."라는 것을 발견했으며(p. 146), LMA를 진단과 측정을 위해 권장하였다. 그리고 연구 자료 내에서 LMA의 응용에 관하여 다음과 같이 서술하였다.

먹기 위해 손을 내뻗는 과제를 수행할 때, 운동의 운동학적 구조(신체와 공간)는 그 동작을 보조하기 위해 작동하며, 그동안 비운동학적 동작(힘의 투사와 형태)은 가능한 한 힘이 덜 들도록 조절된다. 어떠한 동작의 운동학적 구성은 공간 속에서의 신체의 동작이다. 이것은 과제와 직접적으로 연관된 동작이 일어날 수 있도록 일종의 '발판(scaffolding)'을 제공하는 역할을 한다. 비운동학적 특징들은 더 질적이고 표현적으로 보이지만, 비운동학적 동작의 감소를 통해 이득을 얻을 수 있는 동작도 있다(p. 146).

무용/동작 치료의 관점에서는, 이 장의 후반부에서 자세히 설명할 동작 정신진단조사(Movement Psychodiagnostic Inventory: MPI; Davis, 1991)만이 현재까지 구체적으로 신경 체계와 운동장애에 연관 지어 분석되었다(Cruz, 1995, 2009).

동작 분석 체계에 관한 개요

앞으로 논의될 모든 동작 분석 체계(Movement Analysis Systems)들은 그 사용을 위해 훈련이 요구된다. 그중 몇몇은 그 분야에서 이미 전문가라 하더라도 고도의 훈련이 필요하기도 하다. 임상적인 도구가 연구에 사용되는 진단 방식에 더 적절할 수 있듯이, 몇몇 분석 체계는 다른 것들에 비해 더 적절할 수도 있다. 그중 대다수는 표준화되거나 준거 집단에 사용되지 않았다. 일부 체계는 다소 복잡한데, 예를 들어 케스텐버그 동작 프로파일(Kestenberg Movement Profile: KMP)과 동작 정신진단 조사(Movement Psychodiagnostic Inventory: MPI)는 훈련을 수료한 평가자도 사용하기가 쉽지 않다. 45시간의 훈련을 수료한 초보 평가자를 대상으로 한 연구에서 코크, 크루즈와 구딜(Koch, Cruz, & Goodill, 2001)은 평가자가 다른 리듬에 비해 일부 리듬을 발견하는 데 더 큰 어려움을 느꼈음을 발견했다. 또 다른 연구에서 크루즈(Cruz, 1995)는 MPI에 대해 경험별로 나뉜 평가자 집단을 분석한 결과, 평가자의 훈련 정도가 결과에 영향을 미칠 수 있음을 발견하였다. KMP와 MPI는 임상적으로 사용하기에 어려운 체계들이다. 예를 들자면, 데이비스, 라우스버그, 크루즈, 버거와 덜리카이(Davis, Lausberg, Cruz, Berger, & Dulicai, 2007)는 훈련받은 평가자가 30분 길이의 녹화를 보고 MPI 진단평가를 수행하는 데 소요되는 시간은 3~4시간이라고 보았으며, 코크와 뮐러(Koch & Müller, 2007)는 해석을 포함한 하나의 KMP를 완성하는 데 '총 하루의 근무 시간'이 소요된다고 예측하였다(p. 195). 임상에서 이용하기 위한 KMP와 MPI의 간소화된 버전이 개발되었는데, 이는 앞으로 진단평가 도구들을 자세히 설명하면서 함께 언급할 것이다. 물론 간소화된 버전 역시 훈련이 필요하며, 적용 가능 집단이 제한될 수 있다.

여기서 언급할 진단평가 체계 중 단지 일부만이 평가 대상과 그 소속 집단에 대한 비교분석 자료를 제공할 수밖에 없다. 개인의 진단평가 결과를 집단에서 '전형적인' 결과와 비교하기 위해서는 큰 집단을 대상으로 대규모의 연구를 진행해야 하기 때문이다. 〈표 12-1〉(Cruz, 2006에서 수정)에서 무용/동작 치료 연구 자료에 존재하는 동작 관찰 체계들의 목록을 볼 수 있다. 앞서 말했듯이, DMT의 동작 관찰 체계가 모두 LMA를 기반으로 한 것은 아니며, 이 표에서는 어떤 체계가 LMA의 영향을 받았는지 확인할 수 있다(p. 322). 자폐증과 비전형적인 아동을 위한 행동 점수 도구인 BMS(Kalish, 1976)는 작은 표준적인 자료로 개발되었다. 마크 소신(Mark Sossin, 2002)은 KMP 안에서 아이들을 위한 발달된 표준을 만든다고 보고했지만, 아직 이 도구의 전반적인 사용은 어렵다. 도구의 타당도와 신뢰도를 검증하기 위해 여러 숙련된 평가자를 활용하는 사례들을 발전시켜 나가기 위해서는 재정적 지원이 필요하며, 이는 많은 무용/동작 치료사에게는 어려운 일이다.

〈표 12-1〉의 목록은 완전하진 않지만, 조사에서 사용되거나 발표된 도구를 포함한다. 나열되어 있는 진단평가 도구 중의 대부분은 적용 시 오랜 관찰이 필요하다.

〈표 12-1〉 무용/동작 치료의 동작 측정 도구

동작 측정 도구	저자	대상/사용	LMA*
아동			
자폐증과 비전형적인 아동을 위한 행동 점수 도구 신체 동작 척도(Body Movement Scale of the Behavior Rating Instrument for Autistic and Atypical Children: BRIAAC)	Kalish (1975)	자폐증과 다른 감정/행동 문제를 보이는 아동 치료 진행 판단의 기준점 제공	적용
동작을 통한 성격 측정(Personality Assessment through Movement)	North (1972)	정상적인 아동. 개인적 성격 평가	적용
정신의학의 동작 평가 척도(Psychiatric Movement Assessment Scale: PMAS)	Westbrook & Sing (1988)	아동 정신의학적 평가	적용
케스텐버그 동작 프로파일(Kestenberg Movement Profile)	Kestenberg (1975)	아동, 성인, 모자(혹은 모녀) (본문 참조)	적용
감성적 이야기 에포트 진단평가(Moving Story Effort Assessement)	Dyanim, Goodill, & Lewis (2006)	8~11세 아동 정신의학적 평가	적용

성인 정신의학			
동작 정신진단 조사(Movement Psychodia-gnostic Inventory: MPI)	David (1991)	성인, 아동(본문 참조)	적용
동작 관찰 척도(Movement Observation Scale)	Samuels (1972)	정신질환의 성인 환자 반복성 동작 평가와 동작 행동 변화 관찰	
동작의 기능 진단평가(Functional Assessment of Movement: FAM)	Schappin (in Sack & Bolster, 2009)	정신질환의 성인 환자 대인관계적 행동과 비언어적인 상호작용 해독 또한 발달 지체 성인 외래환자 (Sack & Bolster, 2009 참조)	적용
일반 성인			
동작과 자각의 기능적 평가(Functional Assessment of Movement and Perception)	Berrol, Ooi, & Katz (1997)	쇠약한 노인, 뇌 손상 혹은 뇌 외상 후유증이 있는 자. 심리사회적 기능을 저하시키는 운동 신경 기능장애를 찾아내는 측정	적용 안 됨
동작 진단검사(Movement Diagnostic Tests)	Espenak (1981)	성인 신체 기능 장애와 개인 특성	적용 안 됨
비언어적 도구			
동작 특징 분석(Movement Signature Analysis: MSA)	Davis (1991)	정상적인 성인. 대화 시 보이는 개인 특징 동작 패턴을 찾아냄	적용
데이비스 비언어적 의사소통 분석 체계(Davis Nonverbal Communication Analysis System: DaNCAS)	Davis (1983)	성인. 심리치료의 비언어성 해석	적용
비언어적 상호관계와 분석 상태(Nonverbal Interaction and States Analysis: NISA)	Davis (1991)	성인. 감정적 상태와 비언어적 상호관계 해석	적용
비언어적 가족 측정체계(Nonverbal Assessment of Family Systems: NVAFS)	Dulicai (1977)	가족, 또는 아이와 양육자. 안내적(guided) 치료에서의 역동적 상호작용 측정	적용
행동 프로파일(Action Profile)	Lamb (1965)	성인, 상담 관리 (Winter, 1992 참조)	적용

* 도구에서 LMA를 적용하거나 기준으로 삼았다면 '적용'으로 표시함.

아동을 위한 동작 측정 도구

자폐증과 그 외 비전형적인 아동을 위한 신체 동작 척도

베스 칼리시-와이스(Beth I. Kalish-Weiss, 1976)가 개발한 이 척도는 어린아이들의 기능을 측정하는 여덟 가지 진단평가 기준 중의 하나로 자폐증과 그 외 비전형적인 아동을 위한 행동 점수표(Behavior Rating Instrument for Autistic and Other Atypical Children: BRIAAC)를 포함시켰다. BRIAAC는 자폐증과 그 외 감정, 행동 문제를 검사하고 기능장애와 손상 정도를 평가하는 데 쓰인다. 칼리시-와이스의 신체 동작 척도는 아동의 동작 행동을 진단평가하고 치료하는 동안 진행 혹은 퇴보의 정도를 판단하는 기준점을 제공한다.

대체로 BRIAAC은 자폐증에서 나타나는 행동을 평가하는 '행동 관찰 과정'이다. 척도는 주어진 행동의 빈도수와 아동의 적응 가치, 혹은 '단계(level)'를 기본으로 점수를 채점한다. 이 단계는 자폐증 아이들의 장기간 임상 관찰과 그들과 해야 하는 다른 훈육에 관한 전문가의 상담에서 유래되었다. 신체 동작 척도(The Body Measurement Scale)는 이론적인 추론이나 생각에 의지하지 않고 실험에 바탕을 둔다.

신체 동작 척도는 무용/동작 치료 외에 동작 행동에 주목하고 싶은 다른 분야에서도 별도의 평가 방법으로 사용될 수 있다. 이는 나머지 7개의 BRIAAC와 조금은 다르게 설계되었다. 개발자는 자폐증 동작과 행동에 두 가지 유형이 있다는 것을 발견했고, 따라서 신체 동작 척도에서 하나는 수동적, 다른 하나는 능동적인 두 가지 관찰 방법을 적용하였다. 아동의 수동적 혹은 능동적 척도 점수의 판단은 아이의 신체 긴장, 에포트의 단계, 활동성 단계를 관찰한 후 이루어진다. 개발자는 아이가 조금 더 높은 단계에 있을 때, 하나 혹은 다른 단계를 제안하는 데 확연한 차이점을 찾기 어렵다는 것을 발견했고, 평가자는 반드시 동작과 행동의 감지하기 어려운 신호를 찾아야 한다고 강조했다. 예를 들어, 신체 동작의 수동적 척도에서, 미묘한(식별 가능한) 동작으로 오랜 시간 앉아 있을 수 있는 느릿느릿한 몸짓을 보이는 1단계의 아이는 신체 기능 혹은 아픈 외부 자극에 동요하지 않고, 한 곳을 뚫어지게 응시하거나 멍하게 바라보는 특징을 나타내며, 무엇을 따라 초점이 움직이는 시각적인 추적에 실패한다. 능동적 척도에서, 1단계는 긴장을 못 푸는 융통성 없는 아이를 설명하는 데 사용되고, 동작은 반복적 혹은 '의혹적'이고 갑작스럽거나 연관성이 없다. 이 아이는 비록 신체 행동이 갑자기 멈추더라도, 노력의 높은 단계를 보여 준다. 수동적 척도의 1단계에 있는 아이는 주변 환경에서 동작에 대해 의식하지 않고, 얼굴 표정의 변화가 없다. 아이는 약간 공간 지향적 성향을 보인다. 10단계에서는 아이들의 능동적 및 수동적 동작 모두가 일반 아동에 가깝다. 그들은 손 안의 과제를 하기 위해 신체 전체 혹은 부분을 사용한다. 아이들은 정상적 동작 형태를 지니고, 거울에 비친 자신을 인지할 수 있으며, 그들의 행동에 상상을 가미할 수 있다("코끼리처럼 움직이거나 새처럼 난다.").

BRIAAC 설명서(Ruttenberg, Kalish, Wenar, & Wolf, 1977)는 매 단계의 설명이 포함되어 있고, 여러 단계의 전형적 행동 징후와 '주요 차원'에 대한 교차적 참조 사항을 포함하는 '채점 보조서'가 제공된다. 동작의 경우에 이것은 몸 전체, 신체 부분, 아이의 신체나 신체 부분의 몰두, 에포트 단계, 동작의 다양성과 형태, 아이의 환경에서의 동작 인지 그리고 아이의 공간 지향성을 포함하고 있다.

시각장애 아동(Kalish-Wesis, 1988)의 저기능에 대한 연구에서 신체 동작 척도의 공인타당도는 척도 측정값과 이 점수에 대해서 모르는 임상가가 매긴 등급 순서(the rank of ordering)를 비교하여 확립되었는데, 그 상관은 .94로 놀라웠다(p. 103). 자료가 척도(instrument)의 구성타당도를 뒷받침해 줄 때(대조군의 증거), 정상 규준은 설명서에 제공되지 않았다(Ruttenberg, Kalish, Wenar, & Wolf, 1977). 이 자료를 원하는 이들은 연령층이 각기 다른 다섯 집단의 비전형성 아동과 정상 아동의 동작 기능을 비교한 원래의 연구(Kalish, 1976)를 참고할 수 있다.

신체 동작 척도인 칼리시-와이스(Kalish-Wesis)의 초기 개발 연구는 75명의 자폐증 아동 집단과 같은 성별, 인종 그리고 연령의 정상 아동 195명의 집단을 연구에 포함했고, 4명의 평가자는 자폐증 아동이 속한 11개 현장과 정상 아동이 속한 15개 현장을 방문했다. 두 집단에는 큰 차이가 있었고, 위의 절차를 통해 정상 아동과 자폐증 아동을 구분해 낼 수 있음을 보여 줬다. 칼리시-와이스(Kalish-Wesis)는 정상적인 아동의 점수는 나이와 연관성이 있는 반면, 자폐증 아동의 점수는 그렇지 않다는 것을 발견했다(1976).

신체 동작 척도, 즉 BRIAAC의 작업이 점수에 만족스러운 신뢰도를 보장하기 위해서는 집중 훈련을 필요로 한다. BRIAAC 설명서 논평에서 로이터(Reuter, 1985)는 "이 검사는 관찰자와 평가자에 대한 훈련 적용 여부가 사용자에게 명확하지 않을 수 있다."라고 언급했다(p. 50).

그러나 신체 동작 척도는 자폐아동과 훈련하는 이들이 변화를 관찰하고, 다른 정서 및 행동 장애와 자폐를 구분해 내는 데 유용하도록 세심하게 연구되고 고안되었다. 다만 이것은 어떤 특정한 이론과 결합하지 않았고, 종종 구성타당도와 관련이 있는 많은 곤란한 문제를 회피하고 있다.

동작을 통한 성격 측정

이 도구는 신생아들이 성장하면서 계속해서 발달되는 동작 패턴을 보여 주는 것에서 비롯한 매리언 노스(Marion North)의 박사과정 연구에서 개발되었다(Dulicai, 개인적 서신, 2012. 6. 12). 이것은 성격 측정에서 내담자에게 가장 직접적으로 LMA를 적용할 수 있는 방법 중 하나로 남아 있다. 노스(North)는 31명의 신생아를 관찰하기 시작했고, 이 중 8명을 각각 3개월, 9개월, 15개월, 21개월, 24개월에 관찰하였다.

노스(North, 1972)는 또한 LMA와 성격을 연관 짓는 라반의 가설을 조사하기 위해 12명의 학령기 아동을 연구했다. 구딜과 덜리카이(Goodill & Dulicai, 2007)의 보고와 같이, 아동은 26개 반에서 무작위로 선발되고, 남녀 성별이 동일하게 구성되었다. 모든 아동은 런던의 한 학교에서 선발하였고, 대체로 경제적 하층에 속하였다. 노스(North)는 자료의 세 가지 다른 자료 세트 결과(아동에게 이야기를 들려 달라며 진행된 통각검사, 지능검사, 선생님이 수업 시간에 아동 행동을 측정한 점수)와 그녀의 동작 분석의 해석을 비교했다. 그리고 도식으로 나타낸 이 평가에 참가한 아동들에 대한 그녀의 동작 진단평가 결과와 아동들의 생각, 응답 능력, 열의, 저항력, 창의력, 불안감, 현실성, 민첩함, 추진력, 의지력, 적응력, 관계 능력 같은 영역에 한 선생님의 보고서를 비교했다.

그녀는 개인의 동작 패턴 특성과 아동의 성격 사이의 뚜렷한 동일 구조 관계를 발견했다.

미출간된 추가 조사에서, 2000년 노스와 덜리카이(North & Dulicai, 2000)는 어른이 된 두 명의 예전 참가자를 관찰했다. 2012년 노스(North)의 죽음과 함께, 오랫동안 노스의 체계에서 연구한 다이앤 덜리카이(Dianne Dulicai)는 이 체계의 훈련 기회와 라반 이론과의 관계, 노스의 연구에 대해 많이 알고 있는 중요한 인물이 되었다. 이 체계는 LMA 및 라반의 이론과 결합된 것이 주목되는 점이다.

정신의학의 동작 평가 척도(PMAS)

세인트 엘리자베스 병원에서의 인턴십 과정 동안, 웨스트브룩과 싱(Westbrook & Sing, 1988)은 '실용적인' 진단 척도를 만드는 데 흥미를 갖게 됐다. 그들은 무용/동작 치료사들 사이에서 지금 사용되고 있는 척도에 대한 설문을 하였고, 이상 측면을 확인하는 데 이 척도들의 유용성에 대한 응답자의 의견을 요청했다. 제한적으로 배포한 24개 설문지 중 절반만이 수거되었다.

기본적인 답변에서, 웨스트브룩과 싱(Westbrook & Sing, 1998)은 한나(Hanna, 1979)에 의해 공간, 역동, 박자, 그리고 신체 사용의 특징으로 알려졌던 동작의 영역을 수정했다. 최종적 동작의 영역은 설문지의 대답에서 선택된 부분도 있지만, 대부분은 그들 자신의 임상 관찰에 기반을 두었다. 동작의 영역은 눈 맞춤, 동시적 리듬, 태도/자세 그리고 자기조절 능력이다. 설문지의 답변과 세인트 엘리자베스 병원의 불특정한 수의 아동을 관찰한 것에 근거를 둔 그들의 발견은 다른 정신병리 환자들이 각 영역 안에서 다른 차이를 보인다는 것이다. 그들의 목적은 임상현장에서 아동에게 사용될 수 있는 단순화된 진단평가 척도를 만드는 것이었다. 그러나 본래의 발간물에 있는 정보에서 더 추가된 정보는 이 척도에 없다.

케스텐버그 동작 프로파일

케스텐버그 동작 프로파일(KMP)은 Sands Point Movement Study 그룹으로부터 시작된, 아동 정신과 의사 주디스 케스텐버그(Judith Kestenberg)와 그녀의 동료가 37년 동안 조사와 연구를 통해 이루어 낸 결과물이다. 오랜 시간 동안 케스텐버그 박사의 가장 큰 관심사는 모와 영아의 상호작용에서 비기능적인 점을 찾아내어, 그로 인해 앞으로 일어날지 모를 정신병리를 예방하려는 목적의 모-영아 상호작용 연구였다 (Kestenberg & Buelte, 1977). 케스텐버그 박사는 "몇 주, 몇 달 안에, 우리는 앞으로 인 생에서 몇 년에 걸친 정신과 치료를 요하는 잠재적 문제를 발견, 예방하거나 또는 존 재하는 문제를 바로잡을 수 있고, 심지어 아이가 말을 시작하기 전에 더 많은 성과를 낼 수 있다."라고 주장했다(Feder & Feder, 1981, p. 239).

케스텐버그와 동료들은 특정한 정신분석 이론에 관한 패턴 해석, 긴장과 이완에 관한 동작 분석, 그리고 동작 패턴을 기록하고 묘사하기 위한 복잡한 조합의 체계인 케스텐버그 동작 프로파일을 개발했다. "이것은 도표상으로 120가지의 뚜렷한 동작 요소를 그리고 태도의 묘사를 포함한다. 자료는 라반 동작분석에 기반을 둔 표기법 체계에서 산출되고 파생되었다."(Sossin & Loman, 1992, p. 21) 케스텐버그 동작 프로파 일의 흥미로운 역사적 세부 사항은 소신(Sossin, 2007), 소신과 케스텐버그-아미가이 (Sossin and Kestenberg-Amighi, 1999)에 포함되어 있다.

케스텐버그 동작 프로파일에서 에포트와 형태는 긴장-흐름/에포트와 형태-흐름/ 에포트의 두 가지 체계로 발달되었다. 이 이중 체계는 외부 영향의 상태가 명확하지 않을 때 신체의 표현—즐거움과 불쾌, 편안함과 불편함, 혐오감과 매력, 안전과 위험 —을 기록하고 묘사하는 데 쓰인다. 첫 번째 체계인 긴장-흐름/에포트는 내적 요구와 정서를 묘사하며, 반면 두 번째 체계는 사람과 사물의 관계를 묘사한다.

케스텐버그 동작 프로파일의 정신의학적 설명은 안나 프로이트의 발달적 정신역 동 메타심리학과 성심리의 발달 단계에 기반을 둔다. 그러나

정신분석학과 케스텐버그 동작 프로파일 진화의 이론적 발달은 언어와 강조점 에 대한 변화를 가져왔다. 더욱이 신생아들과 언어 전 아동들의 평가를 위한 직접 적 관찰의 의존은 이해의 비언어적 방안과 함께 발달 혹은 정신역동의 관점을 이론

적으로 구성하는 것 이상으로 케스텐버그 동작 프로파일을 이끌었다. 케스텐버그(1985)는 좀 더 진화된 통찰력을 이끌 수 있는 성심리 단계 이론의 재공식 기반을 위해 동작 관찰을 사용했다. 이러한 동작 패턴 관찰의 초점은 케스텐버그 동작 프로파일이 어떠한 이론적 학설과 결합되어 있지 않음을 뜻한다(Sossin, 1999, p. 266).

이러한 특징들을 비교함으로써 인간관계 속의 갈등과 조화의 영역에 대한 정보를 얻을 수 있다. 예를 들자면, 어머니의 특징과 그 아이의 특징을 이용할 수 있을 것이다. "부모와 아이를 위한 센터(Center for Parents and Children)에서 프로파일은 가족 구성원 간의 인간관계적 역동과 선천적인 움직임 선호, 발달 과정의 성취 정도, 고착과 퇴행의 정도, 그리고 인지적 기능들을 나타내는 요인들을 평가하는 데 사용되었다."(Sossin & Loman, 1992, p. 23)

앞서 언급했듯이 케스텐버그 동작 프로파일은 매우 복잡한 체계이며, 심도 깊은 훈련을 요한다. 심지어 이러한 훈련 후에도, 평가자들은 간혹 각 수치 사이의 연관성을 설명하는 데 어려움을 겪곤 한다(Koch, Cruz, & Goodill, 2001). 하지만 케스텐버그 동작 프로파일의 대상은 아동에게만 한정되지 않으며, 모든 연령대에서 사용될 수 있고, 따라서 부모와 자녀 간의 상호작용과 같이 한 쌍의 대상을 같이 분석할 수 있다. 케스텐버그 동작 프로파일은 연구에 매우 유용하게 쓰이는데, 예를 들자면 유아와 수면 패턴에 대한 연구(Lotan & Yirmiya, 2002), 그리고 부모와 자녀 간의 스트레스 전이 패턴(Sossin & Birklein, 2006; Birklein & Sossin, 2006), 직장에서의 성 역할과 리더십(Koch, 2006)을 포함한 여러 연구에 이용된 바 있다.

최근까지 케스텐버그 동작 프로파일의 타당도는 아동과 청소년, 그리고 성인에 대한 종단적 연구(Sossin & Loman, 1992)에, 그리고 다른 평가 도구와 공존타당도를 정립하기 위한 시도에 의존하여 왔다. 코크(Kock, 2007)는 단계적인 접근을 통해 케스텐버그 동작 프로파일의 타당도를 확인하고자 하였다. 코크는 먼저 기본적인 차원에서 호전적인(fighting) 성질과 허용하는(indulgent) 성질에 집중하고, 성인 남녀에 대하여 그 요소들의 '정서, 태도와 인지'(p. 236)에 관한 영향을 증대하거나 감소시키면서 연구를 진행하였다. 두 개의 연구에서(각 연구에서 N=60) 허용하는 리듬과 호전적인 리듬의 영향은 정서에서만 발견되었다. 또 다른 두 개의 연구(N=40; N=62)는 접근과 회피 행동에 집중하여 허용하는 리듬과 호전적인 리듬을 분석하여, "동작의 성질과 동작의 형태 요인들 사이의 복잡한 조정 작용"을 발견했다(p. 238). 또 한 연구(N=62)는 또다시 정서, 태도와 기억을 포함한 인지 능력에 연관 지어 증대와 감소의 영향을 탐구했는데, 그 사이에 뚜렷한 통계적 의미를 가지는 연관성을 발견하지 못했다. 그리고 이 그룹의 최종적 연구(N=62)에서는 접근과 회피 동작에 관하여 빠른 동작과 느린 동작을 연구했으나 역시 유의미한 결과를 찾지 못했다. "타당도에 관련한 연구 결과들은 엇갈린 양상을 보이고 있으며, 이는 분명히 추가적인 연구의 필요성을 보여 준다. 연구에 따르면 리듬의 영향은 대부분 정서에 나타났으나, 태도에 관해서는 형태가 더 큰 영향을 미치는 것으로 나타났다."(p. 246) 2007년부터 코크(Koch)는 타당도 확립을 위해 12개의 유사한 연구를 진행하였으나, 아직 발표되지 않았다(개인적 서신, 2012. 6. 8).

이 장의 앞에서 말한 것처럼 케스텐버그 동작 프로파일이 프로파일을 작성하는 데에 긴 시간을 요하여 임상에서 사용하기 힘든 점에 기인하여, 코크(Koch)는 성인을 대상으로 사용할 수 있는 단순하고 간략한 문답형 도구를 제작하고자 하였다. KMP 기초간소정서척도(Brief KMP-based Affect Scale)는 코크(Koch)가 케스텐버그 동작 프로파일 관련 자료에서 해석적인 정보들을 추출하여 만든 케스텐버그 동작 프로파일 문답서를 기반으로 개발되었다. 코크와 뮐러(Koch & Müller, 2007) 문답서의 영문과 독문 버전은 구할 수 있으며, 앞에서 인용한 연구에서 이용된 정서 척도는 주요 저자에게서 얻을 수 있다.

현재 케스텐버그 동작 프로파일이 학계에 가장 크게 기여하는 점은 바로 연구에서의 응용이다. 지속적인 연구 결과와 그에 따르는 결론들은 케스텐버그 동작 프로파일을 평가하기 위해 개선하는(혹은 단순화하는) 일에 탄탄한 기반을 다져 줄 것이다.

감성적 이야기 에포트 진단평가(MSEA)

이 평가는 다이아님, 구딜과 루이스(Dyanim, Goodill, & Lewis, 2006)가 개발하고 발표하였으며, "의료관리의 요구 사항을 충족하기 위해"(p. 87) 8세부터 11세 아동에게 사용되도록 만들어졌다. 제1저자의 현장 실험에 의하면, 감성적 이야기 에포트 진단평가는 아동들이 내용을 연기하면서 LMA 에포트 동작 반응을 보이도록 하는 네 개의 상호작용 방식 이야기를 포함하고 있으며, 각 이야기는 여덟 개의 이미지를 포함하고 있다. 31명의 아동에게 개별적으로 시행된 이 평가 도구는 LMA 훈련을 받은 치료사에게 기초적인 진단평가 자료를 제공하기 위해서 만들어졌으며, 따라서 '충실한(true)' 평가라고 볼 수 있다. 인용된 논문에 이 이야기들이 모두 포함되어 있으며, 이것은 이 연령대의 아이들을 대상으로 하는 치료사들에게 훌륭한 도구가 될 수도 있을 것이다(Dyanim, Goodil, & Lewis, 2006).

성인을 위한 진단평가(정신과 및 기타 적용)

동작 정신진단 조사(MPI)

동작 정신진단 조사(MPI)의 발전은 데이비스가 뉴욕 브롱스 공립 정신건강 체계의 엄가드 바테니에프의 보조 연구원으로 일을 하면서 시작되었다. 심각하고 지속적인 정신장애를 앓는 사람들을 관찰하면서, 데이비스는 조현병 환자의 병리적인 몇 가지 특정한 움직임 패턴을 찾아내었고, 이를 MPI에 접목시켜 발전 및 개정해 나갔다(Davis, 1970, 1974, 1991). 처음에는 현장에서만 관찰했지만, 비디오테이프가 발전하면서, 놓치기 쉬운 동작을 다시 돌려보기로 찾아낼 수 있는 비디오테이프를 사용하기 시작했다.

데이비스, 라우스버그, 크루즈, 버거와 덜리카이(Davis, Lausberg, Cruz, Berger, & Dulicai, 2007)는 동작 정신진단 조사를 "동작 장애 패턴의 측정 방법"으로 정의했다(p. 119). 동작 정신진단 조사는 정신질환과 동반되는 비정상적인 자발적·비자발적 동작을 측정했다. 동작은 무도병(비자발적 근육 수축과 불규칙적 경련 움직임) 또는 파킨슨병(반복적 미동과 근육의 경직) 같은 전통적인 질병 증상 용어의 관점에서보다 그것의 역동, 공간적, 리듬적, 그리고 근육의 비자율의 관점에서 묘사되었다.

동작 정신진단 조사는 두 개의 부분으로 나눌 수 있다. 기본 조사평가에서는 52개의 항목이 비정상적인 동작을 표기하는 10개의 하위 척도 그룹으로 나뉜다. 행동 조사평가(Action Profile)에서는 14개의 항목이 7개의 하위 척도로 정리되는, 언어 능력을 동반하는 비언어 의사소통 행동을 묘사한다. 행동 조사평가 항목은 무용치료 회기가 아닌 인터뷰에서 사용하고, 기본 조사평가 항목은 정신질환이 의심되는 아동에게 사용되는 것이 적합하다 할 수 있다(Davis, Lausberg, Cruz, Berger, &Dulicai, 2007).

운동신경 장애를 기록하기 위해 설계된 기본 조사평가 항목의 예로는 분열 하위 척도에서의 항목 7의 "방향에 따라 사지의 움직임과 변화가 동시에 일어나지지 않고, 양쪽의 구조가 확실하지 않음"이 있다. 행동 프로파일 항목의 예로는 항목 10의 "말하면서 머리를 움직임"이 있다(Cruz, 2009, p. 126).

행동 조사평가는 발생 빈도의 연관성을 반영하는 각 14항목의 특정 코드를 사용한다. 후에 모든 코드는 0은 표면적 대화 행동에서 문제가 없음을, 그리고 2 또는 3은 문제가 있음을 가리키는 '의사소통의 레파토리' 척도로 전환된다. 기본 조사평가에서 관찰자는 각 52항목의 존재와 부재를 부호로 처리하고, 이 점수들은 각 10단위 범주에 0~3척도로 전환된다. 이 점수들과 의사소통의 레퍼토리 점수의 합산은 통합 동작 정신진단 조사 프로파일을 만든다. 항정신병 약물은 지발성 안면마비 증상 혹은 파킨슨병의 증상 같은 특정한 증상을 발생시키기 때문에 동작 정신진단 조사는 평가자로 하여금 이 증상들이 몇몇 기본 조사평가 점수에서 애매함을 초래할 수 있음을 주의하라고 경고한다.

동작 정신진단 조사는 놓치기 쉬운 미세한 동작도 감지할 수 있도록 기본 조사평가를 많이 훈련시킨다. 데이비스와 동료들은 2006년에 국제적으로 교육 세션을 그룹들에 제공하고, 이 교육 세션은 비디오 교육 시간으로 보충되어 계속 이어지고 있다. 그룹들의 교육 세션 결과로, 데이비스는 MPI의 간단한 서식을 데이비스 등(2007)에서 소개했다. "임상적으로 유용하고, 환자의 진행 과정을 관찰하는 데 매우 정확한 '회기 후 기입' 척도는 훈련받은 관찰자에게 제공하도록 설계되었다(p. 122). 이것은 회기 후 임상가들의 인상적인 것들을 조직하고, 검토를 위해…… 무엇이 개인의 움직임에서 주목할 만한 것인가에 대하여 임상가들을 돕기 위해 구성되었다(p. 122). 서식의 신뢰도와 효과는 아직 검사된 적이 없다.

동작 정신진단 조사를 이용한 연구는 스웨덴과 미국의 정신과 환자 62명을 표본으로 한 타당도 연구(Cruz, 1995; Berger, 1999)와 제3의 사례 연구(Lausberg, 1995)가 있다. 또한 이 연구들은 평가자 간 일치도에 관한 자료를 포함하는데, 이는 뒤에서 언급할 것이다. 첫 번째의 연구는 기본 조사평가의 변수들 사이의 연관 관계를 살펴보았는데, 비정상적인 불수의적 운동과 전통적으로 연관 지어졌던 운동 과잉부터 운동 저하적 형태가 두루 발견되었다는 것을 밝혀 냈다(p. 332). 이것은 기존의 신경학적 평가보다 기본 조사평가의 항목들이 운동장애를 관찰하는 데 더 정밀한 측정을 가능케 한다는 것을 시사한다(Cruz, 2009). 추가적으로 해당 연구는 조현병과 성격장애에서 동시에 나타나는 불수의적 운동 증상에서 서로 구별 가능한 패턴을 찾아내었으며(Cruz, 1995), 이것은 동작 정신진단 조사의 진단의 잠재력을 보여 준다. 경험 수준이 다양한 세 명의 평가자가 자료와 함께 이용되었다. 해당 연구의 평가자 간 일치도를 분석한 결과, 경험이 많은 평가자 집단의 결과가 높은 일치도를 보였으며, 이는 훈련의 중요성을 보여 준다.

두 번째 연구(Berger, 1999)에서는 성격장애 환자들에게 집중한 연구에서 오로지 여섯 개의 기본 조사평가 범주만으로 경계선 성격장애와 자기애적 성격장애를 87% 정확도로 구분해 냈다는 것을 발견했다. 이 두 집단을 구분한 동작 정신진단 조사 범주는 혼란, 부동성, 산만, 부족한 공간 감각, 무기력 그리고 과잉행동이었다(완전한 목록은 Cruz, 1995 참조).

라우스버그(Lausberg, 1995)는 10회의 언어적 심리치료를 완료한 후 과민성 대장증후군(IRS) 환자를 MPI를 이용하여 측정하였다. 두 명의 독립적인 평가자가 두 개의 50분 분량의 인터뷰 비디오를 보고 평균 K=.76의 카파 계수를 보였다. 이는 평가자 간 일치도가 높았음을 나타낸다. 동작 정신진단 조사는 발전의 정도를 나타내는 데 효과적인 것으로 발견되었으며, 이것은 동작 정신진단 조사가 치료 진행도를 관찰하는 데 유용할 수 있음을 시사한다.

한 가지 염두에 두어야 할 사실은 위의 연구에서 동작 정신진단 조사 항목들을 채점하는 과정에 변경을 주었다는 것이다. 심각도 수치는 원본의 코딩을 통해서 추측되었다. 항목들은 '증상이 전무함' '가벼움(mild in severity)' 혹은 '중간(moderate in severity)' 기초 조사평가 중 하나로 채점되었다. 그리고 가장 심각도가 높은 점수를 받은 항목은 각각의 Primary Inventory 범주의 대표로 사용되었다. 행동 조사평가의 항목들은 상대적 혹은 절대적인 빈도에 관한 수치로 설정되었다. 하지만 몇몇 항목은 관찰 시간의 길이나 비언어적 의사소통의 문화적 변수들에 의해 혼동의 여지가 있어 분석에서 제외되었다. 나중에 크루즈(Cruz, 2009)가 서술했듯이 "예를 들어, 눈 맞춤의 빈도와 양상은 라틴아메리카인과 흑인, 백인 사이에서 차이를 보이며, 따라서 눈 맞춤의 빈도를 측정하는 행동 조사평가 항목은 포함되지 않았다"(p. 127).

동작 정신진단 조사는 유용한 연구 수단이며, 꾸준한 사용과 연구를 거치면 동작 정신진단 조사의 간소화된 형태는 임상적으로 유용하게 사용될 수 있을 것으로 본다. 하지만 무용/동작 치료에서 이용되는 여느 도구들이 그렇듯, 상당량의 추가적인 연구가 필요할 것으로 보인다.

동작의 기능 진단평가(FAM)

네이선 샤핀(Nathan Schappin)이 개발하고 색(Sack)과 볼스터(Bolster)가 2009년 발간한 동작의 기능 진단평가(The Functional Assessment of Movement: FAM)는 LMA, 케스텐버그 동작 프로파일, 행동 프로파일링, 비언어적 의사소통의 색인에 근거했다(Sack & Bolster, 2009). 이것은 적절하고 복합적 평가도구이며 단기 성인 정신과 입원환자 서비스에서 사용되기 위한 치료 반응들의 성과 관찰로 표현되었다(p. 171). 이 척도의 개발 배경에는 다음과 같은 생각들이 있었다. "물리적 동작 패턴은 심리적 상태들과 연관되어 있고 개인의 래퍼토리와 동작의 범위를 특징으로 하는 정서적 질병이 있다."(p. 171) 이 척도는 관찰, 동작 과정에 대해 두 개의 범주로 나뉘어 16개 요소로 구성되어 있다. 색과 볼스터(Sack & Bolster)는 발달장애 성인을 포함하는 장기간 치료 프로그램 프로젝트에 이 척도를 적용하였고, 그들의 광범위한 보고서는 오직 척도의 출판에만 사용하였다. 이 출판물은 척도를 포함하고 있고 부록의 교육 매뉴얼은 동작의 기능진단평가를 사용하기 원하는 무용/동작 치료사들에게 매우 유용하다. 색과 볼스터(Sack & Bolster)는 척도는 다양한 예술 프로그램에 참가하는 내담자들의 '기능적 능력의 변화'나 진행을 관찰하는 데 매우 유용하다는 사례를 포함하고 있다. 평정자간 일치도는 연구가 시작되기 전에 0.85로 계산되었다. 이것은 척도의 단일 적용으로 더 많은 연구가 필요하며, 관심 있는 독자들이라면 색과 볼스터의 보고서를 일독할 것을 추천한다.

동작과 지각의 기능평가(FAMP)

동작과 지각의 기능평가(The Functional Assessment of Movement and Perception: FAMP)는 심각한 신경 외상 — 신경계나 뇌에 입은 부상 — 이 있는 개인의 진단평가를 위해 신시아 베럴과 스테파니 캐츠(Cyntha F. Berrol & Stephanie S. Katz, 1985, 1991)가 개발하였다. 이 측정이 진단되지 않는 신경 외상의 생리적 징후에 관련이 있기 때문에 동작과 지각의 기능평가는 근본적으로 행동 진단평가다.

동작과 지각의 기능평가의 카테고리는 신체 구조, 공간 방향과 판단, 리듬의 구분, 지각 운동 능력, 운동 계획 및 연속성, 시간적 운동 활동, 지연된 운동 활동을 포함한다.

신경 외상 결과로부터 일반적인 장애를 볼 수 있지만 각각의 환자는 서로 다른 패턴을 보이므로 진단평가는 이들 문제의 식별과 각각의 심각도 추정치를 포함한다. 운동 영역에서 예를 들면 불완전한 장애는 마비(중증 근육 약화), 운동 실조(밸런스의 손실과 무능력한 동작 조정), 경련(자발적 동작을 방해하는 근육의 비정상적인 증가), 운동 불능(자발적인 동작을 목적으로 하는 몸의 구성을 할 수 없음)을 포함할 수 있다.

척도는 어려운 지각 운동의 영역 및 인지적 영역에서 기능장애의 비슷한 분류들을 포함한다. 그러나 베럴과 캐츠의 지적과 같이 문제들은 종종 신경 외상자들의 심리적인 행동으로 나타난다. 대부분의 재활 프로그램들은 기능의 정상화 및 이상 행동의 수정에 초점을 맞추지만, 종종 대상자의 정서적 문제들을 소홀히 한다. 내담자들이 직면하는 실제 삶의 문제, 즉 직장, 학교, 가족 관계를 다루는 것은 많은 정서적 어려움을 해결하기 위해서는 필수적이다. 아마도 이러한 문제의 식별은 치료 프로그램을 계획하거나 돕기 위한 진단평가 과정의 일부일 것이다. 동작과 지각의 기능평가는 30개 항목을 포함하는 10개의 영역으로 구성되어 있다. 10개 영역은 전신계획(Total Body Scheme), 공간 정위(Spatial Orientation), 지각 운동능력(Perceptual Motor Ability), 동작의 범위(Range of Motion), 중간선에의 도달(Sit/reach Crossing Midline), 리듬 차별성(Rhythmic Discrimination), 운동 계획(Motor Planning), 시간제한 운동활동(Timed Motor Activity), 지연 반복(Delayed Repetition), 일상생활 요약 지수의 활동(Activities of Daily Living Summary Index)이다.

척도는 베럴, 우이와 캐츠(Berrol, Ooi, & Katz, 1997)에 의해 실험 집단과 통제 집단으로 사전 검사, 사후 검사 설계에서 비진행성 신경 외상이 있는 개인들(N=107)의 DMT 연구에 사용되었다. 그들은 평가자 계약에 이르기까지는 FMAP 순위가 .71에서 .95까지 필요하며, 진단평가의 요인분석은 변화의 78.8%를 설명하여 FAMP 30개 항목에 대한 여덟 가지 요소의 구조를 구축했다. 긍정적으로, 치료 집단과 통제 집단 사이의 통계적으로 중요한 차이는 구체적으로 지각 운동능력, 동작의 범위, 신체도식 범주 항목들에서 동작과 지각의 기능평가로 검출하였다. 단일 연구이긴 하지만, 신뢰도와 타당도 정보뿐만 아니라 실험 집단과 통제 집단이 척도와 개체에 대한 가능성이 있음을 나타낸다. 동작과 지각의 기능평가에 관심이 있는 무용/동작 치료사들은 교육적 요구 사항에 관하여 첫 번째 저자(베럴)에게 문의해야 한다.

비언어적 도구

덜리카이(Dulicai)의 비언어 가족 측정

다이앤 덜리카이(Dianne Dulicai)의 비언어 가족 측정에 대한 관심은 1960년대에 시작되었다. 당시 그녀는 브롱크스 주립병원에서 무용/동작 치료사로 일하였고, 가족치료 훈련을 받은 바 있다. 1976년, 그녀는 자신의 비언어 가족 측정 체계들(1977, 1992)을 개발하고 체계의 사용에 대한 일련의 타당도와 신뢰도에 대해 연구를 실시하였다. 식별 및 행동의 설명과 가족 역동의 관점에서 이러한 행동들의 해석을 통합하기 위한 시도로 덜리카이(Dulicai)는 몇몇 출처를 활용하였다. 이러한 출처 중 주요한 것으로는 동작학(kinesics) 또는 '신체 언어(body language)'에 관한 앨버트 셰플린(Albert Scheflen)의 연구와 동작 특성과 성격 측면 사이에 동일 구조의 관계가 존재한다는 매리언 노스(Marian North)의 가설이었다.

유사하게, 채점 체계는 행동 빈도, 동작 특성의 질적 묘사, 그리고 동작에서의 정서적 내용에 대한 해석을 결합하였다.

덜리카이(Dulicai)에 따르면, 척도는 정보의 세 가지 유형, 아동의 발달 수준과 양육자의 상호적 동작에 대한 개별 자료를 산출해야 한다. 도표의 연속은 나이에 맞는 행동과 각 기본 기능에 대한 반응으로 양육자의 적절한 역할을 나타낸다. 이러한 것들은 주디스 케스텐버그(Judith Kestinberg)를 포함하는 여러 연구자와 관찰자가 임상 관찰한 것에 기초하여 개발된 기준을 기초로 한다.

가족 역동은 가족 구성원 사이의 상호 작용에 대한 용어로, 동작학 및 LMA 요소 모두의 관점에서 설명되고 있다. 그러나 이러한 설명들은 상호작용의 질적 측면에 대한 내재한 판단이며, 이는 가족 관계의 발전을 지지하고 제한하는 것으로 해석된다.

덜리카이(Dulicai)는 관찰된 패턴들, 예컨대 아들에게 주도권을 차단하려는 아버지, 또는 자신의 아이의 의사소통 노력에 직접 반응하지 못하는 어머니와 같은 패턴들이 중재의 수준과 양식들을 위한 지침을 제공한다고 말한다. "등급은 구조, 목표 지향성 협상들, 자율성, 행동의 책임, 침습, 투자율, 표현, 감정과 톤, 존재, 갈등과 공감의 정도에 따라 정해질 수 있다."(1992, p. 2) 각 범주에 대한 기준이 차트 형식으로 제공된다.

상호작용들에서 나타난 행동과 이러한 상호작용들의 지각된 성질 모두에서의 변화들은 치료의 선택을 위해 임상가에게 지침으로 설명된다. 덜리카이(Dulicai, 1992)는 정서적 행동 특성들이 가족의 변화 가능성을 중간 또는 높은 점수들로 나타낸다고 몇 가지 예비 증거를 들어 인용했다.

시간 표시 양식에서, 평가자는 11개 동작 항목의 빈도를 나타낸다. 11개 동작 항목은 막기, 접근, 형태, 몸짓, 자세, 전체 또는 부분적인 몸 움직임, 눈 맞춤, 모이기, 흩어지기, 초점 공유 및 각 행동의 사용 노력이다. 요약하면, 이 항목들은 이러한 행동들의 존재와 빈도, 각각의 관련된 특성들을 나타낸다. 집계된 자료는 각 동작의 부호화를 설명하고 이것의 특징, 시간과 연속성을 제시한다. 그러므로 아동에게 향하는 어머니의 제스처와 같은 하나의 움직임은 힘이 있고 한 곳에 집중된 것으로 채점되어 움직임의 성질을 설명될 수 있고, 시간은 치료 안에서 10초로 적시된다.

이것은 구조화되지 않은 임상 측정이다. 정상 또는 장애를 확인하는 데 사용되는 행동 패턴은 주로 문헌에 보고된 임상적 관찰 또는 이를테면 매리언 노스(Marion North)의 성격 측정에서 제안된 것과 같은 동일구조 가정에서 도출된다. 비구조화된 임상 측정은 자연 속에서 본질적으로 직관적이고 주관적이다. 그러나 덜리카이(Dulicai)는 도구의 구성타당도와 경험적인 기준으로 평가자 간 신뢰도를 확립하려고 시도했다.

그녀의 원래 연구(Dulicai, 1977)에서 네 '장애' 가족과 네 '정상' 가족 간의 움직임의 차이가 발견되었다. 표본 가족의 지정은 가족과 함께한 정신과 인터뷰로 지원되었다.

그 후 도구는 추가적으로 215 가족들과 함께 검사되었지만 출판되지 않았다. 상관관계는 11개의 항목 중 9개에서 유의 수준이 .01 수준으로 나타났다고 덜리카이는 보고했다. 그녀는 또한 "평가자 간 신뢰도는 2년간의 라반 분석 및 임상 업무 경험이 있는 평가자와 함께 확립되었다."라고 보고하였다(Dulicai, personal communication, 1987). 동작학 또는 설명적 범주에서 신뢰도 범위는 .77(조절)~.97(탐색행동)이었다. 특징의 해석에서 범위는 .78(조절)~.96(차단행동)이었다. 탐색적 연구라는 점에서 이들 신뢰도는 적합성의 범위에 있다. 비언어적 가족 측정은 가족 역동을 측정하는 데 잠재된 가치를 지닌다. 이 도구는 사용의 유연성과 용이성이라는 이점이 있다. 이러한 유연성은 그 절차의 비구조적 본성에 달려 있다.

동작 특징 분석(MSA)

마사 데이비스(Martha Davis)가 개발한 동작 특징 분석(Movement Signature Analysis: MSA)은 표기 체계 또는 용어로 유래되었으며, LMA에 나와 있지 않은 세부 사항은 부분적으로 상형문자나 문자기호를 따라 LMA 형태로 사용되었다. 이 체계의 부호화(coding)와 척도화(scaling)의 기준은 저자 자신의 연구 관측과 초점을 기반으로 하였다. 제목에서 알 수 있듯이, 동작 특징 분석은 개인이 각각 고유한 동작 방법을 갖고 있고, 이에는 다양한 상황이 내재해 있다는 가정을 기초로 한다. 데이비스는 간접 평가와 관련된 위험은 피하고, '특징적 양식(signature pattern)'보다는 개인의 성격 특성 또는 성향을 언급하였다. 동작 특징 분석은 부호화의 기제보다 개인의 특징적 양식 식별 및 기록에 대한 접근 방식에 더 초점을 맞추는 하나의 미시적 분석 절차다. 동작 특징 분석은 교육이 필요하다.

행동 프로파일(AP)

워런 램(Warren Lamb, 1965)이 개발한 행동 프로파일(Action Profile: AP)은 관리 및 비즈니스 설정에서 사용되어 왔다. 데보라 두 난 윈터(Deborah Du Nann Winter, 1922)는 행동 프로파일을 잘 설명하고 있으며, 일련의 네 개의 연구를 수행하였다. 이 연구들은 프로파일 신뢰도 조사, "움직임이 서로 다른 사고 반응과 동시에 연관된다는 가정"(p. 167), 마이어스-브릭스 유형지표(Myers-Briggs Type Indicator: MBTI)와의 동시타당도, 그리고 "만일 행동 프로파일이 인지 유형에서의 의미 있는 차이를 설명한다면, 이를 통해 서로 다른 직업군을 구분해 낼 것이라는 점"(p. 189)에 관한 것들이다. 이 연구들에서 행동 프로파일 점수는 진행 중인 인지 유형을 반영하는 것이라는 프로파일의 타당성이 지지되었고, MBTI 및 직업군과의 일관된 관련성도 드러났다. 다만, 표본의 크기와 인구통계학적 자료들은 일반화를 허용할 수 있는 대표성을 띨 만큼 일관되게 제시되지 못하였다. 연구자 윈터 스스로도 이러한 노력들을 타당도 조사를 위한 출발점이라고 보았다. 그러나 특정 목적을 위해 행동 프로파일이 사용될 수 있다.

대안적 동작 측정 기법들

보이너–호위츠, 시오렐과 앤더버그(Bojner–Horwitz, Theorell, & Anderberg, 2003, 2004)는 무용/동작 치료를 받은 적이 있는 섬유근육통 입원환자의 변화를 연구하는 혁신적인 기술에 대해 이야기하는 것이 중요하다고 보았다. 그들은 채용된 평가자들 대신에 참가자들의 동작 행동을 평가했고, 참가자들에게 자신의 비디오테이프를 평가하도록 요청했다. 참가자는 동일한 동작 순서를 실행하도록 요구되었고, 이후에 처음과 처치 수행 시 자신의 동작을 기준에 따라 평가하도록 하였는데, 이는 "이동성, 동작 통증의 인식, 생명 에너지"(p. 257)의 변화를 측정하는 5점 척도를 사용하였다. 이 기술은 연구 목적으로 개발되어 매우 유용하였고, 이와 같은 동작의 인식은 실험과 통제 참가자 집단 간 의미 있는 차이를 보였다. 앞서 언급한 바와 같이, 콜드웰과 존슨(Caldwell, Johnson, 2012)은 해석 편견의 부정적인 결과를 막을 수 있는 한 가지 방법으로 움직임에 대한 내담자의 주관적 반응 측정을 조사하는 것을 제안했다. 보이너–호위츠(Bojner–Horwitz) 등이 비디오 측정 과정을 기술하였는데, 이것은 다른 목적으로 연구될 가치가 있고 임상 및 다른 연구 도구로 개발될 가능성이 있다.

요 약

신체 언어가 진단평가에 사용되기 전에 평가는 먼저 반드시 설명이 가능한 신체언어나 표기법이 있는 부호화된 언어로 번역되고, 분석되거나 의사소통이 이루어져야 한다. 무용/동작 치료를 위한 가장 잘 알려진 체계는 루돌프 라반의 작업을 기반으로 그의 제자들과 동료가 수정한 LMA다. LMA는 다양한 방식으로 사용되었지만,

모든 동작 분석 체계는 DMT를 사용하지는 않았다. 몇몇 체계는 부분적으로 LMA를 기반으로 하여 만들어진 복잡한 체계다.

언어에 관계없이 동작 및 동작 분석 체계 설명을 사용하는 데는 타당도 및 동작 관찰의 신뢰도가 무엇보다도 중요하다. 무용/동작 치료사들의 교육은 동작 관찰에서의 특정 지침을 필요로 하지만, 새로운 교육 기법과 우선사항들은 강사와 학생들 모두 부분적으로 내면화된 그리고 무의식적인 추정들을 드러내는 것이 필요할 수 있다. 관찰하는 이와 관찰되는 이의 차이에 따른 도전 과제는 신뢰도와 타당도 모두에 영향을 미치며, 무용/동작 치료사들의 많은 인식, 연구 그리고 민감성을 필요로 한다. 미국무용치료학회의 현재 초점은 다양한 문화와 배경을 대표하는 내담자와의 작업에서 임상 실습이 사회에 미치는 사회적 정의의 문제를 강조하는 것이다. 또한 무용/동작 치료의 국제적 진출을 위해서는 공유하지 않는 세계관을 가진 문화 자각, 북미의 인지 관점, 무용/동작 치료의 서유럽 근간들을 연구하고 해결해야 한다. 이 장에서 소개하고 논의한 바와 같이, 지금의 시점은 사회적 및 문화적 차이에 관심과 이론적 가정, 역사적 모델들, 그리고 관찰 및 동작을 해석하기 위한 도구들이 어떻게 영향을 미치는지에 대하여 질문을 갖기 위한 적기다. 이러한 매력적인 도전들과 그것의 잠재력은 동작평가와 떼어질 수 없는 무용/동작 치료의 전문성에 영향을 미치고, 현재는 물론 향후에도 무용/동작 치료사를 매력적인 존재로 만들어 줄 것이다.

참고문헌

Bartenieff, I. (1972). Effort/shape as a tool in dance therapy. *Proceedings, 7th Annual American Dance Therapy Association Conference.*

Bartenieff, I., & Lewis, D. (1980). *Body movement: Coping with the environment.* New York: Gordon and Breach.

Berger, M. R. (1999). Movement patterns in borderline and narcissistic personality disorders. *Dissertation Abstracts International: Section B: The Sciences & Engineering Vol. 60(9–B),*

April 2000, 4875.

Berger, M. R., & Dulicai, D. (2005). Global dance/movement therapy growth and development. *The Arts in Psychotherapy, 32*(3), 205-216.

Berrol, C. F., & Katz, S. S. (1985). Dance/movement therapy individuals surviving severe head injury. *American Journal of Dance Therapy, 8*, 46-66.

Berrol, C. F., & Katz, S. S. (1991). A working model of a functional assessment in the rehabilitation setting. *Proceedings, 26th Annual Conference of the ADTA,* pp. 154-158. Columbia, MD: ADTA.

Berrol, C., Ooi, W. L., & Katz, S. (1997). Dance/movement therapy with older adults who have sustained neurological insult: A demonstration project. *American Journal of Dance Therapy, 19*(2), 135-154.

Birklein, S., & Sossin, K. M. (2006). Nonverbal indices of stress in parent–child dyads: Implications for individual and interpersonal affect regulation and intergenerational transmission. In S. C. Koch & I. Braeuninger (Eds.), *Advances in dance-movement therapy* (pp. 128-141). Berlin: Logos.

Bojner-Horwitz, E., Theorell, T., & Anderberg, U. (2003). Dance/movement therapy and changes in stress–related hormones: A study of fibrobyalgia patients with video-interpretation. *The Arts in Psychotherapy, 30*(5), 255-264.

Bojner-Horwitz, E., Theorell, T., & Anderberg, U. (2004). New technique for assessment of self-perception in fibromyalgia patients: A pilot study with video-interpretation. *The Arts in Psychotherapy, 31*(3), 153-164.

Burn, H. (1987). The movement behavior of anorectics: The control issue. *American Journal of Dance Therapy, 10*(1), 54-76.

Caldwell, C., & Johnson, R. (2012). Embodying difference: Addressing issues of diversity and social justice in dance/movement therapy research. In R. Cruz & C. Berrol (Eds.), *Dance/movement therapists in action* (2nd ed.) (pp. 121-140). Springfield, IL: Charles C Thomas.

Chaiklin, H., & Chaiklin, S. (2012). The case study. In R. Cruz & C. Berrol (Eds.), *Dance/movement therapists in action* (2nd ed.) (pp. 75-101). Springfield, IL: Charles C Thomas.

Chang, M. (2006). How do dance/movement therapists bring awareness of race, ethnicity, and cultural diversity into their practice? In S. C. Koch & I. Braeuninger (Eds.), *Advances in dance-movement therapy* (pp. 192–205). Berlin: Logos.

Chang, M. (2009). Cultural consciousness and the global context of dance/movement therapy. In S. Chaiklin & H. Wengrower (Eds.), *The art and science of dance/movement therapy: Life is dance* (pp. 299–316). New York: Routledge.

Cruz, R. F. (1995). An empirical investigation of the Movement Psychodiagnostic Inventory (Doctoral dissertation, The University of Arizona). *Dissertation Abstracts International (2B), (UMI No. AAM962042257).*

Cruz, R. F. (2006). Assessment in dance/movement therapy. In S. Brooke (Ed.), *Creative arts therapies manual: A guide to the history, theoretical approaches, assessment, and work with special populations of art, play, dance, music, drama and poetry therapies* (pp. 133–143).

Cruz, R. F. (2009). Validity of the Movement Psychodiagnostic Inventory: A pilot study. *American Journal of Dance Therapy, 31*(2), 122–135.

Cruz, R. F., & Koch, S. (2012). Issues of validity and reliability in the use of movement observations and scales. In R. Cruz & C. Berrol (Eds.), *Dance/movement therapists in action: A working guide to research options* (2nd ed.). Springfield, IL: Charles C Thomas.

Davis, M. (1970). Movement characteristics of hospitalized psychiatric patients. *Proceedings, Fifth Annual Conference of the ADTA,* pp. 25–45. Columbia, MD: ADTA.

Davis, M. (1974). *Analysis of movement styles and interaction in psychotherapy.* Paper presented at the First International Symposium on Nonverbal Aspects and Techniques of Psychotherapy, Vancouver, BC.

Davis, M. (1983). An introduction to the Davis Nonverbal Communication Analysis System (DaNCAS). *American Journal of Dance Therapy, 6,* 49–73.

Davis, M. (1991). *Guide to Movement Analysis Methods.* New York: Author.

Davis, M., Lausberg, H., Cruz, R. F., Berger, M., & Dulicai, D. (2007). The Movement Psychodiagnostic Inventory. In S. C. Koch & S. Bender (Eds.), *Movement analysis: The legacy of Laban, Bartenieff, Lamb & Kestenberg* (pp. 119–129). Berlin: Logos Verlag

Berlin.

Davis, M., & Markus, K. (2006). Misleading cues, misplaced confidence: An analysis of deception in detection patterns. *American Journal of Dance Therapy, 28*(2), 107–126.

Dulicai, D. (1977). Nonverbal assessment of family systems: A preliminary study. *The Arts in Psychotherapy, 4*(2), 55–62.

Dulicai, D. (1992). Nonverbal family therapy assessment: Evaluation and application. *Proceedings, 27th Annual Conference of the ADTA*, pp. 1–4. Columbia, MD: ADTA.

Dyanim, S., Goodill, S. W., & Lewis, C. (2006). The moving story effort assessment as a means for the movement assessment of preadolescent children. *American Journal of Dance Therapy, 28,* 87–106.

Foroud, A., & Whishaw, I. Q. (2006). Changes in the kinematic structure and nonkinematic features of movement during skilled reaching after stroke: A Laban Movement Analysis in two case studies. *Journal of Neuroscience Methods, 158,* 137–149.

Feder, E., & Feder, B. (1981). *The expressive arts therapies: Arts, music and dance as psychotherapy.* Englewood Cliffs, NJ: Prentice-Hall.

Feder, B., & Feder, E. (1998). *The art and science of evaluation in the arts therapies.* Springfield, IL: Charles C Thomas.

Goodill, S., & Dulicai, D. (2007). Dance/movement therapy for the whole person. In I. Serlin (Ed.), *Whole person healthcare Vol. 3 the arts and health* (pp. 121–142). Westport, CT: Praeger.

Goodman, L. S. (1991). Movement behavior of hyperactive children: A qualitative analysis. *American Journal of Dance Therapy, 13,* 19–31.

Gross, M., Crane, E., & Fredrickson, B. (2010). Methodology for assessing bodily expression of emotion. *Journal of Nonverbal Behavior, 34,* 223–248.

Hanna, J. L. (1979). *To dance is human.* Austin, TX: University of Texas Press.

Kalish, B. I. (1976). Body movement scale for autistic and other atypical children: An exploratory study using a normal group and an atypical group. Doctoral dissertation, Bryn Mawr College. *Dissertation Abstracts International, VI,* No. 10, 1977.

Kalish-Weiss, B. I. (1988). Born blind and visually handicapped infants: Movement psychotherapy and assessment. *The Arts in Psychotherapy, 15,* 101–108.

Karkou, V., & Sanderson, P. (2001). Report: Theories and assessment procedures used by dance/movement therapists in the UK. *The Arts in Psychotherapy, 28,* 197–204.

Kestenberg, J. S., & Buelte, A. (1977). Prevention, infant therapy and the treatment of adults: 1. Toward understanding mutuality. *International Journal of Psychoanalytic Psychotherapy, 6,* 339–366.

Kestenberg, J. S. (1975). *Children and parents.* New York: Jason Aronson.

Kestenberg-Amighi, J., Pinder, I., & Kestenberg, J. (1992). Nonverbal communication of affect in Bali: Movement in parenting and dance. In Susan Loman (Ed.), *The body-mind connection in human movement analysis* (pp. 121–134). Keene, NH: Antioch Institute.

Kealiinohomoku, J. W. (2003, Spring). Choreometrics revisited. *Cross-Cultural Dance Resources Newsletter, 21.*

Koch, S. (2006). Gender and leadership at work: Use of rhythms and movement qualities in team communication. In S. C. Koch & I. Braeuninger (Eds.), *Advances in dance-movement therapy* (pp. 116–127). Berlin: Logos.

Koch, S. C. (2007). Basic principles of movement analysis: Steps toward validation of the KMP. In S. C. Koch & S. Bender (Eds.), *Movement analysis: The legacy of Laban, Bartenieff, Lamb & Kestenberg* (pp. 119–129). Berlin: Logos Verlag Berlin.

Koch, S., & Müller (2007). Assessments with the KMP Questionnaire and the KMP-based Affect Scale. In S. C. Koch & S. Bender (Eds.), *Movement analysis: The legacy of Laban, Bartenieff, Lamb & Kestenberg* (pp. 195–202). Berlin: Logos Verlag Berlin.

Koch, S., Cruz, R. F., & Goodill, S. (2001). The Kestenberg Movement Profile: Performance of novice raters. *American Journal of Dance Therapy, 23,* 71–87.

Lamb, W. (1965). *Posture and gesture: An introduction to the study of physical behavior.* London: Gerald Duckworht.

Lausberg, H. (1995). Bewegungsverhalten als Prozeβparameter in einer kontrollierten Therapiestudie mit funktioneller Entspannung (Movement behaviour as process parameter in a controlled therapy study with functional relaxation). Paper presented at the 42nd Annual meeting of the Deutschen Kollegiums für Psychosomatische Medizin

(German Committee of Psychosomatic Medicine).

Lotan, N., & Yirmiya, N. (2002). Body movement, presence of parents, and the process of falling asleep in toddlers. *International Journal of Behavioral Development, 26*(1), 81-88.

McCoubrey, C. (1987). Intersubjectivity vs. objectivity: Implications for effort observation and training. *Movement Studies: A Journal of the Laban/Bartenieff Institute of Movement Studies, 2,* 3-6.

Nisbett, R. (2003). *The geography of thought: How Asians and westerners think differently... and why.* New York: The Free Press.

North, M. (1972). *Personality assessment through movement.* London: MacDonald and Evans.

North, M. (1974). *The emergence of purposive movement patterns in babies.* Unpublished doctoral dissertation, University of London.

Powell, M. (2008). *Assessment in dance/movement therapy practice: A state of the field survey.* Unpublished master's thesis, Drexel University, Philadelphia, PA.

Reuter, J. (1985). Review of BRIAAC. In D. J. Keyser & R. C. Sweetland (Eds.), *Test critiques,* Vol. VI. Kansas City, MO: Test Corp. of America.

Ruttenberg, B. A., Kalish, B. I., Wenar, C., & Wolf, E. G. (1977). *Behavior Rating Instrument for Autistic and Other Atypical Children: Manual.* Philadelphia: Developmental Center for Autistic Children.

Sack, J., & Bolster, G. (2009). The Functional Assessment of Movement (FAM) Scale in multimodal creative arts therapies research. In S. Snow & M. D'Amico (Eds.), *Assessment in the creative arts therapies* (pp. 163-218). Springfield, IL: Charles C Thomas.

Samuels (1972). Movement change through dance therapy-A study. *American Dance Therapy Association Monograph* No. 2, 50-77.

Schmais, C. (1972). Looking in-reaching out: Learning to be a dance therapist. *Proceedings, 7th Annual American Dance Therapy Association Conference.*

Sossin, K. M., & Birklein, S. (2006). Nonverbal transmission of stress between parent and young child: Considerations and psychotherapeutic implications of a study of affective movement patterns. *Journal of Infant, Child, and Adolescent Psychotherapy, 5*(1), 46-69.

Sossin, K. M., & Loman, S. (1992). Clinical applications of the Kestenberg Movement Profile.

In S. Loman with R. Brandt (Eds.), *The body-mind connection in human movement analysis* (pp. 21-55). Keene, NH: Antioch New England Graduate School.

Sossin, M. (2002, October). *Recent statistical and normative findings regarding the KMP: Implications for theory and application.* Paper presented at the 37th annual conference of the American Dance Therapy Association, Burlington, VT.

Sossin, K. M. (1999). The KMP and infant-parent psychotherapy. In J. Kestenberg Amighi, S. Loman, & P. Lews (Eds.), *The meaning of movement: Developmental and clinical perspectives of the Kestenberg Movement Profile* (pp. 191-209). Amsterdam: Gordon and Breach.

Sossin, K. M. (2007). History and future of the Kestenberg Movement Profile. In S. C. Koch & S. Bender (Eds.), *Movement analysis: The legacy of Laban, Bartenieff, Lamb & Kestenberg* (pp. 103-118). Berlin: Logos Verlag Berlin.

Sossin, K. M., & Kestenberg-Amighi, J. (1999). Introduction. In J. Kestenberg Amighi, S. Loman, & P. Lewis (Eds.), *The meaning of movement: Developmental and clinical perspectives of the Kestenberg Movement Profile* (pp. 1-20). Amsterdam: Gordon and Breach.

Sue, D. W., Carter, R. T., Casas, J. M., Fouad, N. A., Ivey, A. E., Jensen, M., … Vazquez-Nutall, E. (1998). Multicultural counseling competencies. *Multicultural aspects of counseling series 11.* Thousand Oaks, CA: Sage.

Westbrook, B. K., & Sing, M. (1988). A psychiatric movement assessment scale with developmental considerations. *The Arts in Psychotherapy, 15,* 37-46.

Winter, D. D. (1992). Body movement and cognitive style: Validation of Action Profiling. In S. Loman (Ed.), *The body-mind connection in human movement analysis* (pp. 153-201). Keene, NH: Antioch Institute.

CHAPTER *13*

음악치료의 평가

Barbara Wheeler

음악치료를 진행하는 과정에는 여러 가지 단계가 포함된다. 그펠러와 데이비스 (Gfeller & Davis, 2008)에 따르면 여기에는 다음 사항들이 포함된다. (a) 의뢰, (b) 평가, (c) 치료 계획, (d) 진행의 문서화, (e) 치료의 평가와 종료. 음악치료에 대한 평가는 내담자의 고유한 강점과 문제점들을 이해하는 것과 내담자가 음악치료로부터 혜택을 누릴 수 있는지를 결정하는 것을 목표로 한다. 음악치료가 내담자에게 적합한 것으로 판정되면, 평가는 치료 계획에 대한 지침 또한 제공한다. 평가는 다양한 형태를 취할 수 있다. 내담자가 음악 활동을 하도록 하고, 그 반응을 치료사가 관찰하는 체계적인 방식일 수 있다. 평가는 또한 관찰, 언어적 인터뷰, 내담자를 알고 있는 사람과의 면담, 음악치료에 의뢰된 의료 기록이나 교육적 기록들의 열람 등 다소 비공식적인 방식을 포함할 수도 있다. 첫 번째 유형의 평가, 즉 음악에 대한 내담자의 반응을 평가하는 구체적인 절차가 이 장의 초점이 될 것이다.

평가는 여러 방식으로 할 수 있기 때문에, 음악으로 내담자의 반응을 측정하는 구체적인 절차를 사용하는 것은 일반적인 평가보다는 검사나 측정이라고 명명하는 것이 더 명확할 수도 있다. 그러나 이 장에서는 관례적인 사용법을 따라서 위의 구체적인 과정을 평가라고 할 것이다.

일반적으로 음악치료사들은 일반적인 평가(assessment)와 과정적 평가(evaluation)를 구별한다. 일반적인 평가는 치료 전에 이루어지며 앞으로 무엇을 할 것인지를 결정하도록 한다. 이는 내담자, 보호자 혹은 주요 인물과의 초기 접촉을 문서화하고, 책임의 방식을 제공한다. 한편, 과정적 평가는 일정한 시간이 지난 후, 내담자의 진행 정도나 치료 방법의 효과성을 결정하기 위한 것이다. 과정적 평가는 지속적인 것으로 치료 이전, 치료 중 그리고 치료 종결 시에 이루어질 수 있다.

평가의 목적

여러 음악치료사(Bruscia, 1988; Wigram, 1999)는 그들의 목적에 따라 평가를 분류하였다. 브루샤(Bruscia)는 하나의 평가를 진행하기 위한 다섯 가지 이유를 제안했다. (a) 진단적 이유: 내담자의 상태나 문제를 식별하거나 이해하고, 사용할 치료 방법을 고려할 때 그 상태나 문제가 안전이나 점화 반응들로 이어지는지를 보기 위해 사용할 수 있다. 위그램(Wigram)은 이러한 유형의 평가가 진단 가설을 지원한다고 제안했다. (b) 처방적 이유: 내담자의 치료 요구를 결정하고 목표를 공식화하는 데이터베이스를 제공하기 위한 것과 치료의 방법들을 가장 효과적으로 식별하고 해당 프로그램에 내담자를 배치하고자 하는 것으로, 위그램은 이것을 일반적인 평가라고 불렀다. (c) 해석적 이유: 내담자나 그 상태를 특정 이론의 관점에서 설명하기 위한 것이다. (d) 서술적 이유: 자신에게만 집중된 내담자나 내담자의 세계를 이해하고자 하는 노력이다. (e) 과정평가적 이유: 치료 전에 내담자의 상태 판별을 결정하도록 하고, 이것은 치료 효과의 증거를 문서화할 수 있게 한다.

평가의 개별 유형 예들은 브루샤(1988)의 분류에 따른다. 진단적 평가는 보니의 심상음악치료 방법(Bonny Method of Guided Imagery and Music: BMGIM)을 위한 접수면접의 일부분으로 실시되는데, 이는 내담자의 상태를 이해하거나 BMGIM이 내담자에게 적합한지를 결정하기 위한 것이다. 브루샤(2002a)는 언제나 BMGIM의 진단평가는 이 방식이 바람직한지 아닌지를 결정한다고 제안했다. 처방적 평가의 예는 특수교육 음악치료 평가 절차(Special Education Music Therapy Assessment Process: SEMTAP, Brunk & Coleman, 2000; Coleman & Brunk, 2003)로, 아동의 음악적 그리고 비음악적 수행을 비교하는 것인데, 이는 개별화교육계획(IEP)의 목적과 목표다. 해석 평가의 예로는 라이더(Rider, 1981)의 평가를 들 수 있다. 그는 과제의 난이도와 아동의 인지 기능의 복잡성 수준이 증가하는 음악 과제를 수행할 수 있는 연령 사이에 상관이 있는지를 밝히고자 했다. 이는 피아제 이론을 토대로, 음악 과제는 피아제가 사용한 비음악적 과제를 모델로 하였다. 서술적 평가의 예는 이 장의 뒷부분에 기술된 로위(Loewy, 2000)가 개발한 음악 심리치료 평가다. 나중에 소개될 노도프-로빈슨(Nordoff-Robbin)의 음악치료에 사용된 세 가지 척도는 사후 평가의 예다.

평가에 관한 실행 기준

미국립음악치료학회(National Association for Music Therapy, 1983)의 첫 번째 실습 표준은 1982년에 채택되었고, 당시는 음악치료사들이 평가 수단과 도구들의 개발에 점점 초점을 맞추고 있던 때다. 미국음악치료학회(American Music Therapy Association: AMTA)의 실습 표준에 평가 분야가 있다.

음악치료사는 음악치료 서비스가 시작될 때 내담자를 평가한다.

2.1 음악치료 평가는 내담자의 요구와 강점에 초점을 맞추고 심리, 인지, 의사소통, 사회성, 생리적인 기능의 일반적인 분류를 포함할 것이다. 평가는 또한 음악, 음악 기술과 음악 선호에 대한 내담자의 반응을 결정할 것이다.

2.2 음악치료 평가는 내담자의 문화를 탐색할 것이다. 이것은 인종, 언어, 종교/영성, 언어, 사회계층, 가족의 경험, 성적 취향, 성정체성, 사회 단체를 포함할 수 있

지만, 이것에 한정되지는 않는다.

2.3 모든 음악치료 평가 방법은 내담자의 생활 연령, 진단, 기능 수준, 문화에 적절할 것이다. 방법은 음악 또는 다른 상황에서의 관찰, 인터뷰, 언어적 및 비언어적 개입, 그리고 검사 등이 있으나 여기에 한정될 필요는 없다. 정보는 또한 다른 분야 또는 자료들, 예를 들어 HIPPA 권한 규정에 따른 과거나 현재의 의료적 · 사회적 역사로부터 얻을 수 있을 것이다.

2.4 평가 결과의 모든 해석은 적합한 규준이나 준거참조 자료를 기반으로 할 것이다.

2.5 음악치료 평가 절차 및 결과는 내담자 파일의 일부가 될 것이다.

2.6 음악치료 평가의 결과는 해당 내담자의 음악치료 프로그램을 구성하는 기반이 될 것이다. 평가를 통해 얻은 정보는 음악치료와 연관된 서비스를 제공하는 관련자들에게 제공될 것이며, 필요한 경우 내담자에게도 제공될 수 있다.

2.7 만약 음악치료 평가의 결과, 내담자가 다른 의료 서비스를 필요로 한다고 나타난다면, 담당 음악치료사는 필요한 의료 서비스를 추천할 것이다(AMTA, 2011).

이와 같은 평가 기준은 다음 단계로 연결된다. 다음 단계는 프로그램 계획(Program Planning)이며, 이 과정에서 "음악치료사는 음악치료 평가의 결과와 내담자의 예후(豫後), 그리고 다른 분야의 정보를 통해 내담자를 위해 개별화된 음악치료 프로그램 계획을 작성한다. 내담자는 필요에 따라 프로그램 계획 작성에 참여할 수 있다"(AMTA, 2011). 실행 기준의 뒷부분에 있는 문서 기록 부분을 보면, "음악치료사가 치료의 목표와 목적을 염두에 두고 내담자의 기능 수준을 정기적으로 기록하여야 한다."고 언급하면서 치료를 임상적 결과와 평가에 연결시키고 있다.

음악치료 평가의 필요성

혹자는 음악치료 평가가 과연 필요한지 의심할지도 모른다. 다른 관련 전문 분야의 평가에 의존하는 것도 똑같이 효과적일 뿐 아니라 동시에 시간과 자원을 아낄 수 있지 않을까 하는 의문이다.

기존의 학습 및 심리적 발달을 평가하는 방식이 도움이 될 수 있는 것은 사실이다. 하지만 오로지 음악치료 평가를 통해서만이 음악치료 내담자의 강점과 요구를 알아낼 수 있다. 음악치료 평가는 두 가지의 장점이 있다. 먼저, 음악치료 평가는 음악치료사로 하여금 내담자가 음악적 매체를 이용하는 것을 관찰하고 해석할 수 있도록 하며, 결과적으로 음악적 매체 그 자체에서 치료의 목표를 확인할 수 있도록 한다. 둘째, 음악치료사가 내담자에게 가장 적절한 음악치료 체험이 무엇일지를 결정할 기회를 제공한다.

내담자와 음악치료 평가를 수행하는 것은 또 다른 몇 가지 이점을 가져다준다. 음악적인 환경에서 내담자는 다른 감각적인 환경에서와 다르게 행동할 수도 있다 (Bruscia, 1988; Coleman & Brunk, 2003). 미셸과 로어바커(Michel & Rohrbacher, 1982)는 다음과 같이 주장했다.

> 왜 음악치료를 위해 별도의 평가 과정이 진행되어야 하는가? …… 음악은 인간의 다른 행동들과 구분되는 별개의 행동 양상이다. 내담자들은 음악을 듣거나, 음악에 따라 움직이거나, 음악을 연주하는 음악적 환경 내에서 다르게 반응한다. 음악적 자극을 받는 경우, 내담자들이 다른—가끔은 극단적으로 다른—관점에서 보일 수 있다는 사실은 보편적으로 인정되는 점이다. 그러므로 음악치료사가 음악적 환경 내의 내담자에 대한 별도의 평가를 수행하는 것은 매우 중요하다(p. iii).

음악 기반 평가의 한 가지 장점은 그것이 다른 방법으로는 접근하기 어려운 심리적 기능의 영역에 접근할 수 있다는 것이다. 브루샤(1988)는 내담자들이 예술적 체험에 쉽게 몰입할 수 있기 때문에, 음악이나 예술 기반의 평가 방법은 내담자의 동기적 문제를 피해 갈 수 있을 것이라 말했다. 그는 또한 "예술의 상징적이고 비언어적인 측면 덕분에, 예술은 내담자 내면의 숨겨진 면들에 더 수월하게 접근할 수 있다. 이것은 내담자가 치료에 대해 저항하거나 방어적인 태도를 보일 때 더욱 그러하다."라고 말했다(p. 7). 종종 음악은 언어적 방법보다 감정의 영역에 더욱 쉽게 다가갈 수 있다 (Zwerling, 1979). 음악 기반의 평가는 비언어적인 평가 방법이 필요한 상황에서 유용한 정보를 제공할 수 있다. 대다수의 치매성 질환을 앓고 있는 환자들은 '평가 불가능'으로 판정되는데, 이것은 그 평가 방식이 언어적인 소통에 크게 의존하기 때문이다. 또한 아동과 언어 능력을 발달시키지 못한 환자들도 스스로를 언어적으로 표현할 수 없을 때 음악에 몰두할 수 있다. 치료 팀의 평가 과정에서 음악치료사가 어떻게 기여할 수 있는가를 고려해 보는 것은 매우 중요하다.

평가의 개요

1999년 워싱턴 DC에서 열린 세계 음악치료 회의에서 브라이언-윌슨(Brian Wilson)과 엘리자베스 요크(Elizabeth York)에 의해 음악치료 평가에 관한 협의체가 시작되었다. 또한 평가는 『음악치료 학술지(The Journal of Music Therapy)』(2000)와 『음악치료전망(Music Therapy Perspectives)』(2000)의 특집호에서 핵심 내용으로 다루어졌다. 이것은 음악치료 평가에 대한 최근 연구를 조명하고, 앞으로의 발전 방향에 대한 인식을 촉진하기 위함이었다.

음악치료사가 사용하는 평가 방식들에 관하여, 미국 내에서 두 개의 연구가 발간되었다(Gregory, 2000; Wilson & Smith, 2000). 이 연구의 대상은 실제로 음악치료사가 임상적으로 사용하는 평가 방식은 아니었으며, 오히려 대다수는 실제 치료보다 연구 목적으로 사용되는 방식이었다. 그러나 이 연구는 음악치료와 연관된 상황에서 내담자의 반응을 평가하기 위하여 이용되던 방법에 대한 개요를 제공한다는 점에서 유용하다. 또한 사바텔라(Sabbatella, 2004)는 학술회의 발표 자료를 포함한 영어, 스페인어, 포르투갈어 연구 자료를 기반으로 하여, 1985년부터 2001년 사이에 사용된 임상 평가 방법에 관하여 개괄적으로 연구하였다. 해당 연구에 이용된 자료는 치료 과정에서 이루어진 내담자의 임상 평가에 대한 영문 자료가 대부분을 차지했다. 체이스(Chase, 2002)는 읽기 쉬운 핸드북에 몇몇 음악치료 평가를 포함한 임상 평가 방식에 관한 정보를 포괄하여 정리하기도 했다.

윌슨과 스미스(Wilson & Smith, 2000)는 연구 자료를 검토하여 학교에서 일하는 음악치료사들이 사용하는 평가 방식과, 나아가 그 평가 방식들의 표준화 가능성에 대해 밝혀 내고자 하였다. 앞서 말했듯이, 그들이 발견한 평가 도구들의 대다수는 임상가가 아닌 연구자가 이용하고 있었다. 음악적 선호는 검토된 41개의 연구 자료 중 단지 12%의 자료에서만 평가되었다. 그리고 검토된 연구 자료 중 반 정도가 명칭이 있었으며, 명칭이 없던 나머지 반 정도는 대개 연구자가 만들어 낸 것이었다. 명칭이 있는 16개의 평가 방식 가운데, 단지 세 개만이 하나 이상의 연구에 이용되었다. 그 세 방식은 다음과 같다. 음악 오디에이션의 기초 측정(Primary Measures of Music Auditation)(Gordon, 1979)이 세 번 이용되었으며, 연속 반응 디지털 인테페이스(Continuous Response Digital Interface)(CRDI; Robinson, 1988)가 두 번 이용되었고, 마지막으로 토니가 음악을 듣다(Toney Listens to Music)라는 컴퓨터 소프트웨어(Williams & Fox, 1983)가 두 번 이용되었다. 이와 같은 평가 방식의 가장 보편적인(16개 혹은 약 39%) 목적은 그 결과를 다른 평가 방식이나 다른 평가 대상에 관한 자료와 비교하는 것이다. 두 번째로 많이 나타난(12개 혹은 약 29%) 목적은 기저선을 마련하고 일종의 예비 조사로 사용하는 것이었다. 이 외에 빈도가 낮은 다른 사용 목적들은 특정 치료에 대한 적합성을 판단하기 위해서, 평가 방식의 정량적 측면의 성질을 밝혀 내기 위해서, 특정 집단에 대한 어떠한 평가 도구의 적합성을 판단하기 위해서, 또는 음악적 선호도를 밝혀 내기 위해서였다. 음악적 지각, 적성, 선호와 음악에 대한 집중도 및 흥미의 정도 등의 요소가 평가 항목에 포함되었다. 연구 대상 내담자들이 지적장애 혹은 발달장애를 가진 경우는 18건(44%)으로 가장 많았고, 다음으로 정서장애인 경우는 9건(22%), 청각장애인 경우는 7건(17%), 자폐증인 경우는 4건(10%), 그리고 기타 집단인 경우는 보다 소수의 자료에서 연구되었다.

    그레고리(Gregory, 2000)는 『음악치료 학술지』에 게재된 연구들을 검토하여 음악치료 연구에 사용되는 척도들을 조사하고자 하였다. 해당 학술지에 1984년부터 1997년까지 발표된 183개의 실험적 혹은 서술적 연구 자료 가운데 92개(50%)가 일종의 검사 도구를 포함하였다. 이 자료들의 연구 방법을 검토한 결과, 총 115종의 검사 도구를 확인하였다. 이 가운데 40%는 출판된 검사였고, 35%는 발표되지 않은 검사였으며, 25%는 연구자가 직접 고안한 것이었다. 음악적 반응은 115개 중 25개의 검사에서 측정되었으며, 특히 연구자가 직접 고안한 검사에서 빈도가 가장 높았다(29개 중 17개). 출판된 검사나 미출판된 검사에서 음악 혹은 음악에 관련된 반응을 측정하는 경우는 각각 46개 중 2개, 40개 중 6개로 낮은 빈도를 보여 주었다. 출판된 검사 가운데 2개 이상의 연구에서 인용된 검사들은 상태-특성 불안척도(State-Trait Anxiety Inventory: 9회; Spielberger, Gorsuch, & Lushene, 1970), 피보디 그림 어휘 검사(Peabody Picture Vocabulary Test: 4회; Dunn & Dunn, 1981), 단축형 정신상태검사(Mini-Mental Status Examination: 4회; Folstein, Folstein, & McHugh, 1975), 바인랜드 사회성숙도 척도(Vineland Social Maturity Scale: 3회; Doll, 1953), 다중 정서 형용사 체크리스트(Multiple Affect Adjective Checklist: 3회; Zuckerman & Lubin, 1985), 해밀턴 우울증 평정척도(Hamilton Rating Scale for Depression: 3회; Hamilton, 1967), Image-CA(2회; Achterberg & Lawlis, 1978), 음악 오디에이션 기초 측정(Primary Measures of Music Audiation: 2회; Gordon, 1979), 말라크 소진 척도(Maslach Burnout Inventory: 2회; Maslach & Jackson, 1981) 등으로 나타났다. 4개의 미출판된 검사가 하나 이상의 연구에서 사용되었으며, 그중 하나인 전반적 퇴화 척도(Global Deterioration Scale; Reisberg, 1982)는 총 7개의 연구에서 주로 알츠하이머병의 검진을 위해 사용되었다.

평가에 관한 질적 접근과 양적 접근

음악치료 평가는 질적인 관점이나 양적인 관점에서 접근할 수 있다. 두 종류의 접근은 모두 내담자의 음악적 혹은 비음악적 반응을 평가하는 것에 초점을 둔다. 질적인 연구설계와 양적인 연구설계 사이에서 결정할 때 고려할 사항들처럼(Wheeler, 2005), 두 가지 접근의 기반이 되는 가정들 그리고 사용되는 절차들 모두 상이하다. 많은 평가는 양적 측면과 질적 측면을 모두 포함하고 있다. 이 두 접근 방식에 대한 브루샤(1993)의 연구는 이 장 내용의 토대가 된다.

양적인 평가 방식은 음악치료사가 체계적으로 내담자의 행동과 상태에 대한 정보를 수집하고, 그 성질과 기술 혹은 반응을 수치나 목록 등의 수적인 분석 방법을 이용해서 평가하는 것이다. 치료사는 범위를 결정하고, 평가할 구체적인 영역을 정의한다. 평가 영역은 몇 가지의 과제로 세분화되며, 각 과제에 대한 반응에는 점수와 가중치가 부여된다. 몇몇 평가 항목은 평가 영역과 과제가 어떻게 연결되는지 밝혀 내기 위해 의도적으로(암묵적으로 혹은 명시적으로) 앞서 제공된다. 그리고 일관성 있고 표준화된 방법으로 평가 자료를 수집하려고 노력한다. 음악치료사는 내담자가 최소한의 상호 작용을 통해서 평가에 반응할 수 있도록 자료 수집 과정에서 객관적인 태도를 유지하여야 한다. 양적 평가의 결과는 관련된 정보가 요약된, 수치로 이루어진 자료다. 양적 평가에서는 결과의 타당도와 신뢰도를 산출한다.

반면, 질적 평가는 음악치료사가 제공한 다양한 음악적 혹은 비음악적 경험에 대한 내담자의 반응을 묘사하고 설명하는 것이 요점이다. 이것은 내담자의 음악 활동을 음악과 관련 없는 이론과 구조를 이용하여 해석하는 것을 포함할 수도 있다. 몇몇 질적 평가에서는 치료자가 치료의 목적과 대상 영역을 평가하면서 그 결과에 따라 융통성 있게 결정하기도 한다. 별도의 필요성이 검증되지 않으면 평가 결과를 수치로 이루어진 자료로 변환하려는 시도는 이루어지지 않으며, 평가 결과의 의미를 증명하거나 설명하기보다는 이해하려는 시도가 질적 연구의 중점을 이룬다.

음악치료 평가에서의 쟁점

음악치료 평가에서 음악치료사의 이해가 아직 명확하지 않은 영역이 몇몇 존재한다. 이러한 상황은 음악치료 평가 도구의 발전에 하나의 장애물로 작용할 가능성이 크다.

일반적 평가(assessment) 대 과정적 평가(evaluation)

음악치료라는 치료 과정의 일반적 평가와 과정적 평가를 혼동하곤 한다. 일반적 평가는 내담자를 만나고 치료 과정을 계획하는 것이 중심인 반면, 과정적 평가는 치료 방법의 효과나 치료 과정에서 내담자의 진행 상황을 판단하는 것을 목적으로 한다. 라도시(Radocy, 1999)에 의하면, "과정적 평가는 판단을 내리는 절차이며, 일반적 평가는 현재의 상황에 대한 판단의 수단이다"(p. 9). 두 가지 평가 모두 치료 과정 중 어느 때라도 실행될 수 있다. 일반적 평가는 단지 치료 시작 전에 이루어지는 것이 아니며, 과정적 평가 또한 치료 과정 어떤 단계의 전후에도 이루어질 수 있다. 가끔 이 혼동은 단지 단어 사용의 문제다. 일반적 평가에 대한 내용인 것이 분명해 보임에도 과정적 평가라는 단어가 사용되기도 한다. 이러한 혼동은 종종 내용의 명확성을 해친다.

평가와 음악치료사의 전문가적 정체성

아이젠버그-그레즈다(Isenberg-Grezda)는 1988년 출판되어 음악치료 평가에 큰 영향을 미친 한 논문에서 음악치료 평가와 음악치료사의 전문가로서의 정체성의 관계성에 대해 다음과 같이 밝혔다.

음악치료사와 음악의 관계의 본질은 평가 과정에서 음악이 어떤 방법으로 이용될 것인가를 결정하는 큰 요인이다. 해당 치료사의 철학적 사상, 세계관 그리고 그에 기반을 둔 이론적 뼈대는 그가 무엇이 측정되어야 하는가(어떤 기능의 영역을 측정하여야 하는가)를 결정하는 데 핵심적인 역할을 한다. 음악치료사의 다양한 내담자 모집단에 대한 이해와 지각은 특정한 평가 도구를 이용해서 평가할 대상이 누구인지 대한 판단으로 이어질 것이다. 바로 어떤 평가 도구가 대상 특정적(population-specific)인지 판단하는 것이다. 제도적 틀 속에서 음악치료사의 역할과, 제도적 문화에 대한 반응은 평가 도구의 양식과 구조를 결정하는 일에 도움이 될 것이다(p. 161).

신뢰도와 타당도

음악치료의 분야에서 심리측정적 표준에 부합하는 평가 방식의 필요성은 갈수록 많은 관심을 받고 있다. 신뢰도와 타당도는 양적 평가의 질을 결정하는 중요한 지표이며, 단지 수량화된 자료가 수집된 경우에만 구할 수 있다(Walsh & Betz, 1990). 신뢰도와 타당도의 중요성은 브루샤(1988), 스캘렌게(Scalenghe, 1999), 라이프와 요크(Lipe & York, 2000)가 지적한 바 있지만, 아직 그에 관한 논의가 충분히 진행되지 못했다. 이 문제에 대해서 많은 저자가 우려를 표하고 있다(Gfeller & Davis, 2008 참조). 신뢰도와 타당도에 대한 정보는 이 장에서 간략히 소개되며, 이 책의 3장에서 더 깊이 있게 다루었다.

신뢰도란 어떠한 평가 도구가 대상을 얼마나 일관성 있게 측정할 수 있는가를 나타내는 지표다(Boyle & Radocy, 1987). 다시 말해, 평가를 요하는 변수에 대해 그 측정 방식이 정확하고 일관적인 측정을 제공하는가, 같은 평가 방식의 다른 버전이나 다른 적용으로 여러 번에 걸쳐 사용하였을 때 일관적인 결과를 보여 주는가, 평가 방식에서 요하는 문항이나 과제들이 서로 연관성이 있으며 평가하고자 하는 전체적인 대상에 부합하는가, 그리고 해당 과제들이 비슷한 증상을 보이는 다른 내담자에 대해서도 정확하고 일관성 있는 정보를 제공할 것인가에 관한 것이다. 신뢰도는 평가의 다양한 측면 간의 관계성에 따라 결정된다. 그리고 신뢰도는 상관 분석과 내적 일치도를 가늠하는 알파 계수 등을 통해 측정된다. 그 예로 검사-재검사 신뢰도, 문항 변별도 분석(item discrimination analysis, 한 검사의 총점과 문항들 간의 상관), 평정자 간 일치도(여러 평정자가 부여한 점수 사이의 상관) 등이 있다. 상관관계 지수는 −1에서 +1의 범위를 가지며, 양수는 정적 상관관계, 음수는 부적 상관관계를 뜻한다. 실험 통계에서 .80 이상의 값은 대체로 유의미한 수준으로 받아들여진다(Walsh & Betz, 1990).

타당도는 양질의 검사가 되기 위한 또 다른 요구 사항이다. 타당도란 어떠한 검사가 그것이 측정하고자 하는 수치를 얼마나 잘 측정해 내는가 하는 것이다(Boyle & Radocy, 1987). 타당도에는 여러 종류가 있으나, 여기서는 내용타당도, 준거 관련 타당도 그리고 구성타당도를 중심으로 다루고자 한다. 내용타당도는 해당 검사 혹은 측정이 그것이 측정한다고 하는 것을 얼마나 잘 측정해 내는가, 측정의 항목들이 평가를 요하는 대상을 적절히 포함하는가를 표시하는 수치다. 라이프(2005; 개인적 서신, 2012. 2. 9)는 노년층의 음악치료에 관한 연구를 살펴봄으로써 노년층에게 효과적인 음악 과제들이 무엇인지 밝혀 내고, 연구자들에게 그들의 연구에 관하여 질문하거나, 자신의 치료 처치를 스스로 평가하는 방식을 통해 음악 기반 인지기능평가(Music-Based Evaluation of Cognitive Functioning: MBECF)의 내용타당도를 확립하고자 하였다. 준거 관련 타당도(예측타당도라고 하기도 함)는 평가에서의 성적이 실생활에서의 수행을 얼마나 잘 예측할 수 있는지에 관한 수치다. 라이프의 MBECF 개발을 위한 연구(Lipe, 2005)에서 MBECF와 MMSE, 단축형 인지평정척도(Brief Cognitive Rating Scale), 그리고 중증손상종합검사(Severe Impairment Battery) 간의 피어슨 적률 상관계수를 도출함으로써 준거 관련 타당도를 추정하였다. 마지막으로 어떠한 평가 도구가 구성타당도를 가진다면, 그것은 그 검사 점수와 그것이 측정하고자 하는 이론적인 특성이나 구성 개념 사이에 연관성이 존재한다는 것이다. 라이프, 요크와 젠슨(Lipe, York, & Jensen, 2007)은 요크(1994)의 잔여 음악기술검사(Residual Music Skills Test: RMST), 라이프(1995)의 MBECF 그리고 간이정신 상태검사(Mini-Mental Status Examination)(MMSE, Folstein, Folstein, & McHugh, 1975)의 결과를 비교하고, 각 검사들이 모두 음악적 인지를 측정한다고 하였을 때 기대되는 결과를 탐색함으로써 음악적 인지라는 구성개념에 대한 구성타당도를 확립하였다. 평가 도구의 타당도를 확립하고자 할 때는, 개개의 음악적 반응을 음악적 인지나 감정 표현과 같은 더 포괄적인 구성개념과 직접적으로 관련짓고 조작적으로 정의하는 것이 중요하다(A. Lipe, 개인적 서신, 2011. 12. 22).

갈수록 많은 음악치료 평가가 신뢰도와 타당도에 관한 정보를 포함한다는 사실은 반가운 일이다. 임상 음악치료의 신뢰성을 확보하기 위해서는, 음악치료 평가가 정신 측정의 기준에 부합하는 것이 중요하다.

규준참조 평가와 준거참조 평가

음악치료 평가에서 진행 중인 또 다른 논쟁은 평가가 어느 정도 규준참조여야 하고 준거참조여야 하는지에 관한 것이다(Coleman & Brunk, 2003). 이러한 논쟁은 단지 몇몇 종류의 평가에만 국한된다. 예를 들자면, 어떤 과정 평가적, 해석적 혹은 서술적 평가에서처럼 개인을 그 자신에게 비교하는 측정에서는 규준참조적 기준을 적용하는 것이 부적합하다. 규준참조 검사(평가)는 "학생의 수행을 어떤 알려진 집단과 비교하여 설명한다. 예를 들어, 어떤 6세의 학생은 다른 6세의 학생들과 비교될 것이다"(Coleman & Brunk, 2003, p. 21). "준거참조 검사는 학생의 수행을 어떤 특정한 행동이나 기술의 측면에서 설명한다. 준거참조 검사의 목표는 정신연령이나 IQ를 알아내려는 것이 아니라, 특정 환경에서 특정한 기술을 수행하는 학생의 능력을 평가하는 것이다."(Coleman & Brunk, 2003, p. 21)

음악치료 평가에서는 규준참조 평가가 없다. 하지만 음악치료사들은 음악을 포함한 다른 분야에서 만들어진 규준참조 평가를 사용하기도 하는데, 그 예로 윌슨과 스미스(2000), 그레고리(2000)가 조사한 연구 가운데 가장 자주 사용된 평가 중 하나로 확인된 음악 오리엔이션 기초 특정(Gordon, 1979)이 있다. 위에서 말했듯이, 규준참조 평가는 어떠한 집단에 대한 비교를 할 수 있다. 규준참조 평가를 위한 자료를 수집하려면 그 평가 도구를 이용하여 많은 수의 사람을 검사해야 한다. 그다음에 그 집단의 사람들이 어떤 비율로 그 평가에서 점수를 받았는지에 대한 정보를 획득한다. 이 정보를 바탕으로, 한 개인이나 소규모 집단을 더 큰 집단과 비교해 볼 수 있다. 이처럼 규준참조 평가로 얻어진 자료가 눈에 띄는 몇몇 분야가 있다. 이는 진단 목적으로 이용되는 음악치료 평가에서 더 두드러지게 나타나는데, 이것은 음악치료사가 자신이 평가한 내담자를 비슷한 진단이나 특징을 나타내는 다른 내담자들과 비교할 수 있도록 한다. 심리학의 많은 검사가 규준참조 검사인 점을 고려하였을 때, 음악치료사들이 더 많은 규준참조적 음악치료 평가의 필요성을 인지하는 것이 중요하다.

전반적 평가 혹은 영역 특정적 평가

많은 음악치료 평가는 다수의 영역을 측정하는 전반적 측정에 속한다. 미국음악치료학회(AMTA) 실행기준의 기준 2.1항 'Encourage Global Assessments'에는 다음과 같은 내용이 포함되어 있다. "음악치료 평가는 내담자의 요구와 강점에 초점을 두고 심리적, 인지적, 의사소통, 사회적, 전반적 평가를 권장한다. 그리고 생리적 기능에 걸친 전반적인 범주를 포함할 것이다. 평가는 또한 내담자의 음악에 대한 반응, 음악적 기술과 선호도 밝혀 낼 것이다."(AMTA, 2011)

라이프는 전반적 평가의 구성 개념과 준거타당도를 확립하는 것과, 음악치료사의 전반적 평가 시도가 다른 전문가들의 작업을 모방할 가능성에 대하여 우려를 표한 바 있다. 이것을 고려하여 그녀는 음악치료사들에게 영역 특정적(즉, 음악 기반의) 평가를 개발하는 것을 권장한다(A. Lipe, 개인적 서신, 2011. 12. 20, 2012. 1. 12). 그녀는 음악치료의 초점은 주어진 음악 과제에 대한 내담자의 반응을 통해 그 기능적 능력에 대한 고유의 정보를 제공하는 것이라고 하였다. 음악 기반의 평가 프로토콜이 개발된 후에, 타당도 검증은 평가의 초점이 되는 운동, 의사소통 혹은 다른 기술들을 평가하는 기존의 검사들을 사용해서 할 수 있다. 음악치료사들이 꼭 물리치료사나 언어치료사가 하고 있는 것을 모방할 이유는 없다(A. Lipe, 개인적 서신, 2012. 2. 9, 2012. 2. 20).

음악치료 평가를 위한 프로토콜의 필요성

음악치료 평가를 위한 프로토콜은 많이 개발되지 않았으며, 따라서 음악치료 평가 시간에 무엇을 할지는 결국 음악치료사의 결정에 달려 있다. 이것은 심리측정 방법으로서는 용납하기 어려운 상황이다(A. Lipe, 개인적 서신, 2011. 12. 20). 어떻게 평가를 진행할 것인가에 관한 지침을 제공하면서, 약간의 융통성을 허락하는 프로토콜을 확립하는 것은 매우 중요하다. 평가가 필요한 어떠한 행동을 끌어낼 수 있는 구체적인 음악 활동/과제가 개발되어야 한다. 라이프(2005)와 요크(2005)는 MBECF와 RMST 평가에 필요한 정보를 수집하기 위한 일반 지침을 제공한다. 라이프는 MBECF를 위해 제공된 지침에 대해 "내가 하고자 한 것은 [음악치료사의 창의성과 심리측정 요구 사이의] 어떠한 균형을 제공하는 것이었다. 나는 인사 노래(greeting song)를 선택하기 위한 지침을 제공한다. 인사노래가 어떤 음악적 특징을 가져야 하는지에 대해서 설명한다. 이것은 어느 정도의 융통성을 허락하지만, 바라건대 동시에 과제가 잘 기능하고 있는지에 대한 충분한 정보를 제공했으면 한다."라고 말했다(A. Lipe, 개인적 서신, 2011. 12. 20).

초기 음악치료 평가

초기 음악치료 자료를 보면 공식적 평가와 관련된 언급은 드물다. 페더와 페더(Feder & Feder, 1998)는 초판에서 음악치료가 어떤 사람에게 도움이 되는지를 판단하기 위한 평가와 몇 가지의 투사법 검사를 포함하여 미국에서 초기에 개발된 음악치료 평가 절차들을 확인하였다. 그중 음악치료사가 개발한 것은 많지 않았다.

그러나 초기 음악치료사는 내담자를 몇 가지 방식으로 평가했다. 미셸(1965)이 음악치료사 설문 조사에서 기술한 내용에서는 의사 단독으로 혹은 의사, 병동 담당자 그리고 음악치료사가 협력하여 환자를 상당수(40%) 선발하거나 의뢰했음이 밝혀졌다. 그들은 환자 자신의 관심(26%), 치료상의 이유(25%)로 선발되거나 의뢰/처방되었다. 음악치료사는 처방전에 있는 다음과 같은 정보를 받았다. 진단, 사례사, 음악 배경, 치료 목적, 음악 활동 형태 그리고 다양한 기타 영역. 이 모든 정보는 비공식적인(그리고 명칭이 없는) 평가 과정의 한 부분이라고 볼 수 있었다.

이 시기의 사례 연구를 보면, 일부 음악치료사는 필요한 치료 유형이나 범위를 결정하기 위해 평가를 실시했다. 예를 들면, 레이섬(Lathom, 1968)은 치료 기관에 들어온 지적장애 혹은 발달장애(이때는 지체로 부름) 아동을 언급하면서 "치료사가 환자를 관찰하고 관찰을 객관적으로 보고하는 데 숙련성이 중요하다."라고 지적하였다(p. 66). 그리고 그녀는 음악치료사가 관찰하게 될 아동이나 탐색 사항에 관련하여 다양한 경우를 기술하였다. 미셸이 아동을 평가하였고, 이 평가가 치료 계획에서 중요한 부분이었다는 것이 분명하였다. 미셸(1968)은 음악성 검사, 음조 맞춤 그리고 구개 파열이 있는 아동의 일반적인 음악적 잠재력에 대한 일반적 평가의 사용을 기술했으나 이 정보로 무엇을 했는지는 명확하지 않다. 이 시기 많은 사례들은 주로 의사가 의뢰하였고, 환자를 위한 치료 목적에 초점을 맞추는 것은 의사의 몫이었을 것이다. 물론, 이런 치료 목적은 환자의 음악적 반응과는 상관없었을 것이다. 레이섬은 다음과 같이 보고하였다.

나는 음악치료를 시작한 이후로 항상 평가를 했다. 심지어 1960~1961년 토피카 주립병원(Topeka State Hospital)의 수련의 시절에도, 그룹에 환자를 배정하기 전에 각 환자를 평가했다. 그곳은 정신과 현장이었으며 정신과 의사들은 '자아 강도 증가' 혹은 '정서 표현 제공'과 같은 의뢰를 했다. 그러면 우리는 그 의뢰를 음악치료의 목적과 목표로 변환시켜야 했다. 파슨스(State Hospital and Training School, Parsons, Kansas) 근무 당시, 이와 비슷한 의뢰를 하는 정신과 의사도 있었지만 인본주의적인 심리학자도 있었다. 당시 스키너 기법이나 다른 기법을 적용하는 행동수정 분야에서 중요한 초기 작업을 하고 있는 대규모 집단이 있었다. 다양한 학파 사람들이 팀 미팅에서 모두가 이해하고 수용할 수 있는 의견을 서로 교환하는 것은 매우 흥미로웠다.

1961년 파슨스에서 내게 처음 주어진 업무는 평가였다. 당시 새로운 환자(교육이나 훈련이 가능한 6~18세의 정신지체 아동 650명) 모두를 평가하는 것이 나의 업무였다. 5년 동안 그 학교에서 나는 평가 도구를 개발하고 수차례 개정했다. 마지막 개정판은 졸저(拙著) 『소아 음악치료(Pediatric Music Therapy)』(Lathom-Radocy,

2002)에 게재된 그것과 큰 차이는 없다. 전체 인원수가 매주 달라지는 그곳에서, 5년 동안 나는 대부분의 아동을 평가했다. 나에게는 항상 6~10명 정도의 아동 집단이 있었고, 각 아동을 3개월 동안 평가하는 여유를 누렸다. 3개월 후에는 특정 아동에 대한 관찰 내용과 프로그램 계획을 서로 공유하는 기회를 가졌다. 이때는 팀으로부터 제안(예: 사회화 제공, 구조의 내재화라는 장기 목적하에 구조화를 위한 경험 제공)을 받기도 하지만 내가 제안을 하기도 했다. 아동들이 프로그램을 시작한 후, 매주 모임을 하며 모든 아동과 정기적으로 만나고 이와 관련된 진행 보고를 하게 됐다. 이 프로그램은 매우 우수한 프로그램으로 아동이 필요로 하는 모든 치료 방법과 특수교육을 갖추었다(W. Lathom, 개인적 서신, 2011. 12. 28).

노도프와 로빈스(Nordoff & Robbins, 1961/1971)의 반응 범주(Categories of Response)는 아동의 정신병리를 이해하기 위해서 북 치기(drum beating)를 사용했으며 이는 매우 중요한 초기 평가 도구였다. 그 범주들은 145명의 아동을 관찰한 후 만들어졌다. 아동을 방에 들어오도록 하고, 북 앞에 앉히고 북을 치도록 독려하여 북을 치게 한다. 그들은 아동의 북 치기 수준이 정신병리를 반영한다고 보았다. 또한 "치료자의 초기 목표는 아동이 어느 수준까지 연주할 수 있고, 어떻게 연주하고, 연주가 그 아동에게 어떤 의미가 있는지를 발견하는 것이다"(1971, pp. 61-62). 열세 가지 반응 범주는 다음과 같은 많은 하위 범주가 있다. 완전한 리듬의 자유, 불안정한 리듬의 자유, 한계가 있는 리듬의 자유, 강박적인 북 치기, 장애가 있는 북 치기, 모호한 북 치기, 감정적 몰입의 북 치기, 혼란스럽고 창의적인 북 치기, 피아노 연주, 노래로 반응하기, 노래에 대한 반응, 특정 음악 스타일에 대한 반응 그리고 음악에서 기분 혹은 기분 변화에 대한 반응이다.

영국에서 앨빈(Alvin)의 선구적인 음악치료(Alvin, 1965, 1975)는 공식적 평가는 없었지만 브루샤(1987)의 분석으로는 앨빈의 치료 방법에 다음 3단계 평가가 있다. 1단계는 자기를 대상(object)과 연관시키기, 2단계는 자기와 치료사를 연관시키기, 3단계는 자기와 타인을 연관시키기다. 또한 그녀는 듣기, 자유로운 즉흥 악기 연주 그리고 노래하기에서 보이는 아동의 반응을 평가하였다(Bruscia, 1987, pp. 103-107).

음악치료 평가 사례

다음과 같은 많은 평가 절차가 초기에 개발되고 출판되었다. 음악치료 평가는 좀 더 정교해지고 평가를 위한 심리측정 기준에 더 주의를 기울이게 되었다.

장애가 있는 아동

노도프와 로빈스(1977, 2007)는 장애아동의 음악적 반응에 대한 두 가지 평가 척도를 개발하였다. 이 척도는 52명의 아동(절반 정도는 자폐증 진단)에게 1,050회기 정도의 즉흥 음악치료를 실시한 연구에 근거하여 제작되었다. 이 척도는 1964년부터 개발되고 개정되었으며 1992년에 광범위한 개정 작업이 이루어졌다. 척도 1(공동활동을 통한 음악적 경험에서 아동-치료자 관계)은 음악 활동의 두 가지 영역, 즉 참여 수준과 저항 특성에서 환자-치료자의 관계 정도를 평가한다. 척도 2(음악적 의사소통)는 세 활동 영역, 즉 악기, 성악, 신체 동작에서 아동의 음악적 소통 정도를 평가한다. 척도 3(음악하기: 활동 형태: 참여 단계와 질)은 개정판(2007)에 추가되었다. 이 척도에서 각 반응 평정은 음악 형식의 복잡성 수준 평가와 그것이 표현하는 참여의 수준 혹은 질적 평가를 조합한다. 이러한 방법은 악기의 리듬 활동과 노래 부르기에 적용된다. 이 세 가지 척도는 노도프-로빈스 음악치료 작업에 정기적으로 사용되며 필요에 따라 수정되어 왔다. 여러 평정자의 반응은 이 과정의 부분으로서 서로 비교된다. 척도 1에 대한 공식적인 신뢰도 연구(Mahoney, 2010)가 수행되었다. 노도프-로빈스 음악치료를 훈련받은 경험 있는 임상가와 이러한 방식을 훈련받지 않은 임상가 사이의 관찰자 간 신뢰도를 계산하였다. 그 결과를 보면, 전체 참가자 34명의 78%가 전체 집단 평균의 1점 이내에 있는 평균 점수를 보였고, 노도프-로빈스 음악치료를 훈련받은 집단의 경우는 82%, 훈련을 받지 않은 집단의 경우는 74%의 사람들이 집단 평균에서 1점 이내의 점수를 보였다(모두 p<.05). 추가 척도, 즉 음악치료 의사소통과 사회적 상호작용 척도(Music Therapy Communication and Social Interaction scale: MTCSI; Hummel-Rossi et al., 2008)는 음악치료 과정에서 보이는 아동의 의사소통과 사회적 상호작용 행동을 측정하도록 설계되었다. 영상 녹화된 회기는 1분 간격으로 MTCSI로 코드화하였는데, 코드화된 행동들은 치료자 혹은 동료와의 음악 활동에서 동시적 혹은 순차적인 참여행동, 공동 주의(joint attention)와 교대로 하기, 악기 연주든 노래든 상호 간의 언어적 소통과 상호 간의 음악적 소통, 얼굴 표정, 몸짓, 움직임, 접촉을 통한 감정적 소통 그리고 의사소통과 상호작용에 대한 내담자의 반응 혹은 시작하기다. 이 척도는 아직도 계속 개발 중이지만, MTCSI의 하위 척도와 유사 영역과 관련된 비음악적 검사 간의 상관은 MTCSI의 공인타당도를 지지한다(Guerrero & Turry, 2012).

미국립음악치료학회를 위한 연방 보조금의 일부 사업으로 중증 및 극중증 장애가 있는 학생을 대상으로 한 평가 도구가 개발되었다. 중증/극중증 장애자를 위한 음악치료 평가 프로파일과 연구 초안 III(Music Therapy Assessment Profile for Severely/Profoundly Handicapped Persons, Research Draft III, 0-27 Month Level; Michel & Rohrbacher, 1982)는 물리치료사, 작업치료사 그리고 언어치료사가 음악치료 프로그램의 기초로 사용하는 발달 척도를 통합하였다. 이 평가 도구는 27개월까지의 초기 발달 단계를 평가하는 것이 목적으로, 각 단계는 2~3개월 단위로 되어 있다. 음악 환경에서 관찰되는 행동들은 의사소통, 인지, 동작, 사회, 정서 영역의 발달 규준과 비교된다. 학생들의 현재 영역별 발달 수준 다음에 이루어지는 발달 단계를 파악하여 프로그램의 목표를 개발할 수 있다. 이 평가 도구는 대략 미국 내 500명의 음악치료사에게 배포되었지만 아직 추가 출판은 되지 않았다(M. Rohrbacher, 개인적 서신, 2012. 2. 17).

특수교육 음악치료평가(Special Education Music Therapy Assessment Process)(Brunk & Coleman, 2000; Coleman & Brunk, 2003)는 공립학교 특수교육 프로그램의 도움이 필요한 학생을 위해 관련 서비스로 음악치료를 제공할 필요성이 있다는 것을 증명하기 위해서 개발되었다. 이런 의미로 이것을 적격성 평가로 볼 수 있다. IEP에 기술된 기존의 목표들과 이 검사에서 학생들의 특정 과제에 대한 특정 반응이 서로 연관되어 있다는 점이 특징이다. 이 평가가 학생들을 위한 음악치료 서비스의 필요성을 확립하는데 큰 영향을 미치고 도움이 되었으며, 개별화교육 프로그램에 포함되었다.

개별화된 음악치료 평가 프로파일(Individualized Music Therapy Assessment Profile) 혹은 IMTAP(Baxter et al., 2007)는 다중 중증 신체장애, 의사소통장애, 자폐증, 중증 정서장애, 사회적 결함 그리고 학습장애가 있는 아동과 청소년의 기술을 평가하기 위해 개발되었다. 이 평가에서는 다음의 11개의 영역을 평가한다. 대근육 운동, 소근육 운동, 언어적 운동, 감각, 수용적, 의사소통/청각 지각, 표현적 의사소통, 인지적, 사회적, 정서적, 음악성 그리고 각각에 대한 하위 영역들이다. 이 평가는 음악치료 부문과 건강 및 아동 발달 분야의 다양한 표준화된 평가를 체계적으로 검토하여 개발하였다. 검사 문항들은 음악치료사를 포함한 전문가들의 검토와 조사를 거쳤다.

음악치료 진단평가(Music Therapy Diagnostic Assessment: MTDA)는 영국의 아동과 가족 정신장애를 위한 크로프트 유닛(Croft Unit)에서 장애아동 진단을 위해 올드필드(Oldfield, 2006)가 개발하였다. MTDA는 2시간 반이 소요되는 평가이기는 하지만 아동의 선호, 강·약점에 따라 적용할 수 있는 유연한 구조다. 평가 내용은 아이들에 따라 융통성이 있고 변화가 가능하지만, 주요 특징을 보면 시작하는 인사 노래가 있고, 아동 스스로 무엇을 할지 선택할 수 있으며, 아동이 한 개나 그 이상의 악기를 가지고 혼자 혹은 치료자와 함께 즉흥 연주를 할 수 있으며, 즉흥적으로 이야기하기와 헤어지는 인사 노래가 포함되어 있다. 올드필드는 MTDA가 아동의 자폐증 여부를 판단하는 데 도움이 되는 중요한 행동들을 파악할 수 있는지에 대한 연구조사를 진행하였다. 이 연구에서 자폐증 진단 가능성이 있는 4~14세 아동 30명(주로 남아)의 MTDA 결과와 ADOS(Autistic Diagnostic Observation Schedule)를 비교하였다. 방법은 MTDA든 ADOS든 각 검사에 대한 질문지와 각 평가 후 행해지는 아동과의 구조화된 면접으로 이루어져 있다. 아동에 대한 진단에서 MTDA 결과와 ADOS 결과는 72% 일치하여, MTDA가 잘 확립된 ADOS와 유사한 정보를 확인한다는 것을 보여 주었다. 또한 점수상에서는 이 둘의 결과가 유의한 차이를 보였는데, 이는 아동에 대해 서로 다른 정보를 보여 주고 있다는 점을 시사한다.

신경발달장애에 대한 개별음악중심평가 프로파일(Individual Music-Centered Assessment Profile for Neurodevelopmental Disorders: IMCAP-ND)은 음악극에서 음악적으로 연결시키고 의사소통하는 내담자의 능력을 관찰하고 평가한다(Carpente, 2011b). IMCAP-ND는 두 가지 평정 척도(음악적 정서평가 평정 척도와 음악적 지각 척도), 음악—정서 프로파일(이야기체의) 그리고 개별화된 처치 및 중재 계획으로 구성되어 있다. 각각은 관계 맺기와 의사소통의 맥락에서 음악극에서의 내담자의 강점과 어려움을 표적으로 하고 개념화한다. 음악적 상호작용을 독려하기 위해 개인차와 지지적 개입(즉, 모델링, 화음, 언어적 신호 보내기)을 고려한다. 그린스팬(Greenspan)의 DIR$^{©}$/Floortime^{TM} 모델(Greenspan & Weider, 2006)의 설명에 의하면, IMCAP-ND는 여섯 가지 음악적 영역, 즉 (a) 음악적 조율, (b) 음악적 상호성과 관계성, (c) 음악적 정서, (d) 음악적 대화, (e) 음악적 적응, (f) 음악적 상호관련성에 기초한다(Carpente, 2009; 2011a). 이 각 영역은 임상적 듣기와 관찰을 통해서 평가된다. 여기에서는 네 가지 음악 표현 형식, 즉 (a) 악기, (b) 성악, (c) 활동, (d) 동작으로 표현된 음악 연주에 대한 음악적 반응에 초점을 둔다. IMCAP-ND는 현재 신뢰도가 검증되고 있다. 신뢰도 검증에는 음악치료, 심리학, 말과 언어 병리 그리고 교육학과 같은 분야가 관여하고 있다.

레이먼, 허시와 레잉(Layman, Hussey, & Laing, 2002)은 다음 네 가지 영역에서 중증 정서장애 아동을 위한 평가 도구를 시험적으로 실시했다. (a) 행동적/사회적 기능, (b) 정서적 반응성, (c) 언어/의사소통 능력, (d) 음악적 기술. 음악 관련 하위 기술에는 음악 인지, 음악에 대한 반응, 신호에 대한 반응, 모방, 어조 등이 포함된다. 기능은 "한쪽 극단에는 방어적/철회적 행동, 그 반대 극단에는 파괴적/강요적 행동이 위치한 연속선상"에서 측정된다(p. 173). 목표 행동이 방어적/철회적 행동과 파괴적/강요적 행동의 연속선상 사이에 있다고 보고 측정한다. 평가 도구에 대한 신뢰도를 보면 네 가지 영역에 대한 평정자 간 신뢰도는 .90에서 .94까지로, 전반적인 평정자 간 신뢰도는 .915로 나타났다. 코헨(Cohen)의 카파는 한 쌍의 평정자 간의 일치가 우연 수준보다 얼마나 더 나은지를 측정하는데 0.81로 매우 좋은 수준의 일치를 보였다.

음악치료 과정 중에 관계의 질 평가(Assess the Quality of Relationship: AQR)를 하는

분석 시스템(Schumacher, 1999, 2004; Schumacher & Calvet-Kruppa, 2007)은 자폐증 영역에서 심각한 장애가 있는 아동을 대상으로 음악치료에 대한 평가와 증거 자료 입증을 위해서 개발되었다. AQR-악기는 네 가지 다른 척도를 포함한다. 척도 1은 관계의 기악적 질(Instrumental Quality of Relationship: IQR), 척도 2는 관계의 전언어적 질(Vocal Prespeech Quality of Relationship: VQR), 척도 3은 관계의 신체적−정서적 질(Physical-Emotional Quality of Relationship: PEQR) 그리고 척도 4는 관계의 치료적 질(Therapeutic Quality of Relationship: TQR)이다. 앞의 세 가지 척도는 아동의 관계의 질을 평가하지만 마지막 척도는 치료자와 치료자의 중재에 초점을 둔다. 발달심리학 지식, 특히 유아 연구에 근거하여, 구 검사개발자는 다음의 접촉/관계 수준의 일곱 가지 단계를 규명한다. 0=접촉 결여/접촉 거부, 1=감각 접촉/접촉−반응, 2=기능적 접촉, 3=자기 접촉/자기−인식, 4=타인 접촉/간주관성, 5=타인 관계/상호 작용, 6=협동 경험/상호 정서적 교류. 이 분석 시스템은 치료의 과정을 보여 주는 것(평가)뿐만 아니라, 관계 수준을 확인(진단)하는 부분에도 적용할 수 있다. 이 시스템은 내담자의 발달 수준에 맞추어 치료자가 적절한 개입에 대한 질문에 답할 수 있고(방법), 치료를 위해 적절한 목표를 세울 수 있게 한다(예후). AQR-악기의 신뢰도는 2005년에 분석되었다(Schumacher, Calvet, & Stallmann, 2005). 서로 다른 국가의 평정자가 영상 자료에 대한 AQR-척도 평가를 훈련받았다. 신뢰도 분석 결과는 〈표 13−1〉에 있는 다양한 척도에 대한 계층 내 상관(intraclass correlations: ICC)을 보여 준다.

독일어로 개정된 AQR-악기가 출판되었고(Schumacher, Calvet, & Reimer, 2011), 새로운 판은 최신의 연구를 언어 전 발달로 통합하였다. 영어판이 준비 중이다.

정서장애 아동을 위한 음악치료 평가 도구(Music Therapy Assessment Tool for Emotionally Disturbed Children; Goodman, 1989)는 아동이 다양한 악기와 활동 중에서 선택을 하게 한다. 그 선택이 아동의 성격을 반영하고 음악치료 회기를 계획하는 데 도움이 되는 임상적 그림을 제공한다고 생각한다. 평가의 실시와 채점은 개별 치료자에게 달려 있다.

〈표 13-1〉 AQR 척도의 계층 내 상관

척도	n 비디오 연속; n 평정자		ICC	95% 신뢰구간
IQR	9	52	0.82	0.67~0.94
VQR	9	52	0.83	0.68~0.95
PEQR	8	58	0.75	0.56~0.93
TQR	9	63	0.78	0.62~0.93

지적장애와 발달장애가 있는 사람

지적장애자 및 발달장애자를 대상으로 출판된 평가에는 코헨과 게리크(Cohen & Gericke, 1972)가 만든 것이 있다. 이 평가는 음악적 능력에 대한 정보와 임상적 관찰을 통합하여 개발하였으며 처치에 대한 권고를 제시한다. 코헨, 에이버바크와 카츠(Cohen, Aberbach, & Katz, 1978)는 지적장애자 및 발달장애자 대상 평가에 필요한 다음 네 가지 기준을 확인하였다. (a) 문제 확인 프로그램에 대한 반응, (b) 사회적/심리적/의료적 요구의 일반적 순서 결정, (c) 특정 훈련/교육적 요구 결정, (d) 특정 음악치료 요구 결정. 워서먼, 플럿칙, 도이치와 타케토모(Wasserman, Plutchik, Deutsch, & Taketomo, 1973)는 성인 지적장애자 및 발달장애자 그리고 정서장애자의 음악 적성과 사회 행동 관련 척도를 3개 개발하였다. 독립적인 관찰자들이 회기의 세 가지 요소에 대해 개인적 참여를 평가한다. (a) 리듬 집단 참여, (b) 노래 집단, (c) 성악적 역학. 비트콘(Bitcon, 1976)은 주의 폭, 파지, 자신과 타인의 인식, 태도를 측정하는 평가를 사용하였다. 박실(Boxill, 1985)은 적응행동, 신체운동, 의사소통, 인지, 정동 그리고 사회적 영역의 평가에 대한 자세한 정보를 제공했다. 그녀는 각 영역에서의 아동의 발달 지체를 판단하기 위해서 정상 발달에 대한 이해를 강조하였다.

스노(Snow, 2009)는 성인 발달장애자 대상의 음악치료 평가를 개발하고, 20대에서 40대에 이르는 8명의 성인을 대상으로 예비 연구를 진행하였다. 이 평가 회기는 다음과 같은 단계들로 구성되어 있다. (a) 평가 참여자들을 치료자나 참여자들이 선택한 큰 악기들을 탐색하고 연주하도록 초청한다, (b) 참여자와 치료자는 동일한 악기를 각기 가지고 대화한다(예: 두 개의 콩가 드럼), (c) 참여자는 치료자의 피아노에 맞추어 베이스 드럼을 연주하는데 이때 명확한 강박이 있는 4박자 패턴을 연주한다, (d) 치료자는 참여자가 따라 연주하도록 음악을 변화시킨다(평가 프로토콜에 명시됨), (e) 참여자는 5개의 악기 중 하나를 선택하여 연주하며, 음악치료사의 질문(평가 프로토콜에 명시됨)에 대해서 답한다. 추가적인 질적 부분이 또한 포함된다. 채점을 위해서 다음 9개 척도가 개발되었다. 상호작용적 I과 II, 가동성, 리듬상의 동시성, 참여성, 주의, 연주 길이, 한계 그리고 변화 따라 하기. 신뢰도는 평가의 채점과 초기 결과의 변화 정도를 가지고 산출하였다. 과제와 척도를 개정한 후(점수의 일치 비율 25%에 근거한) 평정자 간 신뢰도는 .85~.90으로 나타났다. 개발자들은 지적 기능 수준이 높은 참가자들이 평가에서 높은 점수를 받고, 대부분의 점수는 시간이 갈수록 음악치료에서 확인된 정보와 같은 방향으로 개선된 경향을 보였으므로 이 결과는 고무적이라고 주장했다.

정신장애가 있는 사람

1981년, 병원인가 합동위원회(Joint Commission on Accreditation of Hospitals: JCAH)는 활동 서비스가 "환자의 요구, 관심, 생활 경험, 능력 그리고 결함에 대한 평가"를 해야 한다고 규정했다(p. 126; Feder & Feder, 1998, p. 245). 이러한 방침이 거론된 후, 몇 개의 병원에서는 병원 스스로 음악치료가 포함된 접수면접 평가를 준비했다(Feder & Feder, 1998). 이러한 환경이 음악치료 평가의 다른 측면들에 영향을 주었다는 것은 명확하다.

브래즈웰 등(Braswell et al., 1983, 1986)은 환자들의 정신 질환에 대한 태도, 자기개념 확인, 개인 간 관계 그리고 이타성/긍정성 등을 측정하기 위해 정신과 환자용 음악/활동 치료 접수면접 평가(Music/Activity Therapy Intake Assessment for Psychiatric Patients)를 사용했다. 웰(Well, 1988)의 장애 청소년용 음악치료 평가(Music Therapy Assessment for Disturbed Adolescents)는 특정 영역에서 정보를 찾기 위해 환자의 (a) 노래 선곡, (b) 배경음악 이야기 만들기, (c) 즉흥 악기 연주와 같은 특정 프로토콜을 활용한다. 환자가 지정된 활동에 참여하면 평가가 이루어진다. 크로(Crowe, 2007)는 성인, 청소년, 아동의 정신병 관련 평가를 개관하면서 이 장의 이후에 거론하는 몇 가지 평가 이외에 해밀턴 우울 및 리듬능력 평정척도(Hamilton Rating Scale for Depression and Rhythmic Competency; Migliore, 1991), 음악치료 효과척도(Music Therapy Effects Scale; Thaut, 1989) 그리고 치료에 대한 환자평가(Patient Evaluation of Treatment; Heaney, 1992)를 포함하였다.

캐시티와 캐시티(Cassity & Cassity, 1994)는 음악치료 회기 중 자주 평가되고 치료되는 비음악적 행동 영역에 대한 정보를 파악하기 위해서 임상훈련 감독자들을 대상으로 조사를 진행하여 정신과 음악치료 질문지(Psychiatric Music Therapy Questionnaire: PMTQ)를 개발하였다. 감독자들에게 가장 자주 평가하고 다루는 영역별로 2개의 질환이 무엇이고, 이 질환과 관련해서 사용하는 음악치료 개입 두 가지는 무엇인지 답하게 했다. 이 결과로, 라자러스(Lazarus, 1976, 1989)의 중다양식치료모델(Multimodal Therapy Model)에 근거하여 광범위한 매뉴얼인 『정신과 성인, 청소년, 아동용 중다양식 음악치료: 임상매뉴얼(Multimodal Psychiatric Music Therapy for Adults, Adolescents, and Children: A Clinical Manual)』(Cassity & Cassity, 1991, 2006)을 만들었다. 대학원생을 대상으로 3주 간격으로 PMTQ 검사–재검사 신뢰도를 계산하였다. 그 결과, 파트 I: 음악, rs=.79, p<.01; 파트 II: 중다양식 문제분석, rs=.90, p<.001; 파트 III: 면접 후 관찰, rs=.83, p<.001로 확인되었다. 그리고 파트 II의 하위 검사의 신뢰도 점수도 계산하였다(Blodgett & Davis 1994). 성인, 청소년, 아동의 동일 하위검사의 검사–재검사 신뢰도는 3주 간격을 두고 연령별로 다양한 12명의 정신과 환자(또는 환자의 부모)를 대상으로 진행하였다. 그 결과를 보면, 파트 I, rs=.77, p<.01; 파트 II, rs=.90, p<.001; 파트 III, rs=.92였다. 이 경우에도 파트 II의 하위 검사의 신뢰도 산출이 가능하다(Murray, 1994). 평정자 간 신뢰도는 다음과 같다. 파트 I, rs=.92, p<.001; 파트 II, rs=.94, p<.001(Blodgett & Davis, 1994). 타당도는 성인 정신과 환자의 PMTQ 점수를 벡 우울척도(Beck Depression Inventory: BDI; Beck, Ward, Mendelson, Mock, & Erbaugh, 1961), 증상 체크리스트 90-R(Symptom Checklist-90-R; Derogatis, Lipman, & Covi, 1973), 밀런 임상적 다축질문지 III(Millon Clinical Multiaxial Inventory-III: MCMI-III;

Millon, Millon, & Davis, 1994)의 점수와 비교하는 탐색적 연구를 진행한 앤더슨과 크리바움(Anderson & Krebaum, 1998)에 의해 평가되었다. 가장 높은 타당도 계수들을 보면 BDI의 총점과 PMTQ의 하위 척도인 인지 부문 사이의 점수는 .70, MCMI-III의 하위 척도인 약물의존성과 PMTQ의 하위 척도인 약물 사이는 .76, MCMI-III의 하위 척도인 공격성/가학성 척도와 PMTQ의 하위 척도인 행동 사이는 .74(유의 수준은 제시되지 않음)로 나타났다. 앤더슨과 크리바움은 PMTQ가 증상과 기저의 성격 구성 개념을 평가하는 다른 심리측정 도구와 상관관계가 있다고 결론지었다. 해그(Haegg, 2012)는 BDI-SF(BDI 단축형), PMTQ-C(PMTQ 인지 하위검사) 그리고 VAS(시각적 유추 척도, visual analogue scale)를 사용하여 약물 의존성 환자의 기분에 미치는 단기 구조화된 즉흥연주의 효과를 측정하였다. 이러한 세 가지 검사에서 기분의 증가가 유의하게 나타났다. 공인타당도 계수를 보면, BDI-SF와 PMTQ-C 사이는 .72(p < .01), BDI-SF와 VAS-M 사이는 .63(p < .05), VAS-M과 PMTQ-C 사이는 .63(p < .05)으로 나타났다.

노년기 성인

힌츠(Hintz, 2000)가 개발한 평가는 환자의 강점, 요구, 기능 수준을 보여 주고, 장기요양 및 재활 환경에서도 활용될 수 있다. 이 척도의 표적은 음악적 표현 기능, 음악적 수용 기능, 행동/심리적 기능, 신체운동 기능 그리고 인지적/기억 기능이다. 검사 결과는 해석되고 치료와 프로그램 제안에 사용된다. 노인의 요구와 치료에 대한 음악적 평가(Musical Assessment of Gerontologic Needs and Treatment: MAGNET)(Adler, 2001)는 장기요양 기관에서 치료 계획을 위해 사용되는 다학제적 평가인 최소 자료세트(Minimum Data Set: MDS)와 상관되도록 설계되었다. 처음 부분에서는 배경 정보, 선호 음악, 관찰 가능한 행동 등이 조사된다. 회기 중에 조사되고 치료 계획으로 이어지는 영역들은 다음과 같다. 인지, 정서 상태, 기억력, 신체운동 기술, 음악적 참여, 음악적 선호, 음악적 기술, 관찰 가능한 행동, 현실 지남력, 감각 처리, 계획, 그리고 과제 실행, 노래 부르기, 사회적 상호작용, 말하기와 의사소통이다.

치매 환자를 위한 음악치료의 측면을 평가하기 위해 2개의 평가가 개발되었다. 요크(1994)는 알츠하이머 환자로 의심되는 사람들을 대상으로 음악적 훈련을 받지 않았지만 생활 중에 획득한 음악적 행동(여분의 기술)을 평가하는 잔여음악기술검사 (Residual Music Skills Test: RMST)를 개발하였다. 이 평가에는 다음 항목들이 포함되었다. 음악 기억/노래 회상, 악기 식별, 음색 기억/음조 변별, 악기 이름과 노래의 단기 회상, 음악 언어, 리듬 작업이다. 초기에 요크는 37명의 알츠하이머가 의심되는 환자를 대상으로 RMST와 폴스타인(Folstein)의 간이정신상태검사(Mini-Mental Status Examination: MMSE; Folstein, Folstein, & McHugh, 1975)를 실시하였다. 그리고 (a) (문항 분석의 몇 가지 측면을 사용하여) 내적 일치도, (b) 위 두 검사의 평정자 간 신뢰도, (c) 두 검사 간의 전체 점수의 관계성 및 언어와 비언어 하위 점수 간의 관계성도 살펴보고 다음 사항을 밝혔다. 첫째, 문항 1~6(연속 변인)은 피어슨의 r, 문항 7~10(이항 변인)은 양류상관(point-biserial) 분석 결과 노래 관련 문항들에서 강한 상관관계를 보였고, 전체 음악언어의 하위 점수도 RMST의 전체 점수와 강한 상관관계를 보였다(r=.82). 둘째, RMST의 평정자 간 신뢰도는 r=.96, MMSE의 평정자 간 신뢰도는 r=.98이었다. 셋째, RMST와 MMSE의 언어 점수 사이에 높은 상관관계를 보였고(r=.72), 두 검사의 전체 점수의 상관은 r=.61로 나타났다. 따라서 RMST는 MMSE와 비교해서 또 다른 음악 행동을 측정하고 있다는 점을 시사한다. 요크(2000)는 이후의 검사에서 2주 간격을 두고 피어슨의 적률상관으로 검사-재검사 신뢰도를 검증하였다. 그 결과, 두 검사 시행 후 점수 간의 유의한 관계성을 보였다(r=.92, p<.000, N=95). 라이프, 요크와 젠슨(Lipe, York, & Jensen, 2007)은 RMST, 라이프의 음악기반 인지기능평가[Music Based Evaluation of Cognition Function(MBECF), 1996] 그리고 MMSE의 점수들을 서로 비교 분석하여 구성타당도(예: 음악 인지의 구성 개념)를 보고하였다. RMST는 MBECF(1996)와 높은 상관관계를 보이는(r=.83) 반면, MMSE와는 상관관계가 약간 더 낮다(r=.76). 이는 RMST는 알츠하이머 장애로 의심되는 환자의 잔여 음악 기술을 평가하기 위해서 개발되었기 때문이며, 이러한 결과는 RMST는 이 부분을 측정하고 신뢰할 만한 안정적인 검사 도구라는 점을 보여 준다. RMST는 "알츠하이머 장애로 의심되는 환자의 음악적 반응에 대한 이해에 추가적인 정보를 제공하는 것 같다"(York, 1994, p. 294).

라이프(1995)는 MBECF에서 치매 노인의 인지 기능을 측정하기 위해 음악 과제 수행을 사용하였다. MBECF는 노래 부르기를 비롯하여 멜로디, 리듬, 동작, 언어 반응을 필요로 하는 열아홉 가지 과제를 포함한다. MBECF 개발을 위해 라이프는 초기 검사 후 10~14일이 지난 이후 다시 검사를 진행하였다. 그녀는 16명의 치매 환자와 16명의 비치매환자(전체 32명)를 대상으로 검사를 진행했다. 전체 평정자의 일치도는 r=.92, 검사-재검사 신뢰도(피어슨의 적률상관을 사용한)는 r=.93 그리고 내적 일관성(크론바흐 알파)은 .95로 나타났다(Lipe, 2005). 크론바흐 알파 계수를 언어, 노래 부르기 그리고 리듬 문항들에 대해서 계산하였고, 두 검사 점수의 평균을 계산했을 때 언어는 .88, 노래 부르기는 .98, 리듬은 .85로 나타났다. 타당도 평가에서 치매 환자와 비치매 환자의 점수를 비교한 결과, 비치매 환자가 유의하게 더 높았다. 피어슨의 적률상관을 사용한 준거 관련 타당도 결과를 보면 다음과 같다. MBECF와 MMSE(r=.93, p<.01), 단축형 인지평정척도(r=-.83, p<.01) 그리고 후에 16명의 치매 환자만을 대상으로 진행한 중증손상 종합검사(r=.98, p<.01). 수행을 잘 못하는 문항을 수정한 MBECF 개정판과 MMSE를 가지고 16명을 대상으로 검사를 다시 실시하였을 때(Lipe, 2005), 상관관계가 r=.86으로 나타났다. 개정된 프로토콜에 대해 주립병원 스태프진이 내린 평가에 의한 안면타당도는 만족할 만한 수준을 보였다(Lipe, 2005). MBECF와 기존의 인지기능검사가 강한 상관관계를 보인 결과는 이 음악 과제를 사용하는 모집단 대상에 대해 MBECF가 인지적 기능을 적절하게 평가하고 있다는 점을 시사한다.

RMST와 MBECF의 과제의 유용성을 검증하고 음악 인지 개념의 본질과 일반 인지와의 관련성을 좀 더 이해하기 위해서 50명의 치매 환자에게 MMSE, MBECF 그리고 RMST를 시행했다(Lipe, York, & Jensen, 2007). 후에 약간 개정된 MBECF와 MMSE는 피어슨의 적률상관에서 r=.89, p<.01을 나타내어, MBECF의 인지적 기능 측정이 타당하다는 점을 시사한다. RMST와 MMSE의 상관은 r=.76으로 나타났는데, 이는 RMST가 인지적 기능보다는 음악적 기능을 측정한다는 점을 보여 준다. MBECF와 RMST의 두 검사가 비록 서로 다른 접근 방식으로 음악 인지를 측정하지만, 상관 결과에서 r=.83, p<.01로 강한 유사성을 보여 준다. 저자들은 이 세 가지의 검사 간에 보이는 상관관

계로 보면 음악 인지와 일반 인지 간에 강한 관계가 있지만, 리듬, 노래 부르기, 멜로디 능력은 인지의 또 다른 독특한 측면을 보여 준다고 결론지었다.

의료 환경과 재활 환경

톰슨, 아널드와 머레이(Thompson, Arnold, & Murray, 1990)는 뇌혈관장애(CVA)로 고통받는 환자를 대상으로 하는 평가에 대해서 기술했다. 이 평가는 다음 여섯 가지 기능을 평가한다. (a) 지남력(자기재인과 기억), (b) 시각(기억, 지각, 변별), (c) 청각(소리 식별, 소리 변별, 특정 노래에 대한 추상적 사고, 수세기와 철자법), (d) 신체운동(신체기관 식별, 감각 인식, 신체통합, 신체 사용; 음악 및 비음악), (e) 의사소통(실어증과 실인증, 명확한 발음, 호흡, 발화, 음역과 같은 다양한 의사소통장애), (f) 사회성(감정, 사회행동 범위, 자기통제, 자기개념). 스칼렌게와 머피(Scalenghe & Murphy, 2000)의 관리보호 환경에서의 음악치료 평가는 다음과 같은 9개 영역에서 환자에 대한 종합적인 평가를 제공한다. 현 증상의 내력, 행동 관찰, 신체 운동기관 기능, 의사소통 기능, 인지 기능, 청각 기능, 사회 기능, 특정 음악적 행동 그리고 요약과 권고. 이 평가는 관리보호 환경의 평가 요구에 부응하고 이러한 영역별 환자의 기능을 기술하고 그 결과 치료 목적을 찾으려고 의도하며 치료 환경에의 음악치료 도입을 주장하기도 한다.

더글러스(Douglass, 2006)는 입원한 아동을 위한 평가를 개발하였다. 처음에는 문헌 개관과 아동 환자 관련 기관 종사자와의 인터뷰를 통해 목표 고객의 요구를 조사하였다. 그리고 음악치료사들과 다른 전문가들이 사용하는 기존 평가를 검토하여 개발하고자 하는 평가 도구의 형식과 내용을 만들고, 환자를 대상으로 사전 검사를 진행한 후 피드백을 통해 개정판을 만들었다. 그리고 그 진단검사의 타당도와 신뢰도를 산출하였다. 이 평가는 배경 정보, 의뢰 정보, 생리적 정보, 신체적 기술/운동 기술, 인지 기술, 사회 및 정서적 행동, 의사소통 기술 그리고 음악 관련 행동으로 구성되어 있다. 병원 장면에서 근무하는 음악치료사들에게 해당 평가가 기존 평가의 목적과 일치하는지를 확인하여 내용타당도를 검토하였다. 이 작업은 초판 그리고 개정판을 가지고 두 차례에 걸쳐 진행되었다. 모든 평가자가 개정판이 기존 평가의 목적에 잘 부합한다고 보았다. 초기의 평정자 간 신뢰도 검증은 음악치료사가 기존 형식의 평가를 사용하여 평가받은 환자의 영상 기록물을 보고 평가한 후, 원 평가의 결과와 비교하는 방법이었다. 그런 다음에는 의도한 반응에 대한 질문들을 바탕으로 토론을 진행하였다. 두 명의 음악치료사가 공동으로 음악치료 회기를 이끌고 회기 마지막에는 일정한 서식에 답하였다. 그다음에는 서식에 있는 체크리스트 항목별 일치 및 불일치 항목 수를 서로 비교하였다. 이 단계에서 평가자는 모든 평가에 대해서 서로 일치하여, 평정자 간 신뢰도가 1.0으로 나타났다(E. Douglass Espinoza, 개인적 서신, 2012. 2. 10).

로위(Loewy, 2000)는 다음 13개 영역을 탐문하는 음악치료 평가를 개발하였다. (a) 자기, 타인 그리고 순간 인식, (b) 주제 있는 표현, (c) 듣기, (d) 공연하기, (e) 협동/관계, (f) 집중, (g) 정서의 범위, (h) 투자/동기, (i) 구조의 이용, (j) 통합, (k) 자기존중, (l) 위험 감수, (m) 독립. 이러한 탐색 영역은 질문지 조사와 해석학적 탐색을 포함하여 음악치료 연구를 통합한 로위의 연구에서 발전하였다. 이러한 13개 영역은 음악치료 맥락에서 음악 평가와 언어 평가를 통합시키고 그녀의 연구에서 중요한 발견인 4개의 핵심 주제, 즉 관계, 역동, 성취 그리고 인지를 강조하기 위해서 서로 연결된다. 로위는 평가 회기의 형식이 중요하다고 강조했다. 그녀는 구조화된 경험과 자유롭게 움직이는 경험을 결합한 이 조합이 새로운 내담자의 치료 요구 평가와 관련하여 최적의 경험을 제공한다고 주장했다. 그녀는 각 악기가 연주되고 환자들은 그 연주되는 소리로 연관된 기억 혹은 그 순간의 경험을 서로 전달하는 것을 독려하는 방의 여행(Tour of the Room) 모델을 개발하였다. 그녀는 개인의 문화, 소리에 대한 경험 그리고 악기의 상징적 연상은 문화라는 맥락에서 가장 잘 이해되며, 이러한 것들이 치료에서 구조화된 연주나 즉흥 연주 전에 먼저 고려되어야 한다고 말했다.

로위는 환자 자신이 스스로 판단하고 있는 통증에 대한 이해와 느낌을 알기 위해서 음악치료 통증 평가도 개발하였다. 환자에게 광범위하게 자신의 통증을 표현하게 하는 질문을 하고, 이 통증에 대한 즉흥 연주를 독려하는데, 이 연주는 "긴장의 신체적 측면에 대해서 환자가 어떻게 다루는지에 대한 단서를 제공한다"(p. 195). 치료자가 환자와 함께 연주함으로써, 환자의 통증 개선을 위한 개입의 종류를 평가할 수 있고 치료에 대한 치료자의 역할을 정할 수 있다. 로위와 그녀의 팀은 표준 간호업무기록지의 한 부분인 0~10점 척도로 구성된 윙-베이커 안면척도(Wong-Baker Face Scale; Wong & Baker, 1988)뿐만 아니라 로위가 베스 이스라엘 의학센터에서 개발한 색분석척도(color analysis scale: CAS)도 사용하였다. 베스 이스라엘 병원의 음악치료사는 일반적인 진단평가의 일환으로 통증을 평가한다.

음악기반 주의평가(Music-Based Attention Assessment: MAA; Jeong & Lesiuk, 2011)는 외상적 뇌 손상(TBI) 환자를 위해 고안되었다. 그것은 세 가지 타입의 청각적 주의(지속적, 선택적, 분할적)의 하위 척도를 평가하기 위해 설계된 멜로디-윤곽 파악 검사다. 15명의 TBI 환자를 대상으로 예비적으로 심리측정적 속성을 평가하기 위해 48개 항목으로 구성된 검사를 사전 예비용으로 실시했다. 그 결과, 다음 사항들을 발견했다. (a) 문항 난이도는 쉬운 수준에서 중간 수준이고, 수용 가능한 수준에서 높은 수준의 문항 변별력을 보이며, (b) 음악적 특성이 문항의 난이도 수준과 관계가 있고, (c) 크론바흐 알파로 계산된 내적 일치도는 .95로 나타났다. 크론바흐 알파는 해당 검사 문항이 잠재한 구성 개념과의 일치 정도를 측정하므로, 높은 수준의 크론바흐 알파는 이 검사의 구성타당도를 지지한다고 보았다.

낮은 각성 상태용 음악치료 평가도구(Music Therapy Assessment Tool for Low Awareness States: MATLAS; Magee, 2007)는 다섯 가지 행동 영역(운동 반응, 의사소통, 각성, 청각 반응, 시각 반응)을 체계적으로 범주화한 14개 문항으로 구성되어 있다. MATLAS에는 지시 사항의 요구에 따라 주로 라이브 음악, 녹음 음악 등을 사용하여 익숙하게 두드러진 자극, 익숙하지 않은 음악적 혹은 시각적 자극 그리고 단순 청각적 자극을 제시하는 조작적인 절차로 된 미리 정의된 프로토콜이 있다(Magee, Lenton-Smith, & Daveson, 2012). 이 평가의 목적은 낮은 각성 상태에 있는 환자의 음악치료 개입에 대한 행동 반응을 측정하고 환자의 인식을 평가하는 것이다. 사전 예비용 연구에서 MATLAS와 다른 두 개의 타당화된 비음악적 치료 척도 간에 유의한 상관관계를 보여 공인타당도를 시사하였다(Daveson, Magee, Crewe, Beaumont, & Kenealy, 2007). 계층 내 상관을 사용한 이후의 연구에서 평정자 간 신뢰도(.65~1.00)와 평정자 내 신뢰도(.77~.90)는 좋은 수준이었다(Magee, Siegert, Lenton-Smith, & Daveson, 2012). MATLAS 는 낮은 각성 상태에 있는 환자의 청각적 양식에 대한 특별한 민감성을 평가하기 위 한 새로운 표준화 도구를 제공한다. 이 평가의 결과는 동일한 모집단을 대상으로 다 른 전문가들이 검증한 평가 도구와 비교했을 때 양호한 수준의 평정자 간 일치를 보 였다(Magee, Lenton-Smith, Daveson, Siegert, & O'Kelly, 2012).

그 밖의 내담자와 영역

브루샤(2000)는 유도된 심상과 반응성 척도(Guided Imagery and Responsiveness Scale: GIMR)를 개발했다. 이 척도는 5점 척도를 사용하여 이완, 심상, 음악, 유도, 언어 처리 그리고 일반 영역 관련 유도된 심상과 음악(Guided Imagery and Music: GIM)에서 여행 자(내담자)의 반응을 측정한다. 브루샤는 GIM 경험에 대한 반응은 심리적 건강의 지 표이므로 GIMR 점수는 건강 관련 다른 측정치와는 정적 관련성을 그리고 심리적 방 어와는 부적 관련성을 보인다고 주장한다. 메도우스(Meadows, 2000)는 GIMR에 관련 된 3개의 신뢰도와 타당도 관련 연구를 진행했다. 내용 관련 타당도의 첫 번째 연구 는 심상 경험에 대한 자기보고 질문지와 관련하여 GIMR의 차원들을 살펴본 문헌 개 관으로, 이전에 연구된 심상의 주요 차원을 GIMR이 설명한다는 것을 밝혔다. 두 번 째 연구는 구성타당도에 관한 연구로서 GIMR 내의 점수와 GIMR, 일관성 감각(Sense of Coherence: SOC; 지남력에서부터 생활 질문지까지) 그리고 방어기제 검사(Defense Mechanism Inventory: DMI)들 간의 관련성을 확인하였다. 이 연구에서는 다양한 하위 척도가 상관관계를 보이면서 전체 점수를 구성하고 있어, GIMR로 측정한 각 영역의 반응성은 전체 점수와 상호 관련되며 반응성이라는 단일 구성 개념의 타당한 측정치 라고 할 수 있다고 했다. 세 번째 연구에서는 동일 회기에서 여러 치료사의 평가를 비교하여 92.4%가 일치하거나 한 평가치 내에 있어 GIMR의 평정자 간 신뢰도가 만 족할 만한 수준이라고 밝혔다.

제이컵슨(Jacobsen, 2012)은 양육역량평가(Assessment of Parenting Competencies: APC) 라는 음악치료 평가 도구를 개발하였다. 이 도구는 음악치료 전 부모와 자녀 간의 상호 작용과 양육 능력(상호 작용의 취약점과 부적절성 그리고 부모로서의 자원과 능력을 포함하는)을 측정하여 음악치료 처치와 음악치료 과정의 변화 측정치를 제공한다. 이 척도에서는 다음 5개 점수를 산출한다. 자율성, 전환 분석, 부정적 반응, 긍정적 반응 그리고 음악에서 부모-자녀 상호 작용 총점수다. APC의 평정자 간 신뢰도는 .73~.89를, 검사-재검사 신뢰도는 .70~.89를 보였다. 내적 일치도는 .93의 알파 수준을 보였고 APC 점수들 간의 상관은 .57~.91의 범위로 산출되었다. 이러한 결과로 보면 APC는 높은 수준의 신뢰도를 가지고 있으며, 일관되고 안정된 방식으로 실시되고 점수가 산출된다는 것을 알 수 있다. 더욱이 타당도 결과는 APC가 임상 집단과 비임상 집단을 구분할 수 있고, 양육 스트레스 지수와 표준화된 양육역량 검사 문항에서 나오는 변수와도 상관관계가 어느 정도 있음을 보여 준다. 따라서 APC는 측정하려고 하는 것을 측정한다고 볼 수 있다.

모로(Moreau, 2003)는 1994년에 표현 및 음악 행동 측정척도(Scale for Measurement of Expressive and Musical Behavior: MAKS)를 개발하기 시작했다. MAKS는 14개 문항으로 구성된 1인 즉흥 연주를 측정하는 표현척도 그리고 13개 문항으로 구성된 치료자가 함께 하는 2인 즉흥 연주를 측정하는 의사소통 척도의 두 가지 하위 척도로 구성되어 있다. 모로는 정신과적 문제가 있는 청소년들의 단독 혹은 2인 연주를 다룬 영상 자료 사례를 사용하여, 52명의 훈련된 평가자의 평가로 객관성, 신뢰도(평정자 간, 검사-재검사) 그리고 타당도를 측정한 신뢰도 연구를 2003년에 수행하였다. 이후 평가가 다시 한 번 진행됐는데, 이번에는 개정판을 가지고 정신치료 시설과 학교의 아동 62명 표본을 대상으로 치료 과정 중 3회 측정하였다(Moreau, Ellgring, Goth, Poustka, & Aldridge, 2010). 신뢰도는 개정된 문항을 대상으로 크론바흐 알파로 산출하였고, >.75로 확인되었다. 객관성은 수용할 만한 변별력을 가지고 요인분석에서 안정적인 요인으로 부하된 문항을 가지고 평가하였다. 이러한 선택 기준과 피어슨 적률상관 결과, 평정자 간 상관에서 표현척도의 총점은 r=.90, 의사소통 척도의 총점은 r=.70로 나타났다. 변화 민감도 검증을 위해 MAKS의 표현척도 총점과 의사소통 척도 총점을 사용하여 정신병리와 측정 시간 요인에 대한 MANOVA 분석을 실시했다. 단독 즉흥 연주에 대한 분석에서는 음악적 표현에서 시간의 변화에 따라 유의한 변화(피험자 내 요인 시간: p=.02)를 보인 반면, 2인 즉흥 연주에서는 의사소통에서 유의한 변화를 보여(피험자 내 요인 시간: p=.001), MAKS는 음악적 표현과 의사소통의 서로 분리된 변화에 민감하다고 결론을 맺었다.

브루샤(1987, 1994, 2002b)는 내담자 평가를 위한 포괄적 모델 제안을 위해 즉흥 연주 평가 프로파일(Improvisation Assessment Profiles: IAPs)을 개발했다. IAPs 사용을 위해서는 치료자는 (a) 다양한 상황에서 내담자의 즉흥 연주를 관찰해야 하고, (b) 지시된 프로파일과 하위 척도에 따라 즉흥 연주를 음악적으로 분석해야 하며, (c) 내담자의 문제에 합당한 심리학적 이론을 근거로 그 결과를 해석해야 한다. IAPs는 각 음악 요소의 하위 척도로 6개의 프로파일로 구성되어 있다. 각 프로파일은 특별한 음악적 과정(예: 통합)에 초점이 맞추어져 있고 한 방향의 극단에서 그 반대 방향의 극단까지 5단계의 연속적 변화(예: 비분화–혼합–통합–분화–과도한 분화)를 제시한다. 각 하위 척도는 특정 음악 요소(예: 리듬적인 통합, 화성적인 통합)에서 과정이 어떻게 보이는가에 초점이 맞추어져 있다. 여섯 가지의 프로파일은 다음과 같다. (a) 통합(각 요소의 동시적인 측면이 어떻게 구조화되는가), (b) 변이성(각 요소의 순서적 측면이 어떻게 구조화되는가), (c) 긴장(각 요소의 축적, 유지, 변화, 또는 긴장 방출), (d) 일치(각 요소 사이에서 동시적인 느낌의 상태와 역할 관계의 일관성 여부), (e) 현저성(주어진 각 요소들을 얼마나 잘 두드러지게 하고 통제하는가), (f) 자율성(각 요소에 걸쳐 즉흥 연주자들 간에 형성되는 관계의 종류). IAPs는 전 세계에서 널리 사용되고 있다. 위그램(2000, 2004)은 IAPs를 즉흥 연주의 이벤트를 기반으로 한 분석을 위해 양적 방식으로 수정했다. 이와 같은 IAPs의 단축형은 의사소통장애의 가장 적절한 진단평가라고 위그램이 밝힌 자율성과 변이성 프로파일을 기반으로 한다. 브루샤(2002b)는 이 방법들이 질적 연구를 위해서 개발되었지만 측정할 수 있는 사항들이 주의 깊게 선정된다면 IAPs는 양적 연구에서도 효과적으로 사용될 수 있다고 보았다.

요약과 권고 사항

이 장에서는 음악치료에서의 평가의 목적, 임상 장면에서의 평가를 위한 AMTA 기준, 음악치료를 위한 특별한 평가의 필요성, 평가에 대한 개괄적 요약, 양적 접근 방식과 질적 접근 방식의 비교, 음악치료의 평가에서 평가 목적의 명료화 필요성에 관한 이슈들, 진단과 평가, 전문가적 정체성과 평가, 신뢰도와 타당도, 규준참조 그리고 준거참조 평가, 전반적 혹은 영역 특정적 평가, 프로토콜의 필요성과 같은 내용을 포함하여 음악치료의 평가에 대해서 개괄하였다.

이 장에 서술된 평가를 보면 음악치료사들이 최근에 평가 절차를 개발하는 데 상당한 진전을 이루었다는 것이 명확하다. 많은 개발자가 평가가 심리측정의 표준에 적합해야 하는 이유를 이해하고 있고 또 그렇게 만들고 있다는 점은 매우 고무적이다.

이러한 발전에도 여전히 많은 도전이 남아 있다. 영역 특정적 평가에 관한 제안들과 평가 회기에서 해야 할 바를 안내해 주는 프로토콜에 대한 필요성은 음악치료사가 이 분야를 발전시키도록 도울 수 있다. 신뢰도와 타당도 같은 심리측정적 속성을 향상시키는 것에 관심을 기울여야 한다. 이러한 논제들은 현재 사용되는 평가 절차를 향상시키고 추가적인 개발을 하는 데 초점을 맞추도록 도움을 줄 수 있다.

감사의 말

이 장의 집필과 관련한 여러 피드백에 대해서 다음 동료들에게 감사를 드린다. 앤 라이프(Anne Lipe), 케네스 브루샤(Kenneth Bruscia), 데브라 번스(Debra Burns), 수전 가드스트롬(Susan Gardstrom), 스타인 린달 제이컵슨(Stine Lindahl Jacobsen), 에릭 월든(Eric Waldon), 엘리자베스 요크(Elizabeth York) 그리고 이 장에서 논의된 많은 평가 절차의 개발자에게도 감사를 전한다.

참고문헌

Achterberg, J., & Lawlis, G. F. (1978). *Imagery of cancer: A diagnostic tool for the process of disease*. Champaign, IL: Institute for Personality and Ability Testing.

Adler, R. (2001). *Musical Assessment of Gerontologic Needs and Treatment: The MAGNET Survey*. St. Louis, MO: MMB Music.

Alvin, J. (1965). *Music for the handicapped child*. London: Oxford University Press.

Alvin, J. (1975). *Music therapy*. New York: Basic Books.

American Music Therapy Association. (2011). *AMTA Standards of Practice*. http://www.musictherapy.org/about/standards/.

Anderson, C. L., & Krebaum, S. R. (1998, November). An analysis of the Psychiatric Music Therapy Questionnaire (PMTQ) and standard personality questionnaires. Paper presented at the annual conference of the AMTA, Cleveland, OH.

Baxter, H. T., Berghofer, J. A., MacEwan, L., Nelson, J., Peters, K., & Roberts, P. (2007). *The Individualized Music Therapy Assessment Profile, IMTAP*. London: Jessica Kingsley.

Beck, A. T., Ward, C. H., Mendelson, M., Mock, J., & Erbaugh, J. (1961). An inventory for measuring depression. *Archives of General Psychiatry, 4*, 561–571.

Bitcon, C. (1976). *Alike and different: The clinical and educational uses of Orff-Schulwerk* (2nd ed.). Gilsum, NH: Barcelona.

Blodgett, G., & Davis, D. (1994, Nov.). Reliability of the Psychiatric Music Therapy Questionnaire for Adults: A pilot study. Paper presented at the annual conference of the National Association for Music Therapy, Orlando, FL.

Boyle, J. D., & Radocy, R. E. (1987). *Measurement and evaluation of musical experiences*. New York: Schirmer Books.

Boxill, E. H. (1985). *Music therapy for the developmentally disabled*. Rockville, MD: Aspen Systems.

Braswell, C., Brooks, D. M., DeCuir, A., Humphrey, T., Jacobs, K. W., & Sutton, K. (1983). Development and implementation of a music/activity therapy intake assessment for psychiatric patients. Part I: Initial standardization procedures on data from university students. *Journal of Music Therapy, 20,* 88–100.

Braswell, C., Brooks, D. M., DeCuir, A., Humphrey, T., Jacobs, K. W., & Sutton, K. (1986). Development and implementation of a music/activity therapy intake assessment for psychiatric patients. Part II: Standardization procedures on data from psychiatric patients. *Journal of Music Therapy, 23,* 126–141.

Brunk, B., & Coleman, K. (2000). Development of a special education music therapy assessment process. *Music Therapy Perspectives, 18,* 59–68.

Bruscia, K. (1988). Standards for clinical assessment in the arts therapies. *The Arts in Psychotherapy, 15,* 5–10.

Bruscia, K. E. (1987). *Improvisational models of music therapy.* Springfield, IL: Charles C Thomas.

Bruscia, K. E. (1993). *Client assessment in music therapy.* Unpublished manuscript.

Bruscia, K. E. (1994). *IAP. Improveisational Assessment Profiles. Kartlegging gjennom musikkterapeutisk improvisation* [Improvisation Assessment Profiles: Assessment through improvisational music therapy]. Sandane, Norway: Høgskula på Sandane.

Bruscia, K. (2000). A scale for assessing responsiveness to Guided Imagery and Music. *Journal of the Association of Music and Imagery, 7,* 1–7.

Bruscia, K. E. (2002a). Client assessment in the Bonny Method of Guided Imagery and Music (BMGIM). In K. E. Bruscia & D. E. Grocke (Eds.), *Guided imagery and music: The Bonny method and beyond* (pp. 273–295). Gilsum, NH: Barcelona.

Bruscia, K. E. (2002b). Response to the Forum discussion of the "IAPs" in the *Nordic Journal* website. *Nordic Journal of Music Therapy, 11,* 72–82.

Carpente, J. (2009). *Contributions of Nordoff-Robbins Music Therapy within the developmental, individual difference, relationship (DIR) based model in the treatment of children with autism: Four case studies.* Unpublished Doctoral Dissertation, Temple University. Ann Arbor: ProQuest/UNI, publication number AAT 3359621.

Carpente, J. (2011a). Addressing core features of autism: Integrating Nordoff-Robbins Music Therapy within the developmental, individual-difference, relationship-based (DIR®/Floortime™) model. In A. Meadows (Ed.), *Developments in music therapy* practice: Case study perspectives (pp. 134–149). Gilsum, NH: Barcelona.

Carpente, J. (2011b). *The individual music-centered assessment profile for neurodevelopmental disorders (IMCAP-ND*®*) for children, adolescents, and adults: A clinical manual.* Manuscript submitted for publication.

Cassity, M. D., & Cassity, J. E. (1991). *Multimodal psychiatric music therapy for adults, adolescents, and children: A clinical manual.* St. Louis, MO: MMB Music.

Cassity, M., & Cassity, J. E. (1994). Psychiatric music therapy assessment and treatment in clinical training facilities with adults, adolescents, and children. *Journal of Music Therapy, 31,* 2–20.

Cassity, M. D., & Cassity, J. E. (2006). *Multimodal psychiatric music therapy for adults, adolescents, and children: A clinical manual* (3rd ed.). London: Jessica Kingsley.

Chase, K. M. (2002). *The music therapy assessment handbook.* Columbus, MS: SouthernPen.

Cohen, G., & Gericke, O. L. (1972). Music therapy assessment: Prime requisite for determining patient objectives. *Journal of Music Therapy, 9,* 161–189.

Cohen, G., Averbach, J., & Katz, E. (1978). Music therapy assessment of the developmentally disabled child. *Journal of Music Therapy, 15,* 86–99.

Coleman, K. A., & Brunk, B. K. (2003). *SEMTAP: Special Education Music Therapy Assessment Process handbook* (2nd ed.). Grapevine, TX: Prelude Music Therapy.

Crowe, B. (2007). *Music therapy for children, adolescents, and adults with mental disorders.* Silver Spring, MD: AMTA.

Daveson, B. A., Magee, W. L., Crewe, L., Beaumont, G., & Kenealy, P. (2007). The Music Therapy Assessment Tool for Low Awareness States. *International Journal of Therapy and Rehabilitation, 14*(12), 545–549.

Derogatis, L. R., Lipman, R. S., & Covi, L. (1973). The SCL-90: An outpatient psychiatric rating scale–Preliminary report. *Psychopharmacology Bulletin, 9,* 13–28.

Doll, E. A. (1953). *The measurement of social competence: A manual for the Vineland Social Maturity Scale.* Minneapolis, MN: Educational Test Bureau Educational Publishers.

Douglass, E. (2006). The development of a music therapy assessment tool for hospitalized children. *Music Therapy Perspectives, 24*, 73–79.

Dunn, L. M., & Dunn, L. M. (1981). *Peabody picture vocabulary test.* Circle Pines, MN: American Guidance Service.

Feder, B., & Feder, E. (1998). *The art and science of evaluation in the arts therapies.* Springfield, IL: Charles C Thomas.

Folstein, M. F., Folstein, S. E., & McHugh, P. R. (1975). Mini–mental state: A practical method for grading the cognitive state of patients for the clinician. *Journal of Psychiatric Research, 12*, 189–198.

Gfeller, K. E., & Davis, W. B. (2008). The music therapy treatment process. In W. B. Davis, K. E. Gfeller, & M. H. Thaut, *An introduction to music therapy: Theory and practice* (3rd ed., pp. 429–486). Silver Spring, MD: AMTA.

Goodman, K. D. (1989). Music therapy assessment of emotionally disturbed children. *The Arts in Psychotherapy, 16*(3), 179–192.

Gordon, E. E. (1979). *Primary measures of music audiation.* Chicago: GIA Publications.

Greenspan, S. I., & Weider, S. (2006). *Engaging autism: Using the floortime approach to help children relate, communicate, and think.* New York: Da Capo Lifelong Books.

Gregory, D. (2000). Test instruments used by Journal of Music Therapy authors from 1984–1997. *Journal of Music Therapy, 37*, 79–94.

Guerrero, N., & Turry, A. (2012). Nordoff–Robbins Music Therapy: An expressive and dynamic approach for young children on the autism spectrum. Manuscript submitted for publication.

Haegg, R. (2012). The influence of brief structured improvisation upon mood among the chemically dependent. Manuscript submitted for publication.

Hamilton, M. (1967). A rating scale for depression. *Journal of Neurology, Neurosurgery, and Psychiatry, 23*, 56–62.

Heaney, C. J. (1992). Evaluation of music therapy and other treatment modalities by adult psychiatric inpatients. *Journal of Music Therapy, 29*, 70–86.

Hintz, M. (2000). Geriatric music therapy clinical assessment: Assessment of music skills and related behaviors. *Music Therapy Perspectives, 18*, 31–37.

Hummel-Rossi, B., Turry, A., Guerrero, N., Selim, N., Birnbaum, J., Ritholz, M., & Marcus, D. (2008). *Music Therapy Communication and Social Interaction scale*. Unpublished instrument, Nordoff-Robbins Center for Music Therapy, New York University.

Isenberg-Grzeda, C. (1988). Music therapy assessment: A reflection of professional identity. *Journal of Music Therapy, 25,* 156-169.

Jacobsen, S. (2012). *Music therapy assessment and development of parental competences in families with children who have experienced emotional neglect: An investigation of the reliability and validity of the tool, Assessment of Parenting Competencies (APC).* Aalborg, Denmark: Aalborg University.

Jeong, E., & Lesiuk, T. L. (2011). Development and preliminary evaluation of a Music-Based Attention Assessment for patients with traumatic brain injury. *Journal of Music Therapy, 48,* 551-572.

Journal of Music Therapy. (2000). Special issue on assessment. *37*(2).

Lathom, W. B. (1968). The use of music therapy with retarded patients. In E. T. Gaston (Ed.), *Music in therapy* (pp. 66-77). New York: Macmillan.

Lathom-Radocy, W. B. (2002). *Pediatric music therapy.* Springfield, IL: Charles C Thomas.

Layman, D. L., Hussey, D. L., & Laing, S. J. (2002). Music therapy assessment for severely emotionally disturbed children: A pilot study. *Journal of Music Therapy, 34,* 164-187.

Lazarus, A. A. (1976). *Multimodal behavior therapy.* New York: Springer.

Lazarus, A. A. (1989). *The practice of multimodal therapy.* Baltimore: John Hopkins University Press.

Lipe, A. (1995). The use of music performance tasks in the assessment of cognitive functioning among older adults with dementia. *Journal of Music Therapy, 32,* 137-151.

Lipe, A. (2005). The music-based evaluation of cognitive functioning. In A. Lipe & E. York, *Manual for administration.* Spartanburg, SC: Converse College.

Lipe, A., & York, E. (2000). Guest editorial: Special issue on assessment in music therapy. *Music Therapy Perspectives, 18,* 12.

Lipe, A. W., York, E., & Jensen, E. (2007). Construct validation of two music-based assessments for people with dementia. *Journal of Music Therapy, 44,* 369-387.

Loewy, J. (1999). The use of music psychotherapy in the treatment of pediatric pain. In C. Dileo (Ed.), *Music therapy and medicine: Theoretical and clinical applications* (pp. 189-206). Silver Spring, MD: American Music Therapy Association.

Loewy, J. (2000). Music psychotherapy assessment. *Music Therapy Perspectives, 18*, 47-58.

Magee, W. (2007). Development of a music therapy assessment tool for patients in low awareness states. *NeuroRehabilitation, 22*, 319-324.

Magee, W., Lenton-Smith, G., & Daveson, B. A. (2012). *The Music Therapy Assessment Tool for Low Awareness States manual*. London: Royal Hospital for Neuro-Disability.

Magee, W., Lenton-Smith, G., Daveson, B. A., Siegert, R. J., & O'Kelly, J. (2012). Music Therapy Assessment Tool for Low Awareness States (MATLAS): Establishing reliability and validity (Poster presentation). Ninth World Congress in Brain Injury, Edinburgh, Scotland, March 21-25.

Magee, W. L., Siegert, R. J., Lenton-Smith, G., & Daveson, B. A. (2012). Music Therapy Assessment Tool for Low Awareness States (MATLAS): Preliminary report on a subscale to assess awareness in patients in low awareness states. Manuscript submitted for publication.

Mahoney, J. (2010). Interrater agreement on the Nordoff-Robbins Evaluation Scale I: Client-Therapist Relationship in Musical Activity. *Music and Medicine, 2*(1), 23-28.

Maslach, C., & Jackson, S. (1981). *Maslach Burnout Inventory ("Human Services Survey")*. Berkeley, CA: Consulting Psychologists Press.

Meadows, A. (2000). The validity and reliability of the Guided Imagery and Music Responsiveness Scale. *Journal of the Association for Music and Imagery, 7*, 8-33.

Michel, D. E., & Rohrbacher, M. J. (1982). *The music therapy assessment profile for severely/profoundly handicapped persons, Research draft III (0-27 months level)*. Unpublished manuscript. Denton, TX: Texas Woman's University.

Michel, D. E. (1965). Professional profile: The NAMT member and his clinical practices in music therapy. *Journal of Music Therapy, 2*, 124-129.

Michel, D. E. (1968). Music therapy in speech habilitation of cleft-palate children. In E. T. Gaston (Ed.), *Music in therapy* (pp. 162-166). New York: Macmillan.

Migliore, M. J. (1991). The Hamilton Rating Scale for Depression and Rhythmic Competency: A correlational study. *Journal of Music Therapy, 28,* 211–221.

Millon, T., Millon, C., & Davis, R. (1994). *Millon Clinical Multiaxial Inventory–III (MCMI–III) Manual.* Minneapolis, MN: National Computer Systems.

Moreau, D. V. (2003). MAKS – A scale for measurement of expressive and musical behaviour. *Music Therapy Today* (online), *4*(4), available at http://musictherapy–world.net.

Moreau, D. V., Ellgring, H., Goth, K., Poustka, F., & Aldridge, D. (2010). Psychometric results of the Music Therapy Scale (MAKS) for measuring expression and communication. *Music and Medicine, 2*(1), 41–47.

Murray, A. (1994, Nov.). Reliability of the Psychiatric Music Therapy Questionnaire with psychiatric patients: A pilot study. Paper presented at the annual conference of the National Association for Music Therapy, Orlando, FL.

Music Therapy Perspectives. (2000). Special issue on assessment. *18*(1).

National Association for Music Therapy. (1983). Standards of Practice of the National Association for Music Therapy, Inc. *Music Therapy Perspectives, 1*(2), 13–27.

Nordoff, P., & Robbins, C. (1965/1971). *Therapy in music for handicapped children.* New York: St. Martin's Press.

Nordoff, P., & Robbins, C. (1977). *Creative music therapy.* New York: John Day.

Nordoff, P., & Robbins, C. (2007). *Creative music therapy: A guide to fostering clinical musicianship* (2nd ed.). Gilsum, NH: Barcelona.

Oldfield, A. (2006). *Interactive music therapy in child and family psychiatry.* London: Jessica Kingsley.

Radocy, R. (1999). Measurement traditions: May they facilitate music therapy assessments? In B. Wilson & E. York (Co–Chairs), *Proceedings of the Institute on Music Therapy Assessment* (pp. 4–8). Institute conducted at the World Congress of Music Therapy, Washington, DC.

Reisberg, B., Ferris, S. H., DeLeon, M. J., & Crook, T. (1982). The global deterioration scale for assessment of primary degenerative dementia. *American Journal of Psychiatry, 139,* 1136–1139.

Rider, M. (1981). The assessment of cognitive functioning level through musical perception. *Journal of Music Therapy, 18,* 110-119.

Robinson, C. R. (1988). Differential modes of choral performance evaluation using traditional procedures and a continuous response digital interface device (Doctoral dissertation, Florida State University). *Dissertation Abstracts International, 49*(10), 2859.

Sabbatella, P. E. (2004). Assessment and clinical evaluation in music therapy: An overview from literature and clinical practice. *Music Therapy Today* (online), 5(1), available at http://musictherapyworld.net.

Scalenghe, R. (1999). The interface between music therapy assessments and managed care, accreditation and regulatory expectations. In B. Wilson & E. York (Co-Chairs), *Proceedings of the Institute on Music Therapy Assessment* (pp. 9-12). Institute conducted at the World Congress of Music Therapy, Washington, Dc.

Scalenghe, R., & Murphy, K. M. (2000). Music therapy assessment in the managed care environment. *Music Therapy Perspectives, 18,* 23-30.

Schumacher, K. (1999, 2004). *Musiktherapie und Säuglingsforschung. Zusammenspiel. Einschätzung der Beziehungsqualität am Beispiel des instrumentalen Ausdrucks eines autistischen Kindes.* Frankfurt/M.: Peter Lang.

Schumacher, K., & Calvet-Kruppa, C. (2007). The AQR instrument (Assessment of the Quality of Relationship): An observational instrument to assess the quality of a relationship. In T. Wosch & T. Wigram (Eds.), *Microanalysis in music therapy* (pp. 49-91). London: Jessica Kingsley.

Schumacher, K., Calvet, C., & Reimer, S. (2011): Das EBQ-Instrument und seine entwicklungspsychologischen Grundlagen. [book with DVD]. Göttingen, Germany: Vandenhoeck & Ruprecht.

Schumacher, K., Calvet, C., & Stallmann, M. (2005). Zwischenmenschliche Beziehungsfähigkeit –Ergebnisse der Reliabilitätsprüfung eines neu entwickelten Instrumentes zum Wirkungsnachweis der Musiktherapie. In B. Müller-Oursin (Ed.), *Ich wachse, wenn ich Musik mache. Musiktherapie mit chronisch kranken und von Behinderung bedrohten Kindern.* Wiesbaden: Reichert Verlag.

Snow, S. (2009). The development of a music therapy assessment tool: A pilot study. In S. Snow & M. D'Amico (Eds.), *Assessment in the creative arts therapies* (pp. 47–98). Springfield, IL: Charles C Thomas.

Spielberger, C. D., Gorsuch, R. L., & Lushene, R. E. (1970). *State-trait anxiety inventory.* Palo Alto, CA: Consulting Psychologists Press.

Thaut, M. H. (1989). The influence of music therapy interventions on self-rated changes in relaxation, affect, and thought in psychiatric prisoner-patients. *Journal of Music Therapy, 26,* 155–166.

Thompson, A. B., Arnold, J. C., & Murray, S. E. (1990). Music therapy assessment of the cerebrovascular accident patient. *Music Therapy Perspectives, 8,* 23–29.

Walsh, W. B., & Betz, N. E. (1990). *Tests and assessment* (2nd ed.). Englewood Cliffs, NJ: Prentice-Hall.

Wasserman, N. R., Plutchik, R., Deutsch, R., & Taketomo, Y. (1973). A music therapy evaluation scale and its clinical applications to mentally retarded adult patients. *Journal of Music Therapy, 10,* 64–77.

Wells, N. F. (1988). An individual music therapy assessment procedure for emotionally disturbed young adolescents. *The Arts in Psychotherapy, 15,* 47–54.

Wheeler, B. L. (2005). Introduction. In B. L. Wheeler (Ed.), *Music therapy research* (2nd ed.). (pp. 3–19). Gilsum, NH: Barcelona.

Wigram, T. (1999). Assessment methods in music therapy: A humanistic or natural science framework? *Nordic Journal of Music Therapy, 8*(1), 7–25.

Wigram, T. (2000). A method of music therapy assessment for the diagnosis of autism and communication disorders in children. *Music Therapy Perspectives, 18,* 13–22.

Wigram, T. (2004). *Improvisation. Methods and techniques for music therapy clinicians, educators and students.* London: Jessica Kingsley.

Williams, D. B., & Fox, D. B. (1983). *Toney listens to music* (computer program). Bellevue, WA: Temporal Acuity Products, Inc.

Wilson, B. L., & Smith, D. S. (2000). Music therapy assessment in school settings: A preliminary investigation. *Journal of Music Therapy, 37,* 95–117.

Wong, D., & Baker, C. (1988). Pain in children: Comparison of assessment scales. *Pediatric Nursing, 14*(1), 9–17.

York, E. (1994). The development of a quantitative music skills test for patients with Alzheimer's disease. *Journal of Music Therapy, 31,* 280-297.

York, E. (2000). A test–retest reliability study of the Residual Music Skills Test. *Psychology of Music, 28,* 174–180.

York, E. (2005). The Residual Music Skills Test (RMST, 1994). In A. Lipe & E. York, *Manual for administration.* Spartanburg, SC: Converse College.

Zuckerman, M., & Lubin, B. (1985). *Manual for the Multiple Affect Adjective Check List, Revised.* San Diego, CA: Educational and Industrial Testing Service.

Zwerling, I. (Dec. 1970). The creative arts therapist as "real therapies." *Hospital and Community Psychiatry, 30,* 841-844.

찾아보기

16요인 성격질문지 221

1종 오류 30, 114

2종 오류 30, 114

3장의 그림 인터뷰 342

ADOS 436

Art Science Evening Rendezvous 325

assessment 24

ATR–BC 325

A유형 행동 178

BMS 390

DDS 채점 지침 342

DHEA–S 252

DIR©/Floortime™ 모델 437

evaluation 24

g 요인 71, 128

GABA 310

GW 기관 심의위원회 325

hello–good–bye 효과 171

HFDs 356

HTP 214, 326

ICD 27

Image–CA 424

IPAT 음악선호 성격검사 221

IQ 147

KMP 기초간소정서척도 398

KR–20 161

MANOVA 분석 449

MBTI 75

MMPI 77, 177

MMPI–2 178

Pearson Product–Moment 상관 160

Q–sort 기법 63

R–DMT 374

SCID–I 291

SD 143

SEM 157

STEM 접근법 324

T점수 147

VAS 442

z점수 146

가설적 구성 개념 126
가우스 커브 138
가족 미술 과제 351
가족 미술 진단도구 351
가족 미술 평가 350
가족 미술치료 평가 350
가족 역동 405
가족 · 커플 그림 진단평가 333
가족치료자 59
가족화 217
가족화 검사 217
간격 표집 153
간이정신 상태검사 428
간접적 측정 253
감각운동기 358
감각형─직관형 지표 181
감별진단 25, 115
감성적 이야기 에포트 진단평가 399
강제선택법 173
강화 54
개방형 질문 291
개별화교육계획 22, 419
개별화된 음악치료 평가 프로파일 436
개인적 편향 278
객관적 검사 148
객관적 심리검사 167
거짓 가설 114
거짓말 178
건강염려증(Hs) 척도 178
건강유지기구 309
검사 39, 68
검사 매뉴얼 187
검사─재검사 신뢰도 90

게슈탈트 치료자 55
결과를 원인과 연관시키는 논리 118
결정인 200
결정적인 사례 표집 155
경계선 환자 170
경조증(Ma) 척도 178
경험에 근거한 방법 175
경험적 문제해결법 103
경험적 원리 113
경험적 접근 방법 284
계량심리학자 183
계량적 규준 49
계리적 328
계몽 행동주의자 256
계층 내 상관 438
계층화된 표집 153
고전적 조건형성 53
고정지점 276
고착 210, 397
공간 정위 404
공격성 51
공동 주의 435
공인 무용/동작 치료사 374
공인타당도 79
공황장애 255
과대 추정 105
과소 추정 105
과정적 평가 418
과학으로서의 미술치료에 대한 논고 322
과학적 접근 269
관계 역동 진단평가 333
관계로서의 의미 279
관계의 질 평가를 하는 분석 시스템 437

관찰적 진단평가 377

관해 85, 119

교사용 246

교정 척도 172

교정/방어 178

교차 타당화 77

교차문화적 382

구간 기록 240

구강기 210

구디너프-해리스 그림검사 206

구성 개념 73, 127

구성 검사 180

구성원 그림 검사 214

구성타당도 76

구인 140

구조 127

구조화된 임상면접 290

구체성 112

구체화의 오류 127

국제 미술치료 연구 데이터베이스 325

군집 표집 154

귀납적 논리 39, 150

귀인 214

규범적 아이디어 284

규준 81, 151

규준 비교 156

규준참조 429

규준참조 검사 93

규준화 81, 148

그로스-마넷의 분류 시스템 333

긍정 미술치료 평가 331

긍정심리학적 평가 331

기관감사위원회 376

기능적 분석 235

기능적 자기공명영상 252

기본 임상 척도 178

기본 증후군 척도 178

기분 조절제 310

기분부전증 175

기술통계 148

기이한 사고 178

기저선 24, 237

기저율 104, 105

기태적 200

꼬리표 125

나무에서 사과를 따는 사람 329

난수표 152

남성성-여성성 178

남자그리기검사 206

낮은 각성 상태용 음악치료 평가도구 447

내글리어리 사람 그림 그리기 검사 357

내담자 중심 치료 62

내용타당도 74

내적 일치도 89, 91

내적인 행동 236

노도프-로빈스 음악치료 419, 434

노인의 요구와 치료에 대한 음악적 평가 442

논리적 검사 구성 172

뇌파검사 252

뇌혈관장애 445

뉴런 310

능동적 상상 222

다른 치료 영역을 다루기 위한 도구와 기법들 333

다리 그림검사 347
다중 정서 형용사 체크리스트 424
다축적 진단 29
단기(혹은 교육적인) 목적 258
단순 무선 표집 152
단순조현병 27
단일 점수 177
단축형 인지평정척도 428
단축형 정신상태검사 424
대상 433
대상 집단 151
대상 특정적 427
대역폭-정확성 269
대인관계 이론 212
대조 집단 175
대표성 274
대형검사 90
대화치료 25
덜리카이의 비언어 가족 측정 405
도식 29
동기면담 50
동일시 58
동작 관찰 383
동작 분석 체계 389
동작 언어 383
동작 정신진단 조사 388, 389, 399
동작 특징 분석 407
동작과 지각의 기능평가 403
동작성 가족화 218
동작성 가족화 및 학교생활화 체계 219
동작성 학교 생활화 219
동작의 기능 진단평가 402
동작의 범위 404

동작학 405
동적 가족화 326
동적 학교 그림 326
동질성 77, 93
동질성 검사 162
동형검사 신뢰도 90
등간척도 137

라반 동작분석 374, 379
라이더의 인지발달 307
라이더의 평가 419
라이프의 음악기반 인지기능평가 443
라포 39
라포 형성 290
래서스 자기주장성 척도 85
레메론 311
로니 자동차 그리기 검사 326
로르샤흐 검사 198
로르샤흐 잉크반점 절차 198
로젠츠바이크 그림좌절검사 204
르빅 정서·인지 미술치료 평가 330, 352, 354
리듬 차별성 404
리스페르달 311
리튬 311

마이클과 로어바커의 음악치료 평가 프로파일
    306
만다라 연구 329
말라크 소진 척도 424
매개변수 337
맥락 박탈적 38
메타-교육적 접근법 324
메타분석 175

면담 39
면접 68
명명척도 136
모노아민 310
모니터링 과정 156
모집단 151
모호성 170
목록 170
목적 257, 258
목표 257, 258
무도병 399
무보 381
무선 통제 실험 50
무선 표본 83
무선 표집 152
무선화 83
무용/동작 치료 373
무용/동작 치료자격위원회 374
무의식 51
무의식적 기제 279
무의식적 역동 51
문항 변별도 분석 427
문화적 편향 202
미국과학자조직 325
미국립음악치료협회 419
미국무용치료학회 303, 377
미국미술치료학회 303
미국음악치료학회 303, 419
미국정신의학회 22
미국판 비네 척도 68
미네소타 다면적 인성검사 83, 177
미술 기반 평가 342
미술, 과학, 미술치료 322

미술치료 투사심상평가 330
민감도 105
밀런 임상적 다축질문지 III 441

바인랜드 사회성숙도 척도 424
반구조화 292
반구조화된 면접 290
반복 343
반복 연구 40
반분신뢰도 계수 92
반사회적(Pd) 척도 178
반응 그림검사 과제 353
반응 범주 433
반응 빈도 237
반응 세트 171
반응 양식 171
반응률 238
반응성 98
반응의 편향성 172
발달장애 308, 432
발달적 정신역동 메타심리학 396
발달적 지표 212
발병 연령 108
발판 388
발프로에이트 311
방어기제 355
방어기제 검사 448
방의 여행 모델 446
백분위 점수 146
범위 142
범주 자료 136
범주 척도 338
베이스의 정리 105

벡 불안척도 188, 245
벡 우울척도 174
변별타당도 78
변산성 92, 142
변증법적 행동치료 50, 236
병원인가 합동위원회 440
병인 235
보니의 심상음악치료 방법 418
보장되지 않는 확실성 112
보충 척도 178
보험 통계적인 접근 271
본능적 추동 51
부가적 타당도 81
부적 상관 160
부호화 407
분노 발작 242
분류학 26
불안완화제 310
불확실성의 원리 122
비교 집단 77
비구조화된 면접 290
비무선 표집 154
비밀 보장 절차 376
비연속적 척도 184
비율척도 137
비정상 지표 200
비합리적 신념 251
비합리적 신념검사 250
빈도 178
빈도 분포 138
빈도 측정 238
빗속의 사람그림검사 214

사고 표집 249
사고 표집 질문지 249
사고형-감정형 지표 181
사람그림검사 326
사례 연구 431
사례사 120
사실 규명 332
사운드 통각검사 220
사전 허가권 113
사전/사후 검사 77
사전적 접근법 327
사환계 311
사회적 규준 48
사회적 내향성-외향성 178
사회적 바람직성 171
사회적 행동주의 22
사후 오류 119
산술평균 139
삼각측량 방법 329
삼환계 311
삽화 119
상관 160
상관계수 82, 160
상관계수 r 121
상징적인 표상 198
상태-특성 불안척도 424
상호작용적 동조 40
상황 검사 169
새둥지 그림 349
색분석 척도 447
서열척도 136
서튼의 음악치료 신체생리적 측정 도구 307
선별진단 115

선택적 세로토닌 재흡수 억제제 311
선행 조건 237
선행하는 것이 곧 원인이라는 논리 119
성격검사 168
성격발달 이론 47
성적 추동 51
성취검사 168
세르존 311
소표본 109
소표본 오류 111
수검자 내 비교 271
수렴타당도 78
수용-재수용 310
수정된 인물화/사람 그리기 검사 326
수행 169
수행 목표 260
순수양분법 지표 184
순위 상관계수 162
스테나인 147
스피어먼-브라운 공식 92, 161
승화 302
시각적 유추 척도 442
시간제한 운동활동 404
시네콴 311
시뮬레이션 249
시스템 기반 참여 연구 287
식이장애 359
신경 충격 310
신경발달장애에 대한 개별음악중심평가 프로
　파일 437
신경이완 약물 309, 310
신경전달물질 310
신경증 29

신경증적 불안 51
신경학적 손상 308
신념 체계 116
신뢰도 88, 189
신체 동작 척도 392
신체 언어 405
신체적 반응 62
실버 그림검사 326, 352
실습 기반 연구 네트워크 288
실어증 445
실용주의적 해석 279
실인증 445
실존주의 심리치료 56
실존주의자 55
심리진단 25
심리측정적 속성 175
심상 유도 311

아동 행동 체크리스트 246
아동을 위한 행동평가 시스템 개정판 245
아동행동평가 시스템 339
아드레날린 252
아치-펠드먼과 컨클-밀의 시스템 358
아하 효과 273
악령 쫓기 25
안면타당도 75
안정성 93
알코올 남용 175
알파 계수 162
애착 표상 349
액티그래프 242
양극성 장애 85
양극적 구조 모델 184

양류상관 분석 결과 443
양성 증상 27
양육역량평가 448
양자 택일 척도 338
양적 평가 35, 425
언어화된 사고 249
얼굴 자극 평가 352
에포트 379
에포트 분석 379
에포트 요소 380
에포트와 형태 382
엑스너 체계 201
역전이 60
역학적 연구 108
역할 연기 245
역할놀이 61
연대기적 나이 355
연방 공동체 정신건강센터법 309
연상 반응 200
연속 반응 디지털 인테페이스 423
연역적 논리 150
연역적 예언 39
예술 양식 299
예술 형식 300
예측타당도 79
예후 235
오류 긍정 114, 253
오류 부정 114
오지각 278
오차 한계 156
오피오이드 차단제 310
오피오이드 펩타이드 310
왜곡 171

외부 변인 281
외상적 뇌 손상 447
외향형-내향형 지표 180
요인분석 128
요인타당도 78
우울증 175
우울증(D) 척도 178
운동 계획 404
움직임 진단평가 373
원리 40
원형 60
윙-베이커 안면척도 447
웩슬러 체계 147
유도 점수 145
유도된 심상 244
유도된 심상과 반응성 척도 448
유도된 심상과 음악 448
유병률 105
유용성 98
유의 표집 154
유의도 수준 163
유형론 28
윤리강령 376
음성 증상 27
음악 기반 인지기능평가 428
음악 오디에이션 기초 측정 424, 423
음악기반 주의평가 447
음악치료 417
음악치료 의사소통과 사회적 상호작용 척도
    435
음악치료 진단평가 436
음악치료 통증 평가 446
음악치료 학술지 422

음악치료 효과척도　441

음악치료전망　422

의도성　279

의미로서의 해석　279

의학적 모델　297

의학적 질병 모델　25

이론적인 모델　48

이분법 분류 체계　183

이야기 그림　326

이야기 그림검사　353

이야기치료　52

이연상관　162

이종동형　209

이질동상　327

이행　360

인과성　279

인물 그리기 검사　117

인물화　212, 326, 352, 356

인물화 투사검사　208

인물화검사　212

인본주의　50

인본주의 운동　55

인본주의심리학미국학회　55

인본주의적 · 인간-과학 심리학　332

인상 관리　171

인상주의적 접근　270

인식　180

인지/신경심리와 발달 평가　333

인지적 기능 분석　251

인지적 · 발달적 진단평가　333

인지행동치료　50, 58, 236

일관성 감각　448

일반적인 평가　418

일반화 가능성　40

일상생활 요약 지수의 활동　404

일치성　89

일화적 자료　120

임상 평가　271

임상적 접근　277

임상적 정확성　280

임상화　297

자극-반응 조건형성　53

자기감찰　242

자기관찰　61

자기동조　40

자기보고　39

자기보고식 질문지　169, 170

자기보고식 체크리스트　62

자기보고용　246

자기인식　349

자기재인　445

자기제한적 증상　119

자기충족적 예언　31, 81

자아 강도　432

자아심리학　58

자연스러운 심상　290

자유 연상　249

자유로운 면접　292

자유화　326

자율성　51

자이프렉사　311

자폐 스펙트럼　248

자폐적 재구조화　116

자폐증과 그 외 비전형적인 아동을 위한 행동
　점수표　392

작업가설 38, 118

잔여 음악기술검사 428, 443

장기 목적 258

장애 청소년용 음악치료 평가 440

재인 38

재표준화 179

저항 59

적성검사 168

적합성 179

전반적 기능평가 137

전반적 퇴화 척도 424

전이 59, 60

전조작기 358

전집 110

전환 연구 287

절대평가 355

점이연상관 162

접수면접 291

정규곡선 144

정동장애 276

정상 집단 151

정서장애 아동을 위한 음악치료 평가 도구 438

정서적 지표 212

정신 127

정신 운동적 자유연상 222

정신건강 46

정신과 성인, 청소년, 아동용 중다양식 음악치료: 임상매뉴얼 441

정신과 음악치료 질문지 441

정신과 척도 핸드북 188

정신과 환자용 음악/활동 치료 접수면접 평가 440

정신분석 48, 50

정신분석적 시각 46

정신상태검사 25

정신생리적 측정 251

정신생리학적 기능 236

정신쇠약(Pt) 척도 178

정신신체의학 211

정신약리학적 개입 309

정신약물학 28

정신연령 147

정신연령/생활연령 체계 207

정신의학 25

정신의학의 동작 평가 척도 395

정신장애의 진단 및 통계 편람 22

정신진단 및 성격 진단평가 333

정신진단학적 검사 312

정신측정연감 72

정오 검사 110

정적 상관 160

정적으로 편포 142

정확률 105

제3의 물결 55

조건부 확률 106

조발성 치매 27

조작적 절차 54

조작적 조건형성 54

조작적 혹은 '시행착오'조건형성 53

조증 85

조증 삽화 75

조현병 27, 40, 276

조현병 척도 177, 178

종단 연구 357

종합적 평가 330

종형 분포 138
좋아하는 날 그림 326
주의 폭 439
주의력결핍과잉행동장애 248
주의력결핍장애 308
주제통각검사 204
주지화 301
준거 집단 77, 151
준거를 기반으로 한 검사 구성 175
준거참조 429
준거참조 검사 93, 261
준거타당도 78, 189
중간선에의 도달 404
중다 절단점수 278
중다양식치료모델 441
중다회귀 방정식 278
중심경향성 138, 139
중앙값 140
중증/극중증 장애자를 위한 음악치료 평가 프
　로파일과 연구 초안 III 435
중증손상종합검사 428
즉흥 연주 평가 프로파일 450
즉흥 평가 개요 308
즉흥적 척도 307
증거 기반 50
증거 기반 처치 287
증거 기반 치료 287
증상 체크리스트 90-R 441
지각 운동능력 404
지각 원리 290
지금-여기 55
지능검사 68, 147, 168
지속적 평가 34

지역사회 기반 참여 방법 288
지연 반복 404
지적 부적절성 117
지지 체계 360
지표 170
직관 272
직관적 270
직접 관찰 61
직접성 98
직접적 측정 252
직접적 행동 평가 237
진단적 그림 시리즈 329, 342
진단평가 375
진양성 112
진음성 112
진점수 157
질문 단계 200
질문지 62, 68
질병관리본부 35
질병분류학 26
질적 평가 35
집단적인 무의식 60

착각적 상관 113, 117, 203
참가설 114
창조적 심리치료 169
채점자 간 신뢰도 95
처방적 평가 419
척도 62, 68, 170, 393
척도 점수 177
척도화 407
체계 접근 58
체계적 둔감화 54

체계적 분석 방법론 329
체계적 표집 153
체계적인 탐구 39
체크리스트 39, 68, 170
초두 효과 125, 276
촉발 사건 237
총괄적 평가 34
최대 행동치 검사 168
최빈치 140
최소 자료세트 442
추론통계 148
추상적 · 가설적 개념 127
추체외로 운동계 388
측정 36, 39, 237
측정의 표준오차 94
층화 표집 83
치료 계약 290
치료 종결 60
치료로서의 예술 300
치료에 대한 환자평가 441
치료에서의 예술 300
치료적 평가 332

칼리시-와이스의 신체 움직임 척도 306
커시 기질검사 186
커플 평가 352
케스텐버그 동작 프로파일 378, 389, 395
코레오메트릭스 382
코르티솔 252
쿠더-리처드슨 공식 161
쿠플레 반응 170
쿼아트코스카 시스템 350
크레이머 330

크레이머 미술치료 평가 355

타당도 73, 172
타당화 81, 189
탄력성 359
탐색적 요인 분석 339
통계 134
통계적 방법 134
통계적 접근 277
통계적 정확성 280
통제 집단 151
통합적 접근법 323
퇴행 397
투사 가설 197, 198
투사 평가 기법 196
투사적 절차 197
투쟁 혹은 도피 반응 252
특수교육 음악치료 평가 절차 419
특수교육 음악치료평가 435

파과형 정신분열병 26
파이 계수 163
파지 439
파킨슨병 399
판단 180
판단 표집 154
판단자 간 신뢰도 95
판단형-인식형 지표 181
패러다임 198
편의 표집 155
편집성 조현병 27
편집증(Pa) 척도 178
편차 IQ 147

편차 IQ 체제 207
편차 점수 146
편포 138
편향 36, 81, 103
편향된 표집 154
편향적 제시 123
평가 36, 375
평가 면접 289
평가 배터리 329
평가, 진단, 치료 작성을 위한 임상 지침 328, 329
평균으로의 회귀 120
평정자 간 신뢰도 27, 95
평정자 간 일치도 93
폴리그래프 253
폴스타인의 간이정신상태검사 443
표본 추출 151
표적 행동 236
표준 과제 150
표준 점수 146
표준오차 156
표준측정오차 157
표준편차 143
표준화 39, 148, 189, 247
표준화된 검사 49, 72, 148
표준화된 방법 351
표준화된 표본 151
표집 변동성 109
표현 및 음악 행동 측정척도 449
표현치료 연계 359
프랭크 그림완성검사 326
프로그램 검사 185
프로토콜 430

프로파일 68
프로파일 양상 177
피보디 그림 어휘 검사 424
피부전도 반응 252
피암시성 76
피어슨 r 160

하이젠베르크 원리 97, 168
학습장애 308
한정된 집단의 방법 175
할당 표집 154
합리적 정서치료 58
합목적적 표집 155
합치성 77
항우울제 310, 311
항정신병 약물 310
해밀턴 우울 및 리듬능력 평정척도 441
해석 평가 419
행동 목표 260
행동 보고 169
행동 조사평가 400
행동 평정 척도 245
행동 프로파일 407
행동관찰 39
행동적 평가 과정 237
행동주의 50, 53
행동주의 이론 53
행동치료적 48
향정신성 약물 310
현상학자 55
현상학적 심리학 55
현상학적 접근법 327
현실 지남력 442

혐오치료 54

협력적 평가 332

형식 요소들의 수량화 327

형식 요소의 미술치료 척도 329

형식적 미술치료 평가 사례 337

형태 개념 379

형태 요소 380

호손 효과 168

혼합법 323

확인된 음악 오리에이션 기초 특정 429

환각 127

회귀 121

회기 330

회복된 기억 현상 111

효과성 연구 343

히스테리(Hy) 척도 178

저자소개

로빈 플름 크루즈(Robyn Flaum Cruz, Ph.D., BC-DMT)는 뉴욕 대학교에서 무용/동작 치료를 수학하고 애리조나 대학교에서 계량방법학 전공으로 교육심리학 박사학위를 받았다. 방법론학자로서 크루즈 박사의 작업은 양적 연구와 질적 연구를 비롯해서 무용/동작 치료, 심리학, 정신의학, 신경학에 이르기까지 다양한 분야를 아우르고 있다. 크루즈 박사의 연구는 *Brain, Neuropsychologia, Psychiatric Services, Archives of Neurology, American Journal of Dance Therapy* 등의 전문 학술지에 게재되었다. 크루즈 박사는 1998년부터 2001년까지 *American Journal of Dance Therapy*의 공동 편집자였다. 현재는 미국 매사추세츠 주 레슬리 대학교의 표현치료 박사과정 프로그램의 핵심 교수진이며 *The Arts in Psychotherapy*의 수석 편집자다. 크루즈 박사는 미국무용치료학회의 감사이기도 하다.

버나드 페더(Bernard Feder)는 1957년 뉴욕 대학교에서 박사학위를 받았고 동 대학교의 아델피, 홉스트라, 사라소타 분교에서 교육학과 심리학을 가르쳐 왔다. 페더 박사의 저서 중에는 *The Complete Guide to Taking Tests*(Prentice-Hall)와 *The Savvy Patient: How to Be an Active Participant in Your Medical Care* (Consumer Reports Books, David Stutz와 공동 집필)가 있다. 또한 페더 박사는 의료 연감과 안내책자를 편집했고 일반 및 전문 학술지에 수많은 논문을 실었다. 1990년에는 NIH의 국립의학도서관의 초빙을 받아서 예술치료의 역사에 대한 발표를 하기도 했다.

일레인 페더(Elaine Feder)는 무용/동작 치료자였다. 페더 박사는 Martha Graham, Jose Limon, Doris Humphrey 같은 현대무용의 개척자들과 함께 수학한 바 있다. 교육, 공연, 안무에서 폭넓은 경험을 가지고 있었으며 표현예술치료에서 학위를 받았고 심리치료와 동작 분석에 대해 대학원에서 심도 있는 공부를 하였다. 페더 박사는 미국무용치료학회와 라반 동작연구소의 회원이었다.

페더 부부는 *The Expressive Arts Therapies: Art, Music and Dance as Psychotherapy*(Prentice-Hall, 1981, 1984)를 집필했고 *Psychology Today, Human Behavior, The New York Times, The Chicago Tribune*, 그리고 다른 일반 출판물과 전문 학술지에 공동으로 집필한 기사를 싣기도 했다.

일레인 페더를 추모하며
일레인 페더
1926년 4월 28일~2010년 5월 22일
그녀는 춤과 하나 된 삶을 살았다.

도움을 주신 분들

도나 베츠(Donna Betts, Ph.D., ATR-BC)는 워싱턴 DC.에 소재한 조지 워싱턴 대학교 대학원 미술치료 전공의 조교수다. 베츠 박사는 미국미술치료학회 이사회와 미술치료사 자격증위원회의 이사로 재직 중이며, 국제 학술지인 *The Arts in Psychotherapy*와 *The Journal of Art for Life*의 편집위원으로 활동 중이다. 미술치료 평가와 평정 절차 분야의 선두적인 권위자인 베츠 박사는 현장 실천을 선도하고 조사를 촉진시키는 미술 기반 자료의 아카이브인 국제미술치료연구 데이터베이스(www.arttherapyresearch.com)의 창립자이자 디렉터이기도 하다.

바버라 휠러(Barbara L. Wheeler, Ph.D., MT-BC)는 자신이 2000년도에 음악치료 학위과정을 개설했던 루이빌 대학교의 음악치료 교수로 재직하다가 2011년에 퇴임하였다. 휠러 박사는 1975년~2000년까지 재직했던 몽클레어 주립대학교의 명예교수이며, 미국 내외에서 발표도 하고 가르치기도 한다. 휠러 박사는 다양한 내담자를 대상으로 임상 작업을 해왔으며, 특히 근래에는 몇몇 기관에서 신경학적 음악치료사로 작업해 오고 있다. *Music Therapy Research: Quantitative and Qualitative Perspectives*와 *Music Therapy Research*, 2판의 편집자이자 *Clinical Training Guide for the Student Music Therapist*의 공저자이며, 그동안 수많은 논문과 공저를 출판하였다. 휠러 박사는 미국음악치료학회의 회장직을 지낸 바 있으며 *Voices: A World Forum for Music Therapy*의 인터뷰 공동편집자로 활동하였다.

역자소개

김나영(Kim Nayung)
명지대학교 대학원 박사(체육학전공)
현 서울여자대학교 특수치료전문대학원 조교수

안귀여루(Ahn Gwiyeoroo)
고려대학교 대학원 박사(임상심리전공)
현 강남대학교 교육대학원 부교수

김명식(Kim Myung Shig)
고려대학교 대학원 박사(임상심리전공)
현 전주대학교 상담심리학과 부교수

최미례(Choi Mirye)
중앙대학교 대학원 박사(임상심리전공)
현 육군사관학교 교관

김선희(Kim Sunhee K.)
미국 Lesley University 대학원 박사(표현예술치료
  학 미술치료전공)
현 서울여자대학교 특수치료전문대학원 조교수

장연집(Chang Yeon-Jip)
프랑스 Univ. Louis-Pasteur 대학원 박사(임상심리
  전공)
현 서울여자대학교 특수치료전문대학원 교수

김진영(Kim Jin-young)
고려대학교 대학원 박사(임상심리전공)
현 서울여자대학교 아동학과 부교수

박 경(Park Kyung)
고려대학교 대학원 박사(임상심리전공)
현 서울여자대학교 특수치료전문대학원 교수

박경순(Park Kyungsoon)
고려대학교 대학원 박사(임상심리전공)
현 서울여자대학교 특수치료전문대학원 조교수

신민섭(Shin Min-Sup)
연세대학교 대학원 박사(임상심리전공)
현 서울대학교 의과대학 정신과학교실 교수

송현주(Song Hyunjoo)
연세대학교 대학원 박사(임상심리전공)
현 서울여자대학교 특수치료전문대학원 부교수

예술치료에서의 평가와 연구

Feders' The Art and Science of Evaluation in the Arts Therapies:
How Do You Know What's Working(2nd ed.)

2015년 10월 15일 1판 1쇄 인쇄
2015년 10월 25일 1판 1쇄 발행

지은이 • Robyn Flaum Cruz · Bernard Feder
옮긴이 • 한국심리치료학회
펴낸이 • 김진환
펴낸곳 • (주) 학지사
　　　　　121-838 서울특별시 마포구 양화로 15길 20 마인드월드빌딩
대표전화 • 02-330-5114　　팩스 • 02-324-2345
등록번호 • 제313-2006-000265호

홈페이지 • http://www.hakjisa.co.kr
페이스북 • https://www.facebook.com/hakjisa

ISBN 978-89-997-0831-2　93180

정가 19,000원

인터넷 학술논문 원문 서비스 뉴논문 www.newnonmun.com

이 도서의 국립중앙도서관 출판시도서목록(CIP)은 서지정보유통지
원시스템 홈페이지(http://seoji.nl.go.kr)와 국가자료공동목록시스템
(http://www.nl.go.kr/kolisnet)에서 이용하실 수 있습니다.
(CIP 제어번호: CIP2015027767)